FÜRSTEN

zu

SCHWARZBURG.

Nro. 43.

Kirsten Jüngling · Brigitte Roßbeck

Schillers Doppelliebe

Kirsten Jüngling
Brigitte Roßbeck

Schillers Doppelliebe

Die Lengefeld-Schwestern
Caroline und Charlotte

Propyläen

Friedrich Schiller mit
Caroline und Charlotte von Lengefeld

BILDNACHWEIS

akg-images   Frontispiz, 23
Bayerische Staatsgemäldesammlung, München   10
Schiller-Nationalmuseum/Deutsches Literaturarchiv, Marbach   2, 3, 6, 7,
9, 11, 13, 14, 16, 19, 20, 24, 25, 27, 29
Stadtarchiv Rudolstadt   4, 5
Stadtmuseum Jena   18
Stiftung Weimarer Klassik und Kunstsammlungen   15, 21, 22, 26
Thüringer Landesmuseum auf der Heidecksburg, Rudolstadt   Vorsatz, 1
Horst Fleischer, *Vom Leben in der Residenz. Rudolstadt 1646–1816*,
Rudolstadt 1996   8
Paul Kühn, *Die Frauen um Goethe*, Leipzig 1911   28
Berthold Rein, *Schiller in Rudolstadt*, 1925   17
Jacob Wychgram, *Schiller. Dem deutschen Volke dargestellt*,
Bielefeld und Leipzig 1906   12

Propyläen Verlag, Berlin
Propyläen ist ein Verlag der Ullstein Buchverlage GmbH

ISBN 3-549-07207-4

© Ullstein Buchverlage GmbH, Berlin 2005
Alle Rechte vorbehalten
Lektorat: Julia Niehaus
Gesetzt aus der Goudy bei LVD GmbH, Berlin
Druck und Bindung: Clausen & Bosse, Leck
Printed in Germany

Inhalt

»Die schönen Geister trocknen einem das Leben aus.«

CHARLOTTE VON STEIN

Vorwort

Zwei Schwestern umwarben einen Mann. Die eine wurde seine Ehefrau, die andere blieb seine Geliebte. Ist dieser Mann ein berühmter Dichter, ja so etwas wie ein Nationalheiligtum, so ist auch das Leben dieser beiden für die Nachwelt von Interesse. Wie wurden sie bisher gesehen?

Von drei Mythen hatten wir uns zu lösen, als wir unser Doppelporträt der Lengefeld-Schwestern entwarfen: von dem Caroline-von-Wolzogen-Mythos, dem Charlotte-von-Schiller-Mythos und dem, beide bestimmenden, Mythos Friedrich von Schiller. Caroline von Wolzogen galt über Generationen hinweg als Inbegriff der skrupellosen erotischen Abenteurerin, aber auch als Intellektuelle. Dagegen wurde und wird Charlotte von Schiller ins Klischee der sanftmütigen, tüchtigen, treu ergebenen Gattin und opferbereiten Mutter gepresst, das dem der »züchtigen Hausfrau« im »Lied von der Glocke« so wunderbar entspricht. Ins überkommene Friedrich-von-Schiller-Bild wollte sich die sein privates Leben nahezu zwei Jahrzehnte prägende Ménage à trois für die meisten Biografen nicht fügen.

Die bisherigen Lebensbeschreibungen der Schwestern waren daher für uns nicht hilfreich; zu »passend« waren die Quellen gewählt, zu unscharf war die Grenze zwischen Fakten und Interpretationen gezogen. Und in Büchern über Schiller wurde unser Thema mehr als Episode behandelt, die zwar sein Wohlbefinden, nicht aber sein Dasein bestimmte.

Hier konnte ausschließlich größtmögliche Authentizität helfen, und zu ihr führte nur penibles Quellenstudium. Wir fragten uns, woher die Schwestern kamen, welches Milieu sie prägte, welche Pläne sie hatten, wie es zu ihrer Beziehung mit Schiller kam und welchen Einfluss diese auf das geschwisterliche Verhältnis nahm. Wie fasste Charlotte ihre Rolle als echte Schiller-Witwe auf – und wie Caroline die der heimlichen? Sie waren doch immer auch Konkurrentinnen, besonders in ihren gesellschaftlichen und schriftstellerischen Ambitionen. Und als Mütter! Hier fanden wir Anstöße zu der Überlegung: Hatte auch Caroline ein Schiller-Kind? Dass Schiller nur in soweit von Bedeutung war, als er in diesem Spannungsfeld agierte, versteht sich da von selbst.

Reisen zu Schauplätzen, Gedenkstätten und Aufbewahrungsorten von Archivalien reihten sich aneinander. Mehr als einmal halfen uns kriminalistischer Spürsinn (dabei war uns gar die schweizerische Polizei mit modernster Technik behilflich) und das Verlassen ausgetretener Recherchepfade weiter. Zahllos die Druckseiten, die wir uns buchstäblich vor Augen führten. Wochen, Monate verbrachten wir über etliche tausend, in großen Teilen bislang unberücksichtigte Autografen gebeugt, ungezählte Rollen Mikrofilme spulten wir an Lesegeräten ab. Oftmals schier Unleserliches mühevoll entschlüsselnd, haben wir es uns, wieder einmal, nicht leicht gemacht, aber unsere von Neugier getriebene Genauigkeit mit dem erhofften, erwarteten erheblichen Zugewinn an Information belohnt gesehen. Wir konnten uns übrigens nicht verkneifen, viele kleine Geschichten weiterzuerzählen; in den Anmerkungen haben wir sie untergebracht, dort möge sie der Anekdoten nicht verachtende Leser entdecken!

Und endlich standen sie vor uns, wie sie nie zuvor gesehen worden waren: Caroline gar nicht verrucht, sondern fast hoffnungslos romantisch, sich nichts weniger wünschend als Emanzipation, getrieben von der Sehnsucht nach einem – möglichst bedeutenden – Gatten, an den sie sich attachieren wollte. Und Charlotte weit weniger brav, eher geschickt, ja gerissen ihre Stellung verteidigend, die sie sich hart erkämpft hatte, aber auch nachlässig, zum Beispiel die Förderung ihrer Töchter betreffend.

Schillers »Doppelliebe«: So avantgardistisch apostrophierte 1909 Karl Berger das Dreiecksverhältnis. Unter dieser Überschrift veröffentlichte der Schiller-Biograf und Schiller-Herausgeber damals seinen Aufsatz im Marbacher Schillerbuch, Band 3, und stand damit Pate für den Titel unserer Lebensbeschreibung der Lengefeld-Schwestern.

Kirsten Jüngling und Brigitte Roßbeck

Caroline und Charlotte

In schwarzen wollenen Strümpfen zu weißen Lederschuhen, hieß es, sei Charlotte bei Hofe erschienen, überhaupt habe sie es mit ihrem Aufzug nicht allzu genau genommen, sei nachlässig, nicht einmal besonders reinlich gewesen. Und im Gespräch? Ganz unbedeutend. Frau von Stein, Patin und Freundin, habe ihre langweiligen Reden oft nur dadurch abkürzen können, dass sie sich schlafend stellte – was ihrem Gegenüber den Verdacht aufdrängte, sie sei schlafsüchtig.[1] Dennoch: »ohne schön zu seyn, anziehend«,[2] beschrieb Friedrich Schiller Charlotte von Lengefeld, als er sie im Dezember 1787 kennen lernte. Und damit war viel, ja alles gesagt. Hatte er doch Christoph Martin Wieland um seine Frau beneidet, die er »hässlich wie die Nacht aber brav wie Gold und biß zur kindlichen Einfalt natürlich und munter«[3] fand, und sogar erwogen, eine ihrer Töchter zu heiraten.

»Bei einer ewigen Verbindung, die ich eingehen soll, darf Leidenschaft nicht seyn ...«, und: »Eine Frau, die ein vorzügliches Wesen ist, macht mich nicht glücklich oder ich habe mich nie gekannt.«[4] Mit achtundzwanzig weiß man das. Und man weiß es zu schätzen, wenn man sich nicht zu sehr bescheiden muss, da die Auserwählte eine Schwester hat, die ohne weiteres den vorzüglichen Frauen zugerechnet werden kann – und den unerreichbaren, denn sie ist verheiratet. Leider? Glücklicherweise? Wie auch immer: Charlotte *und* Caroline. »In einer neuen schöneren Welt schwebt meine Seele seitdem ich weiss daß ihr mein seid.«[5]

Herzensergießungen. Auch die Lengefeld-Schwestern waren geschult in dieser Kunst, hatte doch jede auf ihre Weise Leben durch Lesen und Schreiben ersetzt. Und so erschien ihnen der berühmte Dichter als Erlöser aus Langeweile und Mittelmaß. Und er? »Hast Du ihn nie Caroline küssen sehen und dann Lotten?«, fragte Freund Wilhelm von Humboldt,[6] und er ahnte Ungemach. Tatsächlich blieb das Schicksal beider Frauen verwoben mit dem Schillers. Über den Tod hinaus.

Die Töchter des Jägermeisters

»Wir lernten zeitig fühlen, was wir suchen sollten ...«
CAROLINE VON WOLZOGEN IN IHRER SCHILLER-BIOGRAFIE

Ein einziger Tag meines früheren Lebens ist die Geschichte aller.« – »Der Ort, wo wir lebten, war klein, der gesellschaftliche Ton so weit hinter andern Orten in der Nähe zurück, daß es einem späterhin dünkte, man sey fünfzig Jahre noch zurück.« Und weiter: »Ein Besuch, wo man sich zeitig zusammen begab und so vier bis fünf Stunden schwatzte von den Begebenheiten des Tages, von der Ernte, von der Wirthschaft, von Familiengeschichten – dies waren die einzigen Unterhaltungen außer unserem Hause.«

Das Haus, in dem die Schwestern Lengefeld ihre von »Einförmigkeit« geprägte Kindheit verbrachten, war der Heißenhof. Seine Lage im »rückständigen« Rudolstadt, dem Caroline ein bis heute nachhallendes »todt und langweilig«[1] nachrief, beschrieb Charlotte in ihren Kindheitserinnerungen als »höchst romantisch«; gelehnt an einen mit Obstbäumen bepflanzten Hügel, die Front einem großen Hof mit angrenzendem kleinem Garten zugewandt: »Vor uns lag ein fürstliches Lustschloß[2] und rechts eine alte Kirche,[3] deren schöner Thurm mir manche Phantasien erweckte, und das Geläute der Glocken, das ich zu allen Stunden hörte, stimmte mich oft ernst und melancholisch. Ich stand stundenlang an meinem Kammerfenster, sah in die dunklen Fenster des Thurms hinein, hörte den Glocken zu und sah die Wolken am Himmel sich bewegen. Mein Horizont war frei. In der Ferne sahen wir schöne Berge und ein altes Schloß[4] auf dem Berge liegen, das oft das Ziel meiner Wünsche war.«[5]

Caroline und Charlotte wuchsen also auf zwischen Kirche

und Schloss. Sonntags war Kirchtag und für den Vater Hoftag, die Mutter machte ihren Besuch dort donnerstags, und so oder so ähnlich hielten es auch die anderen etwa hundertfünfzig dem Hofstaat zugehörigen Einwohner der Residenzstadt des kleinen Fürstentums Schwarzburg-Rudolstadt.

Seit der zweiten Hälfte des 13. Jahrhunderts waren die von Lengefelds in Rudolstadt nachweislich ansässig, in der Umgebung des Städtchens bereits seit dem 9. Jahrhundert. Ihr Stammsitz, ein in der Gemarkung eines längst untergegangenen Dorfes gelegener Hof, gab der Familie den Namen. Zu allen Zeiten fühlten sie sich mit ihrem Herrscherhaus eng verbunden, wie auch die von Beulwitzens, von Hollebens, von Ketelhodts, von Steins, von Wolzogens, von Wurmbs ... Ein exklusiver Kreis war das, immer wieder finden sich diese Namen in dem weit zurückreichenden Stammbaum derer von Lengefeld.

So hatte der Urgroßvater Lengefeld eine Blandine von Stein geheiratet. Der erste Sohn des Paares, Brendin[6] Alexander, war Carolines und Charlottes Großvater. Er nahm 1710 – neunundfünfzigjährig, zweimal verwitwet, Vater von vier Kindern – Maria Dorothea von Schauroth zur dritten Ehefrau. Am 15. Mai 1715 wurde ihnen ihr einziges Kind geboren: Carl Christoph. Im Jahr zuvor hatte der werdende Vater seine Ämter als Oberforstmeister, Rat und Amtshauptmann niedergelegt, da ihm das Hofleben zu kostspielig und zu zeitaufwändig geworden war. Er versprach sich mehr davon, seine Güter besser zu bewirtschaften und vielleicht auch sein neues Familienglück zu genießen. Im Mai 1714 war ihm der Abschied bewilligt worden und eine Pension von vierhundert Talern. Fast siebzig musste er werden, ehe er Geld sah – ein einziges Mal, fünfzig Taler, er hatte sie anmahnen müssen. Zwei Jahre zuvor war seine Frau gestorben, er folgte ihr 1726.

Carl Christoph war also mit elf Jahren Waise. Zunächst lebte der Junge auf Reschwitz,[7] einem der Familiengüter. Mit dreizehn wurde er Page am Hof des Fürsten von Schwarzburg-

Rudolstadt. Als er achtzehnjährig aus dessen Diensten schied, hatte er es zum Jagd- und Leibpagen gebracht und nebenbei seine Liebe zur Mathematik,[8] speziell zur Geometrie, entdeckt. Doch der junge Lengefeld entschied sich für eine Karriere bei Hof, genauer: wie sein Vater für eine Karriere im Jagd- und Forstbereich. Er verfolgte sie mit Fleiß. Vier Jahre Lehrzeit in der Jägerei, anschließend Bildungsreisen: So erwarb er sich jene Weltläufigkeit, die ihn für den Aufstieg vom Hof- und Landjunker zum Leutnant der Grenadiergarde qualifizierte – und sammelte Anregungen, wie das Forstwesen zu reformieren sei. Daran hatte Schwarzburg-Rudolstadt dringenden Bedarf. Nach einer kurzen Periode pietistisch grundierter relativer Zurückhaltung zu Beginn des 18. Jahrhunderts hatte sich das Fürstenhaus auch insofern französischen Einflüssen geöffnet, als es Anspruch auf eine glanzvolle Hofhaltung erhob. Drei Großbaustellen – ein Sommerpalais, ein Stadtpalais und ein neuer prächtiger Westflügel für Schloss Heidecksburg sollten entstehen – unterhielt es in seiner Residenz, sie verschlangen Unsummen. Die Staatsverschuldung war hoch. Versuche, die steigenden Ausgaben durch steigende Abgaben zu finanzieren, hatten Proteste der nicht mehr zahlungsfähigen Untertanen hervorgerufen. Da schien es dem eher der geschmeidigen, diplomatischen Durchsetzung denn der Kraftmeierei zugeneigten Fürstenhaus unproblematischer, die natürliche Ressource Wald zu nutzen, die in scheinbar unerschöpflicher Fülle wuchs und nachwuchs.

Dass diese Rechnung am Ende nicht aufgehen würde, dass es sich um Ausbeutung handelte, hatte Lengefeld schnell erkannt. Seine Lehrzeit in der fürstlichen Rentkammer hatte ihm den Blick für ökonomische Zusammenhänge geschärft. Er ging daran, Einschläge und Aufforstungen planmäßig durchführen zu lassen, und leistete dem Fürstentum[9] damit hoch zu schätzende Dienste, denn der Holzbedarf war enorm und sollte noch steigen, da die Produktion der Eisenhütten und Hammerschmieden, Glashütten, Fayence- und Porzellanmanufakturen weiter zunahm und mehr Pech, Pottasche,

Holzkohle und Harze gewonnen und zu Geld gemacht werden mussten. Carl Christoph von Lengefeld schrieb ein Lehrbuch. Mit fünfundzwanzig war er Oberforstmeister und Kammerjunker. Er war ein außerordentlich tüchtiger und vielversprechender junger Mann.

Am 17. Juli 1744, im Alter von neunundzwanzig Jahren, erlitt er einen Schlaganfall. Seine linke Seite war gelähmt, sein Zustand insgesamt zunächst sehr schlecht. Nach gut vier Wochen hatte er gerade wieder so viel Kraft, dass er sein Testament machen konnte. Vier honorige Herren, ein Hofrat, ein Justizrat, ein Geheimrat und ein Assessor, suchten den jungen Oberforstmeister am 19. August um 11 Uhr auf. Lengefeld lag »in einer gegen Mittag liegenden Kammer auf dem Bette, [wurde] jedoch bei völligem und gutem Verstande angetroffen«, war also in der Verfassung, über das zu verfügen, was er an Sach- und Geldwerten angesammelt hatte: Der Erbprinz, dem alle forstwirtschaftlichen Manuskripte sowie zwei Leithunde und ein Schweißhund zugedacht waren, sollte sich auch unter seinen Gewehren zwei aussuchen; der Erblasser ging davon aus, dass ein besonders reich bemaltes dazugehören würde, und bestimmte, dass zwei seiner Freunde es sich jeweils auf vier Wochen ausleihen dürften. Den silbernen Hirschfänger sollte sein Jagdpage bekommen.

Schlechtere Hunde, schlechteres Jägerzeug, schlechtere Kleidung sollten an die Bediensteten verteilt werden, die besseren Sachen samt dem Dutzend neuer Oberhemden dem Alleinerben, dem einzigen Sohn seines verstorbenen Halbbruders, zufallen. Mit Talern und Dukaten hatte Lengefeld seinen Jäger, seinen Jägerburschen, den Jagdjungen und den Hundejungen bedacht sowie einen Pfarrer, der ihm beigestanden hatte, und einen Schulmeister, der dafür beim Begräbnis »Jesu wenn ich sterben werde« singen lassen sollte. Ein anrührendes Dokument, aufgesetzt und von den Zeugen unterschrieben als Bilanz der weltlichen Güter und empfundenen Verpflichtungen eines nicht einmal dreißig Jahre währenden Lebens.

Doch so bald sollte Carl Christoph von Lengefeld von seinen Leiden nicht erlöst werden. Ein weiterer Schlaganfall traf die rechte Körperhälfte. Im Jägerhaus hinter dem Schloss kämpfte er um sein Leben – die meiste Zeit wohl allein – und wurde zu allem Unglück von Dieben und Brandstiftern heimgesucht, sodass, wenn die »abgezielte Wirkung nicht durch göttl. Hülfe Zuthun wäre verhindert worden, er lebendig hätte verbrennen müssen«.[10] Erst im April 1745 war er so weit hergestellt, dass er wieder bei Hofe erscheinen konnte. Wie viel den Bädern und anderen Anwendungen zu verdanken war, denen er sich unterzogen hatte, wir können das heute nicht beurteilen. Der junge Lengefeld überlebte die Insulte jedenfalls, zwar nicht unversehrt – der rechte Arm und das linke Bein blieben gelähmt –, aber in der Lage, seine Arbeit wieder aufzunehmen. 1752 stieg er zum Kammerrat auf, 1761 zum Jägermeister. Er verfasste weitere Traktate über Bäume, Wälder und Waldtiere. 1755 schloss er eine »Sammlung, von denen Eigenschaften, der Tanne, Fichte und dem Kienbaum, welche nach einer zwanzigjährigen Untersuchung überzeugt gefunden«[11] ab, fertigte diverse Gutachten an und entwickelte ein Verfahren zur Landvermessung. Er traute sich Reisen zu und schließlich auch ein privates Glück.[12]

Als Lengefeld in der fürstlichen Unterherrschaft am Kyffhäuser beschäftigt war, verliebte er sich in Louise Juliane Eleonore Friederike von Wurmb[13] aus Wolkramshausen. Ihren Vater, den königlich-preußischen Hauptmann Günther Gottfried Ludwig von Wurmb, hatte sie nicht kennen gelernt; er war 1743, im Jahr ihrer Geburt, gestorben.[14] Ihre Mutter Louise Auguste, eine geborene Freiin von Wolzogen, war zwei Jahre jünger als der künftige Schwiegersohn, der dennoch brieflich vorschriftsmäßig »Frau Mutter Gnaden … die gnädig und mütterlichen Hände in kindlicher Ehrfurcht« küsste und sich »ferner zu Gnaden und mütterlicher Huld« empfahl. Für sein »liebstes Kind« – dessen Schreibfaulheit er regelmäßig beklagte und schlechte Federn humorvoll als Ausrede entlarvte – versteckte er frivole Anspielungen zwischen seinen Zeilen, nachdem er klargestellt hatte: »Was können Sie von mir anders finden als ein redliches Herz, dass Ihnen nach allen Gemüthskräften verehret, schäzet und liebet und den wahren und grosen Werth Ihrer edlen Eigenschaften und Vollkommenheiten mit einen zärtlichen Vergnügen erkenn[et]. … Lassen Sie sich ferner nicht reuen dass Sie mich lieben, denn Sie machen mir den kostbarsten Theil meiner meiner [sic! – hier gingen dem Schreiber wohl die Gefühle durch] irdischen Glückseligkeiten aus und ich wünschete das alles ausdrücken zu können was ich wircklich dencke.«

Verständlich, dass den Sechsundvierzigjährigen Ängste plagten, die Braut, die am 23. Juli gerade achtzehn geworden war, könnte der Altersunterschied beschweren. Während er sich um die künftige Wohnung kümmerte (»Es ist das Steinsche Haus, zwar etwas theuer 100 Thaler Mietgeld, indessen hat es viele Gemächlichkeiten, die Kirche ganz nahe und die Passage vor mich nach Hofe bey gutem Wetter zu gehen. Mit nechsten werde die Zeichnung überschicken.«) und die Heirat nicht auf die lange Bank geschoben wissen wollte (»Gott befördert also alles, dass wir unter den göttlichen seyen und schon im Monat Sept. vereinigen können.«), fürchtete er, seine Braut könnte es sich noch anders überlegen (»Aber mus dies lezte dennoch niemand wissen …« Er hatte aus Angst vor einer solchen Blamage das Haus unter dem fiktiven Namen Dalwig gemietet!). Dabei hatte er schon ein Dutzend Stühle, vier Tische und sieben Betten bestellt. Er kümmerte sich sogar um einen Koch und hoffte, »dass die destinierte Stube der gnädigen Mama gefällig seyn möge«.

»Ich verehre und liebe übrigens von ganzem Herzen ein bestes *Kusse*« – »In tiefen Gedanken es soll heisen *Kind*«, korrigierte er sich sofort aufschlussreich. »Mein liebster Engel warum kann ich nicht erleben dass der Hecht einmal grüne wird …«, auch das wird das »herzallerliebste Louisgen« wohl verstanden haben.[15] Der Bräutigam musste sich noch bis zum 3. Oktober 1761 gedulden, dann konnte er seine Damen heim-

20

führen und damit aus ihrem dürftigen Leben erlösen. Nichts spricht dagegen, dass die schöne, liebenswürdige und lebenslustige Louise an seiner Seite glücklich war. Am 3. Februar 1763 hielten die beiden ihr erstes Kind in den Armen: Friederike Sophie *Caroline* Auguste. Am 2. Februar 1764 kam Friedrich Günther von Lengefeld zur Welt, starb aber schon am 9. Juni desselben Jahres. Am 22. November 1766 wurde *Charlotte* Louise Antoinette geboren.

In ihren »Erinnerungen aus den Kinderjahren« beschrieb die jüngere Tochter einen der Tage, der nach ihrer Auffassung für alle anderen stehen konnte:

»Ich hatte Unterricht in den Morgenstunden; ich lernte nicht gern, und es war mir peinlich, wenn ich die Stunde schlagen hörte und mein Lehrer begann eine neue Materie des Unterrichts. Französisch lernte ich auch nicht gern; Zeichnen und Schreiben wurden mir auch schwer. Aber am allerunangenehmsten war mir die Tanzstunde. Mittags freute ich mich immer, an Tisch zu gehen; da saß mein Vater und erwartete uns, er konnte nicht allein gehen, und seine Jäger, deren er viele hatte, mußten ihn stets führen. Er war immer heiter und freundlich bei Tisch, erzählte uns lustige Geschichten, erkundigte sich nach unserm Fleiß, ließ sich auch oft von seinen Jägern erzählen, wie es in der Welt ging, die ihn interessierte. Er hatte die Wälder, die er meistens anlegte, mit Liebe gepflegt; Alles war ihm wichtig, jeder neu erworbene Baum vergrößerte sein Interesse. Ich hörte gar zu gerne zu, wenn solche Gespräche kamen, und dachte mir immer, wie es da und dort aussehen müßte ... Nach dem Essen kam der Lehrer und wir hatten Unterricht in Geographie, lasen Zeitungen oder schrieben Briefe. Alsdann kam noch der französische Sprachmeister, und unsere Stunden hatten ein Ende. Der übrige Theil des Tages gehörte uns. Wir gingen auf unserm Berg herum, und ich bildete mir ein, jeder neue Busch, den ich fände, sei auch Andern fremd. War es böses Wetter, so setzte ich mich still in einen Winkel und hörte Karolinen und Amalien [eine Cousine, die mit im Haushalt lebte] zu, die eine Art dialogisierter Romane spielten; eine war immer eine Heldin des Stücks, und statt zu erzählen wie es geschehen sei, dramatisierten sie die Geschichte. Dieses hatte unendlichen Reiz für mich … Nach sieben Uhr gingen wir zu unserem Vater, wo wir ein kleines Mahl einnahmen, und nach dem Essen blieben wir noch bei ihm bis um neun Uhr, wo meine Mutter uns begleitete. Die Mädchen im Hause wurden versammelt; die Cousine las einen Abendsegen; es wurde ein geistliches Lied gesungen; die gute Mutter segnete ihre Kinder ein, und so gingen wir gläubig zur Ruhe und erwarteten den anderen Morgen, um wieder so zu leben. Noch ehe wir aufstanden war der geschäftige Vater schon in den Wäldern, besah die Anlagen, ordnete die Holzschläge an, bestimmte die Jagdreviere, und meistens war die Mutter mit ihm. Hatte er keine solchen Geschäfte, so fuhr er mit ihr nach seinen Feldern. Er hatte aus Liebe zur Oekonomie Felder gepachtet; da besah er wie jede Pflanzung stand, ließ Anstalten zur Ernte machen, kurz er wies jedes Geschäft des Tages an. Es war uns eine eigene Freude, die Ernte einfahren zu sehen, und an diese wiederkehrende Freude knüpften wir unsere Erinnerungen. Bald halfen wir die Gemüse aufbewahren, bald das Obst für den Winter zu legen … Ich zog indeß freilich lieber auf dem Berg herum, den sich meine kindische Phantasie vergrößerte, suchte Blumen und Zweige und kam oft recht von Dornen zerrissen zurück und ganz atemlos.«[16]

Und Caroline? Auch sie verehrte den Vater, war den Eltern vielleicht dankbarer als Charlotte für die »bessere Erziehung«, die Bildung von »Verstand«, »Gemüth«, »Phantasie« und die »Ausbildung des Körpers«; lebenslang würden die Schwestern, diesen Vorgaben folgend, sich auf dem Pfad zwischen Spätaufklärung und Romantik bewegen. »Wir lernten zeitig fühlen, was wir suchen sollten«, so empfand es Caroline, und danach richtete sich wohl auch Charlotte.[17]

Sich in Küche und Keller Kenntnisse anzueignen, war allerdings die Sache der Schwestern nicht. Ihre Mutter hingegen leistete dort Beeindruckendes, das beweist ein Kochbuch aus ihrem Nachlass. Nicht dass sie die darin verzeichneten Näpfelsküchlein, Mandelmuscheln, Waffeln, Krapfen, Kuchen, Torten, Plätzchen und Pasteten unbedingt selbst buk; Wein aus Schlüsselblumen, Melissen, Schlehen, Kirschen, Quitten gewann; Branntwein abzog oder die wertvollen Champignons, Artischocken, Spargel, Pomeranzen konservierte; Stockfisch, Aale, Krebse verarbeitete; oder von Regensburger Bratwürsten, Frikadellen und Postsuppe über »franzois: Fricasee«, »englisch Poting« und Ragout bis Marzipan und Schokolade eigenhändig herstellte, was von feiner Küche irgend erwartet werden konnte. Sie notierte aber genau und in Schönschrift Zutaten und Zubereitung. Legendär sollte (für Schiller-Verehrer zumindest) ihr Punsch werden, hier die »Beschreibung wie der Punsch preparirt wird«, laut »Nro. CXLVIII« aus »Gemischte Sammlungen von Kochen, gebackenen, eingemachten, Weinen und anderen nützlichen Recepten«:

»Wird nach der Englischen Methode in 15. *Portionen* gemacht, wovon

4. *Portiones arrac*

8. *ditto* heiß *Thee* Waßer von schwachen grünen *Thee*.

2. *ditto* weißen Zucker so in den *Thee* Wasser aufgelöst worden

1. ditto ausgepresstes Citronen Sauer.

Alles kömmt zusammen und wird warm getruncken.

Ist es aber in einem oder anderen Stuck dem Geschmack nicht *convenable*, so kann man von diesen oder jenen mehr oder weniger dazu thun bis der *Gout* getroffen worden.«[18]

Hatte sie den Hang zur exakten Aufzeichnung von ihrem in dieser Hinsicht ebenfalls akribischen Ehemann übernommen? Er führte penibel ein »Inventarium«. Zu den Tischen, Stühlen, Bettstellen, die er als Bräutigam in Auftrag gegeben hatte, war nach und nach einiges hinzugekommen, sodass das Verzeichnis schließlich zweihundertachtundsiebzig Seiten füllte. Lengefeld listete auf, was das Haus an Preziosen (wozu auch eine Sammlung Tabaksdosen, fast so schön wie die des Rudolstädter Fürsten Ludwig Günther II., gehörte), an Schmuck (Ringe mit reichlich Diamanten und Rubinen, neun Ordenssterne, eine goldene »repetir Uhr von Serenissimo 1753« ...), an Seitengewehren, Jagdgewehren, Flinten, Pistolen und Stöcken, an Wäsche (1772: vierhundertdreiunddreißig Servietten), Kleidung, Livreen (samt dazu passenden grauen und grünen Moiréewesten mit Goldknöpfen und je einem grauen und grünen Pelz) bewahrte, was »Zur Reise und Stall Equibage« (ein viersitziger und ein Reisewagen unter anderem, samt Rollos, Matratzen, Kissen ...) gehörte und was im Silbergewölbe aufgestapelt war – mit Gewichts- und Wertangaben auch für die kleinen Bestecke der beiden Töchter. Gegenstände aus Zinn (Nachttöpfe im Gesamtgewicht von neun Pfund und achtzehn Lot), Kupfer, Messing, Eisen, »blech und bley« wurden gesondert aufgeführt, wie auch Porzellan und Gläser. Ebenso die Koffer, Kästen, Körbe, Kommoden, Schachteln, Schatullen, Schränke sowie die zehn Wein- und sieben Bierfässer. Und die vier Perückenständer.

Der Lengefeld'sche Haushalt verfügte laut diesem Inventar über siebenunddreißig Ober- und Unterbetten, siebzehn Pfühle und zweiundzwanzig Kissen. Etwa einhundertfünfzig Bücher, Landkarten, Zeitschriften, Traktate (viel Religiöses, Mathematik, Geometrie, Wörterbücher) standen zur Verfügung und Bilder (Porträts unter anderem von Fürsten und Fürstinnen, Herzögen und Herzoginnen, Prinzen und Prinzessinnen, aber auch von Louise von Lengefeld aus dem Jahr 1765 und von Caroline, keines allerdings von Charlotte).

Mit besonderer Delikatesse und in Schönschrift beschrieb

der immer noch »treueste Carl«[19] die Garderobe seiner »chere-
femme«: den »marseille Unterrock nebst Contusche und Ca-
misölgen mit blauen bänder frisiert«, den weißen mit den
»bouquetgen«, die »weiße moir Robe mit Silber nebst den da-
zugehörigen Spitzen«, die »lila und blaue atlassne Roberonde«[20], die »Sang du bœuf moirne Roberonde«, die aus
»brochiretem Taffente«, den »schwarz und Golden Domino«,
die Garnituren, die Spitzen …[21]

Auch für Tochter Charlotte war es, ihren Erinnerungen
nach, »ein Fest«, die Mutter »geputzt zu sehen, und ich beschäftigte mich oft in der Vorstellung damit«. So wie die
kindlichen Rollenspiele »immer in einer Heirath«[22] endeten.
Das Frauenbild, das die nicht nur von ihnen so genannte
Chère mère ihren Töchtern vorstellte, hatte durchaus eine
glänzende Seite.

Seit 1728 wohnte Carl Christoph von Lengefeld in Rudol-
stadt, 1761 hatte er mit seinem Louisgen den Heißenhof be-
zogen. Zwei Jahre später widerstand er der Versuchung, als
Landjägermeister, das heißt als oberster Leiter des gesamten
Forstwesens, für 6000 Taler jährlich in königlich-preußische
Dienste zu treten. Seine Erstgeborene, Caroline, war gerade
eine Woche alt, als er in Leipzig vor König Friedrich II., dem
Großen, stand; den Wortwechsel erinnerte Lengefeld so:
»›Ich habe Ihn kommen lassen, er soll mir meine Marken in
Ordnung bringen, Kämpe anlegen, Holz ansäen und neue
Schläge einrichten‹ … Unter anderem auf die Vorstellung
meines Unvermögens auf allerley weise usw. erfolgt die
Antwort: ›Er versteht es.‹« Die Verhandlungen, die schon vor
diesem Treffen begonnen hatten, sollten noch bis in den Au-
gust hinein dauern. Dann gab der König auf – die Familie von
Lengefeld blieb in Rudolstadt, Fürst Johann Friedrich[23] hatte
»in einem beweglichen Schreiben«[24] darum gebeten.

Dieser Regent war in der Tat eine fesselnde Persönlichkeit.
Obgleich ihm aufklärerisches Gedankengut nicht fremd war,
neigte er doch entschieden jener absolutistisch-höfischen Le-
bensart zu, die er auf einer vier Jahre dauernden Bildungsreise

in Frankreich kennen gelernt hatte. Vor allem liebte er die Musik. Seine Hofkapelle erfreute ihn mit Tafelmusiken und Opernaufführungen. Er lud Künstler wie die Söhne des großen Bach an den Hof, gab bei dem berühmten Orgelbauer Gottfried Silbermann Klaviere in Auftrag. Das Militär bedeutete ihm nichts, die Einquartierungen fremder Truppen im Siebenjährigen Krieg belasteten ihn in jeder Beziehung.

Nachfolger des ohne männliche Nachkommen gebliebenen Johann Friedrich wurde dessen Onkel, Fürst Ludwig Günther II.[25] Carolines und Charlottes Rudolstädter Zeit fiel überwiegend in seine Regentschaft. Die Familie von Lengefeld stand in vielfältiger Beziehung zum Hof. So bestand beispielsweise die Verbindung zur Großkochberger Familie von Stein nicht nur, weil sie Eigentümer des Heißenhofs war. Gottlob Ernst Josias von Stein,[26] Oberstallmeister der Vormünderin-Regentin Anna Amalia von Sachsen-Weimar-Eisenach,[27] war gern gesehener Gast beim Pferdenarren Ludwig Günther II. Die Verbindung zwischen den Familien von Stein und von Lengefeld wurde gefestigt, indem die ehemalige Hofdame Charlotte Albertine Ernestine geborene Schardt, die 1764 mit zweiundzwanzig Jahren den Oberstallmeister von Stein geheiratet hatte, eine von Charlottes fünfundsiebzig Paten und Patinnen wurde – Caroline hatte »nur« zweiundfünfzig. Eine unter sehr vielen also, aber mit Sicherheit die wichtigste Person in diesem Kreis. Sie sollte der jungen Charlotte eine wohlwollende Vertraute werden, ihre und Carolines erste Kontaktperson in Weimar. Frau von Stein würden sie letztlich die Bekanntschaft mit Goethe verdanken.

Doch zurück nach Rudolstadt. Mädchen ihrer Herkunft – das schätzten Caroline und Charlotte sicher zu gering – fanden hier durchaus Anregungen, die bald über die Attraktionen des Hügels hinter dem Heißenhof hinausgingen: In der Ludwigsburg gab es seit 1757 ein Naturalienkabinett, in der Heidecksburg eine Bibliothek, im Schlossgarten ein Sommertheater. Von der Promenade der Rudolstädter, dem 1734/35 gebauten Wasserdamm an der Saale, aus konnten sie beispielsweise den Lachsfang beobachten oder den Flößen auf ihrer abenteuerlichen Fahrt nachschauen.

1771 wurde die Saalebrücke durch eine Allee mit Cumbach verbunden, wo auf dem Areal eines älteren Gartens mit Gewächshaus eine Orangerie errichtet worden war. Hier konnten Rudolstädter Herrschaften zwischen hundert Orangenbäumen lustwandeln, die nahebei gelegene Schäferei besuchen oder das fürstliche Gestüt. Im Winter jagten auf spektakulären Schlittenfahrten für die ganze Hofgesellschaft dem Trompeterschlitten acht Rennschlitten, ein achtsitziger Konversationsschlitten und ein geschlossener Schlitten mit sechs Pferden für den Erbprinzen mit Entourage hinterher. Im Frühjahr wurde das Aufblühen der kostbaren Tulpen mit einem Fest begangen, im Sommer der Nelkenflor in einem Pfarrgarten bewundert.

Neue Pflanzenzüchtungen galten so viel wie neue Produktionsverfahren. Eine Attraktion in diesem Sinn war die 1762 gegründete Porzellanmanufaktur im nahen Volkstedt. Und im Dezember 1770 nahm die Hofgesellschaft lebhaften Anteil am Guss einer Glocke. Auch grausige Schauspiele lockten. Der Einsatz der Feuerwehr galt als ebenso sehenswert wie Hinrichtungen, zu denen man durchaus auch in einen Nachbarort pilgerte.[28]

Die Fürsten dieser Zeit kannten keine Privatheit. Weder beim An- und Auskleiden, bei der Toilette, noch beim Gebären oder im Tode – sogar der wurde für die Öffentlichkeit inszeniert: Verstorbene wurden in mit Trauerstoffen ausgeschlagenen Räumen im Schloss Heidecksburg aufgebahrt, und »viele Tausend« defilierten vorüber. Ob auch die Lengefeld-Damen das goutierten, ist nicht überliefert.[29] Die Neigung zum Theatralischen war schon im Umgang mit Kindern spürbar. Im Schloss fanden Schäferspiele statt, an denen Caroline, aber eher noch Charlotte teilgenommen haben könnte, denn deren Kontakt zum fast gleichaltrigen Erbprinzen Ludwig Friedrich II.[30] wurde von der Fürstenfamilie gern gesehen. Im November 1772 zogen vierzehn fürstliche und andere adlige Kinder als Schäferinnen und Schäfer verkleidet in Prozession mit vorangehender Musik in einen Saal, genannt Steingemach, ein. Bis zur Abendtafel wurde gespielt, danach fand ein kleiner Ball statt.[31]

Es stand gut um die Familie von Lengefeld, die sich zu den Privilegierten in Rudolstadt zählen durfte.

Vaterlos

»… und dann denke ich wird es auch hier wie bei so
manchen andern in der Welt ein Luftschloß bleiben.«
CHARLOTTE VON LENGEFELD AN WILHELM VON WOLZOGEN

Jägermeister von Lengefeld war ein halbes Jahr krankheitshalber nicht am Hof. Er will nach Frankenhausen reisen
und nimmt in der Kirchstube Abschied, weil er sich nicht
traut, die Treppen zu steigen«,[1] notierte Ludwig Günther II.
unter dem 25. Mai 1775 in sein Tagebuch. Am 4. Oktober
1775 verzeichnete er den Tod des Jägermeisters, Kammerrats
und Trägers des Roten Adlerordens im einundsechzigsten Lebensjahr.[2] Carolines und Charlottes Vater war am 3. Oktober
gestorben. Vieles spricht dafür, dass er einem erneuten
Schlaganfall erlag. Man wusste damals nicht, wie riskant die
üppige Eier- und Butterküche der Chère mère für einen Mann
mit seiner Vorgeschichte sein konnte, und so hat sie bei aller
Liebe sein Sterben wohl beschleunigt. Auf dem Rudolstädter
Garnisonfriedhof wurde Carl Christoph von Lengefeld begraben.[3]

Im Rudolstädter Wochenblatt war schon am 21. November
zu lesen, dass »der Heißenhof allhier nebst denen dazu gehörigen Gebäuden, der daran liegende Berg, der Hofgarten, in-
gleichen der bei der Mittelmühle gelegene Garten, entweder
aus freier Hand verkaufet, oder hinwiederum verpachtet werden soll; als wird solches dem Publico hierdurch bekannt gemacht, und können sich Liebhaber in Zeiten bei dem Herrn
Oberstallmeister Freiherrn von Stein zu Weimar melden«.[4]
Das Geburtshaus der Lengefeld-Schwestern sollte jedoch erst
Anfang der 1780er Jahre eine Käuferin finden: die Ehefrau des
Pachtmüllers Mallenbeck, Katharine Susanna. Der Volks-
mund sprach nun vom »Malmbeckshof«.[5]

Louise von Lengefeld hatte, frisch verwitwet, einen hässlichen Streit mit einem der beiden Amtsnachfolger ihres verstorbenen Mannes zu bestehen. Es ging um das Gnadenhalbjahr. Wie in so manchem anderen hatte Lengefeld auch insofern eine Ausnahmestellung innegehabt, als ihm das Forstwesen sowohl in der Ober- als auch in der Unterherrschaft unterstellt gewesen war. Sein Nachfolger in der Oberherrschaft war Herr von Schönfeld, in der Unterherrschaft Herr von Beulwitz.[6] Dieser stritt nun um den Beginn beziehungsweise das Ende des Gnadenhalbjahres; er behauptete, Lengefeld habe für 1775 schon einen Teil des ihm Zustehenden erhalten, die Witwe könne nur noch Geld für drei Monate beanspruchen. Erst im August 1776 entschied der Fürst – zu ihren Gunsten.[7] Doch die Auseinandersetzung machte deutlich, dass Louise von Lengefeld ihren alten Platz in der Rudolstädter Gesellschaft nicht länger beanspruchen konnte, wie sie letztlich auch den Wohnsitz auf dem Heißenhof mit ein paar Räumen im Hinterhaus des Anwesens der Witwe Friederike Magdalene Dorothea Rühm würde vertauschen müssen.[8] Was es hieß, den umfangreichen Heißenhof-Haushalt auf ein solches Maß herunterzustutzen, kann man nur ahnen – was der Verlust dieses Elternhauses für die um den Vater trauernden Töchter bedeutete, ebenfalls.[9]

Irgendwann also: eine Mietwohnung am Stadtrand, in Nachbarschaft von Hofadel und Beamten. Das Vorderhaus in der schnurgeraden, im Zuge der 1711 begonnenen barocken Stadterweiterung mit zwanzig Häusern, einem Gasthof[10] und einem Kirchbauplatz[11] entstandenen Straße war 1720 vom Hofjäger Wolfgang Rühm erbaut worden. Es blieb im Besitz dieser Familie bis zum 29. Dezember 1795.[12] Dann kaufte es ein Kammersekretär Werlich. Das Hinterhaus, das Frau von Lengefeld mit ihren Töchtern bezog, war 1745 errichtet und mit dem Vorderhaus verbunden worden. So war zwischen der Neuen Gasse[13] und der dahinter liegenden Großen Allee ein verschachtelter Komplex entstanden.

Betrat man das Haus, so stand man in einem gepflasterten

Gang, gerade groß genug, um ein Fahrzeug aufzunehmen. Man konnte also geschützt die einfache Treppe erreichen, die sich nach oben zu einem schmalen Flur hin schwang, dessen Fensterreihe zur Linken den Blick in einen kleinen Innenhof freigab. Die Fensterreihe zur Rechten gehörte zu Verschlägen, die zu klein und zu dunkel waren, um irgendetwas anderes gewesen zu sein als Vorratskammern oder Stauräume, in denen Kleider oder Kissen und Decken verschwinden konnten; denn die am Ende des Ganges liegenden eigentlichen Wohnräume, in die Louise von Lengefeld mit ihren Töchtern einzog, waren so klein, dass die als Betten genutzten Sofas bei Tag abgeräumt werden mussten.

Wandte man sich am oberen Treppenabsatz nach links, so betrat man das Vorderhaus und damit die Wohnung Friedrich Wilhelm Ludwig von Beulwitz', zwei größere und zwei kleinere, ineinander übergehende Zimmer. Treppenstufen verbanden die unterschiedlichen Ebenen zwischen altem und neuerem Baukörper.[14]

Der 1755 geborene Beulwitz sollte eine der Chancen sein, die die Chère mère ergreifen wollte, um ihren Töchtern und sich selbst wieder eine Stellung in der Rudolstädter Gesellschaft zu verschaffen. Sie kannte ihn von Kindheit an, hatte ihm am 4. September 1777 ins Stammbuch geschrieben:

»Aber süßer ist's noch, schöner und reizender
In dem Arme des Freundes wissen ein Freund zu sein!
So das Leben genießen
Nicht unwürdig der Ewigkeit!
… Ihre Freundin und Dienerin
von Lengefeld, geb. von Wurmb«

Am gleichen Tag trug sich »C. v. Lengefeld« – Caroline? –[15] in Beulwitz' Stammbuch ein.[16] Etwa um diese Zeit wurden nach Wunsch seines Vaters und ihrer Mutter der zweiundzwanzigjährige Ludwig und die vierzehnjährige[17] Caroline einander versprochen. Als Sechzehnjährige war sie jedenfalls verlobt – und rebellierte dagegen. Der Bräutigam musste sie beruhigen: »Wie könnte ich Ihnen zumuten, wenn ich auch nur ganz allgemeine Hochachtung vor Ihnen hegte, Ihre Hand einem Menschen zu geben der Ihnen zuwider ist, und von dem Sie wissen, daß Sie mit ihm misvergügt leben würden? Alles Gefühl der Menschlichkeit, Nächstenliebe und meine eigene müßte ich verlohren haben, wenn ich mich verleiten ließ Ihnen zu etwas zu überreden was Sie mit so vieler Überzeugung verabscheuen.«[18]

Der junge Mann war eigentlich passend. Er stammte aus dem engeren Zirkel der besten Rudolstädter Familien. Seine Ahnenreihe war genau so lang wie die Lengefeld'sche; er hatte einundvierzig Taufzeugen, drei Fürstlichkeiten waren darunter. Er hatte – in Begleitung eines Hofmeisters – vier Jahre an den Universitäten Erfurt, Wittenberg und Leipzig verbracht und anschließend sofort eine Festanstellung als Kammerjunker und Regierungsassessor am Rudolstädter Hof bekommen – mit neunzehn. Das war seinem äußerst beliebten Vater zu verdanken, dem Oberst und Verfasser vieler Kirchen- und noch mehr Trinklieder, der sich hin und wieder deftige Späße einfallen ließ. So setzte er den Rudolstädter Stiftsdamen Sekt als neumodisches Zuckerwasser vor und beobachte vom Giebel seines Hauses durchs Fernrohr, wie sie nach Hause wankten. Von dem schon in jungen Jahren als bescheiden, sachlich und treu beurteilten Sohn waren solche Frivolitäten nicht zu erwarten; auch seine Anrede »Frau«[19] für die gerade sechzehnjährige Caroline ist sicher so nicht zu verstehen. Der ohne Begeisterung zum Verlobten Genommene unterstützte fortan die Lengefeld-Damen; als sein Einkommen sich etwa ab 1785 verbesserte, auch finanziell.

Über die Jahre zwischen 1775 und 1783 ist wenig bekannt, sowohl Charlotte als auch Caroline übergingen sie in ihren Erinnerungen. Durch die Fourierbücher der Heidecksburg sind einige Hofkontakte aus dieser Zeit überliefert. Bemerkenswert ist, aus welchem Grund die dreizehnjährige Caroline, begleitet von Cousine Amalie von Lengefeld und den

Schwestern Beulwitz, am 9. Mai 1776 erstmals als Besucherin verzeichnet ist: Die Fräulein verabschiedeten sich. Sie reisten sozusagen als Versuchskaninchen nach Gotha, wo sie gegen die Blattern geimpft werden sollten – ein gewagtes Experiment, das bei Hofe sorgfältig beobachtet wurde. Fast genau ein Jahr später kam der Leibmedikus Sutor aus Gotha, um an einem Vormittag alle fürstlichen und nachmittags alle anderen adligen Kinder in Rudolstadt – wohl auch Charlotte – zu »inoculieren«[20], das heißt, mit aus menschlichen Pocken gewonnenem Serum zu impfen. Man war in Rudolstadt nicht nur sehr fortschrittlich, sondern auch sehr mutig. Der glückliche Ausgang wurde mit einem Dankgottesdienst gefeiert.

Die Lengefeld-Mädchen hatten etwas Geld von ihrem Vater geerbt; es sind Zinserträge dokumentiert, für beide zusammen etwa 570 Taler in einem Jahr.[21] Diesen Einnahmen gegenüber standen Kosten für Unterricht im Tanzen (gut vier Taler pro Jahr), im Rechnen und Schreiben (vier Taler pro Jahr) und in Französisch (zehn Taler), aber auch fürs Frisieren (allein für Charlottes Locken, die kaum ein Schiller-Biograf unbeachtet ließ,[22] waren vier Taler aufzuwenden) und für Kleiderstoffe und Beiwerk (zwanzig Sorten Bänder, Futterleinwand, Seide und Zwirn sowie Fischbein, alles zusammen etwa zwanzig Taler, eine Schnürbrust kostete allein vier Taler).

Wenn in Caroline investiert wurde, dann ging es darum, sie mit dem auszustatten, was sie als künftige Frau von Beulwitz nötig haben würde: Grundkenntnisse im Lesen, Schreiben, Rechnen und in der französischen Sprache sowie standesgemäße Kleidung, wobei hier wohl auch Eigenleistungen der Mädchen eingeplant waren. Für Charlotte geschah das alles im Hinblick darauf, dass sie einmal Hofdame sein sollte. Ihre Garderobe durfte etwas schlichter ausfallen, aber an ihre Bildung wurden höhere Ansprüche gestellt. Sie musste ihr Französisch verbessern, und ihre Manieren sollten mehr Schliff bekommen. Auch Weltläufigkeit[23] konnte nicht schaden.

Zur Wintersaison 1782/83 war die Sechzehnjährige am

Weimarer Hof eingeführt worden,[24] Frau von Stein wird wohl darauf geachtet haben, dass ihr Patenkind hier seine Chance bekäme. Herzogin Louise von Sachsen-Weimar war interessiert, denn Charlotte zeigte Anlagen, die den Anforderungen an eine Gesellschafterin mit Aufstiegschancen zur Hofdame durchaus entsprachen. Und das war nicht wenig: Man erwartete eine gebildete, belesene, Musik und Malerei liebende, schauspielerisch und schriftstellerisch begabte gute Vorleserin, die witzig, geistreich, aber uneitel und emsig bemüht war, neue Unterhaltungsmöglichkeiten zu erkunden, sich in Kleider-, Trinkgeld-, Geschenkefragen auskannte und sich zur Reisebegleiterin eignete. Man erwartete auch, dass eine solche Fast-Alles-Könnerin auf Freiheit und Selbstständigkeit klaglos verzichtete, das Hofzeremoniell fraglos akzeptierte, ergeben und dankbar ihre vielleicht zwei Mansardenzimmer im Schloss bewohnte und nimmermüde Freude an Konzerten, Theateraufführungen, Gesellschaften, Bällen, Schlittenfahrten zeigte.[25]

Im Februar 1783 bat Beulwitz seinen Fürsten um Urlaub: »Die Frau von Lengefeld allhier, welche in verschiedenen Angelegenheiten auf bevorstehende Ostern in die französische Schweiz zu reisen und sich daselbst einige Zeit aufzuhalten gedenket, hat mich ersuchet, sie bis dahin zu begleiten.«[26] Am 13. April war die »Frau Jägermeisterin« mit ihren beiden Töchtern bei Hofe, um sich zu verabschieden. Am 22. April um drei Uhr früh verließ die Reisegesellschaft Rudolstadt, so ist Charlottes brav geführtem Reisetagebuch zu entnehmen.

Sicher war die junge Autorin anfangs aufgeregt; als die Kutsche am dritten Tag in einem dichten Tannenwald stecken blieb, reagierte sie ängstlich. Aber bald notierte sie alles, was sie als Ertrag ihrer Bildungsreise gesichert wissen wollte oder sollte, mit der ganzen Souveränität ihrer siebzehn Jahre. Manchmal machte sie sich recht originelle Gedanken, wie beim Anblick von Kloster Banz am Main: »Ich glaube, die Geistlichen, die diese Mauern bewohnen, müssen weniger ihre Freiheit vermissen als andere; denn dem Anschein nach haben sie Alles, was sie nur freilich sich ohne Freiheit wünschen können. Das Kloster ist sehr reich, und die herrliche, schöne Lage! Sie können so ganz ungestört (wenn's ja wahr ist, daß die Leidenschaften in Klöstern einschlummern) der schönen Natur genießen, so ununterbrochen sie bewundern. Es schien, als wehte Ruhe aus den Mauern herüber, vielleicht nur dem Anschein nach; denn wie wahr ist's nicht, daß das äußerliche uns täuscht!«

Meistens handelte sie jedoch gewissenhaft die Sehenswürdigkeiten ab. Nach Coburg, Lichtenfels, Bamberg, Forchheim, Nürnberg: »Den 29. kamen wir um drei Uhr in Ansbach an. Die Stadt ist gut gebaut, und das Schloß ist sehr groß. Den 30. hielten wir Mittag in Dinkelsbühl. Die Lage des Orts ist ganz freundlich; in der Hauptkirche sind nicht ganz üble Gemälde.«

Weitere Klöster, Kirchen, Schlösser, Parks, Bilder und Skulpturen, eine Rechenmaschine, eine Spiegelfabrik, eine Seidenspinnerei, eine Drahtzieherei standen auf dem Reiseplan, zudem Besuche bei diversen nahen und fernen Verwandten. Auch bei Berühmtheiten wie dem Schriftsteller und Komponisten Christian Friedrich Daniel Schubart, den der württembergische Herzog Carl Eugen auf dem Hohenasperg inhaftiert hielt (»Er spielte uns auf dem Klavier, und er spielte unaussprechlich schön mit so vielem unbeschreiblichem Ausdruck. Wie schade, daß so viel Talente in diesen Mauern eingeschlossen bleiben müssen!«), und – mit einem Empfehlungsschreiben Goethes – bei Johann Caspar Lavater (»Man kann nichts von ihm sagen, sondern muß sich nur seinem Gefühle, das sich nicht mit Worten ausdrücken läßt, überlassen.«[27]).

Was die Persönlichkeiten unter den »Sehenswürdigkeiten« dieser Reise betrifft, so wäre ein Blick in die Zukunft hilfreich gewesen, denn Charlotte – und mit ihr Caroline – bewegte sich nach Ellwangen, Gmünd und Schorndorf in Stuttgart und Umgebung auf Schillerboden! »Den 5. [Mai] fuhren wir nach der Solitude, einem Schloß des Herzogs, ob es gleich nur ein Landhaus sein soll. Aber dazu ist es zu gekünstelt. Der Garten ist sehr schön und hat gar schöne Salons, unter andern den Lorbeersaal, der schöne Statuen hat, und der Plafond ist von Guibal gemalt. In der Kapelle sahen wir zwei Stücke, die der Papst dem Herzog gab. Eins ist ein Christuskopf in Marmor eingelegt, und das andere stellt Marien vor und ist gestickt. Die Einfassung von dem einen kostet über tausend Gulden. Die Kapelle ist übrigens sehr schön und hat noch andere hübsche Gemälde.« Am übernächsten Tag: »Die Einrichtung der Akademie ist sehr hübsch. Aber es macht einen besonderen Eindruck aufs freie Menschenherz, die jungen Leute alle beim Essen zu sehen. Jede ihrer Bewegungen hängt von dem Winke des Aufsehers ab. Es wird einem nicht wohl zu Muthe, Menschen wie Drahtpuppen behandelt zu sehen.« Da wollte man doch lieber ein Mönch in Kloster Banz sein ...

In diesen Maitagen hätten die Schwestern Friedrich Schiller bereits treffen können – wäre er nicht im Exil in Bauerbach bei Meiningen gewesen. In Stuttgart besuchten sie in Begleitung der Chère mère eine Verwandte, Besitzerin eben jenes Gutes, das Schillers Versteck war: Henriette von Wolzogen. Dabei trafen sie auch deren Söhne (Caroline sah also Wilhelm, der ihr zweiter Ehemann werden würde!), die die Hohe Carlsschule besuchten,[28] jene Militär-Akademie, in der die Eleven an Drahtpuppen erinnerten.[29] Auch bei der Familie Schillers, der der Günstling der Frau von Wolzogen und Akademiekollege ihrer Söhne war, ließen sich die Lengefeld-Damen melden. Friedrichs älteste Schwester Christophine lobte Charlottes »schöne Figur in einem reizend kleidenden himmelblauen Jäckelchen«, worauf die beiden in einem Nebenzimmer verschwanden, um den Jäckelchenschnitt in aller Eile zu kopieren.

Tübingen, Balingen, Aldingen. Schaffhausen! Goethe hatte auf einer seiner für bildungsbeflissene Zeitgenossen vorbildhaften Schweizreisen[30] den Rheinfall gesehen, geschildert und gezeichnet – auch Charlotte hielt ihn in ihrem Skizzenbuch fest. Beide Lengefeld-Schwestern beschrieben das Ereignis so unterschiedlich, wie sie empfanden. Charlotte: »Den 11. sahen wir den Rheinfall, dieses große unnennbar schöne Schauspiel der Natur. Der Rhein stürzt sich über einen Felsen, der 80 Fuß hoch ist, schäumend herab. Es ist ein großer schöner Anblick, die schäumende Welle mit Getöse um die Felsen herab stürzen zu sehen. So stehen oft Menschen von Wogen des Schicksals umrauscht, ohne Trost, ohne Stütze, gleich der großen Steinmasse, die sich da erhebet, ruhig unerschüttert da.«[31] Nun ja.

Und so Caroline zum gleichen Thema: »Der 11. Mai wird mir unvergeßlich sein; ich sah das größte Schauspiel der Natur, das je mein Auge erblickte, den Rheinfall. Unmöglich ist es, ihn zu beschreiben, so treu, so lebhaft, so in seiner ganzen Würde, daß das Bild in eines Menschen Einbildungskraft sich darstellte, und sein Herz mit der seligen Empfindung erfüllte, die sein Anschauen erregt. Unmöglich ist dies ganz zu erreichen bei jedem Schauspiel der Natur, aber hier wird selbst der Gedanke Verwegenheit. Der Rhein fließt dicht an der südlichen Seite von Schaffhausen; sein Wasser hat eine schöne grünliche Farbe. Wir gingen zu Fuß nach dem Rheinfall. Nicht weit von der Stadt gehen schon die Felsen an, der Weg geht zwischen Wiesen und Feldern hin, die Aussicht ist durch eine Kette von Bergen, die schon zu Zürich gehören, eingeschränkt. Der erste Anblick des Falles ist groß und herrlich, doch erregte er das Staunen, das ich erwartet hatte, nicht in meiner Seele. Je mehr man sich aber nähert, desto mehr schmilzt jede Kraft der Seele in Bewunderung zusammen. Ich war so trunken von dem herrlichen Anblick, daß ich, als ich eine Viertelstunde von demselben weg war, kein deutliches Bild mehr davon in meiner Einbildungskraft hatte.«[32] Mehr als nur die gut drei Jahre Altersunterschied schlug sich in diesen Schilderungen nieder.

Die unterschiedlichen Temperamente der Schwestern führten auch zu unterschiedlichen Lieblingsbeschäftigungen während ihrer Schweizer Zeit. Zürich, Baden, Lenzburg, Kilchberg, Bern, Murten, Avenches, Payerne, Lausanne – einen vollen

Monat war die Reisegesellschaft unterwegs, ehe sie in Vevey eintraf; fast ein Jahr blieben Mutter und Töchter dort. Während die Verlobte Caroline sich reitend und schwimmend austobte,[33] lag der künftigen Hofdame mehr daran, in der Patriziergesellschaft zu brillieren – auch wenn ihr manches daran nicht passte, wie sie Wilhelm von Wolzogen, den neu entdeckten Verwandten, wissen ließ:

»Vevey, 20. Juni 1783.
Sie können aus der Eilfertigkeit, womit ich Ihnen antworte, sehen, lieber Cousin, wie viel Freude mir ihr Brief verursachte. Heut früh erhielt ich ihn, und ich sage Ihnen herzlichen Dank. … Sein Sie versichert, dass ich recht warmen Anteil an Ihrem Schicksal nehme, o wie so gern möchte ich Ihnen helfen, entsagte gern einem Theil meiner Freuden, die ich hier finde, um Sie froh zu wissen. Nichts bleibt übrig als die Hoffnung, die leider zuweilen eine traurige Trösterin ist, wenn man zu lange schon nach ihr gesucht hat. Aber einmal muß es sich doch ändern. Auch ich hoffte lang vergebens von Rudolstadt weg zu kommen, viele frohe Aussichten zeigten sich mir, sie schwanden zuweilen alle, bis endlich dieser Plan gelang, der mir unendlich viel Freuden schon schaffte. Der Reise bin ich auch ihre Bekanntschaft schuldig. Ich denke recht oft nach Stuttgart, an Sie, an Ihre lieben Brüder, ich hoffe Sie zweifeln nicht daran, ich sage nicht gern, was ich nicht wirklich denke. Schreiben Sie mir nur recht oft und viel; es wird mir ein liebes Geschäft sein Ihnen zu antworten.
Mit meinem Aufenthalt hier bin ich recht zufrieden; die Lage von Vevay kennen Sie wohl schon durch die Beschreibung. Es giebt viel artige Personen hier, der Ton ist gar hübsch und würde noch mehr nach meinem Geschmack sein, wenn nicht die Damen das Spiel so liebten; ich spiele nicht gern und ziehe eine Unterhaltung vor. Man muß sich indessen nach dem Ton der Gesellschaft richten, und überall ist ja das liebe Spiel eingeführt.«[34]

Die Schriften Voltaires, Diderots und Rousseaus fand die junge Charlotte jedenfalls anziehender.

In ihrem Stammbuch sind sie alle verewigt, die Mitglieder des waadtländischen Patriziats um die Familie des Landvogts Lentulus, die Teilnehmer und Teilnehmerinnen der Sonntags- und Dienstagskränzchen. Fauconnier, ein Jesuit, der seinen Orden verlassen hatte, um zu heiraten, unterrichtete sie in Französisch. Seine Lebensgeschichte dürfte das junge Mädchen für Liebesdinge sensibilisiert haben, und so erlebte Charlotte in ihrem Schweizer Jahr einen kleinen Herzensroman.

Den Mann ihres Lebens sah sie – ohne es zu ahnen – zum ersten Mal auf der Rückreise nach Thüringen, am 6. Juni 1784 in Mannheim. Mit Mutter und Schwester hatte sie dem seit einem knappen Jahr wieder dort lebenden Dichter Friedrich Schiller einen Besuch abstatten wollen.[35] Er war ausgegangen, also gaben sie lediglich Karten ab. Erst im letzten Augenblick, als sie gerade abreisen wollten, kam ein kurzes Treffen in ihrem Gasthof zustande – das alle Beteiligten unbeeindruckt ließ.

Nachträglich wollte sich Caroline an seine »hohe edle Gestalt«, an »schwankende Formen«, an ihre Verwunderung, »daß ein so gewaltiges und ungezähmtes Genie ein so sanftes Äußeres haben könne«,[36] erinnern. Vielleicht nahmen die Schwestern bei dieser Gelegenheit auch flüchtig wahr, dass der Dichter sich schlecht hielt, x-beinig lief, unter einer Hautkrankheit litt. Zu einem richtigen Gespräch, in dem er gewiss beeindruckt hätte, kam es seinerzeit nicht. Sie »scherzten oft in der Folge über die Kälte [ihres] ersten Begegnens«.[37]

Ein anderer Kontakt, den sie während des Mannheim-Aufenthalts knüpften, trug dagegen sofort Früchte: Die Lengefeld-Damen trafen Marie Sophie von La Roche, die in ihrer Zeitschrift »Pomona, für Teutschlands Töchter« Carolines Grindelwald-Impressionen[38] veröffentlichte.

Die Rückkehr nach Rudolstadt muss für Charlotte und Caroline bedrückend gewesen sein. Vorbei das Schwelgen in immer neuen, oft großartigen Landschaftsbildern, vorbei das Wohlgefühl, von artigen Gastgebern im Gespräch bevorzugt zu werden. Knapp zwei Dutzend Adelsfamilien in Rudolstadt waren nun wieder ihr sattsam bekannter Umgang. »Todt und langweilig« blieben die alten Spazierwege nach Cumbach zur Orangerie, nach Volkstedt zur Porzellanfabrik oder der kurze Gang auf dem Saaledamm, Arm in Arm. Pläne für eine zweite Reise in die Schweiz erwiesen sich als unrealistisch.

Der Briefwechsel mit alten und neuen Freundinnen wie Louise von Crinsoz, Nancy de Deckersberg, Karoline von Fritsch, Döde Füßli, Sara von Hugo, Julie May, Marie von Graevemeyer[39] stimmte nachdenklich, vor allem, wenn die Post an eine von ihnen wieder einmal unter einem neuen Nachnamen zu adressieren war. Caroline würde bald die seit fünf Jahren beschlossene Konvenienzehe eingehen. Dass sie sich der Schwester entfremden könnte, fürchteten beide.

Das jährliche Vogelschießen brachte auch für Caroline und Charlotte Farbe ins Leben, bildete drei bis vier Wochen lang einen Freiraum, in dem sich Adlige und Bürgerliche begegnen konnten, wie sie es von der Schweiz her kannten. Ursprünglich ein Preisschießen der Handwerker, bei dem ein an einer Stange befestigter Doppeladler[40] stückweise heruntergeschossen wurde, hatte es sich seit den zwanziger Jahren des 18. Jahrhunderts zu einem großen Volksfest entwickelt. Gäste kamen von weither auf den Rudolstädter Anger, tranken Punsch, aßen Bratwürste und tanzten Polonaisen in Gruppen, in denen sich die Stände mischten.[41]

Im August 1784 mögen die Schwestern sich dort zerstreut haben; ihrer Mutter mag es gefallen haben, mit Frau von Stein zuzuschauen, wie nach dem Vogelschießen die Schützenfahne abgeholt und der Schützenkönig, von Kanonenschüssen akustisch begleitet, um die leere Vogelstange herumgeführt wurde. Wie sie auch erleichtert gewesen sein mag, als Caroline am 2. September 1784 planmäßig Hoffrätin von

Beulwitz wurde. Die Liebe zu einem Unbekannten, der Caroline künftig in Melancholie gedenken würde, hatte den Gang der Dinge auch nicht aufhalten können. Fernab von Rudolstadt, in Eichicht, in der Beulwitz'schen Patronatskirche, fand die Trauung in aller Stille statt. Louise von Lengefeld hatte ihre Mittel fast sämtlich für die Schweizreise aufgebraucht, eine große Rudolstädter Hochzeit wäre nicht zu finanzieren gewesen.

Herr und Frau von Beulwitz wohnten im der Stadt zugewandten vorderen, Louise und Charlotte von Lengefeld im fremden Gärten und freien Fluren zugewandten hinteren der Zwillingshäuser, dem freundlichen kleinen Gebäudekomplex unter roten Ziegeldächern. Darum ein romantischer Hausgarten, in dem Centifolien und Eglantinen[42] einträchtig über Wege wucherten, denen Buchseinfassungen eine Form gaben.[43] Eine unkonventionelle Hausgemeinschaft war das.

Das Verhältnis der beiden Schwestern war nach Carolines Heirat entgegen ihren Befürchtungen enger denn je. Die eine verstand, was die andere aus ihrer Ehe machen wollte. Es war keinesfalls das Ziel der »Frau«, Beulwitz schleunigst den so wichtigen männlichen Erben zu schenken. Ihr schwebte eher vor, einen Salon zu unterhalten, etwas in der Art der Geselligkeiten, die sie in der Schweiz kennen gelernt hatte. Interessante Menschen sollten sich treffen – gleich ob von Adel oder bürgerlich. Beulwitz war oft unterwegs, glücklicherweise. Wenn er da war, störte er gelegentlich mit seinen banalen Wünschen, nach regelmäßigen Mahlzeiten beispielsweise. Und wenn Caroline keine Zeit fand, dafür zu sorgen, zog er schon mal ab in die »Güldene Gabel«, wo er zu essen und vor allem zu trinken bekam.

Derweil gingen die Schwestern zur Zeichenstunde, ins Kupferstichkabinett, in die Naturaliensammlung, in die Bibliothek, wo sie gemeinsam Bücher auswählten, lasen, darüber redeten. Reisebeschreibungen, Philosophisches, Metaphysisches.[44] Sie wollten die Zeit auskosten, die ihnen noch zusammen blieb, ehe Charlotte als Hofdame der Herzogin nach Weimar gehen würde. Noch rechneten beide mit dieser Möglichkeit. Warum aus diesem Plan der Damen Louise von Lengefeld und Charlotte von Stein nichts wurde, kann nicht mehr nachvollzogen werden. Wohl aber, was der jungen Lotte entging …

Louise von Sachsen-Weimar, in deren Dienste sie hätte treten sollen, eine geborene Prinzessin von Hessen-Darmstadt, war eine schwerblütige Natur. 1775 war die Achtzehnjährige mit dem gleichaltrigen Sohn Anna Amalias, Carl August, verheiratet worden.[45] Sie wurde nicht glücklich am Weimarer Hof. Das von ihrer Schwiegermutter geprägte Leben dort empfand sie als zu frivol, selbst die korrekte Frau von Stein erschien ihr »zu leicht«.[46] Im Übrigen war ihr die Lockerung der Grenzen zwischen Aristokratie und Bürgertum unsympathisch, so sah sie es lieber, wenn Gäste ohne Adelsdiplom an der vergleichsweise inferioren Marschalltafel Platz nahmen.[47]

Ihr Leben in Weimar – das Charlotte empathisch hätte teilen müssen – war nicht dazu angetan, Herzogin Louises Gemüt aufzuhellen. Sie brachte in gut dreizehn Jahren sieben Kinder zur Welt. Eine Tochter und zwei Söhne starben sofort, eine weitere Tochter wurde nur fünf Jahre alt. Carl Friedrich, der Erbprinz, Caroline und »der starke Bernhard«, Vaters Liebling, blieben ihr. Allerdings hatte diese letzte Geburt 1792 ihre Kräfte derart erschöpft, dass sie fortan den ehelichen Umgang mit ihrem Mann aufgab und 1802 dessen Favoritin, die sechsundzwanzigjährige Kammersängerin und Schauspielerin Caroline Jagemann, offiziell als Nebenfrau akzeptierte, was beinhaltete, dass diese Geliebte und ihre Kinder sieben Jahre später geadelt wurden und den Namen von Heygendorf bekamen.

Nicht unbedingt die Unlust ihrer Herzogin – und gewiss nicht deren Neigung zu anspruchsvoller Lektüre und Diskussion – hätte Charlotte vermutlich zu schaffen gemacht, eher schon die strammen Morgenpromenaden in Begleitung der unter der Strapaze ächzenden Hofdamen. Dass ihr Louises

Tabakschnupfen angenehm gewesen wäre, darf man bezweifeln. Auch Tarok à l'hombre war, nach ihrem Urteil über Schweizer Kartenspieler jedenfalls, damals nicht nach Charlottes Geschmack.

Und dann starb der Lengefeld'sche Erbonkel Carl Friedrich von Wurmb.[48] Als junger Mann war er wegen einer Herzenssache und aus fatalem Altruismus nach Indonesien gegangen, hatte sich dort unter anderem dem Studium der Menschenaffen gewidmet und war im Andenken an die unerreichbare, weil dem Bruder verbundene, Geliebte unverheiratet geblieben.

Die Chère mère wurde als seine Erbin ausfindig gemacht. Sie erhielt wohl tatsächlich Geld, aber nach und nach meldeten sich die Gläubiger des Onkels, und so zerrann das schöne Vermögen fast ganz und mit ihm die Träume der Schwestern, dass ihr Leben doch noch nicht so festgelegt sei, dass eine Möglichkeit bestünde, dem Hofdamendasein zu entkommen, oder dass eine Ehe nicht für die Ewigkeit geschlossen sein müsse, wenn man die Hochzeit schon nicht hatte umgehen können.[49]

Dem damaligen Seelenverwandten der beiden, ihrem Cousin Wilhelm von Wolzogen, der gerade die Militär-Akademie verlassen und sich also neu zu orientieren hatte – auf Wunsch des Herzogs Carl Eugen von Württemberg in Richtung Architektur –, vertrauten sie sich an, wenn er sie, selten genug, in Rudolstadt besuchte[50] und sie Arm in Arm mit ihm an der Saale entlang promenieren konnten. Oder brieflich.

Lächerlich verklausuliert, wie mögen die Schwestern über diese Epistel gestaunt haben, schrieb Wilhelm am 25. September 1785 an Caroline: »Alle Glieder können einen gewissen Grad von Ähnlichkeit haben, aber das zweite paßt gewiß besser an das erstere als dieses an das nur um eines entferntere dritte. – So ist es in der Körperwelt! Sollte es nicht auch auf das Geisterreich anwendbar sein? Sollte man sich nicht auch da eine Abstufung denken können? und sollte nicht der Geist

43

auf der 40ten Stufe bei dem Geiste auf der 41ten Stufe glücklicher sein, und mehr zusammenstimmen, als bei einem Engel, der auf einer der obersten steht?«

Caroline, »Geist auf der 41ten Stufe«, war damals ein Jahr verheiratet und versuchte, sich mit Beulwitz zu arrangieren und ihrem Cousin einen Platz in ihrem Leben zuzuweisen, an dem er Ausgleich für die Leere ihrer ehelichen Beziehung schaffen mochte. »Warum sollte die Sprache der Freundschaft kalt sein? Und warum sollten Ihre Empfindungen für mich mit Ihrer Vernunft streiten? ... Ich fürchtete schon einige Mal nach Ihren Briefen, daß etwas Unruhiges, etwas Leidenschaftliches in Ihrer Anhänglichkeit an mich wäre. Ihr vorletzter Brief vermehrte meine Furcht.« So rügte sie Wolzogen, als er für ihre Begriffe zu deutlich wurde. (Caroline an Wilhelm am 1. Juli 1786.)

Zurückgezogenheit als erstrebenswerte Lebensform bot sie ihm an und beiläufig einen Schlüssel zu ihrem Wesen: »In meiner frühesten Jugend hatte ich so eine Erscheinung in meiner Seele – aber mein Herz wurde da gekränkt, innig gekränkt durch die Disharmonie, die ich unter meinen Empfindungen und denen des Gegenstandes meiner Liebe fand. Dies gab mir eine Gleichgültigkeit, einen Unglauben an alle Glückseligkeit ...« Die Beziehung zu ihm erlaubte ihr auch die Befriedigung konspirativer Gelüste: »Aber eine Bitte: wenn Sie zu uns reisen, so schreiben Sie mir's und überlassen mir den Plan Ihrer Reise zu machen und Ihre Zeit einzuteilen. Das vorige Mal machten Sie's sehr übel. Aber dann muß auch dabei geblieben werden, wie ich's bestimme. ... Ihr nächster Brief sei an Lottchen adressiert. Adieu.« (Caroline an Wilhelm am 8. März 1787.)[51]

Caroline liebte es, ganz im Ernst mit dem Feuer zu spielen. In dem prospektiven Geldsegen aus Batavia sah sie vor allem eine Chance, die räumlichen Bedingungen für ein Leben zu schaffen, das ihr Beulwitz vom Leibe hielt. Denn bei aller Wertschätzung (»Beulwitz ist ein sehr gerader, ehrlicher, edler und verständiger Mensch«, wenngleich »er oft etwas Kaltes und Zurückhaltendes in seinem Wesen hat, wenn er nicht bei Laune ist«)[52], ganz nah mochte sie ihn nicht haben.

In Carolines Auftrag übernahm Charlotte 1786 den eher nüchternen Part, Cousin Wilhelm eine Bitte vorzutragen: »Wir wollen uns ein Haus bauen, und es würde uns doppelt lieb sein, wenn Ihre Gedanken darin wären. Also wenn Sie eine müßige Stunde haben, so machen Sie einen Riß. Das Haus soll 2 Etagen hoch sein, einen Saal haben, der in der obern sein soll, am Saale eine Stube, Kabinett und Kammer, auf der andern Seite eben so. Unten eine große Stube, 2 kleinere, 2 Kammern, eine Leute-Stube und Küche.«[53] Bestand also zu der Zeit noch die Hoffnung, dass das Batavia-Erbe dafür ausreichen würde? Wenn ja, dann überstand sie das Jahr nicht. Im Januar 1787 erschien das Haus Charlotte schon als ein Luftschloss. Und Caroline fand im März Trost bei dem Gedanken an das steigende Einkommen ihres Mannes.[54]

Nahe bei den Beulwitz-Lengefeld'schen Wohnungen lag ein Vorwerk, das in zehn Parzellen aufgeteilt worden war.[55] Eine davon hatte Louise von Lengefeld für zweihundertfünfundsechzig Taler erworben, doch für ein größeres Bauvorhaben reichte das Geld nicht mehr – letztlich sollten nur ein zweistöckiges Gartenhaus und ein grüner Pavillon darauf errichtet werden. Der Kauf des Grundstücks erwies sich dennoch in mehrfacher Hinsicht als lohnend. Abgesehen davon, dass dessen Veräußerung nach nicht einmal zehn Jahren mehr als das Vierfache erbrachte,[56] erweiterte der Garten die gesellschaftlichen Möglichkeiten der Familie: Längst hatte Prinz Ludwig Friedrich, der künftige Fürst von Schwarzburg-Rudolstadt, Gefallen an regelmäßigen Aufenthalten im Haus Beulwitz-Lengefeld gefunden:

»Schon sehr lange hatten wir dem Herrn Hofrat von Beulwitz versprochen, ihn zu besuchen … Erst führte er uns in sein Haus, in ein Zimmer, wo die Frau von Lengefeld, seine Frau Gemahlin und die Fräulein von Lengefeld war. Die Frau von Beulwitz spielte etwas auf dem Klavier mit sehr

vieler Fertigkeit und zeigte mir sodann viele schöne Zeichnungen, die sie verfertigt, wo ich mich denn natürlicher-
weise etwas lang aufhielt und sie recht lobte. Hierauf sah
ich mich in dem Haus um und fand alles recht artig eingerichtet. Den übrigen Teil des Nachmittags brachten wir
sehr vergnügt in dem Hausgarten zu, wo wir mit recht gutem Punsch bewirtet wurden.« (Tagebucheintragung vom
29. April 1786.)
»Wir hatten Erlaubnis erhalten, bei dem Herrn Hofrat [von
Beulwitz] abends essen zu dürfen, und wurden daselbst
recht gut bewirtet. Auf eine so fröhliche Art habe ich noch
nie gegessen. Ich ziehe ein solches Abendessen, wo man
bald aufstehn, bald sich wieder niedersetzen kann, der größten Tafel an einem Galatag vor.« (Tagebucheintragung
vom 30. Mai 1786.)[57]

Nun gab es also nicht nur den Hausgarten, sondern eine größere Anlage; bei vielen weiteren Zusammenkünften erhielt
der Prinz hier prägende Eindrücke, die ihn in seiner Neigung
zur Öffnung der Hofgesellschaft hin zu mehr bürgerlichen
Einflüssen bestärkten.

Das Resterbe ermöglichte wohl noch das: Die Chère mère
konnte sich im Juli 1786 mit ihren Töchtern einen Aufenthalt in Karlsbad leisten, wo sie Frau von Stein und Goethe
trafen und verabredeten, dass Charlotte im Oktober knapp
zwei Wochen Gast auf dem von Stein'schen Gut Kochberg sein und die kommende Ballsaison zusammen mit ihrer
Freundin Friederike von Holleben in Weimar verbringen
sollte.[58]

Die inzwischen begeisterte Tänzerin freute sich darauf, Rudolstadt mit Weimar zu vertauschen. Sie dachte an den vor-
letzten Winter zurück, als sie, Gast im Haus von Stein, mit ihrer Patentante Hoffeste besucht und den Herzog Carl August
kennen gelernt hatte, ja zu einer Fahrt in Goethes Schlitten
geladen worden war.[59] Mit von der Partie waren die maßge-
benden Damen Weimars gewesen, die mit ihren jeweiligen

Herren pelzumhüllt in bunt bemalten, wie Schwäne oder Muscheln geformten Schlitten Platz genommen hatten. Auch in diesem Winter wollte Charlotte Eis-Maskeraden besuchen, Illuminationen, Theateraufführungen, Konzerte, Redouten. Weimar war ein Ort, an dem sich zu beliebigen Anlässen vortreffliche, ehrgeizige, ernsthafte, skurrile Menschen trafen – unter modisch erschwerten Bedingungen! Charlotte sah sie oder hörte von ihnen (in der Hofsprache, die Deutsch mit reichlich französischem Anteil war): von den herausstaffierten Herren, die zum Hofball Dominos, also weite buntseidene Mäntel, Schuhe mit hohen roten Absätzen und breite, von schwarzen Bändern durchzogene Haarbeutel trugen – während die Modevorschriften den Damen Schönheitspflaster vorschrieben und ihnen durch Reifröcke (man küsste den der Herzogin …), sehr hohe Absätze, Schnürbrüste mit »eisernem« Vorderteil sowie durch Gott weiß was gestützte Haartürme das Leben und Bewegen in der Schrittfolge der Menuette schwer machten. Maskenbälle erforderten grundsätzlich – keineswegs schlichte! – schwarze Kleidung und regelrechte Larven für die Damen. Die Herren versuchten, kostümiert als Schornsteinfeger, Pierrots, Policinellen[60], ihre Identität zu verbergen. Im Übrigen waren sie tatsächlich mindestens so modemutig wie die Damen. Sie trugen, wie es gerade sein sollte, *couleur de puce, kakkas dauphin, feu de londres, feuille morte, merte doies, vomissement de la reine*,[61] geschmückt mit blitzenden Knöpfen, Agraffen, Schuhschnallen, vorzugsweise aus teurem englischem Stahl.

Aber es bedurfte in Weimar gar keiner besonderen Jahreszeit und keiner Verkleidung, um »originell« zu sein. Da kannte Charlotte einige Beispiele aus der Familie ihrer Gastgeberin. Oberstallmeister von Stein machte als Kunstreiter von sich reden, Herr von Imhoff dadurch, dass er seine erste Frau an den Gouverneur von Bengalen abtrat[62] und statt mit ihr mit zwei »Mohrenknaben« nach Deutschland zurückkehrte. Geheimrat von Schardt fiel durch seine Eitelkeit auf: Um seine Stirnfalten zu glätten, ließ er seine Stirnhaut in die Höhe ziehen; sie wurde auf dem Wirbel fest zusammengebunden und darauf die Perücke befestigt.[63]

Am 16. Juni 1785 verschwendete Charlotte von Lengefeld in einem Brief an Fritz von Stein ihr Mitgefühl, als sie schrieb: »Der Tod der Frau von Werther hat mich erschreckt. Sie war noch so jung, sah so wohl aus …« Sie hätte ihren Augen trauen sollen, denn Emilie von Werthern fühlte sich tatsächlich wohl, sie war nicht tot, sondern mit dem Bergrat August Johann von Einsiedel nach Afrika entschwunden, nachdem sie sich zum Schein hatte begraben lassen.[64]

Charlotte erkundigte sich beizeiten brieflich bei ihrem »Brüderchen« Fritz von Stein danach, »wie die Redouten fallen«[65]. Sie durfte durchaus erwarten, dass sie, anders als im grundsoliden Rudolstadt, 1786/87 in Weimar ähnlich Spektakuläres erleben würde wie im Winter 1784/85. Womöglich erhoffte sie sich auch einen Motivationsschub für ihre Hofdamen-Zukunft. Oder fand sie die doch nicht mehr so erstrebenswert, seit sie ihre Freundin Friederike von Mandelsloh geborene Gleichen als glückliche Mutter erlebt hatte?[66] Jedenfalls entdeckte sie in all dem Trubel einen Mann, den sie lieben wollte – kindlich, unbefangen, naiv-schwärmerisch, wie es einer Zwanzigjährigen noch zukommt.

Sie spielen den »schönen Geist«

»O! Woman! Lovely Woman! Nature made you
for to temper Man! We had been brutes without you.«
HENRY HERON IN CHARLOTTE VON LENGEFELDS STAMMBUCH

Die junge Charlotte von Lengefeld oder, wie sie ihre Briefe unterschrieb, Lotte, oder, wie die Mutter sie nannte und auch Caroline als zärtliche Schwester, Lolo, war offenbar hübsch. Es heißt, sie habe durch ihre nach dem Zeitgeschmack als niedlich eingestufte Figur, ihre dicken aschblonden Locken, ihre anmutigen Bewegungen, ihre Zurückhaltung bei gelegentlicher »coquetterie d'esprit« gefallen. Dezenz – dieser Titel haftete ihr bald an, auch Weisheit wurde als passend empfunden.[1] Und da sie von sanftem Wesen und aus gutem Hause war, gab es in Rudolstadt und in Weimar Junggesellen, die sich wohl vorstellen konnten, ihr Ehemann zu werden. So zum Beispiel der gleichaltrige Rudolstädter Gefährte Friedrich Wilhelm von Ketelhodt[2], der möglicherweise so gut zu ihr passte wie Ludwig von Beulwitz zu Caroline. Doch Charlotte, die Zweitgeborene, durfte es sich leisten, diesen vielversprechenden Kandidaten – er würde es bis zum Kanzler des Fürstentums bringen – nicht in Betracht zu ziehen.

Wie sie auch den zweiten Interessenten nicht ermutigen musste, den schon über vierzigjährigen Major a. D. Karl Ludwig von Knebel, Goethes Urfreund[3], der im Lauf der Zeit in die Rolle eines Briefpartners und Vertrauten hineinwuchs – glücklicherweise, er wäre Charlotte sicher ein schwieriger Lebensgefährte geworden. Knebel haderte gern: dass er deutscher Herkunft war, dass er einen despotischen Vater hatte … Er hing sehr an seiner Schwester, war zu Güte und Freundlichkeit fähig, aber auch zu Jähzorn. Er war geistreich, geschwätzig, witzig und oft auch trübsinnig. Schwankend und zu gespannt bei Faulenzerei und Wollen, ohne jedoch anzugreifen, urteilte Goethe. In einer Atmosphäre männlichherzlicher Kameraderie fühlte sich der ehemalige Offizier am wohlsten, er pflegte sie mit dem Weimarer Herzog wie mit den Prinzen (deren Gouverneur, also männliche Gouvernante, er war) und reagierte mit Enttäuschung, wenn seine Gefühle nicht erwidert wurden.

Karl Ludwig von Knebel führte Kalender: einen, in dem er wichtige Autoren und Werke verzeichnete – er war innig bestrebt, am geistigen Leben teilzunehmen –, und einen für seine täglichen Aktivitäten, in den er penibel auch das sie bestimmende Wetter eintrug. In den ersten Monaten des Jahres 1786 notierte er fast täglich Gänge in den »Clubb«, häufig auch Spaziergänge mit Goethe, Besuche bei Goethe, bei Frau von Stein, auch beim Herzog Carl August, der Herzoginmutter Anna Amalia, Wieland ... Seine Italienisch- und Englisch-Studien prädestinierten ihn offenbar für die Betreuung dreier Herren, die ihm anlässlich eines Aufenthalts mit Goethe in Jena am 20. Mai bekannt gemacht worden waren: Lord Inverary, sein Bruder Henry Heron und ein Mr. Ritchie.[4] Sie waren auf Kavalierstour. Das bedeutete, sie sahen sich auf dem Kontinent um, wo sie – durchaus vergleichbar den Schweizreisenden Louise, Caroline und Charlotte von Lengefeld –, von Empfehlungsbriefen geleitet, herumgereicht und mit Aufmerksamkeiten bedacht wurden.[5]

Ab Mai 1786 finden sich in Knebels Kalender, von wenigen längeren Unterbrechungen abgesehen, fast täglich Eintragungen wie diese: Morgens Spaziergang mit den Engländern, mittags bei den Engländern, Tee bei den Engländern, abends bei den Engländern (zum Beispiel am 4. Juni »Souper und Punsch aus Anlass des Geburtstags des Königs Georg III.«[6]).

Im Juni waren die »3 Engl. Cavalier« auch am Weimarer Hof eingeführt. Sie wurden zur Mittags- und zur Abendtafel geladen, zu »Cour und Conzert«. Allein von Dezember 1786 bis Februar 1787 taucht der Name Heron oder d'Heron vierzehnmal im Fourierbuch auf. In dieser Wintersaison lernte

Charlotte ausgerechnet durch Knebel ihre zweite Liebe kennen.[7]

Beide Männer schrieben sich am 20. Februar 1787 in ihr Stammbuch ein. Knebel: »… lehrreich wie die Nachtigall, gleich dem Turteltäubchen sittsam, verdunkelt neben sich den Kristall der klaren Quelle …« Und so schrieb Heron:

>»O! Woman! Lovely Woman! Nature made you
>   for to temper Man!
>We had been brutes without you. –
>Angels are painted fair to look like you –.
>   There's in you all
>We can believe of Heaven – amazing brightness
>   purity & truth
>Eternal Joy, and everlasting love!

>Let all your actions be regulated by that regard to the
>dignity of the female Character which springs not from
>any superiority of Birth and Station, not from personal
>pride or acquired accomplishments
>But from a conscious rectitude of Conduct –
>For this advice forgive the presumption of a person who
>tho[?] but a new Acquaintance, would fain hope not be
>considered as a common one«[8]

Man weiß von diesem Schotten, denn das war er in Wirklichkeit, sehr wenig; auf dem Bild, das von ihm erhalten ist, macht er keine überzeugende Figur. Offizier, »captain« war er, »den ganzen Amerikanischen Krieg« soll er mitgemacht haben.[9] Mit Lord Inverary, seinem Bruder, und Mr. Ritchie wohnte er in Jena im Haus der gastlichen Griesbachs und besuchte von dort aus Weimar und einmal ganz kurz auch Rudolstadt. Schwärmerisch muss er gewesen sein, literarisch gebildet, man darf ihn sich durchaus als Homme à femmes in den besten Jahren vorstellen, so wie er mit Charlotte umging. Aber er beeindruckte auch die Herren. Es gelang ihm, sich nicht nur Knebel, sondern auch den Herzog gewogen zu machen, es scheint sogar, als habe er diesen schon im Juni 1786 zur Jagd in den Wäldern um das nahe gelegene barocke Schloss Ettersburg[10] begleiten dürfen.

Henry Heron sprach offenbar sehr gut Deutsch – jedenfalls konnte er sich schriftlich erstaunlich geschickt in dieser Sprache ausdrücken. Acht Briefe an Charlotte sind erhalten geblieben, sie und ein letzter an Caroline sowie einer an Knebel zeugen von seiner Begabung, Nähe und Distanz herzustellen, ganz nach seinem Belieben.[11]

»Kaum darf ich wagen an sie zu schreiben, denn ich habe etwas von der Strenge der deutschen Denkungsart gehört, ja man hat mir gesagt, daß ein junges Frauenzimmer kein größeres Verbrechen begehen kann als einen Brief von einem jungen Mann anzunehmen. Denken Sie nur was für Empfindungen ich haben muß in dem ich dieses bewusst bin und doch mit übermütiger Hand den Feder ergreife zu machen daß Sie gnädiges Fräulein dieße Sünde begehen!« Koketterien also, und reichlich Höflichkeiten schrieb Heron an Charlotte am 2. März 1787; ein wenig über Pope; viel – sechzehn Seiten, mit Schleifchen zusammengebunden! – aus James Thomsons »The Seasons«[12] fügte er hinzu.

Zwei Wochen später: »Nein! Ich kann Ihnen nicht verzeihen, daß Sie mir in der Englischen Sprache geschrieben haben. freylich sie drücken sich nicht ganz so aus wie eine geborene Engländerin: aber sie schreiben doch auf eine solche Art daß ich wahrhaftig mich schämen und für einen Dummkopf halten muß in dem ich sehe daß ich mich so viel Mühe gegeben und kaum nach meinem langen Aufenthalt in Deutschland die Kenntniß von Ihrer Sprache erworben habe die Sie schon von der Meinigen ohne in meinem Lande gewesen zu seyn besitzen auch aber gehören Sie einem Geschlecht zu, welches, ich bin überzeugt, das Unserigen in Sachen die allen beyden gemein sind weit übertrifft. Sobald es sich die Mühe geben will sich anzustrengen.«

Sein Angebot, von Charlotte ins Englische übersetzte Texte

zu korrigieren, wurde von ihr mit Fleiß angenommen, brachte ihn jedoch zur Verzweiflung. Im Brief vom 27. März 1787 wurde Heron deutlich: »Doch daß keine Zeit verloren geht so fang ich jtzt an Ihre strengsten Straf zu verdienen. Um dießes Vorhaben auszuführen muß ich Ihnen sagen Sie haben mir einen Brief geschrieben worin ich gar kein verständiges Wort finden kann, seit dem vorigen Sonnabend um zehn Uhr vor Mittag habe ich nichts gethan als dießen Brief angekuckt und meinen vortrefflichen klar sehenden Kopf darüber zerkrüppelt – umsonst aber habe ich mich bemüht denn weiter kann ich es nicht bringen als blos Rudolstadt 21. March 1787 zu verstehen.«

Dann doch drei eng beschriebene Seiten, eingeteilt in die Spalten »yours«, »mine« und »remarks«, zu produzieren ist sicher tüchtig und tapfer und freundlich, wie auch, der Kritik einen munteren englischen Kommentar folgen zu lassen: »I hear you saying, now it is clear that these men are made out of the same clay as we and they are as easily put out of their way with trifles as any Miss among us all. You must not however sing Te deum till you be certain the victory is won – neither suppose that the weakness of one can be a proof that all are so.«[13]

Aber war das Liebe? Vielleicht. Ein wenig davon mag er für Charlotte empfunden haben, als sie sich im April in Rudolstadt wiedersahen. Zwei Tage war er Gast im Haus des Hofrats von Beulwitz. Am Abend des 23. versammelte sich die Stadtnoblesse zu Herons Ehren beim Lakai und Traiteur Meuselbach. Man gab einen Ball für den »englischen« Offizier. Am 24. war Gesellschaft bei Beulwitzens in Anwesenheit der Rudolstädter Prinzen.[14] Charlotte konnte sich ihrem Schwarm eindrucksvoll präsentieren – vielleicht hatte Caroline als Hausherrin ihr mit der Einladung helfen wollen, Heron zu gewinnen.

Zurück in Jena, ließ der allseits bevorzugte Schotte sich mit dem Abfassen seines nächsten Briefes Zeit. Er hatte seine Worte gut zu wählen! »Jtzt erwache ich aus dem Taumel meiner Empfindungen gleich wie aus einem Traum und kaum kann ich mich überzeugen daß die Freude, die ich mir in Ihrer Gesellschaft zu genießen so oft versprochen hatte, schon genoßen sind und daß die Zeit nach derer Ankunft ich mich so viel sehnete schon vorbey ist – Also sind sie dahin, auf zu schnellen Flügeln dahin die Stunden die ich glücklich bey Ihrer Seite zubrachte und nie werden sie zurück kehren. ... Meine jtzige Glückseligkeit muß also in der Erinnerung bestehen daß ich einst neben Ihnen saß, daß meine bebende Hand erkühnte sich die Ihrige zu drücken.« Dahin, dahin. Das war es.

Ein Händedruck, ein wenig Furcht seinerseits, sie könnte zu viel hineininterpretieren, und doch der ehrenwerte Versuch, sie nicht zu verletzen, wenn er Gedanken an eine gemeinsame Zukunft unmissverständlich abschnitt. Denn das musste Mr. Heron schon klarstellen, gab es doch wohlwollende Beobachter, die ihn mit dem Fräulein von Lengefeld zusammenspannten. So auch Herzog Carl August, der Charlotte mit ihrer Verliebtheit neckte und für sie einen als englischen Offizier verkleideten ausgestopften Reiher – »heron« – in Weimar bereithielt, neben einer stattlichen Anzahl von Ulmen, zur Zierde des mittlerweile zum Englischen Garten deklarierten Grundstücks hinter dem Beulwitz-Lengefeld'schen Haus.[15] Lord Inverary, der Bruder, soll nicht begeistert gewesen sein. Charlotte von Lengefeld hatte nichts und, daran war inzwischen kein Zweifel, sie hatte auch nichts zu erwarten.

Im Mai[16] schrieb Henry Heron Abschiedsbriefe, den ersten am 7. des Monats »An Die gnädige Frau von Beulwitz«: »Wie werde ich auf die Tage die ich in Deutschland überlebt habe zurückblicken ohne daß die wenigen die ich in Rudolstadt zubrachte unter den glücklichen ein besonderer Platz haben werden«; den zweiten, fünf Tage später (überfällig also die für den 8. geplante Abreise), richtete Heron an Charlotte: »Ja: wenn es nur zwey Zeile wäre so muß ich doch Ihr auch eine Lebewohl sagen derer Bild so in meinem Gedächtniß eingewurzelt ist mit allem dem was dieße Gegend für mich anziehend hat. ... es thut mir Leid daß mein Aufenthalt in Rudolstadt so kurz war doch ... ist es beßer ich sah genug zu verursachen daß ich einen traurigen Abschied nehmen mußte. ... Ihrer Mutter sagen Sie von mir alles was Sie selber in einer solchen Lage wie die meinige ist sagen würden. auch Ihre Schwester und Mann grüßen Sie aufs herzlichste ...« Es folgten seine neue Adresse: »Chez Monsieur Godfrey Pestel. Negocient à Mayence«[17] und drei Seiten Gedichtabschrift »The Braes of Yarrow«.[18]

Nach Mainz das absolute Muss für einen Engländer, der Höhepunkt jeder Deutschlandreise: eine Rheinfahrt! Dann Neuwied, anregende Geselligkeit am dortigen Fürstenhof durfte erwartet werden, aber: »Hier sitze ich in einem Wirtshaus weit entfernt von meinem Vaterlande und von allen die meinem Herzen in Deutschland theuer sind. wohin ich meinen Blick werfe sehe ich nichts als fremde Gesichter und noch fremdere Seele. Ja meine Freundin nun fühle ich es ich bin jetzt wirklich weit von Ihnen, viele sind die Berge die sich zwischen uns erheben, manche finstere Wolken schweben manche traurigen Winde ... in dem Raume der uns trennt.« Und so weiter, und so melancholisch, als hätte Heron sich ein wenig Trost angetrunken, während er die fünf Briefseiten füllte. Charlotte schrieb nach Neuwied, wie sie auch schon nach Mainz geschrieben hatte.

Und er? Ließ erst einmal nichts von sich hören. Erst am 2. August 1787 meldete er sich – aus Rotterdam: »Was denken Sie jetzt von mir? ich bekam Ihren letzten Brief wie ich noch in Neuwied war ... während meines Aufenthalt dort hatte ich Zeit genug ihn zu beantworten. warum ich es nicht that muß meine träge Natur entschuldigen: schelten Sie mich nicht ich gestehe's gerne.« Dann ein hübsches Bekenntnis, das Charlotte mit gemischten Gefühlen gelesen haben wird: »meine Gedanken führten mich oft hin zum Ufer der Saale. ich begleitete Sie an dem schäumenden Bache. sah Sie wie Sie das Blümchen Vergißmeinnicht pflückten sagte bey mir selber:

zwar kleines Blümchen bist Du schön bald aber wirst Du dahin welken entstellt und bleich und zerfallen ...«

Heron war auf dem Weg zu seiner Insel, denn: »... ich habe wirklich das Heimweh bekommen. ich kann nicht denken weiter unter Fremde zu reisen die sich um mich eben so wenig bekümmern als ich um sie ... ich habe daher beschloßen gerad nach London von hier zu reisen. Morgen erwarte ich ab zu segeln und wenn der Wind uns nur ein wenig begünstigt so kommen wir in drey Tagen hin ... wenn sie an mich schreiben so addressieren Sie Ihren Brief an Capt. Heron at John Trotters jun. Esq. N 43 – Frith Street – Soho – London.« Charlotte schrieb auch dorthin. Aber eine Antwort erhielt sie wieder nicht. Da wollte sie glauben, ihr Brief sei verloren gegangen.

Hatte Henry Heron doch wieder das Fernweh gepackt? Oder war er nicht ganz freiwillig unterwegs? Oder ...? Am 17. Mai des darauf folgenden Jahres ging Post von Lissabon ab[19] – an Knebel. Im Umschlag ein Brief, den Henry Heron auf Madeira geschrieben und einem Boten anvertraut haben will.

> »Und nun noch zu der Gesundheit
> meines Freundes dem ich liebe
> leer ich aus ein Glas Madera
> selbst auf der glückselgen Insel.«

Die Vorlage für diesen Vierzeiler, mit dem Heron den Brief begann, hatte Herder durch die Übersetzung einer spanischen Romanze geliefert:

> »Und zum Schlusse dieses Festes
> Kosten wir ein Glas Madera
> Süß und traurig: zum Gedächtnis
> Aller unglücksel'gen Liebe.«

Der geliebte Freund Knebel wurde knapp über die Naturschönheiten der Insel informiert und vage über das Reiseziel:

»Ich bin jetzt auf der Reise nach Ostindien mit meinem Regiment u. das Schiff worauf ich bin hat sich hier aufhalten müssen um Wein aufzunehmen, wir haben drey Compagnien Soldaten auf dem Schiff …« Heron erkundigte sich nach den Damen Schardt, Imhoff und Stein, nach dem Herzog, der Herzogin … und dann: »Do you hear about Rudolstadt. There is a charm in the very name – o days happy days – days of whose happiness I was not aware – but my friend we must labour this –.« Namen von Rudolstädterinnen nannte er nicht. Er schrieb auch nicht mehr, er hatte sich tatsächlich »auf ewig« verabschiedet.[20]

Charlotte vergaß den smarten Schotten nie. Er gab ihr Anlass zu tief gefühltem Liebeskummer, der wohl länger währte als die Liebe selbst. Ihre Briefe an Heron sind mit dem Mann verschollen, was und wie sie ihm geschrieben, das kann nur aus seinen erahnt werden.

Mag sein, Caroline beneidete Charlotte. Sie selbst hätte sich einer solchen Liebe nicht hingeben dürfen und auch nicht einem solchen Kummer – schon gar nicht unter der mitfühlenden Anteilnahme ihrer Umgebung.

Vorläufig war jedenfalls der Versuch beider Schwestern fehlgeschlagen, das aus Quellen wie Glaube, Tradition, Pflicht gespeiste Richtige, das für den inzwischen legendären Vater handlungsleitend gewesen war, erfolgreich auf ihr Leben zu übertragen. Der Pragmatismus der Mutter hatte als Vorbild ebenfalls versagt. Ihr – allerdings schwer geprüftes – Konzept hatte spätestens dann seinen Zauber verloren, als sie auf das Erbe aus Batavia spekulieren musste.

Caroline hatte sich mit Beulwitz verbunden, weil sie – auf das Urteil der Chère mère vertrauend – sich von ihm Existenzsicherung in gesellschaftlicher und später auch in materieller Hinsicht versprach, die sie auch erhielt. Der Verlust des Vaters sollte ausgeglichen werden. Doch hochintelligent, hochsensibel, wie die junge Frau war, konnte sie sich in dieses weiche, aber schmale Bett nicht fügen. Charlotte, die Erfahrungen Carolines bedenkend, hätte sich wohl gern mit dem attraktiven Exoten Heron verbunden, weil sie daran glauben wollte, dass er ihr den Luxus übereinstimmender Empfindungen bieten würde. Doch er hatte sich ihr entzogen.

Mittlerweile wohl wissend, wie unergiebig es sein kann, in die Gesichter anderer zu schauen, sich auf die Erfahrungen anderer zu verlassen, wenn es darum ging, Entscheidungen für ihr Leben zu treffen, wollten sich Charlotte und Caroline nun selbst kennen lernen. Ihr eigenes Wesen wollten sie ergründen. Daraus sollten Einsichten zu gewinnen sein, die zuverlässig ihre Zukunft bestimmen konnten. Das bedurfte der Selbstbeobachtung. Sie experimentierten mit Reizen, denen sie sich gezielt aussetzten. Sie versuchten, ihre Reaktionen zu beschreiben. War ihnen bewusst, dass sie – von der Aufklärung beeinflusst – Pfade beschritten, auf denen die Romantiker sicher Tritt fassen würden? Wenn sie sich in Bücher, Zeichnungen, Noten vertieften? Wenn sie den nächtlichen Himmel mit seinen Wolken, Gestirnen betrachteten und auf ihren Standort am Fenster im Haus in der Neuen Gasse bezogen? Noch ging es um Gefühle, die die Lektüre, das Erleben der Natur auslösten. Mit wem die Ergebnisse besprechen? Mit wem in dem an verwandten Seelen so armen Rudolstadt? Mit der Nächsten! Der Schwester!

>Noch liegt in Nacht gehüllet
Ein Wesen, das wie du
Soll sehn den Tag der Erden;
Laß es dir theuer werden,
Du gibst ihm Trost und Ruh.

Es sah den Tag der Erde,
Noch schwebte düstre Nacht
Um seinen Blick, die Leiden
Kannt' es noch nicht, die Freuden,
Und nicht der Freundschaft Macht.

Doch fester immer fester
Verknüpfte sich ihr Band,
Und auf des Lebens Wegen
Gibt sie uns ihren Segen:
Wir wallen Hand in Hand.

Noch lag ich tief im Schlummer
Und kannte nicht die Welt,
Sah glänzen nicht die Sterne,
Sah noch nicht jene Ferne
So schön vom Mond erhellt.

Ich hörte nicht die Winde,
Die unsern Hain durchwehn,
Sah nicht durch Blumenwiesen
Die Saale lieblich fließen,
Sah nicht die Sterne schön.

Da rief ein guter Engel
Dich in des Lebens Tag
Und sprach: dir sei die Freude
Auf immer hold, sie leite
Durch's Leben dich gemach.«[21]

Charlotte dichtete für Caroline zum dreiundzwanzigsten Geburtstag. Freundin, das war Carolines Ehrentitel für Charlotte.

Rudolstädter Winter. Für Caroline und Charlotte zum Fürchten. Feuchte Kälte zog ins Haus. Der Körper reagierte mit Krankheiten, die Seele mit Ängsten, wenn der Lichtkreis der Kerze Zimmerecken aussparte, in denen das Unbestimmte lauerte. »Mir ist heimlicher in einer kleinen Stube, wenn ich allein bin, als in einer großen, da bilden sich immer so wunderbarliche Ideen, die Schatten des Lichts formiren so verschiedene Gestalten, daß oft die Einbildungskraft mit dem Kopfe davon läuft, und ich könnte glauben, Geister zu sehen.«[22]

Briefe schreiben, Briefe erhalten, vom Schreibtisch aus Kontakte nach Kochberg, nach Weimar, nach Stuttgart, in die Schweiz pflegen: Das weitete die Stube ohne beängstigende Schatten und machte unabhängig von der Rudolstädter Gesellschaft. Zeichnungen wurden ausgetauscht und Noten und Bücher. Wenn aber alle Zeichnungen betrachtet, alle Notenblätter durchstudiert, alle Bücher gelesen, wenn der Fuhrmann oder die Botenfrau ausblieben, dann …

… ja dann war das Auftauchen zweier junger Männer ein Segen. Und wenn der eine als einfühlsam, als lenkbar leidenschaftlich gar und der andere als Dichter eingeführt war, ja dann erhöhte sich die Aufmerksamkeit. So still war der Spätherbsttag 1787, dass Pferdegetrappel die Schwestern ans Fenster lockte, so kalt war es, dass die beiden Reiter, die die Neue Gasse herunterkamen, sich in dicken Mänteln unauffällig verbergen konnten. Das erinnerte Caroline später, allerdings nicht ganz korrekt.[23] Der Torschreiber registrierte die Ankommenden nicht im November, sondern am 6. Dezember, unter Namen, die auch in der am 11. des Monats im örtlichen Wochenblatt veröffentlichten Fremdenliste erschienen: Architekt Harles und Dr. Schiller. Doch da hatten die Freunde Rudolstadt schon wieder verlassen.

Dr. Johann Christoph Friedrich Schiller war also dieses Mal – anders als früher und anders auch als sein Begleiter Wilhelm Friedrich Ernst von Wolzogen – unter seinem richtigen Namen gereist. Am 5. Dezember waren die Freunde in der Frühe in Bauerbach losgeritten.[24] In Ilmenau hatten sie übernachtet, waren dort noch im Morgendunkel aufgebrochen und gegen vier Uhr nachmittags in Rudolstadt angekommen. Schiller hatte eigentlich direkt nach Weimar[25] zurückkehren wollen, dann aber Wolzogens Drängen auf eine Stippvisite bei dessen Rudolstädter Verwandtschaft nachgegeben.

Der junge Wolzogen wollte mit seinen klugen Cousinen renommieren. Er selbst war von Charlotte und vor allem von Caroline so angetan, dass er bald darauf wieder bei ihnen vorsprach. Bis kurz vor Weihnachten dehnte er diesen zweiten

Aufenthalt aus, Schiller aber lehnte seinen Vorschlag, nachzukommen, ab.[26] So sehr hatten ihn die Schwestern nun doch nicht beeindrucken können, dass er die »dringendste Nothwendigkeit«[27] zur Rückkehr nach Weimar, die Ankunft der Charlotte von Kalb, hätte ignorieren wollen. Den Gedanken an eine gemeinsame Zukunft mit ihr – notfalls unter Einbeziehung des Ehemanns – erwog er ebenso wie das krasse Gegenteil: eine Verbindung mit Wielands Lieblingstochter, der siebzehnjährigen Maria Carolina Friederica, die er allerdings nicht einmal kannte.[28]

Als noch ganz frei, aber fest entschlossen, sich »fesseln« zu lassen, beschrieb Schiller sich im Brief an Christian Gottfried Körner, den vertrauten Freund, vom 7. Januar 1788: »Alle meine Triebe zu Leben und Thätigkeit sind in mir abgenützt; diesen einzigen habe ich noch nicht versucht. … Ich muß ein Geschöpf um mich haben, das *mir* gehört, das ich glücklich machen *kann* und *muß*, an dessen Daseyn mein eigenes sich erfrischen kann.«[29] An Charlotte von Lengefeld dachte er dabei sicher nicht. Die paar Zeilen, die er dem Treffen widmete, waren nicht geeignet, den in diesem Punkt hellhörigen Adressaten Körner aufmerksam zu machen: »In Rudelstadt hab ich mich auch einen Tag aufgehalten und wieder eine recht liebenswürdige Familie kennen lernen. Eine Frau von Lengefeld lebt da mit einer verheuratheten und einer noch ledigen Tochter. Beide Geschöpfe sind, ohne schön zu seyn, anziehend und gefallen mir sehr.«[30] »Die Gegend um Rudelstadt ist außerordentlich schön«, hatte er noch hinzugefügt. Im Dezember? Schiller hatte mit achtundzwanzig Jahren offenbar ein Gespür dafür entwickelt, wohin ein zweiter Blick lohnte.

Auch Caroline von Beulwitz und Charlotte von Lengefeld hatten in Schiller zunächst nicht mehr sehen können als einen willkommenen Gast an diesem Nikolausabend 1787, der in Tristesse zu enden drohte.

Das Eintreffen eines Lebenszeichens von Henry Heron, eine Antwort auf Charlottes Brief nach London, wäre eine kleine

Sensation in der Neuen Gasse gewesen. Sie blieb aus. Dafür sah Charlotte sich mit gesteigerter Knebel-Aufmerksamkeit konfrontiert. Vielleicht durch ihre Zuneigung zu dem ebenfalls nicht mehr jugendlichen Schotten ermutigt, verfolgte der Dreiundvierzigjährige den Plan, die sanfte und anmutige Einundzwanzigjährige mit ihren angenehmen Hofdamen-Manieren zu seiner Gefährtin zu machen. Bis dahin hatten ihn extravagantere Menschen angezogen. Allen voran jene Frau von Werthern, eine geborene von Münchhausen übrigens, die sich sozusagen aus dem Grab heraus von Bergrat von Einsiedel nach Afrika hatte entführen lassen. Henriette, Knebels vertraute Schwester, vermutete – allerdings vier Jahre vor dem ganz Weimar samt Charlotte erschütternden Skandal –, ihr Bruder liebe diese Frau.[31]

Die Werthern gehörte längst zu seinem kleinen platonischen Harem, der sich zu Beginn der achtziger Jahre formiert hatte, wie auch Frau von Stein, Frau von Imhoff, Frau von Seckendorff, Frau von Schardt. Inzwischen zählte auch Frau von Kalb dazu, sie rangierte gleich nach Frau von Stein (»die Wertheste«), während »die kleine Schardt« zurückgefallen war: Sie »rundete« sich »etwas zu sehr in ihre kleine Existenz mit einem elenden Mann ... Die Weiber sind gar bald zufrieden mit dem, was sie sind, und gewöhnen sich unter dem Druck ihres Schicksals ohne inneres Streben«.[32] So schrieb Knebel der Schwester zu Neujahr 1788, und gut zwei Wochen später: »Meine Neigung zieht sich von dem weiblichen Geschlechte ab, nur zu Dir neigt sie sich. Das Weib als Weib macht wenig mehr Eindruck auf mich, aber Gefälligkeit, Güte, heiter unbefangene Vorstellungsart reizen mich.«[33] Damit sollte eine Charlotte von Lengefeld wohl dienen können.

Ostern 1787 hatte Knebel sich von ihr eine so genannte Beichte abschmeicheln lassen, eine gängige Flirttechnik; Frauen konnten so einen Mann dazu bewegen, sich mit ihrer Persönlichkeit zu beschäftigen. Also hatte Knebel ernsthaft nachgedacht und scherzhaft formuliert, was er an ihr bemerkenswert fand:

»Ich bekenne hiermit vor Gott und meinen Nebenmenschen, daß ich leider bisher noch gar wenig gesündigt habe. … So habe ich unserer Mutter Eva gleich nach der Frucht der Erkenntnis gereicht, die unsere Adame nicht versuchten, und habe mich dadurch den traurigen Folgen verderbter Grundsätze und eines wankenden irrigen Glaubens ausgesetzt. … Gegen meine Nebenmenschen habe ich mich aber hauptsächlich darin vergangen, daß ich sie nicht zu allen Zeiten so lieb hatte, wie ich sie wohl hätte haben sollen, nur nach der Menge der Freunde und Freundinnen trachtete, solchen jedoch am Ende Fremde und Ausländer vorgezogen, deren Beifall ich mir vorzüglich zu erwerben suchte; ja daß ich sogar ihre Vögelsprache erlernet, solche in Briefen mit ihnen gewechselt habe, und noch auf andere Weise ihr und hauptsächlich mein Herz in Gefahr gesetzt, so, daß mich auch das Schicksal bestraft und mit einem verwandelten Reiher statt eines lebendigen Menschen auf die Stube gesetzt …«[34]

Aber als das Jahr zu Ende ging, konnte Charlotte dergleichen nicht mehr amüsant finden. Wie sie auch den ausgestopften Reiher, der ihr ebenfalls Ostern zugedacht worden war, immer noch nicht aus Weimar hatte abholen lassen. Ihr Tagebuch beschwerte Charlotte Neujahr 1788 mit Sätzen wie diesen: »Durch düstere Wolken brachen einige Strahlen der Sonne, doch sie schwanden, und ein undurchdringliches Dunkel hüllt die Gegend vor mir in Nacht. So schwebt auch die Zukunft vor mir! Soll ich Freuden fühlen oder Kummer tragen lernen?« Doch keine vier Wochen später klang es schon hoffnungsvoller: »Den 26. Jenner Phantasie, wohin leitest du unser Herz? O warum steigen Wünsche in uns auf, Ahnungen, die nie, nie erfüllt werden?«[35]

»Ahnungen« hatte um diese Zeit auch Caroline. Im vierten Jahr ihrer Ehe mit Beulwitz kultivierte sie vor allem Einsamkeit und Verzicht – was konnte sie auch anderes tun. »Eben stand ich am Fenster … Die schönen Gestirne in dem lichten unermeßlichen Blau, der aufgehende Vollmond – flüsterten mir mannichfache Gefühle über Vergangenheit und Zukunft durch die Seele. Ich bin in Wehmuth gestimmt, die süße Ahnungen erhellen ... ich lebte einsamer und in mich gekehrter die Zeit her, noch mehr als gewöhnlich ... Mein Lolochen ... [ist] in Weimar, mein Mann umringt von Geschäften, an denen ich keinen Antheil nehmen kann, meine liebe gute Mutter war fast meine einzige Gesellschaft ... Die Einsamkeit bekommt aber im Grunde der Seele oft sehr gut ... Ich fühle mich stärker, freier ...«

Adressat derart beseelter Genrebilder war Wilhelm von Wolzogen (seit Anfang Februar wieder in Stuttgart, beschäftigt mit der Aufsicht über den Bau des herzoglichen Lustschlosses zu Hohenheim), der am 24. Februar 1788, als Caroline klar war, dass ihr »Lolochen« den Aufenthalt in Weimar deutlich verlängern würde, auch weniger Betuliches zu lesen bekam: »Das fatale Repräsentationswesen, das uns von Jugend an aufgezwungen wird, kann dem geradesten Wesen einen falschen Anstrich geben. Das artig sein sollen, das man jungen Mädchen einknüpft, ist der geradeste Weg, sie lebenslang geziert zu machen.«[36] Wusste Caroline, wie gut die kleine Schwester inzwischen ihre Weimarer Zeit zu nutzen verstand?

Die Verlängerung eingeschlossen, war Charlotte zwei Monate lang hofnah Gast Frau von Imhoffs, die im Haus auf der Esplanade 18 über eine Wohnung verfügte.[37] Am 4. Februar war sie mit ihrer Freundin Friederike von Holleben in Weimar eingetroffen, und schon am Karnevalsdienstag, dem 5. Februar, stand sie Schiller auf der letzten Redoute der Saison im Komödienhaus gegenüber. Überraschend? Für ihn sicher. Keine zwei Wochen später erhielt er ihre ersten überlieferten Zeilen, ein Billett, eine Einladung für den nächsten Tag zu Luise von Imhoff. Schiller kam. Knebel auch.

Charlotte war für Schiller in Weimar leicht aufzufinden. Er kannte ihre bevorzugten Spazierwege: Im Stern, so genannt wegen der sternförmigen Weganlage im Park am rechten Ufer der Ilm, wo sie, wie das ganze höfische Weimar, zwischen

Fischteichen von der Sternbrücke bis zur Floßbrücke und zurück flanierte. Oder in der Schnecke[38], einem freundlichen Ungetüm von einem Holzgerüst, in dem sich zwischen passend zurechtgestutzten Linden zwei Bogengänge zu zwei Aussichtsplätzen hinaufwanden. Schiller traf Charlotte am Ostersonntag und auch am Ostermontag. Sie sahen sich also von den letzten Wintertagen an bis zum Beginn des Frühlings.

Zurück in Rudolstadt, schrieb Charlotte in ihr Tagebuch: »Den 15. April. Der Wind heult, kalte Regentropfen schlagen ans Fenster; o Boreas, schone die zarten Blumen! Auch mein Herz zieht sich zurück fühlet Sehnen und Leere. Auch so haucht der kalte Hauch der Gleichgültigkeit die Blüthen der Freundschaft an, die schön aufkeimten; ach Entfernung, der Hang zu Ruhm, zu Ehre ließ wohl manche Aufwallung dafür stumm werden, und das treue Herz ward vergessen …«[39] Kryptisch mutet das an, es sei denn, man zieht Schillers Abschiedsworte – »Laßen Sie das kleine Saamenkorn [*Freundschaft*] nur aufgehen; wenn die Frühlingssonne darauf scheint, so wollen wir schon sehen, welche Blume daraus werden wird«[40] – ebenso zur Erklärung heran wie die Tatsache, dass Charlotte von Kalb wieder in Weimar war. Nach vier Wochen Abwesenheit![41]

Erst am 6. April 1788 – geplant war der 23. Februar – hatte sich Charlotte »mit einem schweren Herzen«[42] nach Rudolstadt aufgemacht, im Gepäck ihr Stammbuch mit Schillers Versen:

»Ein blühend Kind, von Grazien und Scherzen
umhüpft – so, Lotte, spielt um Dich die Welt.
Doch *so*, wie sie sich mahlt in *Deinem* Herzen,
in *Deiner* Seele schönen Spiegel fällt,
So ist sie doch nicht! – Die Eroberungen,
die jeder deiner Blicke siegreich zählt,
die deine sanfte Seele dir erzwungen,
die Statue, die – *Dein* Gefühl beseelt,
die Herzen, die dein eignes dir errungen,

die Wunder, die du selbst gethan,
die Reitze, die *Dein* Daseyn ihm gegeben,
die rechnest du für Schätze diesem Leben,
für *Tugenden* uns Erdenbürgern an.
Dem holden Zauber nie entweyhter Jugend,
der Engelgüte mächtgem Talisman,
Der Majestät der Unschuld und der Tugend,
den will ich sehn – der *Diesen* trotzen kann!
Froh taumelst Du im süßen Überzählen
der Glücklichen, die du gemacht, der Seelen
die du gewonnen hast, dahin.
Sei glücklich in dem lieblichen Betruge,
nie stürze von des Traumes stolzem Fluge
ein trauriges Erwachen dich herab.
Den Blumen gleich, die deine Beete schmücken,
so pflanze sie – nur den entfernten Blicken,
Betrachte sie! – doch pflücke sie nicht ab!
Geschaffen, nur die Augen zu vergnügen,
welk werden sie zu deinen Füßen liegen,
je näher dir – je näher ihrem Grab.«[43]

Sie bedankte sich artig für diese Zeilen, kommentierte sie aber
nicht. Hatte sie die Warnung vor falschen Freunden und der
Hofwelt überhaupt verstanden, die »Fridrich Schiller«, er teilte
also Carolines Bedenken, in seinen Versen andeutete?

»Schiller war oft mit uns, und hat mich und Fr. v. Imhoff
(bei der ich wohnte) oft besucht, er gewinnt immer mehr bei
näherer Bekanntschaft, sein Plan ist diesen Sommer einige
Monate hier zu wohnen.«[44] Cousin Wolzogen sollte sich denken können, warum Charlottes Briefe an ihn – im Gegensatz
zu Carolines – spärlicher wurden. Tatsächlich berieten sich
die Schwestern unverzüglich über ein geeignetes Quartier für
Schiller. Zuerst dachten sie an das flussaufwärts am anderen
Saaleufer eine halbe Stunde zu Fuß südlich Rudolstadts gelegene Cumbach, an die Wohnung des Gärtners Callenius.
Aber es bestand die Gefahr,

»daß die *Langeweile* so oft die *Fürstlichen menschen* dahin treibt, daß sich dann alles was nur ihre nähe fühlt auch davon ergriffen sieht, daß Sie keinen Schritt aus dem hause thun könnten alsdenn, ohne gesehen zu werden, denn das haus liegt gerade so daß man alles sehen kann, und Sie wollen doch gern ganz frei, und unbekümmert auf dem lande leben, daher fielen wir auf ein ander Dorf, daß ich glaube nicht hundert schritt weiter als jenes ist, und eine schöne lage hat, am Ufer der Saale, hinter ihm erheben sich Berge, an deren Fuß liebliche Fruchtfelder sich ziehen, und die Gipfel mit dunklem holze bekränzt, gegen über an der andern seite der Saale schöne Wiesen, und die Aussicht in ein weites langes thal. Ich denke diese Gegend wird Ihnen lieb sein, mir brachte sie gestern einen Eindruck von Ruhe in die Seele, der mir innig wohlthat. Die Stube die ich für Sie bestimmte, ist nicht sehr groß, aber reinlich, auch die Stühle sind nicht ganz ländlich, denn sie sind beschlagen, eine Kammer daneben, wo das Bette stehen kann, und auch eine für den Bedienten nicht weit davon. Für Betten wird der Schulmeister sorgen, dem das Haus gehört, auch wohnt eine Frau darinn die Ihnen Caffe machen, und auch bedienen könnte, zur noth auch kochen wenn das Wetter zu böse wäre, um es sich aus der Stadt hohlen zu lassen.«[45]

Für Schillers Sommerhäuslichkeit war somit gesorgt – und auch dafür, dass das Ein- und Ausgehen nicht unter den Augen der ach so gelangweilten fürstlichen Menschen geschah.

Aber wenn man sich Mühe gab, wenn man lange genug aus einem bestimmten Fenster des Beulwitz-Lengefeld'schen Hauses spähte, dann konnte man schon von weitem sehen, wie Schiller auf dem Weg von Volkstedt her näher kam. Dann konnten die Schwestern – allein oder gemeinsam – das Kommen ihres Besuchers beobachten. Dann war noch Zeit, einen Blick in den Spiegel zu werfen, die Kleidung, die Haare zu ordnen, für Blässe oder Erröten zu sorgen und Lektüre und Noten zurechtzulegen, sich also vorzüglich in Szene zu setzen.

Noch eine weitere Bühne war dafür bereitet: der Garten der Chère mère. Im April war das Gartenhaus fertig geworden – groß genug, dass man darin tanzen konnte, und, ganz romantisch, von frisch gepflanzten Hollunderbüschen umgeben. Charlottes Rasenbank war in Arbeit, und es gab auch keine Bedenken mehr, nicht nur die Ulmen, sondern auch den Reiher aus Weimar anzufordern.[46] Es sollte ein einzigartiger Sommer werden.

Am späten Abend des 19. Mai 1788 traf Schiller in Rudolstadt ein.[47] Er verbrachte die Nacht in der »Güldenen Gabel« und zog am nächsten oder übernächsten Tag nach Volkstedt, nachdem er bei den Schwestern vorbeigeschaut hatte. Knebel folgte ihm sozusagen auf dem Fuß. Ohne zu ahnen, dass er einen Rivalen besuchte, machte er während seines Rudolstadt-Aufenthalts auch einen Abstecher nach Volkstedt. Sein Urteil war rasch gefällt: »Unser Schiller ist gewiß ein herzensguter Mann, er schreibt mit Wärme, und es fehlt ihm nicht an Vorstellungsart und glücklichen Bildern. Aber mich dünkt, aus zu schneller Wärme tritt er zuweilen in eine Bahn, deren Ende er nicht absieht.«[48]

»Aus diesem Knebel wird hier erstaunlich viel gemacht und unstreitig ist er auch ein Mann von Sinn und Karakter. Er hat viel Kenntnisse und einen planen hellen Verstand … aber es ist soviel gelebtes, soviel Sattes und grämlich hypochondrisches in dieser Vernünftigkeit, daß es einen beinahe mehr reitzen könnte, nach der entgegengesetzten Weise ein Thor zu sein«,[49] so Schiller. Wie gut die beiden sich doch ergänzten.

Es mag Carolines und Charlottes Enthusiasmus gesteigert haben, dass es ihrem Schützling zunächst schlecht ging. Gleich der erste Spaziergang nach Cumbach über den Wasserdamm, das mit Bäumen bepflanzte Ufer der Saale, war ihm übel bekommen. Er hatte sich erkältet, und dass er sich nicht auskurierte, sich schon nach einer Woche wieder auf den Weg zu den Schwestern machte, führte zu einem Rückfall, der ihn eine weitere Woche ans Haus fesselte. Die Vertrautheit reichte noch nicht aus für einen Krankenbesuch ihrerseits, aber Beulwitz machte sich auf den Weg nach Volkstedt, um zu sehen, wie es gehe. Erst am 12. Juni war Schiller wieder stabil genug, den Abend im Garten zu genießen, die Bekanntschaft des Erbprinzen von Rudolstadt zu machen und ihn am übernächsten Tag im Baumgarten erneut zu treffen.

Doch gemeinsame Lektüre war auch kein schlechtes Bindeglied in Krankheitstagen. Charlotte überließ Schiller ein Buch, das sie selbst von Knebel – die verzögerte Rückgabe begründend, sie lese es noch einmal – entliehen hatte: Apollonios von Rhodos' »Argonautika«.[50] Und natürlich Briefe. Gewiß mit fliegenden Händen erbrachen die Schwestern die hübschen roten Siegel, die eine Frau mit Harfe zeigten, um Schillers gewöhnlich auf geripptem Papier geschriebene Briefe zu lesen: »Bey dieser feuchten Luft würde ich doch nicht wohl thun, wen ich ausgienge; ich kann also Ihre gütige Einladung wenigstens auf den Mittag nicht annehmen. Zerstreut sich der Nebel und hellt sichs ein bischen auf, so soll mich nichts abhalten, Sie zu sehen. Diese wenigen Tage dünken mir Wochen zu seyn. Ich sehne mich in Ihre Mitte.«[51]

Schiller pflegte den Feldweg zu nehmen, der neben dem Haus des Kantors Unbehaun begann.[52] Oft wanderten die Schwestern ihm entgegen. Treffpunkt war dann, auf halbem Weg etwa, die kleine, von Pappeln umstandene Brücke über den Waldbach Schaale.[53]

18. Juni 1788: Über Rudolstadt Donner und Blitz, Einschlag in eine Scheune, »so daß es zündete, aber bey dem starken Regen nicht fort brannte«[54] – und in Weimar: Goethes Rückkehr von seiner Italienreise, die er am 3. September 1786 in Karlsbad[55] begonnen hatte. Fortan versuchten die Schwestern, sich der epochalen Bedeutung eines solchen Treffens durchaus bewusst, die beiden Dichterkollegen zusammenzubringen. Bis September würden sie sich gedulden müssen.

»Wie ein Blumen- und Fruchtgewinde war das Leben dieses ganzen Sommers mit seinen genußreichen und bildenden Ta gen und Stunden für uns alle.«[56] So wird Caroline Jahrzehnte später, in ihrer Schiller-Biografie,[57] den Eindruck beschreiben, den diese Tage erzeugten oder wenigstens hinterlassen sollten. Tatsächlich, die Mischung war perfekt: Ländliche Feste wie die Cumbacher Kirmes Anfang Juli und das Vogelschießen in Rudolstadt im August wechselten mit anspruchsvolleren Ereignissen ab, wie den Freitagsassembléen der Schwestern, auf denen nur französisch gesprochen wurde. Am 11. Juli stand gar eine Aufführung von Voltaires Komödie »L'ecossaise« (»Die Schottin«) im Lengefeld'schen Gartenhaus an, unter den Besuchern waren Schiller und auch Wolzogen, der für ein paar Tage nach Rudolstadt gekommen war, um sich vor seiner Parisreise zu verabschieden. Die sollte sich jedoch bis Mitte September verschieben: Henriette von Wolzogen starb im August nach langem Leiden an Brustkrebs.[58] Caroline hatte sich hinfort an den Gedanken zu gewöhnen, dass ihr Lieblingsbriefpartner ihr ferner rückte.

Viele Quellen gibt es, nach denen man die Ereignisse dieses Sommers Tag für Tag nachvollziehen kann. Doch die Sicherheit, die sie vermitteln, ist trügerisch. Schiller und auch die Schwestern begannen irgendwann damit, in ihren Billets falsche Orts- und Zeitangaben zu machen. Es galt also, etwas zu verbergen.[59] Da geistert durch die Schiller-Biografien nicht selten jene Nacht, die er wegen schlechten Wetters in Rudolstadt verbringen musste, zum 1. oder zum 17. Juli könnte das gewesen sein.[60] Und ein Billett Charlottes an Schiller – sie soll es auf Veranlassung Carolines geschrieben haben – erregt immer wieder Argwohn, teilte sie doch darin mit, dass Beulwitz krank und die Schwestern den ganzen Tag »allein« seien. »Wir sind allein«, tönte es auch, wenn die Chère mère bei Hof und Beulwitz, wie so oft, in Amtsgeschäften unterwegs war.[61]

Es braucht keinen kriminalistischen Spürsinn, um festzustellen, dass da etwas war zwischen Schiller und den Schwestern. Was sich zunächst ausnahm, als würden zwei zur Ehe bereite junge Menschen einander auf Tauglichkeit prüfen, wurde offenkundig zur Angelegenheit von dreien – weil Schiller in Caroline einmal mehr eine Frau sah, die ihn anzog, mit der er sich aber ein Zusammenleben, das ihm die Freiheit und die Kraft lassen würde, seine Arbeit als Dichter fortzusetzen, nicht vorstellen konnte. Deshalb hatte er in Briefen an Freund Körner großspurig seinen Verzicht auf eine Partnerin, die Leidenschaft in ihm erwecken könnte, erklärt – doch der Umgang mit Caroline führte ihm vor die Seele, was er verlieren würde. Ihr ging es nicht besser.

Sich Illusionen über ihre Ehe zu machen wurde angesichts eines Schiller, der so offensichtlich von ihr beeindruckt war, immer schwerer und war schließlich auch nicht mehr wünschenswert. Charlotte, die glückliche Nutznießerin der Situation? Das denn auch nicht. Sie würde »die Majestät der Unschuld und der Tugend« einbüßen müssen, den »holden Zauber nie entweyhter Jugend«, um ihre Chance bei Schiller zu nutzen, das fühlte sie wohl. Aber ob sie dann noch anziehend für ihn sein würde? Dass dieses Risiko bestand, darüber konnte sie sich übers Jahr nicht mehr täuschen. Warum auch immer, jedenfalls ließ er nicht locker, ihr den Spaß zu verderben, den sie in der Gesellschaft anderer fand. Je mehr er sich eine Verbindung mit ihr vorstellen wollte, umso stärker versuchte er sie in Richtung seines Idealbildes zu beeinflussen:

> »Glücklich macht die Gattin nicht,
> Die nach Siegen trachtet,
> Männerherzen Netze flicht,
> Deines nur verachtet,
> Die bei Spiel und bunten Reih'n
> Assembleen und Bällen,
> Freuden suchet, die allein
> Aus dem Herzen quellen.
>
> Glücklich macht die Gattin nur,
> die für Dich nur lebet
> Und mit herzlicher Natur
> Liebend an Dir klebet;
> …«[62]

Bemerkenswert: Schiller zog – in seinen Versen – die Frau, die heimlich ihren Mann mit einem anderen betrügt, der berühmten Intellektuellen vor. So ließ er deren fiktiven Ehepartner klagen: »… was ist von diesem Engel mir geblieben? Ein *starker* Geist in einem *zarten* Leib, ein Zwitter zwischen Mann und Weib, gleich ungeschickt zum Herrschen und zum Lieben. Ein Kind mit eines Riesen Waffen, Ein Mittelding von Weisen und von Affen! Um kümmerlich dem *stärkern* nachzukriechen …«[63] Und so weiter. Deutliche Worte.

Im August 1788 beschlossen die drei, sich das Hin und Her zwischen Volkstedt und Rudolstadt zu ersparen. Um den 18. herum verließ Schiller die Wohnung im Haus des Kantors wegen des »üble[n] Wetter[s]« und zog nach Rudolstadt. Vermutlich wohnte er in der Neuen Gasse, wahrscheinlich in der »Güldenen Gabel«, also nur ein paar Häuser vom Beulwitz-Lengefeld'schen Haus entfernt.[64] Eine gute Woche später, so die Schiller-Forschung, könnte Schiller jenes besondere Billett geschrieben haben – wenn es überhaupt aus seiner Feder stammt, hierzu gibt es unterschiedliche Auffassungen –, das da lautet: »gestern Abend blieb ich nicht Herr meines Thuens und heute bin ich auf einem eingeladenen folglich späten und langen Diner, werde mich aber wegzustehlen suchen.«[65] Wie man es dreht und wendet, es gibt entsprechend viele Interpretationsmöglichkeiten. Die Zeilen fanden sich im Nachlass Carolines.[66]

Die Chère mère war – nach außen hin – in die Freundschaft ihrer Töchter zu Schiller eingebunden. Zum Geburtstag schenkte er ihr eine englische Bibel mit Widmung. Um diese Zeit schrieb er seine Scherzbeichte für Charlotte – wie einst der noch immer arglose Knebel, der völlig verpasst hatte, was sich seit Februar anbahnte. Hatte er doch noch am 12. Juli Charlotte eine Ode (»Strafe mit allzu jungfräulichem Ernst nicht …«[67]) gewidmet und sich viele Wochen lang um die im Schreiben Unerfahrene bemüht durch seine – Heron nachempfundene? – Bereitschaft, ihre Übersetzungen und selbst verfassten Texte zu redigieren: »Schreiben Sie nieder, gerade und wahr, wie sie empfinden, ohne an Schriftstellerkunst oder Schmuck zu denken.«[68] Nicht ahnend, dass es mit Schiller einen gab, der dafür mindestens ebenso qualifiziert war wie er und seine literarischen Empfehlungen so kommentierte: »Es sieht just so aus, als wenn eine sehr häßliche Person einem andern eine Seife recommendierte, mit der Versicherung sie mache schön und sie habe sich ihrer fleißig bedient.«[69]

Besuche auf der Heidecksburg, Spaziergänge zum Baumgarten, nach Cumbach und über die sommerlichen Felder, nun ohne Bedenken, dass Schiller auf seinem Heimweg durch die Saale waten müsste – vielfältig waren die Möglichkeiten, romantisches Leben auf dem Lande nach dem Geschmack der Schwestern zu inszenieren.[70]

> »Rosen auf den Weg gestreut
> Und des Harms vergessen!
> Eine kleine Spanne Zeit
> Ward uns zugemessen.«[71]

Dieses Lied liebten Schiller und die Schwestern besonders. Was heute befremdet, war in ihren Tagen nicht ungewöhnlich: Alle Gäste im Beulwitz-Lengefeld'schen Haus, selbst diejenigen fürstlicher Abstammung, die ihre Sympathien für das Bürgertum nicht verbargen, zogen gemeinsam an langen Sommertagen singend durch die Rudolstädter Fluren. Und so ließ sich auch der eher ungelenke und stimmlich wenig anmutige Schiller von den Schwestern animieren, schätzte er es doch gar nicht, von Unternehmungen der beiden ausgeschlossen zu sein.

»So sehr ich das Vergnügen meiner Freunde liebe, so wünsche ich sie doch so selten als möglich auf Bällen. Ich weiß nicht warum – aber ich habe aus eigner Erfahrung, daß ein Vergnügen das das Blut so unordentlich erhitzt, und das die *beßern* Menschen den *Armseligen* so nahe bringt und mit ihnen vermischt, die feinen Gefühle und die edlern Genüße des Geists gerne auf eine Zeitlang hinwegschwemmt. Ihr Fall ist dieses nun wohl nicht – aber die Erfahrung ist mir so geläufig, daß ich mich einer geheimen Furcht nicht erwehren kann, wenn ich das, *was mir lieb ist* durch eine Reyhe fliegen sehe, die mir *nicht* lieb ist.« So empfindlich reagierte Schiller auf einen Ball im Schönfeld'schen Saal anlässlich des Vogelschießens, an dem teilzunehmen ihm verwehrt war, bei dem aber alle »adeliche Fremden«, unter die er also durchaus einige »Armselige« zählen wollte, zugegen waren und bis gegen Morgen tanzten.[72]

Seinen Eifersuchtsausbruch im Brief vom 21. August wird die Adressatin, Charlotte, mit Genugtuung gelesen haben, musste sie doch jeden Tag damit rechnen, nach Kochberg zu Frau von Stein beordert zu werden, um ihr bei der Ankunft Goethes zur Seite zu stehen. Und sicher hat sie auch an den folgenden, mit Anspielungen auf die gemeinsame Homer-Lektüre gespickten Zeilen ihre Freude gehabt – zusammen mit Caroline: »Wie haben Sie denn heute Nacht in ihrem *zierlichen* Bette geschlafen? ... Was macht Ihre Schwester? Klappert der Pantoffel schon um ihre zierlichen Füsse, oder ligt sie noch im weichen schöngeglätteten Bette?«[73]

Homer lag sozusagen in der Luft, denn Schiller arbeitete an seinem Gedicht »Die Götter Griechenlands«, und also hatten sich die drei die Hexameter-Übersetzung der »Odyssee« von Heinrich Voß vorgenommen. Schiller las daraus vor – und Charlotte schlief ein. Homer wirke auf sie wie Opium, war sein scherzhafter Kommentar. Doch Charlotte hatte noch mehr Griechisches auf ihrer Lektüre-Agenda: die Tragödien des Euripides – »Die Phönizierinnen«, »Iphigenie in Aulis«, »Elektra« – und Sophokles' »Ödipus in Kolonos«. Caroline hatte sich die Übersetzung der Biografien Plutarchs von Gottlob Benedict von Schirach besorgt.

Aber kabalisieren können sie auch …

> »In mir lebt kein Wunsch, den meine Caroline
> und Lotte nicht unerschöpflich befriedigen können.«
> FRIEDRICH SCHILLER AN CAROLINE VON BEULWITZ

Am letzten Tag im August des Jahres 1788 kam nachmittags, ohne große Vorankündigung, aber nicht ganz unerwartet, die Kutsche aus Kochberg, um Charlotte abzuholen. Schillers andere Charlotte, die von Kalb, hielt sich derzeit auf dem Gut ihrer Tante Susanne Wilhelmine Freifrau von Stein im unterfränkischen Völkershausen auf. Wie Wilhelm von Wolzogen von Caroline, so hatte auch sie sich von Schiller in jeder Beziehung weiter entfernt.

Caroline und Schiller. Die beiden waren im September immer wieder für ein paar Tage einander die Einzigen und die Nächsten. Er kam zu ihr, sie besuchte ihn, wie es sich gerade ergab. Sie sprachen viel miteinander, zuletzt über ein Leben Schillers in der Nähe der Schwestern. Für ihn sehr schmeichelhaft zu erleben, dass auf einer Gesellschaft im Hause Beulwitz (unter den Gästen: Prinz Ludwig Friedrich) alle Gäste sein »Lied an die Freude« anstimmten.

Charlotte las derweil in Kochberg alte Schiller-Gedichte und war betroffen vom »schwermüthigen ton«.[1] Am 5. September kehrte sie zurück nach Rudolstadt, um einen Besuch Goethes vorzubereiten. Den hatte man gleich nach der Ankunft des Verehrten in Kochberg zusammen mit Caroline Herder, Sophia von Schardt und Fritz von Stein verabredet. Selbstverständlich war auch Knebel involviert. Caroline von Beulwitz, als obligatorische Gastgeberin, tat das ihrige, beide Dichter zusammenzubringen. Doch die waren noch nicht so weit. Das Treffen wurde, gemessen an den Erwartungen der Schwestern, ein Misserfolg, obwohl Goethe und Schiller miteinander an der Saale spazieren gingen – jedenfalls nach Charlottes Erinnerung, gut zwanzig Jahre später.[2]

Charlotte pendelte in diesen Wochen ständig zwischen Rudolstadt und Kochberg. So war sie schon am Tag nach der Gesellschaft wieder dorthin unterwegs, dieses Mal in Begleitung der Chère mère. Zwei Tage später fuhren auch Schiller und Caroline – allein. Auf dem Rückweg zwängten sie sich mit Frau von Stein, Frau von Lengefeld und Charlotte in die Kutsche. Kaum in Rudolstadt angekommen, brachen die Damen wieder auf: zu einem Besuch bei Knebel in Jena.[3] Als sie abermals nach Rudolstadt zurückkehrten, gingen Schiller und Beulwitz dem Wagen bis Uhlstädt entgegen.

Und wieder war es an Charlotte, »gar angenehme Tage« in Kochberg zu verbringen. Dann sollte Caroline sie als Gesellschafterin Frau von Steins ablösen, die, von Goethes verändertem Wesen mehr als irritiert, Beistand brauchte. Dass sowohl seine Erlebnisse in Italien als auch seine ganz frische Bekanntschaft mit Christiane Vulpius Grund für die Entfremdung sein könnten, darauf wollte keine der sonst so phantasiebegabten Frauen kommen. Und später? Als sie Bescheid wussten? Charlotte, die sich mit Schiller verbinden wollte, hätte Maß nehmen können am Schicksal der Patin. Doch nichts spricht dafür, dass die Jüngere irgendwelche Parallelen zwischen ihrem Leben und dem der Älteren entdeckte.

Caroline durfte postkutschenwendend wieder zurück nach Rudolstadt fahren, denn Knebel war in Kochberg angekommen, Frau von Stein also versorgt. Schiller konnte dennoch weder von ihr noch überhaupt von irgendeiner Gesellschaft profitieren, denn er war alles andere als präsentabel. Was er wochenlang wie ein rheumatisches Fieber behandelt hatte, entpuppte sich als Zahnentzündung; sein geschwollenes Gesicht wurde durch den dicken Verband nicht ansehnlicher, und sprechen konnte er auch nicht.

Ersatzweise schrieb er im September 1788 Briefe. Charlotte bekam zu lesen: »Ich habe ziemlich gut geschlafen, das übrige ist wie gestern; aber meine Seele ist so still und meine Laune so leidlich heiter, daß ich mir diese ruhige Stimmung durch ein Vomitiv [Brechmittel] nicht vorsetzlich zerstören mag.« Um die gleiche Zeit im Brief an Caroline: »Ich kann mich gar nicht mit der Idee versöhnen, daß ich Sie einmal wieder verlassen soll und jeden Morgen und jeden Abend projectiere ich mir selbst, wie ich dieser Nothwendigkeit entfliehen kann. Längst schon haßte ich meine isolierte Existenz; es ist eine nothwendige Bedingung meiner Glückseligkeit, mich als Theil eines andern Ganzen zu fühlen. Alle Bitterkeiten die von jeher in mein Leben gemischt worden sind, haben keine andere Quelle gehabt, als meine – Einsamkeit in dieser geselligen Schöpfung; und die vielen fehlgeschlagenen Versuche die ich angestellt habe, ihr zu entfliehen, haben sie mir nur drückender und unleidlicher gemacht. Ich wollte daß ich Ihnen meine ganze Seele übertragen könnte!« Beide Briefe besagten – auf sehr verschiedene Weise – eines: Schiller hatte Angst vor der Trennung. Er litt, körperlich und seelisch. Er bedurfte des Schutzes beider Schwestern.

Charlotte, »die Weisheit«, empfahl im Brief vom 2. September aus Kochberg: »Wenn Ihnen der Gedanke an die Zukunft keine freuden giebt, so vergeßen Sie sie …« Und ein paar Tage später, nun wieder aus Rudolstadt: »Ich lade Sie ein heute Mittag zu uns zu komen, und Klöße mit uns zu eßen, meine Mutter glaubt daß es Ihnen nichts schaden könne dieß Gericht und Sie brauchen dabei die Zähne nicht anzugreifen.«[4] Von Caroline sind aus dieser Zeit nicht einmal Briefe mit solchen Banalitäten überliefert, nur knappe Billets, Verabredungen betreffend.

Schiller schob die Trennung von den Schwestern seit Oktober hinaus, zunächst, bis er ihnen die erste Fassung seines Gedichts »Die Künstler« vorlesen konnte, dann bis nach seinem Geburtstag am 10. November. Beide Schwestern schrieben ihm zu diesem Anlaß einen Brief. Charlotte, ein wenig lahm: »Ich muß Ihnen, und sollten es nur zwei worte sein, doch meinen Glückwunsch sagen lieber Freund. Es ist ein Tag heute, der mir willkommen ist, denn er gab uns einen Freund, den ich schäze, und deßen Freundschaft einen schönen Glanz um mein Dasein webt. Laßen Sie die liebliche Blüthe unsrer Freundschaft immer schön blühen, und kein rauher Hauch sie verwehn! Ich kann nichts mehr sagen, es sind so viele sachen die auf mich warten. adieu, adieu. ...«[5] Carolines Brief ist nicht mehr erhalten.

Am 12. November 1788, um fünf Uhr nachmittags, war Schiller wieder in Weimar. Am folgenden Tag ließ er sich Charlotte von Kalb melden. Sein Verhältnis zu ihr war so wenig geklärt wie das zu Caroline von Beulwitz und Charlotte von Lengefeld.

Die beiden Schwestern hatten an diesem Tag Rudolstadt ebenfalls verlassen, in Richtung Erfurt. Sie fuhren mit ihrem Onkel Wilhelm Christian von Wurmb, der zu seinem Gut Wolkramshausen reiste.[6] In Erfurt wohnte Caroline von Dacheröden, so alt wie Charlotte und mit Caroline von Beulwitz eng befreundet. Eine passende Bekanntschaft seit Kindertagen: Schon als Siebenjährige hatte die Erfurterin mit ihren Eltern Rudolstadt besucht. Persönlich verbunden war sie der älteren der beiden Schwestern seit 1785; der jüngeren sollte sie es nach diesem Besuch im November 1788 ebenfalls sein.

Seit fünfzehn Jahren war ihr Vater, Kammerpräsident von Dacheröden, verwitwet und lebte sozusagen allein in einem prächtigen dreigeschossigen Renaissancebau. Und da die Rudolstädterinnen eine fast ebenso lange verwitwete Mutter hatten (die sich übrigens gerade um die Herausgabe der forstwissenschaftlichen Schriften ihres verstorbenen Mannes bemühte), schmiedeten die drei jungen Damen verwegene Pläne. Es ging ihnen dabei ganz und gar nicht um das Glück des siebenundfünfzigjährigen Dacheröden und der fünfundvierzigjährigen Lengefeld, sondern um ihre eigene Freiheit. Die Lengefeld-Töchter wollten ungestört mit Schiller zusammen sein, die Dacheröden sah eine Chance, ihre französische Gouvernante loszuwerden. Mme. Dessault bestimmte seit dem Tod der Mutter, seit Carolines achtem Lebensjahr also, über Tun und Lassen der Halbwaise. Doch die Chère mère lehnte

überdeutlich ab: Charlotte solle Dacheröden nehmen, wo sie
doch alte Männer (Heron! Knebel!) so gern hätte![7]

»Ewig Ihr Schiller« waren nach dem ersten Volkstedter Sommer die an Caroline und Charlotte gemeinsam adressierten
Briefe unterschrieben. »Mein Herz ist ganz frei … ich habe
meine Empfindungen durch Verteilung geschwächt, und so ist
denn das Verhältniß innerhalb der Grenzen einer herzlichen
vernünftigen Freundschaft …«[8] Zeilen, die Freund Körner beruhigen sollten. Hätten sie die Schwestern ebenso glücklich
gemacht? Sie hätten Schiller jedenfalls nicht glauben müssen.
Denn der zeigte Nerven, als die Botenfrau eine Woche nach
der Trennung (»… als ich den Weg nach Erfurt vorbey war,
wie schwer fiel mir das aufs Herz, daß Sie mir nun nicht mehr
nachkommen könnten«[9]) immer noch keinen Brief von
ihnen brachte. Dann wünschte er »Lottchen« viel Glück zu
ihrem zweiundzwanzigsten Geburtstag.

Knebel schenkte ihr ein »chymisches Wetterglas«, einen
Luftdruckmesser. Schon im vergangenen Sommer hatte er sie
mit »Physikalischen Präsent[en]« – »Magnet und Glas worinn
Quecksilber« – verwöhnt[10] und ihr seine eigenen Naturbe-
obachtungen vorgetragen. Daraus ein Auszug: »Die Wolken
werden von wässerichten Dünsten erregt; da diese Dünste aus
Bläschen bestehen, die mit inflammabler Luft viel angefüllt
sind, so steigen sie nach Art der Montgolfière in die Höhe.
Sie ziehen die Electricität der Atmosphäre an sich, denn das
Feuchte und das Wässerichte ist ein starker Ableiter der elek-
trischen Materie. So reinigen sie in ihrem Laufe die Luft von
elektrischem Überfluß und leeren sich gemeiniglich in Blitzen
aus. Wenn aber die Atmosphäre selbst noch einige Feuchtig-
keit hat, wie zum Exempel heute, so leitet solche nach und
nach die elektrische Materie wieder aus diesen Wolken ab,
und die Wolken zergehen ohne Gewitter am Himmel. Dieß
sah ich heute.«[11] Parbleu!

Wie bewundernswert waren doch die jungen Frauen vom
Schlage Charlottes, die sich interessiert über Baroskope beug-

ten und bei denen man sicher sein konnte, dass Theorien über die Wolkenbildung auf allergrößtes Bemühen um Verständnis stießen.[12] Ja, die sogar gegen ihre Überzeugung dem Kartenspiel etwas abzugewinnen versuchten – und sich freuten, wenn der vorgebliche Feind von Zerstreuungen sie wie folgt konditionieren wollte: »Auch in den besten Gesellschaften«, so Schiller,

»nisten sich zuweilen Augenblicke der Erschlaffung, oder einer schmerzhaften Überspannung ein, wovon das Spiel zuweilen befreyt. So leicht ich es entbehren kann, so ist mir doch zuweilen in drückenden Stimmungen Erleichterung dadurch gegeben worden, und da wäre es denn doch schlimm, wenn nur leere Menschen sich dieses Verdienst um einen erwerben könnten. Auch beim Spiel fühlt man es sehr angenehm, mit wem man spielt. Der Ernst Ihres Wesens läßt Sie diese frivole Unterhaltung verachten, und das ist vortrefflich. Eben dieser Ernst unterscheidet Sie aus hunderttausenden, und bewahre der Himmel, daß ich Sie anders wünschte. … Aber hüten Sie Sich, daß Ihnen dieser Zug zu ernsthaften Dingen, die armen guten Menschlein nicht verleide, mit denen man einmal leben muß. … Intoleranz gegen andre Menschen ist eine Klippe, an der besonders gerne die Menschen von Karakter und zartem Gefühle scheitern. … Überhaupt kommt mir … vor, daß die Frauenzimmer geschaffen sind, die liebe heitre Sonne auf dieser Menschenwelt nachzuahmen, und ihr eigenes und unser Leben durch milde Sonnenblicke zu erheitern. Wir stürmen und regnen und schneyen und machen Wind, Ihr Geschlecht soll die Wolken zerstreuen, die wir auf Gottes Erden zusammen getrieben haben.«[13]

Dazu Charlotte: »Was Sie mir über Toleranz mit den Menschen sagen weis ich gar wohl, und lerne sie immer mehr dulten, je mehr ich sie kennen lerne. Vor einigen jahren war ich noch viel intoleranter weil ich zu viel forderte, mein Herz bei wenigen etwas findet, der Verstand aber bei vielen, so trennte ich beides voneinander und die Welt ist mir recht, wenn nur nicht alle gleiche Ansprüche auf mich machen.« Bewundernswert also auch, wie stringent und konzis die junge Dame Schillers wortreichen Versuch, ihr seine Auffassung von der Rolle des weiblichen Geschlechts mitzuteilen, parierte. Übrigens legte sie in diesem Brief eine weitere Probe der Eigenständigkeit ihres Urteils ab: »Ich habe einige tage ganz in anderen Welttheilen zugebracht, und nahm die landkarten zu Hülfe, und vergaß ganz daß ich auf so einem kleinen Fleck Erde war. Aber ich habe mich doch auch bei all meiner freude über die Menschen geärgert, daß sie so in fremde Gegenden reisten, und alle die länder als ihr Eigenthum ansahn wozu sie kein Recht hatten, und nur das Gefühl daß sie gesitteter, und vielleicht einige Kenntniße mehr hätten, ihnen das Recht gab sich zu Herren aufzuwerfen.«[14]

Doch zurück zu Schillers Vorgaben für (Ehe-)Frauen: Charlotte sollte nie sagen können, sie habe sie nicht gekannt! Ob er Caroline ebenso belehrte, ist sehr fraglich, nichts deutet darauf hin. Briefe an sie behandeln seine Werke, seine Geschichtsauffassung. Im Übrigen versuchte er seinerzeit, den Schwestern seinen Freund Körner nahe zu bringen, indem er ihnen dessen Briefe zur Lektüre überließ. Sie mochten auch einiges über den Adressaten daraus entnehmen.

Also Charlotte und Schiller.[15] Und Caroline. War ihnen zu diesem Zeitpunkt schon bewusst, dass es darauf hinauslaufen könnte? »Daß Sie und Caroline so gut zusammenstimmen, freut mich sehr; es ist überhaupt selten, daß Schwestern … bei entwickeltem Carakter einander etwas sind. Ihre beiderseitige gute Harmonie ist ein schöner Genuß für mich, weil ich Sie in meinem Herzen vereinige, wie sie sich selbst vereinigt haben – Möchten Sie, oder möchte vielmehr das Schicksal Sie beide nie weit auseinander führen, wenn es möglich ist. Es ist gar niederschlagend für mich, wenn ich Sie mir getrennt denke, weil ich dann immer Eine, wo nicht beide, entbehren müßte.«[16]

Schiller hatte die Chance erkannt, über eine Verbindung mit Charlotte auch Caroline in sein Leben einzubeziehen. Doch war es ihm noch nicht gelungen, sich so zu positionieren, dass er damit rechnen durfte, bei den Schwestern ernsthaft auf Interesse zu stoßen. Dazu bedurfte es zweierlei: eines akzeptablen Status und eines akzeptablen Einkommens.

Er bemühte sich um eine Anstellung und wandte sich dazu unter anderem an Carl Theodor Anton Maria Reichsfreiherr von Dalberg, den Coadjutor von Konstanz und Mainz, derzeit Statthalter in Erfurt.[17] Doch Dalberg – für die in seinen Kreisen verkehrenden Schwestern der Hoffnungen wegen, die sie in ihn setzten, der »Goldschatz« – war überfordert. Ein anderer Kontakt konnte helfen: Goethe. Am 9. Dezember 1788 unterbreitete der Dichterkollege dem Geheimen Consilium den Vorschlag, und mit Unterstützung des Mitglieds Christian Gottlob Voigt wurde Schillers Berufung zum Professor der Geschichte an der Universität Jena in die Wege geleitet.[18] Damit war der Achtundzwanzigjährige etabliert – allerdings ohne feste Bezüge; er würde lediglich die Hörergelder bekommen. Bald ärgerte sich Schiller über die anstehenden Formalitäten und die 60 Taler, die er für das erforderliche Magisterdiplom zahlen musste. Im kommenden Semester, ab Mai 1789, sollte er bereits lesen – es blieb ihm wenig Zeit zur Vorbereitung. Und einen Rudolstädter Sommer wie im vergangenen Jahr würde es auch nicht geben. Alles in allem wenig begeisternd.

Für Caroline begann das Jahr 1789 mit einem ehrenwerten Besuch gleich am 4. Januar, dem ein ebenso ehrenhafter Antrag folgen mochte: Sie sollte Mitglied eines, nein, *des* Tugendbundes werden! »Lolochen mußte gestern einmal Fremde unterhalten helfen«, so Charlotte an Schiller, »es ist ein junger Herr von Humpolt, ein guter Freund des Laroche, und der Dacheröden.«[19] Diese hatte Wilhelm von Humboldt geschickt, um Caroline, falls er sie an Geist und Gefühlstiefe passend einschätzte, als Mitglied des Kreises zu werben, dem beide angehörten.

Um 1787 hatten sich in Berlin jugendliche Schöngeister gemeinsam »sittliche und geistige Bildung«, »Übung der Nächstenliebe« und »Ausbreitung tieferer Menschenkenntnis« auf die Fahnen geschrieben. Heute finden sich die Namen der damals Anfang bis Mitte Zwanzigjährigen auf Straßenschildern, in Lexika, in Büchern zur Geschichte der Geistes- und Naturwissenschaften. Neben Wilhelm und Caroline, seiner zukünftigen Ehefrau, gehörten dessen Bruder Alexander von Humboldt, Henriette Herz, Dorothea Veit (später Ehefrau Friedrich Schlegels), ihre jüngere Schwester Henriette Mendelssohn, Therese Forster (später Therese Huber) und Georg Carl von La Roche (ein Onkel Clemens Brentanos) zu der Gruppe, nun sollte auch Caroline von Beulwitz Tugendbündlerin werden.[20] Charlotte, der das Konkrete mehr lag, darin glich sie wohl ihrem Vater, war das alles nicht geheuer. Umgekehrt war nie daran gedacht worden, sie aufzunehmen.

Mit Beginn des Jahres taten sich darüber hinaus ganz neue Möglichkeiten für die Bewohnerinnen und Bewohner des Beulwitz-Lengefeld'schen Hauses auf. Ketelhodt hatte – mit Erfolg – dem Fürsten eine Prinzenreise und Beulwitz als Begleiter vorgeschlagen! Eine große Sache war das, die Reise würde ihn ab Mai viele Monate von Rudolstadt fern halten. Mathematik, Reisebeschreibungen und Übersetzungen aus dem Englischen oder Griechischen? Die Schwestern mochten sich nun lieber mit anderem beschäftigen: »Es hält uns dann nichts in Rudolstadt und wir machen allerlei Plane, Jena wirt nicht vergeßen. Ich glaube eine Reise nach Lauchstaedt wäre meiner Schwester zuträglich, weil es die Nerven stärckt, da haben wir uns etwas gar artiges ausgedacht, es ist nur eine Tagreise von Jena; wäre vielleicht Körner eben in Leipzig, so kämen Sie nach Lauchstaedt und er von Leipzig hin, ein paar Tage könnten Sie doch abkommen, da sähen Sie Ihren Freund, und wir sähen Sie auch dabei, auch Körners bekanntschaft wäre mir lieb; es läßt sich noch viel darüber sagen, Caroline und ich haben uns das ausgedacht, gefällt es Ihnen?«[21] Das schrieb Charlotte am 26. Januar 1789. Am

4. Februar setzte sie diesen Brief so fort: »Gestern war meiner Caroline Geburtstag« – den Schiller vergessen hatte.

Die Lust der Schwestern, »allerlei Plane« zu machen, erhielt wenige Wochen später weiteren Auftrieb: Ihrer Mutter wurde eine Anstellung angeboten. Es ging um die Erziehung der fünfzehn- beziehungsweise vierzehnjährigen Rudolstädter Prinzessinnen Wilhelmina Friederika Carolina und Christiana Louisa. Die Chère mère akzeptierte, vom standesgemäßen Einkommen und einer entsprechenden Altersversorgung verlockt. Mit ihrem Amtsantritt am 8. März zog sie nach Schloss Heidecksburg. Das erweiterte den Spielraum der Schwestern beträchtlich. Dennoch war die Situation für Tochter Charlotte nicht unproblematisch. »Man hatte mir schon gesagt, *Sie* seien Oberhofmeisterin geworden ... Daß man, wie ich jetzt erfahre, Ihre Frau Mutter lieber zu diesem Geschäfte erwählt, verräth noch ein kleines Vorurteil der Welt ...«,[22] so Knebel.

Die in der Konkurrenz mit der Mutter unterlegene Charlotte rang sich positive Kommentare zu deren Berufung ab: »... aber daß meine Mutter noch alles, was sich thun läßt aus den Prinzeßinnen machen wird, richtet mich einiger maßen auf.«[23] Wie auch Caroline: »Der weitere Kreis von Beschäftigungen wird denck' ich einen guten Einflus auf die Gesundheit und Gemüthsruh meiner Mutter haben, vor ihren Hang zur Thätigkeit, hatte sie izt viel zu wenig Geschäfte.«[24] Doch Charlotte war enttäuscht. »Da die armen Sterblichen so oft taub sind für die Stimme der Göttin der Weisheit, so wundert es mich gar nicht, daß man mir hier eher zutraut, meinen kleinen Hund erziehen zu können, als – Prinzessinnen, und daher mich nicht zu dem ernsten Geschäfte wählte.«[25]

Da waren die ihr übertragenen Lektürestunden mit den Prinzessinnen ein kleiner Trost, eine Möglichkeit zu zeigen, dass sie auch mehr gekonnt hätte. Leidenschaftlich verwarf sie in einem Brief an Knebel den damals gängigen Lesestoff, den »Briefwechsel der Familie des Kinderfreundes«: »Ich kann nicht begreifen, wie es Jemand geben kann, der so etwas schreibt und es hat gewiß gar keinen Nutzen für Kinder; sie füllen sich die Köpfe mit so leeren, abgeschmackten Dingen aus, und das Bessere hat doppelte Mühe, in einem solchen Boden Wurzeln zu fassen. Ich möchte nur, daß die Prinzessinnen Geschmack an Reisebeschreibungen fänden oder an Erzählungen; mit der Geschichte will ich sie noch verschonen.«[26] – »Nun bin ich es gewiß, daß die Stelle der Oberhofmeisterin durch niemand, als durch Sie allein, besetzt seyn kann, und daß man fälschlich Ihrer Frau Mutter solches zugeschoben.«[27] Knebels Antwort sollte Balsam sein für Charlottes verwundetes Selbstbewusstsein.

War er aber auch der Mann, dem sie ihr Leben anvertrauen mochte, wenn schon aus der Karriere bei Hofe nichts wurde? Sein Interesse an ihr bestand weiterhin, was neckische Zeilen wie diese zeigen: »Hüllen Sie sich nur in die wärmsten Deckchen, und verlassen Sie ja nicht das warme Zimmerchen, damit Sie mir nicht erfrieren! Die langen dicken Kräusellöckchen werden das Köpfchen schon warm halten, das ohnehin nicht gerne zu viel Kälte einläßt.«[28] Gut gemeint war wohl auch die Mitteilung gewisser Ansichten, wie sie ähnlich schon Schiller parat gehabt hatte: »Es ist billig bey Erziehung von weiblichem Geschlecht, etwas auf Spiele und Zeitvertreibe zu denken, welche die natürliche Grazie erhalten und dabey Denkungsart u. Leben verfeinern. Darunter rechne ich Zeichnen, malen, stricken, Klugheit, Sprachen u. dergl.«[29]

»Ich theile meine Hauptlectüren immer so ein, daß ich mit Geschichte und philosophischen Büchern abwechsle, weil, wenn ich nur Geschichte lese, es mir keine gute Stimmung gibt, ich habe es schon oft bemerkt. Früh lese ich also meistens philosophische Bücher und die übrige Zeit Geschichte, den Strickstrumpf nicht darüber zu vergessen, der immer meine Hände mit beschäftigt. Ich las sonst, ohne zu arbeiten, aber da ich sah, daß Beides zusammen geht, denke ich, es ist besser, weil wir doch auch für uns selbst sorgen müssen und unsre Weiblichkeit nicht vergessen sollen.«[30] Hoffentlich irren wir uns nicht, wenn wir einen leichten Anflug von Ironie aus Charlottes Zeilen herauslesen.

Oder sollte sie doch lieber den Versuch mit Schiller wagen? Der immerhin Magister, Doktor[31] und bald Professor war und der sich nun genau zum richtigen Zeitpunkt aufs Pferd schwang und nach vier Monaten Trennung auf den Weg nach Rudolstadt machte! Die Schwestern hatten ein Wiedersehen mit ihm erst im Mai 1789 erwartet. Doch ihr Freund hatte einen Tag seines Jena-Aufenthalts Mitte März für einen Kurzbesuch bei ihnen abgezweigt.

Jena, das bedeutete für ihn erst einmal die Suche und Einrichtung einer Wohnung. Christian Gottfried Schütz, Professor der Beredsamkeit und Dichtkunst, und seine Frau Anna Henriette halfen Schiller, nachdem sich sein Plan, gemeinsam mit dem ebenfalls frisch berufenen Chemieprofessor Johann Friedrich August Göttling ein Haus zu mieten, zerschlagen hatte. Schließlich fand er Unterkunft in einem Gebäude Ecke Jenerplatz/Schluckein;[32] ein Brunnen und das Gasthaus »Zur Tanne« markierten das Umfeld. Das große Haus – es präsentierte sich mit einer zwölffenstrigen Front – gehörte zwei »alten Jungfern«, der dreiundfünfzigjährigen Anna Sophie Auguste und ihrer fünfundvierzigjährigen Schwester Christine Charlotte Friederike Schramm, den ledigen Töchtern des verstorbenen Superintendenten Johann Valentin Schramm.

Es waren überwiegend Studenten, die in der »Schrammei« wohnten und dort den preiswerten Komfort eines von den Hauswirtinnen angebotenen Mittagessens genossen. So auch Schiller, der die im ersten Stock gelegenen, vergleichsweise großzügigen »drei Piecen, die ineinanderlaufen« gemietet hatte, möbliert mit einem Spieltisch, zwei Sofas, achtzehn (!) mit rotem Plüsch bezogenen Sesseln, drei Kommoden. Eine Schreibkommode war nicht darunter, Schiller ließ eine anfertigen: »Das ists, wonach ich längst getrachtet habe, weil ein Schreibtisch doch mein wichtigstes Meuble ist und ich mich immer damit habe behelfen müssen.« Der junge Extraordinarius war weiß Gott nicht verwöhnt, er pries die hellen Tapeten, den geräumigen Flur, sogar die dienstfertigen, wenn auch redseligen Jungfern, die über das Hauswesen wachten.[33]

Während Schillers Ehrgeiz darin bestand, brieflich immer neue Erfolgsmeldungen in die Rudolstädter Neue Gasse zu senden, übersetzten die Schwestern weiter Ovids »Metamorphosen« und lasen jetzt Johannes Müllers »Geschichten schweitzerischer Eidgenossenschaft«.[34] Auf Anfrage des Freundes kritisierten sie auch; zur Darstellung der schönen Griechin in Schillers »Geisterseher« äußerten sich beide unterschiedlich, doch mit gleicher Tendenz: »Ich werde wenig Beiträge zum Bilde der schönen Griechin geben können, weil ich mir nicht denken kann wie sie so schön, und betrügerisch dabei sein könnte, daß sie das ganze Publikum täuschen könnte. An dem Prinzen allein, der sie mit leidenschaft ansieht, da ist mirs gar denkbar, denn ich glaube daß sich da jeder Mensch betrügt und die Gegenstände mit einem Gewebe von Schönheit und Vollkommenheit umhüllt, daß wenn er es mit kalter Vernunft untersucht, leicht zerreißen wird, und nichts von alle dem was er wähnte finden wird.«[35] So die Jüngere.

Und Caroline: »Das Portrait der Griechin daß sie verlangen, ist, nun eben – sehr schwer. Ich kann mir eine liebenswürdige Schönheit nicht recht dencken, ohn' alle moralische Grazie. Mir dünkt die schlimmen Falten des Innern müßten auch der äußern Gestalt etwas verschobenes geben, das mit der Liebenswürdigkeit streitet. Eigenthümliches und angenommenes in einem Charakter, haben, wie mirs dünckt sehr sprechende Zeichen. In Miene, Ton, Bewegung, und Wendung der Gedancken, nimmt man Freiheit und Zwang wahr, und Zwang und Grazie sind wohl streitende Dinge? Imposant, blendend durch ungewöhnliche Regelmäßigkeit der Gesichtszüge und der Figur kann ich mir die Griechin wohl dencken. Einschmeichelnd durch überlegne Gewandheit des Geistes, aber liebenswürdig nicht, ohn' innere Wahrheit und Güte.«[36] Und genau diese Eigenschaften zeichneten einen Menschen in der Welt der Schwestern aus – theoretisch.

Schiller war durchaus bereit, ihnen darin zu folgen, zumindest in Bezug auf Frauen. Wobei er feststellte: »... für feinern Umgang, wozu Weiber concurriren [i. S. v. zusammenlaufen, sich treffen] könnten ist [in Jena] schlechterdings nichts zu hoffen«;[37] an Männergeselligkeit dagegen sei, ließ er Freund Körner wissen, kein Mangel, in »Clubbs« und Zirkeln träfen sich Studenten, Magister, Doktoren, Professoren. Studentinnen, Magisterinnen, Doktorinnen, Professorinnen – nicht nur in Jena unvorstellbare Existenzen! Doch schließlich gab es die Rudolstädterinnen.

Caroline und Charlotte sannen gemeinsam mit Schiller weiterhin auf Gelegenheiten, einander unverfänglich zu treffen. Er schlug vor, einen Besuch bei der dichtenden Bürgermeistersfrau Johanna Susanna Bohl in Lobeda, ganz nahe bei Jena, für ein Wiedersehen zu nutzen. Um dort ein gutes Entree zu haben, bat Charlotte Anfang Mai ausgerechnet Knebel, die Bohl nach Rudolstadt einzuladen. Aus diesem Plan wurde nichts (die Chère mère war dagegen und Charlotte noch gehorsam), wie auch Lauchstädt noch etwas warten musste.

So wurde Schillers ohnehin knapp bemessene Vorbereitungszeit für seine Antrittsvorlesung nicht noch mehr beschnitten. Die Veranstaltung am 26. Mai 1789 wurde ein wahrhaft einzigartiger Erfolg: Das vorgesehene Auditorium, das mit Stehplätzen etwa hundert Hörer fasste, erwies sich als zu klein, es musste umdisponiert werden. »Alles stürzte hinaus und in einem hellen Zug die Johannisstraße hinunter, die eine der längsten in Jena, von Studenten ganz besät war. Weil sie liefen was sie konnten, um in Griesbachs Auditorium einen guten Platz zu bekommen, so kam die Straße in Allarme, und alles an den Fenstern in Bewegung. Man glaubte anfangs es wäre Feuerlerm und am Schloß kam die Wache in Bewegung. Was ists denn? Was gibt's denn? Hieß es überall. Da rief man denn! Der neue Profeßor wird lesen. Du siehst, daß der Zufall selbst dazu beytrug, meinen Anfang recht brillant zu machen.«

Um die vierhundert Studenten, Körner sollte tüchtig staunen, hätten Schiller »unter lautem Pochen, welches hier für Beifall gilt«, zum Katheder gezogen, wo er »mit einer Stärke und Sicherheit der Stimme, die mich selbst überraschte«,[38] las. Nachtmusik, dreimal Vivat, auch das bekam er. Doch er

konnte all dem keinen rechten Geschmack abgewinnen.[39]
Und die Studenten auf Dauer wohl auch nicht. Bald würde
der »neue Profeßor« um Hörergelder kämpfen – halbherzig,
also erfolglos.

Erst um den 20. Juni[40] herum sahen Caroline und Charlotte
Schiller wieder. Er kam nach Rudolstadt. Kaum war er zurück
in Jena, sprach die viel reisende Charlotte von Kalb bei ihm
vor – um sich wieder einmal auf eine Weile zu verabschieden.
Drei Wochen später standen Caroline und Charlotte vor seiner Tür. Auch sie hatten einen Zwischenstopp eingelegt, auf
dem Weg nach Lauchstädt, wo sie, wie angekündigt, die mi-
neralische Heilquelle zu Bade- und Trinkkuren nutzen wollten.[41] Übrigens gemeinsam mit Caroline von Dacheröden,
die immer wieder unter beängstigenden »Zufällen« litt, an
Brustkrämpfen und blutigem Auswurf. Die Kur mochte ihr so
oder so zuträglich sein: Der junge La Roche würde sie dort besuchen. Die Schwestern erwarteten Schiller.

In Jena führte Friederike Juliane Griesbach, verheiratet mit
dem Theologieprofessor Johann Jakob, ein gastfreundliches
Haus, in dem auch Schiller verkehrte. Sie wurde von dem Trio
insgeheim mit hemmungsloser Boshaftigkeit überschüttet, ihr
Spitzname »Lorbeerkranz« nach ihrer Frisur war da vergleichsweise harmlos. Die Schwestern ließ sie vom 10. auf den
11. Juli im Gartenhaus der Familie[42] übernachten. Die erleb-
ten sicher einen interessanten Abend. Sie soupierten mit
Goethe, Knebel, Schiller und anderen im Gasthaus »Zur
Rose«, hatten die drei also zum direkten Vergleich vor sich.
Aber zu einem wirklichen Gespräch mit ihrem auch noch verspätet hinzugekommenen Favoriten reichte es nicht.

Warum war Schiller in der Gunst der Schwestern so weit
gestiegen, dass sie riskierten, sich zu kompromittieren? Er war
nun allerdings mehr als nur ein berühmter Dichter; es war
ihm gelungen, seine Revoluzzervergangenheit abzustreifen
und sich in das etablierte System einzufügen, ja Titel zu erwerben. Mittel mochten folgen. Und doch war er eine höchst
unkonventionelle, romantische Persönlichkeit geblieben. In

seinem Enthusiasmus war er mitreißend; wenn er sich für eine Idee begeisterte, setzte er alles daran, diese Begeisterung auf Menschen zu übertragen, an denen ihm lag.

Dass Caroline inzwischen regelmäßig vergnügte und, wenn es um die Französische Revolution ging, durchaus bedenkenswerte Briefe ihres Beulwitz im Postkasten hatte (einmal aus Nürnberg hatte er gar Pfefferkuchen geschickt, von denen Schiller etwas abbekam, und in Stuttgart besuchte er dessen Eltern), würde lediglich vorübergehend zu seinen Gunsten ins Gewicht fallen.[43]

Und Charlotte? Sie war am 19. Mai Gast auf der Hochzeit ihrer ein Jahr älteren besten Freundin und Weimar-Begleiterin Friederike von Holleben mit dem gleichaltrigen Rudolstädter Kammerherrn Wilhelm Heinrich Karl von Gleichen, genannt von Rußwurm, gewesen.[44] Das, zusammengenommen mit dem Scheitern einer Zukunft als Prinzessinnenerzieherin in Rudolstadt, machte die Dreiundzwanzigjährige mehr denn je geneigt, eine Heirat grundsätzlich als vorteilhaft zu empfinden.

Und Schiller? Zwar zog Charlotte von Kalb ihn nach wie vor an, zwar hatte sie möglicherweise die dauerhafteren Beziehungen zum Star von Weimar, zu Goethe, da die der Rudolstädterinnen an Frau von Stein gebunden waren, die sich von Goethe mehr und mehr entfremdet sah. Doch konnte eine Caroline von Beulwitz eine Charlotte von Kalb durchaus ersetzen, und ihre und Charlotte von Lengefelds Beziehungen zum Haus Dacheröden, zu Dalberg waren auch nicht zu verachten. Überdies war »Lottchen« praktischerweise ledig und wunderbarerweise auch adlig.

Den Zwischenstopp in Jena wiederholten die Schwestern vom 20. auf den 21. August 1789, auf ihrer Rückreise von Lauchstädt. Aber da hatte sich ihr Schicksal und auch dasjenige Schillers bereits entschieden. Oder sollte man genauer sagen, *sie* hatten ihr und damit sein Schicksal entschieden? Wer in den alten Dokumenten eine Erklärung dafür sucht, wie es in diesen Sommertagen zur Verlobung gekommen war, wird vielfach irregeführt von allzu ehrfurchtsvollen Biografen, die nicht wahrhaben wollten, dass ihr Idol Phantasien entwickelte und in die Tat umzusetzen versuchte, die auf eine Beziehung zu zwei Frauen, zwei Schwestern, hinausliefen, von denen eine verheiratet war. Caroline selbst legte den Grundstein der Irreführung durch ihre Schiller-Biografie. Doch es waren beide Schwestern und auch Schiller, die ihre Briefe und Billetts mit falschen Angaben über Orte und Daten spickten, um für ihre Mitwelt falsche Fährten zu legen. Caroline nahm sich diese Schriftstücke später noch einmal vor, um sie zu »überarbeiten« oder zur Vernichtung nach ihrem Tod zu bestimmen. So sollte auch die Nachwelt getäuscht werden.

Ganz unmöglich ist es aber nicht, herauszufinden, was tatsächlich geschah: Von Jena aus wandten sich die Schwestern am 11. Juli – ein Stück des Wegs von Schiller zu Pferd begleitet – nach Burgörner, dem Familiengut der Dacherödens in der Nähe von Hettstädt im Mansfeldischen, am nordöstlichen Rand des Harzes.[45] Mit Caroline von Dacheröden gemeinsam fuhren sie nach Lauchstädt, wann ist nicht ganz sicher,[46] aber sie waren jedenfalls längst da, als Schiller am 2. August abends dort ankam. Am 3. August schon reiste er weiter nach Leipzig zu Körners und erwartete dort den Besuch der Schwestern am 7. und 8. August. Die Rückreise nach Lauchstädt trat er mit ihnen gemeinsam an. Bis zum 10. August blieb er dort, dann war er wieder in Jena. So viel zu den Daten.

Ergänzen wir sie um den Extrakt der durch zwei Jahrhunderte überkommenen Verlobungsversion: Am Morgen des 3. August 1789 soll Schiller im Verlauf einer Aussprache mit Caroline seine Liebe zu Charlotte bekannt haben und auch, dass er es nicht wage, sich ihr zu erklären. Caroline habe ihn ermutigt. In dieser Stimmung soll Schiller nach Leipzig aufgebrochen sein. Ob er noch in Lauchstädt oder während der Fahrt den Brief schrieb, mit dem er Charlotte seinen Antrag machte, ist nicht sicher. Sie antwortete jedenfalls am 4. oder

5. August – zustimmend.[47] Erst in Leipzig standen sich die beiden als Verlobte gegenüber.

Bestätigen die Briefe – wie sie erhalten sind –, die Caroline und Charlotte in diesen Wochen mit Schiller wechselten, diese Version? Nicht ganz. Denn trotz aller Bemühungen wird deutlich, was verschwiegen werden sollte: dass Schiller zum Zeitpunkt der Verlobung Caroline mindestens genau so meinte wie Charlotte, wenn er an ein gemeinsames Leben dachte.

Schiller an Caroline von Beulwitz am 24. Juli 1789: »Es wird uns, seitdem Sie in Lauchstädt sind, so schwer gemacht, Nachricht voneinander zu bekommen, als wenn Sie ans Ende der Welt gereis't wären. … Das Bild, das Sie mir von Ihrer Freundin und Ihrem Beyeinanderseyn geben, könnte mich fast eifersüchtig und neidisch machen … Mein Bild in Ihrer Seele ist doch immer nicht *ich* selbst, und während dem daß mein Schatten unter Ihnen wandelt, muß ich selbst hier in Jena ein desto elenderes Leben führen. Je lebendiger Sie vor meiner Phantasie da stehen, desto mehr erschöpft sich meine Toleranz gegen die, mich *hier* umgebenden Geschöpfe. … Alles ist so alltägliche Waare und die Frauen besonders sind ein trauriges Geschlecht. Sie wißen, glaube ich, oder Sie wißen es nicht, daß der weibliche Karakter zu meiner Glückseligkeit so nothwendig ist.«[48]

Am gleichen Tag schrieb er an Charlotte: »Wie sehr danke ich es Ihnen, meine liebste Freundinn, daß Sie meiner gedacht haben. In Gedanken uns nahe seyn zu dürfen, ist ja beynahe alles, was das Schicksal uns zu gönnen scheint. Ihr letzter Aufenthalt in Jena war für mich nur ein Traum – und kein ganz fröhlicher Traum, denn nie hatte ich Ihnen so viel sagen wollen als damals und nie habe ich weniger gesagt. Was ich bey mir behalten mußte, drückte mich nieder, ich wurde Ihres Anblicks nicht froh.«[49]

Schiller an Charlotte am 3. August 1789: »Ist es wahr theuerste Lotte? Darf ich hoffen, daß Caroline in *Ihrer* Seele gelesen hat und aus Ihrem Herzen mir beantwortet hat, was ich mich nicht getraute zu gestehen? … Säumen Sie nicht, meine

Unruhe auf immer und ewig zu verbannen. Ich gebe alle Freuden meines Lebens in Ihre Hand. Ach, es ist schon lange, daß ich sie mir unter keiner andern Gestalt mehr dachte, als unter ihrem Bilde.«[50]

Schiller an Caroline und Charlotte am gleichen Tag: »Dieser heutige Tag ist der Erste, wo ich mich ganz glücklich fühle. Nein! Ich habe nie gewußt, was glücklich seyn ist, als heute. Ein einziger Tag verspricht mir die Erfüllung der zwey Einzigen Wünsche, die mich glücklich machen können. ... Welche schöne himmlische Aussicht liegt vor mir! Welche göttliche Tage werden wir einander schenken! Wie selig wird sich mein Wesen in diesem Zirkel entfalten!«[51]

Charlottes Antwort kam, wie erwähnt, etwa zwei Tage später: »Schon zwei mal habe ich angefangen, Ihnen zu schreiben, aber ich fand immer, daß ich *zuviel fühle* um es ausdrücken zu können. Karoline hat in meiner Seele gelesen; und aus meinem Herzen geantwortet. Der Gedanke zu Ihrem Glück beitragen zu können steht hell und glänzend vor meiner Seele. Kann es treue, innige liebe und Freundschaft, so ist der warme Wunsch meines Herzens erfüllt, Sie glücklich zu sehn. – Für heute nichts mehr ...«[52]

Caroline von Beulwitz hatte klug analysiert, mutig den Knoten durchgeschlagen und ihrer Schwester und Schiller Optionen aufgezeigt. Die diese noch nie bedacht hatten? Man weiß es nicht. Doch beide griffen sie auf. Charlotte sah inzwischen in Schiller den Mann, der ihr erlaubte, ihre Träume zu leben, ohne den Boden unter den Füßen zu verlieren, Schiller sah in Charlotte die Frau, die sein Bedürfnis nach Geborgenheit in einem ihm wohlwollenden Zirkel, seine Eitelkeit, ja seinen Hang zum Exzeptionellen – hier konnte Caroline auf ihre Kosten kommen! – zu befriedigen vermochte. Was nährt nicht alles das Gefühl zu lieben!

Nach dem zweiten gemeinsamen Lauchstädt-Aufenthalt schrieb die frisch Verlobte an den nach Jena zurückgekehrten Schiller mit neuem Selbstbewusstsein unbekümmert: »Ich muß Ihnen ein Wort sagen. Sie fehlen mir so sehr, und es macht mir wohl Sie sehn zu lassen, daß ich Ihrer eben in diesem Momente dachte. … Die Geschichte unsers gestrigen tages ist zu merkwürdig, als daß Sie sie nicht wißen sollten.« Die Schwestern hatten mit Bekannten eine Landpartie gemacht, vor einem Haus rasteten sie, aßen »unreinliche Milch« [Dickmilch], und es war ihnen »so ziemlich langweilig«.

Doch: »Sie errathen nicht was unser Interesse vermehrte. Eine Staubwolke erhob sich, und bald hörten wir ein Geraßel von einem Karren, auf diesen saß ein Mann, im abgetragenen Rock, hunde um und neben sich her, es war der *Schinder,* wir verloren alle Contenance und lachten uns halbtodt. Der üble Geruch verkündigte ihm bald. Dies alles rief uns den lieben plaz ins Gedächtnis, und wir lachten herzlich daß uns der Zufall immer mit Dingen die sich auf den Schindanger beziehen, zusammenbringt. Der böse Mann hat uns mehr Schaden gethan als wir dachten, denn er hat unsern plaz besucht, das Monument zerstört, und uns statt den schönen Knochen eine alte Haut gelaßen, deren übler Geruch uns auf eine unangenehme Art an die Vergänglichkeit erinnert.«[53]

Der »liebe plaz« war vom schlichten Lauchstädter Domizil der drei jungen Damen aus unauffällig zu erreichen gewesen. Das Haus, in dem sie sich eingemietet hatten – im durch eine Glastür abgetrennten Alkoven schlief wohl die Dacheröden, im Zimmer selbst auf zwei Sofas die Schwestern –, war erst sieben Jahre zuvor von einem Maurermeister Grimm an einer ungepflasterten Straße außerhalb der Stadt errichtet und an den Tischlermeister Küchlern verkauft worden. Ganz in der Nähe: das Armenhaus, eine hässliche Schutthalde sowie der Schindanger.[54] Dass eine Dacheröden sich im »Mode- und Luxusbad von hocharistokratischem Zuschnitt, dessen Besuch geradezu zum guten Ton der Reichbegüterten der Umgebung gehörte«,[55] in einer solchen Nachbarschaft verkroch, geschah ihren Freundinnen zuliebe, die unbeobachtet von eben jenen Leuten Schiller treffen wollten. Und sicher auch, weil sie selbst den jungen La Roche erwartete.

»Nicht wahr Sie kommen?«, hatten die Schwestern Schiller

gelockt. »Wir wollen Sie auch einen schönen Weg führen, der uns so lieb ist. Dicht an unsren Haus, ist eine Wiese mit Bäumen, ein einsamer Weg, ganz unbesucht, denn die Christliche Welt findet ihm unrein, es ist der plaz wo Gerippe, und Knochen hingeworfen werden. Wir haben schon oft darüber gelacht, daß uns diese Knochen lieber sind als die Gesellschaften. ach man braucht die Menschen so wenig! wunderbar muß es den eleganten leuten wohl scheinen wenn sie hören, daß wir den Anblick eines Kinnbackens, eines Schädels, und gar nicht einmal von Menschen, sondern von thieren, ihren geschmückten (aber vielleicht eben so leeren) Schädeln vorziehn.«[56] Das Treffen in Lauchstädt bekommt durch diese Briefstelle unerwartete Konturen. Wie erstaunt wäre die Chère mère gewesen, hätte sie gewusst, auf welch sonderbare Weise sich ihre Töchter belustigten und mit wem!

Geheimniskrämerei. Sie gehörte mehr und mehr zu Carolines und Charlottes Zeitvertreib – mit ernstem Hintergrund. Allerlei irritierende Erklärungen waren allerlei Leuten gegenüber abzugeben, um zu verhindern, dass Louise von Lengefeld rechtzeitig genug aufgeschreckt wurde, um die Pläne der Töchter durchkreuzen zu können.

Auch Schiller spielte mit. Er mochte inzwischen seine Offenheit Körner gegenüber bedauert haben, denn der Freund reagierte nicht gut auf die Nachricht von der Verlobung und keineswegs besser, als er die Braut kennen lernte. Das geschah auf einem gemeinsamen Spaziergang in Leipzig, im Rosental, in eigentlich übereinstimmenden Formationen: Körner hatte mit Minna und Dora[57] ebenso zwei Schwestern an seiner Seite wie Schiller mit Caroline und Charlotte. Doch sonst passte einfach nichts, und was als Bereicherung einer Freundschaft gedacht war, führte zur Entfremdung. An Charlotte mag das weniger gelegen haben als an Körners … ja, es war wohl Eifersucht. Er war daran gewöhnt, immer neue Heiratspläne mit Schiller zu diskutieren, wie zum Beispiel die vorteilhafte, weil Freiheit zum Dichten versprechende Verbindung mit der reichen Beamtentochter Carolina Christina Schmidt.[58]

»Könntest Du mir innerhalb eines Jahres eine Frau von 12 000 Thl. verschaffen, mit der ich leben, an die ich mich attachieren könnte, so wollte ich Dir in 5 Jahren – eine Fridericiade, eine klassische Tragödie und weil Du doch so darauf versessen bist, ein halb Duzend schöner Oden liefern – und die Academie in Jena möchte mich dann im Asch lecken.«[59] Hatte Schiller ihm nicht noch im März so geschrieben? Und nun sollte Körner sich damit abfinden, dass der Freund im Alleingang und hinter seinem Rücken bis zur Verlobung mit einem Fräulein gekommen war, dessen Vorzüge sich ihm nicht ohne weiteres offenbarten?

Eine gute Woche verbrachte Körner im August, aus Leipzig kommend, bei Schiller in Jena (er wollte von dort aus seine Chancen einer Anstellung in Weimar sondieren), genug Zeit also für eine Annäherung der Freunde. Doch das Verhältnis zwischen den beiden blieb kühl. Körner verließ die Schrammei am 19., dem Tag vor Carolines und Charlottes Ankunft aus Lauchstädt. Die Schwestern bezogen allerdings nicht das frei gewordene Zimmer, sondern verbrachten die Nacht anstandshalber wieder im Griesbach'schen Gartenhaus.

Die Dritte im Bunde der jungen, lebenshungrigen Damen, die Dacheröden, hatte man zurück nach Burgörner bringen müssen: In Lauchstädt war sie nicht gesünder, sondern richtig krank geworden, man fürchtete zeitweise um ihr Leben. Nun wurden also wieder Briefe geschrieben. Caroline von Dacheröden liebte das Spiel mit Chiffren. Häufig vorkommende Begriffe ersetzte sie durch Kreise, Dreiecke, Vierecke oder ähnliche Symbole, zum Beispiel Mama, Papa, Heirat (Frau von Lengefeld und Herr von Dacheröden sollten ja nach dem Willen der Töchter ein Paar werden), La Roche und von Humboldt, ihre beiden aktuellen Verehrer. Auf ihre ganz geheime Liebe, ihren Arzt,[60] wollte sie derzeit nicht einmal verschlüsselt aufmerksam machen; für Schiller setzte sie einen einfachen oder einen Doppelstrich![61]

... wenn es um die Liebe geht

>»Erinnerung allein würde mein Herz zerreißen,
aber so schöpfe ich aus ihr Ahnungen künftiger Glückseligkeit.«
CAROLINE VON BEULWITZ AN FRIEDRICH SCHILLER

Am 22. August 1789, wieder in Rudolstadt, sprach Charlotte ihren Schiller erstmals in einem Billett mit »Du« an. Er benutzte für »sehbare Briefe«, das heißt für das, was der Chère mère gezeigt werden sollte, weiterhin das »Sie«, daneben, für Zeilen an die »liebste Lotte«, galt nun das »Du«. Die wenigen Briefe Carolines an den Verlobten ihrer Schwester, die erhalten blieben, wurden einer strengen Zensur unterzogen: Schiller-Tochter Emilie von Gleichen-Rußwurm vernichtete fast alle kurz vor ihrem Tod.[1] Die Dokumente der Liebe Carolines, zugleich Belege für eine Ende des 18. Jahrhunderts in diesen Kreisen keineswegs unvorstellbare Freizügigkeit, mussten ihr im vergleichsweise prüden bürgerlichen 19. Jahrhundert schwer erträglich, ja peinlich erscheinen.

Doch im September 1789 waren Schiller und die Schwestern nicht mehr ausschließlich auf Korrespondenz angewiesen. Am 15. hielt der junge Professor seine letzte Vorlesung, drei Tage später quartierte er sich, wie im letzten Jahr, beim Kantor Unbehaun in Volkstedt ein[2] – für »3 längstens 4 Wochen«.[3] Caroline und Charlotte erwarteten ihn wie ehedem im Beulwitz-Lengefeld'schen Haus. Sie wussten, dass Schiller nicht selten schon am Morgen aufbrach, um bis zum späten Nachmittag mit ihnen zusammen zu sein.[4] Allein! Die Chère mère wurde durch regelmäßige Abendbesuche ihrer Töchter auf der Heidecksburg beruhigt. Selten nur kam sie für ein paar Stunden herunter in die Neue Gasse.

Es scheint den Schwestern gelungen zu sein, ihre ganz besondere Beziehung zu Schiller geheim zu halten. In Gesellschaft zu gehen, wie noch im Jahr zuvor, vermieden die drei. Doch allzu behaglich darf man sich ihre Ménage à trois wohl nicht vorstellen, trotz der Anwesenheit von Grigri, dem Hund, und Toutou, der weißen Hauskatze.[5] Sie sprachen oft über die Zukunft, kein leichtes Thema. Soweit es Schillers Rechenexperimente betraf, wie viel Geld er verdienen müsse, um ans Heiraten denken zu dürfen, war eine einheitliche Meinung sicher herzustellen.[6] Wenn es aber um, sagen wir, die innere Ausgestaltung ihres Dreiecksverhältnisses ging, hatte jeder seine eigenen Träume, wie sich bald zeigte. Und es war genügend Zeit, zu sprechen, zuzuhören, zu verzweifeln, zu kämpfen, zu schweigen.

Am 16. Oktober wollte Schiller eigentlich zurück nach Jena, seine Semesterferien waren zu Ende, aber er verschob die Abreise auf den 18. An diesem Tag bekam er Zahnschmerzen. Er litt fast eine Woche daran, an Abreise war also nicht zu denken. Den Ärmsten quälte noch ein Weiteres: Charlotte von Kalb wollte sich gerade jetzt (mit Herders Hilfe) scheiden lassen! Ein neues Stadium in ihrer Beziehung kündigte sich an, das er gar nicht goutierte. Längst abgetan waren seine Phantasien dieses andere Dreiecksverhältnis betreffend, das er für realisierbar gehalten hatte, als die Liaison in Weimar bekannt geworden war und Heinrich von Kalb sich tolerant, ja weiterhin freundschaftlich verhielt – obwohl er seine Frau angeblich liebte.

Nun fürchtete Schiller, sicher nicht unbegründet, dass Frau von Kalb voller Erwartung war, ihn nach der Scheidung zu heiraten.[7] Glücklicherweise kam dieses Problem jedoch nicht auf ihn zu. Mit der Aussicht konfrontiert, sich von ihrem fünfjährigen Sohn Alexander trennen zu müssen, arrangierte sie sich und kam geläutert (aber durchaus noch nicht innerlich zur Ruhe gekommen) vom Familiensitz Kalbsrieth mit Mann, Schwester und Schwager nach Weimar, um dort den Winter zu verbringen. Das war am 20. Oktober.

Zwei Tage später verließ Schiller Rudolstadt. Er musste in

Jena mit seinen Lehrveranstaltungen beginnen, fünf Stunden pro Woche, montags bis freitags von siebzehn bis achtzehn Uhr. »Universalgeschichte«, privatim, vor nur etwa dreißig Hörern, weil er sich zu spät um die Ankündigung gekümmert hatte und zwei Wochen vergangen waren, in denen sich die Studenten für andere Professoren hatten entscheiden können. Da vermochte auch die zusätzliche Stunde »Geschichte der Römer«, donnerstags ab sechzehn Uhr, den Ausfall an eingeplanten Hörergeldern nicht wettzumachen. Dennoch schlug er das Angebot, an einem neu zu gründenden Lyzeum in Frankfurt am Main Philosophische und Schöne Wissenschaften zu unterrichten, letztlich aus, auch wenn er festhielt: »... ich wünschte mir nichts mehr, als eine Beschäftigung dieser Art, wo ich nicht mit rohen Studenten zu thun hätte.«[8]

Aber nicht nur der Dichter/Dozent hatte eine schlechte Zeit, auch seinen beiden Lieben war es in diesem Sommer, ja bis in den Herbst hinein nicht gut gegangen. Sie beobachteten einander genau: »Karoline ist noch wie gestern [das war Schillers Abreisetag aus Rudolstadt!], das Zucken ist noch nicht vorbei, es macht mir oft Sorge, daß es nur nicht schlimmer noch wird, und sich gar nicht mehr verliert! Ihre Gesundheit fürchte ich, wird nie wieder ganz hergestellt werden ...«[9] So schrieb Charlotte dem gerade in Jena angekommenen Verlobten hinterher.

Schwingt da nicht mehr mit als der Ton, den eine besorgte, liebende Schwester anschlägt? Eine Warnung gar, der Liebste möge sein Herz nicht zu sehr an eine auf immer labile Frau hängen? Schillers Reaktion – »Was macht Karoline? Was macht meine Karoline? Bist Du frei von Zuckungen?«[10] – war sicher nicht das, was Charlotte hervorrufen wollte. Wie unsicher sie doch war. Wie schwer es ihr fiel, sich vertrauensvoll auf den Rollenwechsel von der kleinen Schwester, die immer schweigend einige Schritte hinter dem in regem Gedankenaustausch flanierenden Paar Schiller und Caroline hertrabte, zur Verlobten einzulassen.

»In einer neuen schöneren Welt schwebt meine Seele seitdem ich weiss daß ihr mein seid. Theure liebe Lotte, seitdem Du Deine Seele mir entgegen trugst. Mit langen Zweifeln ließest Du mich ringen, und ich weiss nicht, welche seltsame Kälte ich oft in Dir zu bemerken glaubte ... Ich fürchtete, ihr könntet euch unsre Freundschaft ohne Liebe vollenden ...«[11] Schillers Ansprüche an sie waren keine geringen, denn das Modell Dreisamkeit als Ziel, an dem er sich orientierte, war nur zu realisieren, wenn die jüngere Schwester sich nicht sperrte. »Wir haben einander gefunden, wie wir füreinander nur geschaffen gewesen sind. In mir lebt kein Wunsch, den meine Caroline und Lotte nicht unerschöpflich befriedigen könnten ...«[12]

»Ich fühle es wohl daß Dich meine anscheinende Kälte oft angestoßen haben mag, mein Theurer Lieber. Meine Anhänglichkeit für Dich konnte ich Dir nie so wie ich wünschte fühlen machen. Meine natürliche Bescheidenheit, nie den geringsten schein von Zudringlichkeit zu haben, mag wohl eine der Ursachen sein. In Weimar konnte ich, *als eine neue ankommende Bekanntschaft* ... nicht mehr als Deine ältern Freundinnen [Frau von Kalb!] verlangen, sogar weniger, und meine Bescheidenheit erlaubte es nicht, mehr Ansprüche auf Dich zu machen, so sehr mich mein Herz zu Dir zog. – Auch bei Deinen Aufenthalt unter uns voriges Jahr kam mir zuweilen ein Mistrauen auf mich selbst an, und der Gedanke, daß Dir Karoline mehr sein könnte als ich, daß *Du mich nicht zu Deinen Glück nöthig hättest*, zog mich auch mehr in mich zurück, fühle ich nun, da ich darüber nachdachte, weil sich auch da wieder meine Bescheidenheit, und furcht lästig zu sein einmischte. Sieh Lieber dies waren vielleicht zuweilen die Ursachen meiner Kälte.«

Was hätte Schiller Ende Oktober 1789 diesen Erklärungen seiner Verlobten entgegenhalten können – und was ihren Empfehlungen, sein Verhalten Caroline gegenüber betreffend: »... wir müßen uns alle vereinigen, und daran Arbeiten, daß ihre Seele nicht zu heftig bewegt wird ... Um ruhig zu sein muß sie jede heftige leidenschaft vermeiden...«[13] Raffiniert – oder nicht?

Charlotte wusste, dass ohne ihr Einverständnis das Leben zu dritt, von dem derzeit Schiller ebenso träumte wie Caroline, nicht zustande kommen konnte.[14] Doch genau das war ihr Ziel! Sie wollte nicht teilen und niemanden verlieren. Sie musste tatsächlich raffiniert sein. So versuchte sie also, der Schwester den Platz einer Invaliden zuzuweisen, um mit Schiller ein fürsorgliches Gespann zu bilden, mit der gemeinsamen Aufgabe, die ach so Empfindsame vor schädlichen Gemütsbewegungen zu schützen. Und sie bemühte sich, ihren Briefen einen innigeren Klang zu geben, sich so darzustellen, wie Schiller seine Idealfrau beschrieben hatte. Sie wollte ihm ihre Liebe erklären – wie sie sie verstand.

An seiner zweifelte sie nämlich. Trotz der Eifersüchteleien um Heron und Knebel, den »Herzensfeßler«. Sie vertraute sich Caroline von Dacheröden an und erhielt den klugen Rat, den direkten Weg zu gehen, dem Verlobten ihre Ängste zu offenbaren. Das tat sie denn auch, nach und nach und wieder und wieder. Schiller suchte Charlotte zu beruhigen, indem er ihr eine romantische Szene ins Gedächtnis rief: Charlotte, noch ganz aufgeregt von einem Streit mit ihrer Mutter, drückte damals seine Hand. Doch noch bevor er aus der Situation etwas hätte machen können, waren sie nicht mehr allein. Schiller wollte sie daran erinnern, dass er Carolines Hinzutreten in jenem Moment als Störung empfunden hatte. Das konnte nicht genügen.

Immer wieder ging es um Empfindungen, um die sinnliche Qualität von Erlebnissen, um persönliche Erfahrungen, also um etwas irgendwie Unstetiges, Beliebiges. Charlotte, ganz im Geist ihrer Zeit, kannte sich damit aus. Und misstraute. Hatte sie nicht diese (und ähnlich euphorisch klingende) Zeilen ihres Verlobten gelesen: »O meine theure Caroline, meine theure Lotte! Wie so anders ist jetzt alles um mich her, seitdem mir auf jedem Schritt meines Lebens nur euer Bild begegnet. Wie eine Glorie schwebt eure Liebe um mich ...«[15] – »Mein ganzes zeitliches und ewiges Leben ist an diesem einzigen Haare bevestigt, und reißt dieses, so habe ich nichts mehr zu verlieren.«[16]

Der Riss, den Schiller fürchtete,[17] betraf – also zeigten Charlottes Zeilen Wirkung – auch Caroline: »Noch Deine Gesundheit, und ich will jetzt nichts mehr wünschen. O erhalte sie mir! Sei ruhig, und Du wirst gesund seyn! Ruhe ist alles, was Du brauchst – Deine Seele umfaßt noch mit zu viel Heftigkeit alles. Wie ruhig könntest Du seyn, wenn Du nur allein in der Wirklichkeit lebtest.«[18] Schiller meinte das sehr ernst: »O ich könnte unmenschlich seyn gegen andre, und von ihrem Leben und ihrer Gesundheit nehmen und Dir es geben – und thut es nicht auch die Natur? Wie viele Pflanzen sterben für den Menschen – warum sollte die unedele nicht sterben, daß das Edelste lebe und blühe?«[19] Es gelang Caroline, ihn zu beruhigen.

Charlotte versuchte vorsichtig zu erkunden, wie andere ihre Chancen in der Konkurrenz mit der Schwester beurteilten. Wiederum befragte sie die Freundin und Lauchstädt-Zeugin Caroline von Dacheröden. Die berief sich auf eigene Erfahrungen mit Dreiecksverhältnissen im Tugendbund und resümierte:

»Ich begreife ser gut wie = [Schiller] dich anders liebt, wie Linen, um dich so zu lieben wie sie müstest du der getreue Abdruk ihres Wesens sein, ... aber er liebt dich darum nicht weniger – deine stille Anhänglichkeit, dein sanfter Sinn, dein ganzes Wesen gleichsam aufgelöst in zarte Liebe, o glaube meine Beste, es entgeht nichts davon dem feinen Blik des gücklichen Mannes der dies alles sein nent, aber es ist mir begreiflich wie gerade für diese Empfindung der volle Gegenausdruk auch dem besten unter dem andern Geschlecht felt – Weiblichkeit, Lotte, dies Wort wird ewig eine Scheidewand zwischen uns u. die Männer sezzen u.

wer sie überschreiten wolte, störte gewis die schöne Ordnung der Natur – Um dieser Weiblichkeit willen die der
schönste Ausdruck deines Wesens ist, liebt dich = gewis
unendlich – es ist ein Hirngespinst deiner getrübten Fantasie, meine Liebe, eine kranke Vorstellung daß es = je weh
tun könte dich gewält zu haben, die leiseste Andung dieses
Gedankens würde ihn gewiser schmerzen u. die Blüten seines Geistes zerkniken wenn sie sich schöner vor Karolinen
zu entfalten strebten.«[20]

Charlotte sollte alles aufbieten, um Schillers Geistesblüten zu
fördern, dann würde sie die Achtung nicht nur ihrer Freundin
gewinnen, das war die Botschaft. Nur: Briefe zu schreiben, die
den Willen und die Fähigkeit verhießen, des Mannes intellektuelle Leistungen anzuerkennen, die ihn auf gefühlvolles
Eingehen auf seine Bedürfnisse hoffen ließen, das reichte
nicht, auch die optischen Reize mussten stimmen. Und dafür
hatte Charlotte seit frühester Jugend (wir erinnern uns an das
himmelblaue Jäckelchen, das Schillers Schwester einst so be-
wunderte) ein sicheres Gespür.
    »Liebe Lotte«, meinte die Dacheröden, »bei Puzangelegen-
heiten fällt mir ein, daß ich dich schon lange bitten wolte mir
das Muster von den Kragens zu schikken die du trägst, wie
Z.B. den blauen den du in L. auf einen weißen Rock trugst.«[21]
Und weiter: »Wenn ir her komt dächte ich brächtet ir Euer
griechisches Gewand, die Bademäntel mit, damit ir die Be-
kantschaft des K.[oadjutors] in diesem Kostüme machtet.«
Interessant. Caroline von Dacheröden wusste um die Vorliebe
des geistlichen Bonvivants, gefiel sie ihm doch gern in ihrer
»griechischen« Haube.[22]
    Jahre später, bereits als etablierter Kulturpolitiker, konnte
sich auch Wilhelm von Humboldt für »antiken« Augen-
schmaus begeistern:

»Während des Wiener Kongresses besuchte Graf von der
Schulenburg-Closterrode einmal den Freiherrn Wilhelm

von Humboldt Abends. Als ein schon bekannter Vertrau-
ter wurde er sogleich eingelassen, fand aber in dem Ar-
beitszimmer, wo Humboldt sein sollte, niemand. Da Papiere
offen umher lagen, trat er sofort wieder zurück und rief den
Diener, der sich über die Abwesenheit des Herrn fast ent-
setzte, denn er sei gewiß nicht ausgegangen. Während sie
draußen laut reden, macht Humboldt die Thüre auf, sieht
Schulenburg, und nimmt ihn herein. ›Aber wo waren Sie
denn eben?‹ fragt dieser. Humboldt lacht, und versetzt: ›Ihnen kann ich das wohl sagen!‹, öffnet eine verborgene Tapetenthüre, und führt ihn in ein schönes großes Zimmer,
dessen Vorhandensein man um so weniger ahndete, als es
im Nebenhause lag; Humboldt hatte die beiden anein-
anderstoßenden Wohnungen gemiethet, und heimlich die
Thüre durchbrechen lassen. In der einen Wohnung arbeitete er, in der andern ergötzte er sich, gesichert gegen jede
Belästigung, jeden Eindrang. Er hatte so eben seine Lust gehabt in Anschauung antiker Nacktheit. Ein wunderschö-
nes Mädchen, ganz entkleidet, hatte, auf einen Stuhl stei-
gend, die Kerzen eines Kronleuchters entzünden müssen,
und Humboldt hatte die Stellungen und Formen, die sich
dabei zeigten, mit Ernst betrachtet. Er bot Schulenburgen
an, das Schauspiel wiederholen zu lassen, und dieser nahm
es an. Sie setzten sich beide auf den Sopha, und ließen das
Mädchen abermals die Lichter anzünden. Schulenburg
sagte, es sei wirklich sehr schön anzusehen gewesen. Es fiel
weiter nichts vor. Als die Lichter alle brannten, und sie genug gesehen hatten, zogen sich die Herren wieder durch die
Tapetenthüre in die andere Wohnung [zurück], wo sie nun
ihre Geschäfte ruhig fortsetzten.«[23]

Nicht durchs Schlüsselloch, sondern in die Zukunft schaute
die Dacheröden im November 1789: »... zuweilen ists mir als
entfaltete sich die Zukunft einen Augenblick vor mir, ... wenn
wir ... den Punkt sehen könten auf dem wir in einiger Zeit,
vielleicht nur in dem kurzen Zwischenraum eines Jares, sein

werden, wir faßten nicht die Wege die uns hinleiteten ...«[24]
Heute wissen wir: Vor Ablauf eines Vierteljahres würde sich
Caroline von Dacheröden mit Wilhelm von Humboldt ver-
loben. Friedrich Schiller würde gute zwei Monate später
Charlotte von Lengefeld heiraten. Und Caroline? Sie würde
eine Affäre mit dem Coadjutor haben. »Elle a commencé à
coucher avec Schiller, e[t] plus tard avec Dalberg«[25] – Wilhelm
von Humboldts Bruder Alexander beschrieb so den Übergang
vom einen zum anderen.

Im Oktober 1789 erwogen die Schwestern mögliche Folgen einer Bekanntgabe der noch immer geheimen Verlobung. Hinter diesen Schritt würde man schwer zurückkönnen. Charlotte wünschte sich diese Festlegung, aber Caroline war nicht
dafür, es sei denn, Schiller würde sich erklären wollen.[26] Doch
dem schien vorerst nichts wichtiger zu sein, als eine Alterna-
tive zu Jena zu finden, denn es hatte Krach gegeben: Er hatte
unwissentlich die Interessen des Geschichtsprofessors Christian Gottlieb Heinrich berührt, indem er sich als Professor der
Geschichte bezeichnete, obwohl er streng genommen Professor der Philosophie mit Lehrauftrag für Geschichte war. Es
handelte sich um die Publikation seiner Antrittsvorlesung
»Was heißt und zu welchem Ende studiert man Universalgeschichte?« unter falschem akademischem Titel.
   Die Belange der Administration zu beachten hatte Schiller
überfordert. Dennoch drängte es ihn mehr denn je, seine
finanzielle Situation zu verbessern. Ein Jahr war vergangen,
seit er den Coadjutor um Unterstützung gebeten hatte. Eine
dauerhafte bezahlte Anstellung – Schiller hatte mit Mannheim oder Heidelberg geliebäugelt – war über diese Beziehung
nicht zu bekommen, daran gab es nach einem erneuten Vorstoß keinen Zweifel mehr. Dalberg fand es unter seiner
Würde, sich der »Kreaturen« des Kurfürsten und Erzbischofs
von Mainz zu bedienen – was erforderlich gewesen wäre –, und
empfahl, Schiller solle sich an Friedrich Carl Joseph von und
zu Erthal höchstpersönlich wenden, ein Rat, der durch Zu-

wendungen aus der Dalberg'schen Privatschatulle nicht akzeptabler wurde.

Caroline reagierte in diesem turbulenten November mit dem Vorschlag, Schiller solle als freier Schriftsteller (das hätte übrigens auch Freund Körner sehr gefallen) in Rudolstadt leben – ohne Amt, ohne Anpassungszwang, in größtmöglicher Freiheit. Das schien ihm einerseits reizvoll, andererseits hing er auch wieder an der Professur, die er sich aber nur würde leisten können, wenn er ein festes Grundgehalt bezog. Denn war es nicht gerade das, was Schiller – vielleicht aus Gewöhnung – brauchte? Begrenzungen, die zu überschreiten ihn reizten. Durch Vielfalt, ja Überfluss der Ideen. In diesem Punkt mag Caroline ihn verkannt haben.

Da die Verlobung also vorerst noch geheim blieb, lohnte es sich für Charlotte weiterhin – und zwar fast bis zur Hochzeit, dann mochte sie sich an die Worte erinnern, die ihr Wieland ins Stammbuch geschrieben hatte: »Ein Wahn der mich beglückt, ist eine Wahrheit werth die mich zu Boden drückt«[27] –, ihrem Grübeln darüber, ob Schiller sie tatsächlich genügend liebe, in Briefen an die Dacheröden freien Lauf zu lassen. Diese versuchte loyal nach allen Seiten die Bedenken zu zerstreuen, wie sie auch die starke Vermutung, dass Schiller die leidenschaftlicheren Briefe an Caroline schrieb, nicht zur Gewissheit und zum Verzicht Charlottes führen lassen wollte. Die ältere Schwester habe »Recht wenn sie gegen die Mitteilung der Brieffe unter Euch ist, man ist freier noch in der Gewisheit daß man nur für eine schreibt. Ich habe in diesen Tagen viel über Euer Verhältnis mit =. [Schiller] nachgedacht. Wenn es dauren solte, meine Lotte, u. du fültest daß du die Idee =. liebe L. [Caroline] mer als dich nicht als eine kranke Vorstellung hinwegräumen köntest, so wäre mein Rat dich mit =. darüber zu erklären. An der heiligen Warheit seines Herzens kanst du nicht zweifeln. Es tut mir zwar weh wenn =. aus dem schönen Wahn, daß alles unter Euch harmonisch sei, gestört würde, aber dies steht denn doch in keinem Verhältniß mit der dauernden Unruhe deines Her-

zens u. er erfüre nur etwas früher was man ihm in die Länge
doch nicht verbergen könte.«[28]
Die Beziehungserfahrene hatte es gut getroffen. Schiller
lebte wirklich in einem schönen Wahn:

»Nur in euch zu leben, und ihr in mir – o das Daseyn, das
uns über alle Menschen um uns her hinwegrücken wird.
Unser himmlisches Leben wird ein Geheimniß für sie bleiben, auch wenn sie Zeugen davon sind. Du kannst fürchten
liebe Lotte, daß Du mir aufhören könntest zu seyn was Du
mir bist. So müßtest Du aufhören mich zu lieben! Deine
Liebe ist alles was Du brauchst, und diese will ich Dir leicht
machen durch die meinige. Ach das ist eben das höchste
Glück in unsrer Verbindung, daß sie auf sich selbst ruhet ...
wie könnte ich mich zwischen euch beyden meines Da-
seyns freuen, wie könnte ich meiner eigenen Seele immer
mächtig genug bleiben, wenn meine Gefühle für euch
beide, für jedes von euch, nicht die süße Sicherheit hätten,
daß ich dem anderen nicht entziehe, was ich dem Einen
bin. ... Caroline ist mir näher im Alter und darum auch
gleicher in der Form unserer Gefühle und Gedanken. Sie
hat mehr Empfindungen in mir zur Sprache gebracht als Du
meine Lotte – aber ich wünschte nicht um alles, daß dieses
anders wäre, daß Du anders wärest als Du bist. Was Caroline vor Dir voraus hat, mußt Du von mir empfangen;
Deine Seele muß sich in meiner Liebe entfalten, und mein
Geschöpf mußt Du seyn ...«[29]

So schrieb Schiller am 15. November 1789, so versuchte er,
seinen Enthusiasmus für das von ihm erträumte »himmlische
Leben« auf Charlotte zu übertragen, was bei deren kritischem
Geist misslingen musste. Sie brauchte Fakten und schuf sie
nun selbst. Sie nutzte die erste Novemberwoche in Kochberg,
um Frau von Stein von ihrer Verlobung mit Schiller zu erzählen.[30] Jetzt war die Vorstellung nicht mehr durchzuhalten, nur
das individuelle Wollen dürfe von Belang sein. Die Letztin-

stanzlichkeit der Mutter war zu akzeptieren.[31] Sie mussten der Chère mère beichten.

Die Hauptbetroffenen drückten sich: »Das Unglück ist geschehen, und einmal mehr oder weniger Hände zusammenschlagen über dem Kopfe – das macht nicht viel aus. ... Sie zieht in das Schloß um Prinzessinnen zu bewachen, und ihre eigenen – überläßt sie dem lieben Himmel!«[32] Damit exkulpierte sich Schiller. Und Charlotte nannte erschwerend, was sie noch vor kurzem gern zur Begründung ihrer Verschwiegenheit gegenüber der Mutter herangezogen hatte: »... ich selbst spreche nie mit ihr über dinge die mich so nahe angehen, von je her war es so.«[33]

Tatsache ist: Weder Schillers dreißigster[34] noch Charlottes dreiundzwanzigster Geburtstag (er gratulierte ihr einen Tag zu früh – im Gedenken an seinen Caroline-Fauxpas? – und schenkte ihr eine Ananas[35]) schien ein geeignetes Datum für die Bekanntgabe der Verbindung zu sein.

Ihre Wege trennen sich, vorläufig

> »Je mehr wir uns kennen, hoffe ich, je mehr
> wird sich unser Wesen vermischen; und wir werden
> es nicht bereun einander gewählt zu haben.«
> CHARLOTTE VON LENGEFELD AN FRIEDRICH SCHILLER

Am 2. Dezember 1789 stiegen Caroline und Charlotte in die Kutsche, um das schwierige Rudolstädter gegen das noch schwierigere, »Klätschereyen« noch mehr pflegende, Weimarer Umfeld zu tauschen. Ihr Weg führte über Jena, der direkte Weg über Blankenhain war – angeblich – nicht befahrbar. In Jena verbrachten sie vier Stunden mit Schiller, der sie auf der Weiterreise nach Weimar ein Stück zu Pferd begleitete. In den nächsten Wochen würde er diesen Weg immer wieder einschlagen: Er besuchte die Schwestern vom 12. auf den 13. Dezember, vom 19. auf den 20., vom 24. bis zum 26. oder 27., vom Silvestertag bis zum 2. Januar und wieder vom 16. auf den 17., vom 29. auf den 30. des Monats. Meist nutzte er eine Mitfahrgelegenheit in der Kutsche seines Kollegen Paulus, meist kehrte er noch in den Nachtstunden nach Jena zurück. Aber nicht immer.

Die Schwestern wohnten an der Südseite des Weimarer Marktes im zweiten oder dritten Haus neben dem Gasthaus »Elephant«,[1] zur Frauentorstraße hin. Ihr Nachbar zur Rechten war Knebel. Fürsorglich hatte er ihnen eines der Möbelstücke, die er vom Grafen Einsiedel übernommen hatte, frisch aufgearbeitet überlassen: ein »Sopha«, wohl bedenkend, dass das liebe Fräulein Charlotte es sich darauf recht bequem machen könne.

»Frau Baron v. Beulwitz ingl. Frl. v. Lengefeldt, aus Rudolstadt, liesen sich melden und wurden an Hof gebethen.« Mit den Schwestern nahmen an der Mittagstafel Platz: der Herzog, die Herzogin, drei Hofdamen, die Herren von Dalberg, von Stein, von Wedel, von Goethe, insgesamt neunzehn Personen. Diesem Eintrag ins Fourierbuch[2] vom 5. Dezember 1789 zufolge stürzten sich Caroline und Charlotte unverzüglich ins Hof- und Gesellschaftsleben Weimars, wozu auch ein Besuch bei Charlotte von Kalb gehörte, sinnigerweise am 6. Dezember, auf den Tag zwei Jahre nach Schillers erstem Besuch in Rudolstadt.

Keine zwei Wochen später fanden es Caroline und Charlotte spannender, in Erfurt zu sein. Auch dort war der Coadjutor zu Gast, von dem sie sich für Schiller noch immer einiges versprachen, und Wilhelm von Humboldt war gerade von seiner Frankreich- und Schweizreise zurückgekehrt. Der Ortswechsel der Schwestern geschah zur rechten Zeit: Am 16. Dezember verlobte sich Caroline von Dacheröden mit »Bill« und ließ das dem Vater erst am nächsten Tag mitteilen – durch Caroline von Beulwitz.[3] Die hielt inzwischen einen Brief in Händen, der ihr für ihre andere Mission in Sachen Verlobungsanzeige[4] Erfolg bescheinigte: »Dein heutiger Brief meine Caroline hat mich so erschüttert u. überascht daß ich nicht im stande bin eine einzige Zeile darauf zu antworten. Daß kann Lotchen versichert seyn daß nie mein Mund heuchelte, wenn ich Euch sagte: daß auf Eure Glückseeligkeit meine ganze Wohlfahrt gegründet sey. Mehr heute zu sagen ist unmöglich.«[5]

Das genügte auch. Mit den Worten »Ja, ich will ...« begann die Chère mère ihr Antwortschreiben an Schiller. Hier würden die Dinge also ihren Gang gehen. Frau von Beulwitz und Fräulein von Lengefeld konnten die Gesellschaft im Haus Dacheröden genießen, wie einer der anwesenden Gäste feststellte: »Es waren verschiedene Fremde heute hier, unter anderen auch die beyden Barons von Humboldt aus Berlin und die Frau v. Beulwitz mit ihrer Schwester, der Fräulein v. Lengefeld ... Der Koadjutor unterhielt sich fast beständig mit der Frau v. Beulwitz; sie und ihre Schwester spielen beyde den schönen Geist ...«[6]

Mit strategischen Talenten! »... diese Woche schreibe ich der chère mère, halte Deinen Brief bereit, aber schicke ihn nicht eher, als ich Dir wieder schreibe, mein Theurer«[7], hatte Caroline den künftigen Schwager noch am 7. Dezember angewiesen, und auch Charlotte kündigte ihren Brief an die Mutter an. Schiller, längst vorgewarnt, war dennoch verblüfft: »Der wichtige Wurf ist also geworfen und die chère Mère weiß nun alles. Ihr habt mich dießmal durch eure Entschloßenheit überrascht meine liebsten … Ich muß gestehen, daß es mir herzlich lieb zu hören war.«[8] Als er mit seinem Antrag an die künftige Schwiegermutter nachzog, war es höchste Zeit, denn Herzog Carl August hatte Wind von der Affäre bekommen, über die man in Weimar eifrig tuschelte.[9] Er befragte Frau von Stein dazu, die nicht schweigen konnte, aber den Vertrauensbruch wenigstens zu Gunsten des Paares mit der Geldfrage verknüpfte.

Doch zurück zu Schillers seit Wochen vorrätigem, nun endlich abgeschicktem Werbebrief an Louise von Lengefeld:[10]

»Jena, den 18. Dec. 89, Freitag
Wie lange und wie oft, seit mehr als einem Jahre, gnädige Frau, habe ich mit mir selbst gestritten, ob ich es wagen soll Ihnen zu gestehen, was ich jetzt nicht mehr zurückhalten kann. Ich muß Sie bitten, verehrungswürdigste Freundinn, Sich jetzt alles gegenwärtig zu machen, was je in Ihrem gütigen Herzen für mich sprach … Ich gebe das ganze Glück meines Lebens in Ihre Hände. Ich liebe Lottchen – ach! wie oft war dieses Geständnis auf meinen Lippen, es kann Ihnen nicht entgangen seyn.«[11]

Und so weiter. Die Worte waren – unter Assistenz der Schwestern? – mit Bedacht gewählt, die Fakten ja ohnehin geschaffen. Was hätte die Chère mère anderes tun können, als ihren eigentlichen Favoriten, Ketelhodt, zu vergessen und Schiller als Schwiegersohn freudig zu begrüßen? Wie sehr auch ihrer Ältesten daran gelegen war, ahnte sie nicht. Sie glaubte noch, mit gutem Zureden Caroline weiterhin bei ihrem Ehemann halten zu können. Doch die war kein dummes, leicht beein-flussbares Ding mehr, sie fürchtete sich vor Beulwitz' Rück-kehr. Wohl wissend, dass ihre Schonzeit dann beendet sein würde: Ihr Ehemann brauchte einen männlichen Erben, um selbst erben zu können.

Im November und Dezember 1789 wollte Caroline jeden-falls nichts weniger, als weiter mit Beulwitz zusammenzule-ben. Dafür fand sie bei Charlotte vollstes Verständnis: »Wie es mit Beulwitz gehen wird, liegt mir oft schwer auf der Seele, es muß anders werden; wenn ihn nur irgend jemand wo hielte, daß er gar nicht wieder käme, es wird noch manchen unangenehmen Vorfall geben, wo wir Muth nötig haben wer-den.«[12] Und Schiller zitterte mit: »Nur *Dein* Schicksal, meine Caroline, ist es, was mir Unruhe macht.«[13]

Welche Möglichkeiten bedachten die drei? Carolines Schei-dung von Beulwitz, ein Leben zu dritt, wenn Schiller doch noch in irgendeiner Universitätsstadt eine ordentlich bezahlte Anstellung fände? Oder, falls er sich ganz fürs Schreiben ent-scheiden könnte, die Wohngemeinschaft zu viert in Rudol-stadt? Aus Kostengründen natürlich, und um dem dortigen Klatsch keine Nahrung zu geben, der nicht zuletzt die Hof-meisterin Lengefeld kompromittieren würde.

Caroline, sozusagen beschützt durch Schiller und Charlotte, unter einem Dach mit Beulwitz! Das fand die pragmatische Braut denn doch zu komisch: »Ich habe recht gelacht darü-ber, daß wir nun gar noch *Beulwitz* zu unsern Beieinandersein nöthig hätten. ... von *Karolinens* Seite müßten viele Explika-tionen vorher gehen, daß er wüste woran er sich zu halten hätte, damit er ihre Ruhe nicht durch einen Mangel an Fein-heit (das doch immer so auffallend ist) störte. ... Einige jahre ließ es sich so leben, und dann könnte *Dalberg* vielleicht mehr, oder es fände sich doch immer etwas.«[14]

Doch es lief auf Jena hinaus. Charlotte sollte Schiller dort-hin begleiten (wo beide allerdings »ganz positiv« nicht blei-ben wollten). Er nannte das einen »heroischen Entschluss«, denn dort würde sie »*allein*« sein, der weibliche Umgang dort eine »traurige Leerheit ... zurücklassen«. Und Caroline? Sie sollte weiter in Rudolstadt leben, um die Chère mère bei Laune zu halten, auf deren Finanzspritzen das Trio angewiesen war.[15] Charlotte, die noch immer über Schillers Liebe zu ihrer Schwester grübelte, konnte all das nur recht sein. »Wenn *Karoline* nicht gleich mit uns lebt, so kann sie doch jeden tag wenn es ihr einfält, kommen, es sind nur 8 Stunden.«[16]

Da war aber noch eine Frau. In weniger als acht, in drei Stunden hätte sich Schiller mit ihr treffen können: Charlotte von Kalb.[17] Sie waren für den 19. Dezember verabredet, wieder einmal teilte sich Schiller die Kutsche von Jena nach Weimar mit dem Ehepaar Paulus und fuhr mit ihm noch in derselben Nacht zurück. Doch bei seiner alten Freundin ließ er sich nicht blicken. Er traf sich mit den Schwestern, die am gleichen Tag aus Erfurt zurückgekommen waren. Charlotte von Kalb erfuhr von diesem Treffen und stellte Charlotte von Lengefeld am Tag darauf vor versammelter Hofgesellschaft heftig zur Rede. Schiller konnte das nicht überraschen, längst war ihm klar: »Die *Kalb* ist in ihren Neigungen hartnäckig; ihr Betragen gegen Dich bringt mich fast auf den Gedanken, daß sie mein Verhältnis zu ihr noch nicht ganz aufgegeben hat.«[18] »... ich habe mich, däucht mir, sehr schön an ihr gerächt.«[19] Diese Stelle in Schillers Brief an seine Braut vom 8. Februar spielt wohl auf den Einsatz letzter, unfeiner Mittel an, sich zu befreien. Er hatte der Frau, der er so viel verdankte, vorgeworfen, sie habe Briefe von ihm an die Schwestern abgefangen, und hatte sie damit tief verletzt.[20]

Zwei Tage später, Caroline und Charlotte waren bei Frau von Stein, ließ die Kalb sich melden. »Du hast keinen Begrif wie sie aussieht und thut; sie mochte nicht erwartet haben, uns dort zu finden. Wir waren ganz kalt gegen einander. Sie sah aus wie ein rasender Mensch, bei dem der Paroxismus vorüber ist, so erschöpft, so zerstört ... ich beklage sie wohl, aber sie rührt mich nicht.«[21] Hatte es dieser Zeilen bedurft, um Schiller endgültig gegen die einstige Freundin zu stellen?

Oder des anonymen Briefs, den Charlotte (die deren Schrift kannte!) von der Kalb erhalten haben wollte – spätere Schriftanalysen widerlegten diesen Verdacht:

> »Eine Person, welche immer Wohlwollen gegen Sie gehegt hat, gibt Ihnen den guten Rath, sich nicht so um Herrn Rath Schiller zu bemühen, weil Sie sich dadurch lächerlich machen, und sehr viel durch seinen Umgang von dem, was Sie sonst waren, verloren haben. Überhaupt findet man durch den Umgang mit Dichtern kein Glück, indem sie alle, einer mehr einer weniger, Fantasten sind und vom wahren Glücke des Lebens weit entfernt. Jagen Sie nicht so nach Poeten, sondern bilden Sie sich lieber zu einer guten Hausfrau, denn es gibt wenig Männer, die dergleichen Weiber ernähren können. Hätte ich das Glück genauer mit Ihnen bekannt zu sein, würde ich Ihnen dieses mündlich sagen; doch da dieses nicht ist, achte ich es mir als Pflicht, Ihnen dieses schriftlich zu sagen.«[22]

Schiller reagierte vorhersehbar: mit dem endgültigen Bruch. Am 18. Februar gab er Charlotte von Kalb ihre Briefe zurück. Damit war auch das letzte Kapitel seiner vergangenen Liebschaften abgeschlossen.[23]

Für die vorvergangenen war ihm längst Absolution erteilt worden: »Erwähne nichts mehr mein Lieber, von dem was Dir sonst begegnete, was Dir vielleicht keine angenehmen Erinnerungen giebt, zum wenigsten nicht in so einen ton, als der, in dem Du es im vorigen Briefe sagtest. Meine Liebe umfaßt Dich wie Du bist, und dies was Dir eben unangenehme Erinnerungen giebt, mußte vielleicht vorher gehn, in dem Plan unsres lebens, um [uns] so wie wir es jetzt sind, zu verbinden, mein theurer Geliebter. Nein laß diese Ideen nie wieder in Dir so aufkommen. Das Gefühl unsrer reinern höheren Liebe soll uns beleben, und wir wollen in die Zukunft blicken, die uns durch *sie* schöner aufgeht.«[24]

So also antwortete die Braut, »die Dezenz«, »die Weisheit«,

auf Schillers zerknirschten Blick zurück. Der hatte sich ergeben, als – wie von Mainz, Berlin, Wien – auch von Mannheim
als möglichem künftigen Wohnort die Rede war: »Aber bei
diesem Mannheim fällt mir ein, daß ihr mir doch manche
Thorheit zu verzeyen habt, die ich zwar vor der Zeit, eh wir uns
kannten, begieng, aber doch begieng! Nicht ohne Beschä-
mung würde ich Euch auf dem Schauplatz herum wandeln sehen, wo ich als ein armer Thor, mit einer miserablen Leidenschaft im Busen, herumgewandelt bin.«[25] Ob sich Charlotte
allerdings auch nur annähernd ein Bild von den »Thorheiten«
ihres künftigen Mannes machen konnte, ist sehr fraglich.

EXKURS

Schillers Éducation sentimentale

Johann Christoph Friedrich Schiller, geboren am 10. November 1759 im Parterre eines einfachen Fachwerkhauses in Marbach am Neckar. Im zehnten Ehejahr brachte Elisabetha
Dorothea geborene Kodweiß – in Abwesenheit des Vaters
Johann Caspar Schiller, er war als Leutnant der württembergischen Armee im Feldlager – den einzigen Sohn zur Welt.
Immer wieder war der Vater von der Familie getrennt, häufig
wurde der Wohnort gewechselt. Konstante im Leben des kleinen, immer kränklichen »Friz« waren die Mutter und drei
Schwestern: Christophine Friederike, Louise Dorothea Katharina und Caroline Christiane, genannt Nanette.[26]
    Dass Friedrich Schiller begabt war, nach Dorf- und Latein-
schule gezwungenermaßen in die Carlsschule eintrat, eigentlich Pfarrer werden wollte, doch zunächst Jura, dann Medizin
studierte – es hakte, bis er eine akzeptable Dissertation vorle-
gen und dann Regimentsarzt werden konnte –, ist bekannt,
wie seine Anfänge als Dichter und sein erster großer Erfolg
mit dreiundzwanzig, der das romantische Bild vom »Räuber«-

Autor prägte, dem nicht nur die Rudolstädterinnen verfielen. Auch die zweifellos wichtigen Auseinandersetzungen gewissenhafter Schiller-Biografen mit seinem Verhältnis zum leiblichen und zum Landesvater Carl Eugen müssen hier ebenso wenig nachvollzogen werden, wie der keineswegs gradlinige Weg an die Seite Goethes. Die Flucht von Stuttgart nach Bauerbach, die vergeblichen Versuche, in Mannheim als Theaterschriftsteller Fuß zu fassen, die Stationen Leipzig und Dresden sind vielfach und penibel dokumentiert, die Rechnungen zu seinen immerwährenden Geldnöten immer wieder aufgemacht worden. Dieses Leben bietet eine schier unerschöpfliche Menge an Daten, die zur Erreichung unterschiedlichster Erkenntnisziele nutzbar gemacht wurden und werden. Aber: Während sich der Dichter Schiller entfaltete, entwickelte sich auch der Mann. Und auch hier schenkte er sich nichts.

Schiller war einundzwanzig, als er die Militärakademie verließ. Neun Jahre lang hatte er – abgesehen von seiner oder eines Kameraden Mutter oder Schwester – keine bemerkenswertere Frau zu Gesicht bekommen als die Mätresse Carl Eugens, seines Herzogs, auf die er heuchlerische Verse machen musste. Er stürzte sich also auf alles, was richtiges Leben versprach. Er ließ alle Disziplin fahren, was seine Kleidung, seinen Tisch und sein Bett betraf. Er »soff« in Stuttgart mit seinen Kumpanen »kretzende Weine«;[27] er »fraß«, wenn er nicht in Schenken einkehrte, bestenfalls Knackwurst und etwas Selbstgemachtes, das er für Kartoffelsalat hielt; er hauste »in einem nach Tabak und allerhand stinkenden Loche«, möbliert mit einem Tisch und zwei Bänken, ein Schrank fehlte. Die Kartoffeln für den bewussten Salat, Teller, volle und leere Flaschen lagen auf einem Haufen in einer Ecke des Zimmers.

Ähnlich robust zeigte Schiller sich auch in Bezug auf die Frauen, mit denen er sich umgab. Georg Friedrich Scharffenstein, Beobachter aus allernächster Nähe: »Schiller war, solange ich mit ihm lebte, nicht sinnlich und liebte die Weiber im Grunde nicht. … Außer ein paar Sprüngen mit Soldatenweibern, auch en compagnie, weiß ich keine Debauche von ihm.« Ohne »Sinn für körperliche Schönheit« sei er gewesen, »garstige Weiber waren Beweise für mangelndes Feingefühl im Sinnlichen«. Dazu passt: Er war zwar ein leidenschaftlicher, aber kaum ein Genussschnupfer, denn wenn er keinen Tabak hatte, »so kitzelte er s. Geruchsnerven mit Staub«. Und das Allerhöchste der Gefühle? »Mehrere waren Zeugen, daß er während eines einzigen Beyschlafs, wobey er brauste u. strampfte, 25 Prise Tabak schnupfte.«[28]

Ach, und erst die Frau, die er in acht Gedichten verewigte.[29] »Fantasie an Laura«, »Laura am Klavier«, »Die Entzückung an Laura«, »Vorwurf an Laura«, »Melancholie an Laura« … Laura? Louise Dorothea Vischer, seiner Hauswirtin, »einem wie an Geist so an Gestalt gänzlich verwahrlosten Weibe, einer wahren Mumie«, galten Schillers Gedanken bei diesen Versen. »Kein[en] Sinn für körperliche Schönheit« attestierte ihm auch Johann Wilhelm Petersen, einer der alten Kegel- und Kartenspielfreunde, angesichts der dreißigjährigen Witwe.[30] »Brennende Phantasie« und eine »unbändige Imagination«[31] habe aus der Vischerin die Laura gemacht. So sah es später Schiller. Und so muss es gewesen sein.

War er ein Mann zum Verlieben? Äußerlich wohl nicht.

»Schiller war von gerader, langer Statur, lang gespalten, langarmig; seine Brust war heraus und gewölbt, sein Hals sehr lang. Er hatte aber etwas Steifes und nicht die mindeste Eleganz in seiner Turnüre [Benehmen]. Seine Stirn war breit, die Nase dünn, knorplig, weiß von Farbe, in einem merklich scharfen Winkel hervorspringend, sehr gebogen auf Papageienart und sehr spitzig. Die Augenbrauen waren rot, umgebogen, nahe über den tiefliegenden dunkelgrauen Augen und inklinierten sich bei der Nasenwurzel nah zusammen. Diese Partie hatte sehr viel Ausdruck und etwas Pathetisches. Der Mund war ebenfalls voll Ausdruck, die Lippen waren dünn, die untere ragte von Natur hervor, schien aber, wenn Schiller mit Gefühl sprach, als wenn die Begeisterung ihr diese Richtung gegeben hätte, und drückte sehr viel Energie aus. Das Kinn war stark, die Wangen blaß, eher eingefallen als voll und ziemlich mit Sommerflecken besät, die Augenlider waren meistens inflammiert, das buschige Haupthaar war rot von der dunkleren Art. Der ganze Kopf, der eher geistermäßig als männlich war, hatte viel Bedeutendes, Energisches, auch in der Ruhe. Die Sprache war affektvoll, wenn Schiller deklamierte; aber seine Stimme war kreischend und unangenehm.«[32]

Genug. Schiller bemühte sich weder durch Umgangsformen noch durch Kleidung um eine angenehme Erscheinung. »Er kannte nur die Extreme: Exzentrizität oder tierischen Genuß.« Nur auf die eine *oder* die andere Weise konnte er eine Frau für sich einnehmen. Die Soldatenweiber waren für den »tierischen Genuß«. Die siebzehnjährige Charlotte von Wolzogen[33] und die neunzehnjährige Margareta Schwan[34] – mit ihr beginnt die Reihe der Frauen, die Schiller als »Thorheiten« bezeichnete und die ihn in der Erinnerung bis in seine Verlobungszeit verfolgten – waren weder auf die eine noch auf die andere Weise zu begeistern. Auch sein Interesse an den Schauspielerinnen Karoline Ziegler, Katharina Baumann[35] und Sophie Albrecht[36] würde ziemlich einseitig bleiben.

Da musste schon eine andere kommen, eine mit Sinn fürs Exzentrische, dazu unglücklich verheiratet: Charlotte von Kalb. Schiller hatte sie wohl schon in seiner Bauerbacher Zeit kennen gelernt;[37] im Frühjahr 1784 begegnete er ihr und ihrem Ehemann in Mannheim. Das Paar befand sich auf der Durchreise vom unterfränkischen Waltershausen, dem Stammsitz der Familie Marschalk von Ostheim – ihrer Familie –, nach Landau, wo Heinrich von Kalb als Offizier in französischen Diensten stationiert war. Charlotte war zweiundzwanzig Jahre alt und im fünften Monat schwanger.

Sie und ihre Schwester Eleonore waren verwaist und Erbinnen eines großen Vermögens. Es war ihren Vormündern gelungen, ihre Zustimmung zur Eheschließung mit den Brüdern Heinrich und Johann August von Kalb zu bekommen, angeblich ebenfalls reich, tatsächlich aber verschuldete Mitgiftjäger. Charlotte und Eleonore schwärmten längst für den Dichter Schiller, sie hatten ihm sogar einen Lorbeerkranz geschickt. Ende Juli 1784 zog Charlotte nach Mannheim, am 8. September brachte sie einen Sohn zur Welt, den sie Friedrich nannte. Sie »war Schillers Vertraute, Freundin, vielleicht Geliebte, Verehrerin, Lehrerin, Muse, Modell«.[38]

Im April 1785 jedenfalls war Schiller das alles zu viel, er verließ Mannheim Richtung Leipzig. Als er dort Unterkunft nahm, stellte er erfreut fest, dass die Mimin Sophie Albrecht im gleichen Haus wohnte. Die Bücherstadt barg für ihn aber noch einen weiteren Schatz: die, wie könnte es anders sein, mit einem Buchhändler und unglücklich verheiratete Wilhelmina Friederika Schneider.

Marie Henriette Elisabeth von Arnim,[39] vierte von sechs Töchtern einer Offizierswitwe, liebte Schiller in seiner Dresdner Zeit so, »daß er aus dem Concept gebracht zu werden drohte«,[40] aber Körner, der schon die Beziehung zu der Schneider unpassend gefunden hatte, verdarb ihm den Spaß und verfrachtete ihn ins nahe Tharandt.[41] Das war im Frühjahr 1787; im Winter sollte Schiller seine Rudolstädterinnen kennen lernen, die Körner, allmählich jede eifersüchtige und ehrgeizige Mutter in den Schatten stellend, ebenfalls nicht gut genug, ja direkt schädlich für den Dichter fand.

Dazwischen tauchten immer mal wieder neue potenzielle Bräute in den Überlegungen der beiden Freunde auf: die schon erwähnte brave Wieland-Tochter Maria Carolina Friederica, ein offenbar ebenso braves Fräulein Seidler,[42] eine vorteilhafte – weil mit Vermögen und einer Ratsherrenstelle verbundene – Partie in Schweinfurt, eine der beiden Töchter des an Geld und Einfluss in Jena reichen Herrn Professor Eckardt und eine andere »kostbare Demoiselle«, Carolina Christina Schmidt, Tochter des Geheimen Rats und Weimarer Kammerpräsidenten, die allerdings einen ähnlich kostbaren Londoner Kaufmann heiraten würde. Aus »Exzentrizität oder tierischem Genuss« waren nun die Brautwahlkriterien »brav oder reich« geworden. Doch die hielten »Feinheit, Empfindung und Geist« letztlich nicht stand.

»Die Verschwörung des Fiesko zu Genua«, »Kabale und Liebe«, »Dom Karlos« – mit den Frauenfiguren in diesen Stücken arbeitete Schiller ein Typenspektrum ab, wie er es in der Wirklichkeit wahrnahm. So war er bei seiner Doppelliebe angekommen.

* * *

Vor den Weihnachtstagen 1789 machten sich Schiller, Wilhelm von Humboldt und übrigens auch Carl von La Roche auf nach Weimar. Am Neujahrstag kam Caroline von Dacheröden dazu. Sie alle gehörten damit zu »den Leuten« der Stadt, die das ordentlich Aufsehen erregende Ereignis in direkter Nachbarschaft auskosten konnten: Die ledige Christiane Vulpius brachte Goethes Sohn zur Welt, ausgerechnet am heiligen 25. Dezember. Da mag dem inzwischen offiziell mit einer Adligen verlobten Schiller schon einmal der Gedanke gekommen sein, dass er in diesem Punkt nicht schlecht abschnitt im Vergleich zu Goethe, dem er schon oft die Grazie geneidet hatte, mit der jener durchs Leben ging.

Was seinen eigenen Stand betraf, hatte er sich bereits um Nachbesserung bemüht und Herzog Georg I. von Sachsen-Meiningen um einen »anständigen Rang« gebeten,[43] wo Charlotte doch ihren Adelstitel ihm zuliebe opfere. Das fiel ihr sicher nicht leicht, bedachte sie beispielsweise, was ihr die Freundin »Fritz« von Mandelsloh schrieb: »Ich habe es wohl bemerkt liebe Lotte, daß du das *von* bei meiner Aufschrift weggelaßen hast, fast glaub ich du hast das nur gethan, damit nicht einst allein an dir ohne das liebe Wörthgen geschrieben wird, den ich denk immer meiner Lotte, wird ihrer Familie, und ihren Freundinnen die Schande nicht [antun] und einen Bürgerlichen heirathen, entsetzlich wär es immer, wenn *Du* dich zu so etwas entschlossen hättest.«[44]

Das neue Jahr war nur wenige Tage alt, da wurde schon das Dekret ausgefertigt, das Friedrich Schiller zum Meiningischen Hofrat machte.[45] Weimars Herzog Carl August wäre das so schnell nicht möglich gewesen, denn es gab Anwärter mit älteren Rechten. Aber er hatte in der Sache der Meininger Ernennung wohl vermittelt und, so scherzte er, das Beste zur Ehe gegeben, das Geld: 200 Taler jährlich. Frau von Steins Einsatz war also erfolgreich gewesen. Schiller konnte es sich nun leisten, Professor zu bleiben, zumal seine Schwiegermutter bereit war, ihrerseits 150 Taler jährlich zuzuschießen.

Ihr wurde in diesen Wochen einiges abverlangt. Hatte sie eigentlich eine Hochzeit um Ostern herum im Sinn gehabt, musste sie sich überzeugen lassen, dass das Verhältnis zwischen ihrer Jüngsten und dem Dichter schnellstmöglich geordnet gehörte. Schwebte ihr eine Trauung in Jena vor, so hatte sie zu akzeptieren, dass die dort unvermeidliche, vor allem universitäre Öffentlichkeit vom Bräutigam nicht gewünscht war (Schiller träumte von einer geheimen Haustrauung in der Schrammei; doch die war nicht zu realisieren, zumal auch die Braut dagegen war[46]).

Hin und her jagten briefliche Überlegungen zu Orten, Terminen und Formalitäten. Charlotte fand heraus, dass in Etzelbach, einem Dorf östlich von Rudolstadt, wo sich das Familiengut derer von Gleichen befand, für Trauungen in der Fastenzeit keine Sondererlaubnis erforderlich war.[47] Dennoch fiel die Wahl schließlich auf einen kleinen Ort bei Jena. Schiller besprach sich mit dem Konsistorialrat und Superintendenten Oemler, der auch für das feierliche Aufgebot in der Jenaer Stadtkirche am 21. Februar 1790 sorgte.[48] Dabei scheint es sich um eine Ausnahmeregelung gehandelt zu haben, denn üblicherweise wurde ein Paar an drei aufeinander folgenden Sonn- oder Feiertagen in Form von gottesdienstlichen Abkündigungen aufgeboten.

Am 22. Februar[49] machte sich Louise von Lengefeld auf

den Weg nach Kahla. Ihre Töchter und Schiller holten sie dort ab und fuhren mit ihr nach Wenigenjena, wo der kantische Theologe Carl Christian Ehrhard Schmid, Adjunkt der Jenaer Philosophischen Fakultät (gewissermaßen ein Kollege Schillers), gegen halb sechs die Trauung vornahm. Anschließend saß die kleine Gesellschaft in Jena zusammen, man trank Tee, unterhielt sich, dann begaben sich Louise von Lengefeld und Caroline von Beulwitz zu Fräulein von Seegner, wo Schiller für beide Zimmer und Kammer für ein halbes Jahr gemietet hatte. Den Neuvermählten stand die Hochzeitsnacht in der Schrammei bevor.[50]

Für Caroline war dieser Tag Höhe- oder Tiefpunkt, wie man will, einer schwierigen Zeit. Seit sie zum zweiten Mal die Initiative ergriffen und die Verlobung hatte öffentlich werden lassen, war sie zur Passivität verdammt. Was immer sie zur Hochzeit, zur Wohnung, zur Organisation des Zusammenlebens des Paares zu sagen gehabt hätte, es war nicht mehr von Belang. Charlotte würde zu Schiller in die Schrammei ziehen, in bereits möblierte Zimmer, und sich in dessen Tagesablauf samt Mittagstisch einzufügen suchen.

Wie hatte Schiller doch am 12. Januar 1790 an Caroline geschrieben: »Ich fürchte, meine liebe Line, daß ich Dir vor Ostern kein bequemes Logis bey mir werde geben können, weil ein Zimmer, auf das ich Rechnung gemacht habe, noch von Studenten besetzt ist, die ich jetzt nicht sogleich heraustreiben kann.«[51] Doch irgendjemand von den dreien wollte sich damit nicht zufrieden geben, denn Schiller sprach noch einmal mit seinen Hausjungfern, aber:

»… sie haben mich überführt, daß es eine positive Unmöglichkeit ist, mehr Platz zu bekommen. Auch ist in der Nachbarschaft weit und breit kein Logis für Line. Ich habe aber eine Auskunft entdeckt, die uns für diese wenigen Monate aus der Verlegenheit ziehen kann; es kommt jetzt nur darauf an, ob sie euch anständig ist. Nehmt also meinen *Riss* zur Hand und vergleicht ihn, mit dem, was ich jetzt sage.

Das Zimmer, das ich durch eine bretterne Wand habe theilen wollen, bliebe, mit sammt dem Alcove ganz für die Simmern [Charlottes Kammerjungfer] und die Köchinn. Zwey Betten haben im Alcove Platz, und so haben sie das ganze Zimmer frey, worinn wir auch Coffre und Schränke stellen, und uns frisieren laßen können. Nun muß aber eine von euch beyden sich gefallen laßen, daß zwey Betten in ihrem Zimmer hinter einer Tapete gestellt werden. Ich dächte, daß ließe sich ohne Unbequemlichkeit ertragen … *Allein* kann jedes von euch seyn, weil man auch in einem Zimmer mit Betten ungestört seyn kann. *Ein* Zimmer bleibt ganz frey, wo die andere wohnt, und so wird die Ehre vom Hause gerettet. Auch die *Decenz* wird nicht verletzt, denn das Zimmer hat seinen eigenen Eingang und die Seitenthüre kann ganz verschloßen gehalten werden.«[52]

Na, na, Herr Schiller! Er hatte es versucht, doch: »Wir haben noch über Deine Anstalten recht gelacht mein Lieber«,[53] so Charlottes Antwort. Die Betten der Schwestern verborgen hinter Tapeten in Carolines – Charlottes? – Zimmer? Charlottes – Carolines? – Aufenthaltsort dezent und abschließbar? Dahin mochten die beiden ihm nicht folgen. Jede der Schwestern wollte eine Stube mit einem Sofa darin, das nachts mit Kissen und Decken zum Schlafen hergerichtet werden sollte. Doch in einem solchen Arrangement konnten sich wohl Schillers Gedanken nicht nach Wunsch bewegen. Keiner der Vorschläge wurde realisiert. Caroline zog niemals in die Schrammei, wo tatsächlich kein Platz für sie war. Wir können nur hoffen, dass ihr zunehmendes Interesse an Carl Theodor von Dalberg sie leichter verkraften ließ, was sie sich jetzt auferlegte: sich zurückzunehmen und der Schwester bei ihren Bemühungen, als Frau Schiller Fuß zu fassen, nicht in die Quere zu kommen.

Deren erste briefliche Kontakte zu Schillers Eltern und Geschwistern führten bereits zu Divergenzen. So registrierte Charlotte den naiven Wunsch ihres Schwiegervaters, sie möge die »Gehilfinn in der Oekonomie« des Sohnes werden,[54] ebenso pikiert wie seine für ihren Geschmack zu familiäre Anrede ihres Mannes: »Ich kann mir Dich unter dem Namen Friz gar nicht denken, und es wird mir so lächerlich wenn ich mir vorstelle daß ich Dich *Friz* rufen könte.«[55]

Die Zeilen der Schiller-Schwester Christophine waren auch nicht geeignet, einer Charlotte von Lengefeld das Herz für die ach so bürgerliche Verwandtschaft zu erwärmen: »Ich habe hier sehr viel zum Vorteil Deiner Geliebten gehört, und wenn ich mich nicht irre so kenn' ich sie auch von Person; denn vor einigen Jahren war eine Frau von Lengefeld aus Rudelstatt mit ihren zwei *Fräulein* Töchtern in Gesellschaft eines Herrn von Beulwitz und Herrn von Pfaffenraths von hier, bei uns auf der Solitude die eine von den Fräuleins war klein und Blond, und die andere schlank und Brünnet, wenn mir recht ist; gewiß ist diese Deine Geliebte wenn ich anders Deinen Geschmack noch kenne?«[56]

Dalberg hatte die über Standesgrenzen hinweggehende Verbindung gerade aus diesem Grund ausdrücklich gelobt. Körner blieb hartnäckig skeptisch, im Interesse des Freundes und aus Furcht um den Schriftsteller. Er mochte nicht mehr in dessen Nähe bleiben und gab seinen Plan, in weimarische Dienste zu treten, auf. Knebel verließ Weimar im April 1790 für ein Jahr, er ging zu seiner Mutter nach Ansbach.

Und die, die von Schillers Doppelliebe wussten? Unparteiisch urteilten sie gewiss nicht, aber stellten sie in ihrem Briefwechsel im Januar und Februar 1790 nicht genau die Fragen, fanden sie nicht Antworten, die sich auch heute noch aufdrängen?[57]

Wilhelm von Humboldt an Caroline von Dacheröden:

»Wenn ich C[aroline] ansah, über ihn hingelehnt, das Auge schwimmend in Tränen, den Ausdruck der höchsten Liebe in jedem Zuge – ach ich kanns Dir nicht schildern, wie mir's dann ward. Denn es war kein freies Äußern, kein Hingeben in die Empfindung, alles gehalten, gespannt. So viel

Fähigkeit, zu geben und zu genießen, und die gehemmt ...
Da nennen sie Ruhe, was Leere ist, und arbeiten darauf hin
und vegetieren. ... Lotten gibt auch die Liebe kein Interesse; sie war an seiner Seite wie fern von ihm. Er gegen
beide? Hast Du ihn nie Caroline küssen sehen und dann
Lotten?«

Caroline von Dacheröden an Wilhelm von Humboldt:

»... wie sonderbar hat das Schicksal dieses verschlungen,
doch nein, sie haben sich selbst vieles verwirrt. Es ist nun zu
spät, etwas zu ändern, das Erträglichste, aus dem was ist zu
machen, bleibt allein zu tun übrig. ... Lotte muß durchaus
nicht fühlen, daß sie Carolinens einziger Zufluchtsort ist,
sie wird nur schon zu sehr, fürchte ich, einen arroganten
Ton gegen sie annehmen. Das sind die Früchte, wenn man
die Pflanze nicht in dem Erdreich läßt, für welches sie bestimmt war. Lotte ist aus ihrer Sphäre herausgerissen. Sie
war gemacht, in einem engen Kreis von Empfindungen zu
leben, und sie wäre glücklich dabei gewesen und hätte nichts
darüber gedacht. Man hat ihr das Höhere gezeigt, und sie
hat danach gestrebt, ohne das innere Vermögen zu haben,
es zu genießen ... Ich bin sehr traurig um Carolinen. Sie ist
unauflöslich an mein Herz gebunden, und ich fürchte, sie
geht noch an diesem Verhältnis zugrunde. Eine Unerklärbarkeit bleibt mir in Schiller. Hat er nie Carolinens Liebe
empfunden, wie konnte er mit Lotte leben wollen? Hat er
sie gefühlt, so nahm er die Verbindung mit Lotte nur als
Mittel an, mit jener zu leben.«

Wilhelm von Humboldt an Caroline von Dacheröden:

»Über Caroline und Schiller denke ich leider wie Du. Die
Unerklärbarkeit in Schiller sagt ich Dir auch schon. Aber
laß uns auch billig sein. In der Empfindung scheidet sich's
nicht durch ›entweder, oder‹ ab. Hätte er gar nicht Caroli-

nens Liebe gefühlt, so hätte er Lotte ebensowenig genommen, als wenn er sie ganz gefühlt hätte. Aber wie, wenn er anfangs nur Neigung fühlte, Wunsch, sich nah zu bleiben, Freundschaft, wenn er nur Lottes Heirat nicht als Mittel, aber jenes als Mitvorteil bei der Heirat ansah, wenn selbst das, ihm selbst unbewußt, Lotte mehr Wert bei ihm gab, wenn er – er hat gewiß wenig Weiberkenntnis – Lotte für mehr hielt, oder von einer Frau weniger forderte. Wenn man gar nicht liebt, läßt sich mit jedem Weibe erträglich leben, wenn man liebt, ach! mit wem dann? – Nein, Schiller ist jugendlich, unerfahren, hat gefehlt und wird zu hart büßen, weil er die, an der seine ganze Seele hängt, nicht glücklich sehen wird. Aber er konnte nie Lotte bloß als Mittel ansehen, er ist zu delikat, zu edel dazu.«

Caroline von Dacheröden an Wilhelm von Humboldt:

»... Schiller hat seine Lage, sein schweres, vielleicht einziges Verhältnis gegen beide ganz durchschaut. Ich habe mich bei seinem Hiersein davon überzeugt. Carolinens Ruhe gründet sich auf die Zufriedenheit, das Glück ihrer Schwester, – die Zeit muß das ausreifen.«

Genau genommen blieb dem Ehepaar Schiller dafür gerade ein knappes, aber gutes Jahr.

So manches ist anders als gedacht

>»… in manchen Momenten ist mir das Verhältniß
> ganz unerträglich.«
> CHARLOTTE SCHILLER AN IHREN MANN

Zu dritt in die Osterferien nach Rudolstadt gefahren, kehrten am 27. April 1790 die Schillers allein nach Jena zurück, erstmals mit monatelanger Zweisamkeit konfrontiert. Wirklich unter sich waren Leute von Stand ohnehin nur selten. Während ihrem Mann ein Diener behilflich war, konnte Charlotte auf die Handreichungen einer Kammerjungfer nicht verzichten. Im Logispreis inbegriffen war der Lohn für eine Aufwärterin; ihr oblag die Reinhaltung der Flure und Zimmer bis hin zur Bekämpfung von Ungeziefer oder der diskreten Entleerung von Leibstuhlschüsseln und Nachtgeschirren. Gegen kleine Münze standen den Bewohnern der Schrammei auch Waschfrau, Barbier, Bedienung zur Verfügung, und auf ausdrücklichen Wunsch sorgten die Vermieterinnen für die gänzliche Befreiung von häuslichen Pflichten. Besser hätte es die am Hauswesen wenig interessierte dreiundzwanzigjährige Frau Hofrätin Schiller für den Anfang nicht treffen können.

Mit der Arbeit an der Erfolgsgeschichte ihrer Ehe hatte sie schon kurz nach der Trauung begonnen. Unkenrufe waren unter anderem aus dem familiären Umfeld gekommen: »Wißen thun sie es … alle, und möglich zum Theil ziemlich skandaliren …«[1] – »Leztens hab ich gehört die alten Frl. Lengefeld in R. haben schreklich raisonnirt über deine Heirat …«[2] Skeptische Worte aus dem eigenen Munde, nur in Einzelfällen waren sie Charlotte entschlüpft, bedurften gleichfalls rascher Korrektur. Die Botschaft für Friederike von Gleichen, ihre Multiplikatorin für den Raum Rudolstadt, lautete: »Daß ich glücklich bin, fühlst du, meine Liebe; ich ahnete nicht, daß noch so viel Glück meiner wartete, und oft in manchen bangen, trüben Stunden war jede Aussicht in die Zukunft finster und traurig. Aber wie schön ist nun Alles! Meine Seele ist harmonisch gestimmt, leicht und froh ist mein Herz, und in einer schönen Ruhe sehe ich der Zukunft entgegen, die mich jeden Tag fester und inniger an meinen Geliebten knüpft.«[3]

Wilhelm von Wolzogen sollten ebenso unverzüglich alle Bedenken genommen werden.[4] Das Gegenteil trat ein. Nur seinem Pariser Tagebuch vertraute der Jugendgefährte jene »sonderbaren, unangenehmen Empfindungen« an, die ihn quälten, seit er von Charlottes Ehe mit Schiller erfahren hatte: »Jetzt ist für mich denn alles verloren, ich habe niemanden mehr, von dem ich glauben könne, er nähme ausschließliches Interesse an mir. Wie unglücklich dem, dessen Herz nichts sehnlicher wünscht, als zu lieben und Liebe zu vergelten. ... Diese und mehrere Gedanken stürmten schrecklich auf mich ein, ich stellte mich in mein Zimmer und weinte.«[5]

War er, von der älteren enttäuscht, zur jüngeren Cousine umgeschwenkt? Caroline, so der seelisch leicht angeschlagene Wilhelm in seinem Diarium, vermöge ihn nicht aufzurichten, schriebe sie doch momentan »so kalt«. Brieflich verbarg er seinen Kummer hinter bemühter Heiterkeit. »Du hast mir da, liebes Lottchen, ... einen recht bösen Handel auf den Hals gezogen, dadurch, daß du dich so schnell verheirathetest. Gibst [gabst] mir Commission, dir einen langbeinigten Franzosen ... zu finden und ihn mit dem nächsten besten Nordwind nach Rudolstadt zu schicken. Ich suche mit aller nur erdenklichen Mühe in dem Kaffee, in allen Schauspielen, auf jedem Spazierweg, das Ideal, das wir uns damals von einem vollkommenen Mann machten, und ich bin endlich so glücklich, zwei Sujets zu finden, an denen gewiß nichts auszusetzen ist. ... Was soll ich jetzt anfangen mit diesen Herren?«

Und so klang es bei Wolzogen, wenn er versuchte, Enttäuschung in Ironie zu kleiden: »Ich ahne den heimlichen Stolz, die Frau eines Professors und Gelehrten zu sein, den du hegst ... Verzeihe mir, liebes Lottchen, wenn ich behaupte, daß du dich ebenso wenig dazu schickest die Frau eines Professors zu sein, als Schiller Professor.« Um die traurige Wahrheit kam er trotzdem nicht herum. Also: »... lassen wir den Spaß und reden von deiner neuen Lage im Ernste. Ich kann mich noch nicht darein finden ... Indessen bitte ich dich, daß die Veränderung ... keinen nachtheiligen Einfluß auf unsere Freundschaft habe. Dein Herz ist groß und kann viel Liebe geben, und meinem Herzen ist deine Liebe so nöthig.«[6]

Charlotte, die alltagstaugliche Gefühlsausgleichsexpertin, und Caroline, die aufregende Ausnahmefrau? Zweifelsfrei ging auch Wolzogens Wohlgefallen an beiden Lengefeld-Schwestern mit dem Streben nach ganzheitlicher Bedürfnisbefriedigung einher. Nicht von ungefähr hatte Caroline etwas »Unruhiges, etwas Leidenschaftliches« aus den an sie gerichteten Zeilen herausgespürt[7], obwohl ihre emotionale Sprunghaftigkeit dem Cousin seit einiger Zeit Mühe machte.

Für Schiller hatte der Lernprozess erst im März 1790 begonnen. Die von ihm so schön gedachte Ménage à trois war schnell gescheitert. Frau von Beulwitz' vorläufiges Verschwinden aus Jena – wo sich unweit der Schrammei doch noch ein Quartier für sie gefunden hatte – schon am 22. des Monats gibt zu denken. War sie geflüchtet? Weil die alte Rechnung sich als trügerisch erwiesen und Frau Schiller, anstelle großzügigen Teilens, eine neue aufgemacht hatte, deren Additionsergebnis über die Zahl zwei nicht hinausging?

Sätze von Caroline an die Schwester wie »Sehr wohl taten mir deine lieben Zeilen. Nein, Liebe, wir wollen uns nicht fern leben ...« klingen wie eine Antwort auf ein ihr nachgeschicktes Waffenstillstandsangebot. Nachsichtig konnte Charlotte auch nach Carolines Rückkehr nach Jena schon deshalb sein, weil ihr längst klar war, mit welch ernsthaftem Nebenbuhler ihr Mann es zu tun bekommen würde. Denn Caroline von Beulwitz' einwöchiger Aufenthalt bei Caroline von Dacheröden in Erfurt diente nicht zuletzt der Intensivierung ihrer Beziehung zu Carl Theodor von Dalberg.

Wenn Knebel dem sechsundvierzigjährigen Reichsfreiherrn ein »empfängliches Gemüth« bescheinigte[8], meinte er unter anderem dessen Gewohnheit, es bei platonischen Schwärmereien nicht zu belassen. Hier der barocke Genussmensch, da der Rationalist und aufgeklärte Reformer – so facettenreich Dalbergs Naturell, so vielseitig seine Berufe und Berufungen: Doktor der Jurisprudenz, Verwaltungsfachmann, Reichspolitiker, geweihter katholischer Priester, Titular-Erzbischof von Tharsus, Coadjutor des Mainzer Erzbischofs sowie Inhaber der Coadjutorie des Bistums Konstanz, noch dazu Statthalter von Erfurt (der kurfürstlich-mainzischen Exklave inmitten thüringisch-sächsischer Länder) und in dieser Eigenschaft gern gesehener Gast an den Höfen von Gotha und Weimar.

Noch war der Traum des erweiterten Schiller-Kreises vom Mainzer Schlaraffenland nicht ausgeträumt. Und wie ließe sich aus dem »Goldschatz« mit noch größerer Sicherheit ein Goldesel machen? Mittels engster persönlicher Bindung. An Caroline. Soweit der nützliche Nebeneffekt ihres Engagements in dieser Herzensangelegenheit. Wilhelm von Humboldt reagierte nicht besonders überrascht auf »die Art der Umänderung … die so schnell vorgegangen ist«.[9] In einem anderen, gleichfalls an seine Verlobte gerichteten Brief nannte er die Rudolstädter Freundin unstet.

Bestens war auch Charlotte mit diesem Charakterzug ihrer Schwester vertraut, weitaus weniger hingegen Schiller. Was seiner Frau Entlastung brachte, machte ihm ungeheuer zu schaffen. »Ich habe es ganz verlernt, Dich fern von mir auch nur zu denken, und für eine neue Lage habe ich noch kein neues Gefühl«, wurde der Schwägerin schriftlich nachgerufen. Und: »Ich sehne mich nach dir meine liebe.«[10] Etwas später dann: »Du bist *mein, wo* du auch mein bist …«[11]

Nichts nutzte ihm der kategorische Imperativ. Nichts der drohende Unterton. Hatte er sich je als Herr des Geschehens gesehen, so mussten Schiller nunmehr Zweifel kommen. Und hatte er im Frühjahr Wilhelm von Wolzogen von seinem Wohlergehen als Hahn im Korb vorgeschwärmt, so nannte er am Ende des Sommers Ludwig Ferdinand Huber gegenüber seinen regulären Ehestand »die schönere Epoche meines Lebens« mit dem Vorzug »gleichförmiger Glückseligkeit« und berichtete Freund Körner von »schöner häuslicher Existenz«.[12] Das klingt zwar nicht aufregend, bedeutete aber für Charlotte einen Fortschritt.

Außerdem saß Caroline da schon seit Wochen im heimatlichen Saalestädtchen fest, wo sie ihren höfischen, nicht jedoch den so genannten ehelichen Verpflichtungen nachkam (Beulwitz war im Juli von seiner Grand Tour nach Rudolstadt heimgekehrt) und keine Möglichkeit ausließ, sich ihren Mann, diesen »insipide époux«, vom Leib zu halten.

Caroline von Dacheröden jagte Charlotte Schiller einen gehörigen Schrecken mit der Weitergabe aktueller Überlegungen ein: Da Beulwitz nur halb an Carolines feste Absicht glaube, sich dauerhaft von ihm zu trennen, wäre ihr fürs Erste mit »Diversion« geholfen. Am besten sei, man lenke ihn mit einer Mätresse ab (es fand sich dann wohl keine), zu gegebener Zeit auszutauschen gegen eine Ersatzehefrau. Die hatte sogar schon einen Namen: Line Ketelhodt (in Wirklichkeit gänzlich uninteressiert). »Sie führt ein unglükliches Leben in irem Hause, sie ist an Unfeinheiten gewöhnt in ihrer Familie – vielleicht wäre das eine Partie? Was meinst du?«[13]

Was für eine Frage an »die Dezenz«. Mit dem Hinweis der Dacheröden, Verschwiegenheit sei – der Chère mère zuliebe – derzeit oberstes Gebot, stimmte Charlotte absolut überein. Zum einen, weil Louise von Lengefeld dem Beulwitz-Schwiegersohn nach wie vor herzlich zugetan war, zum anderen, weil ein Skandal wie der bei einer Scheidung Carolines zu befürchtende die Oberhofmeisterin und Prinzessinnenerzieherin ihren guten Ruf kosten und infolgedessen um eine wichtige Einnahmequelle bringen könnte. Besser, man machte aus einer Ahnung der Mutter noch keine Gewissheit.

Doch war die Beulwitz'sche Ehemisere nicht einmal unter vier geschwisterlichen Augen ein Thema, als Charlotte zur Feier des Geburtstags der Chère mère im Juli 1790, und zwar keinen Tag früher und außerdem allein, nach Rudolstadt kam. Auf die scheinheilige briefliche Anfrage ihres Mannes, ob Caroline und sie vergnügt miteinander seien, bekam er kurz und bündig mitgeteilt, sie habe mit der Schwester wenig gesprochen und glaube, es werde dabei bleiben. Denn: »... in manchen Momenten ist mir das Verhältniß ganz unerträglich.«[14]

Klüfte hatten sich aufgetan und waren so rasch nicht zu überbrücken. Schillers Briefen, gewohnheitsgemäß zugleich an die »liebe Frau« und an »meine Line« gerichtet, standen jetzt getrennte Antworten gegenüber. Diejenigen der Schwägerin sind verschollen. Und genauso alles, was Caroline um diese Zeit dem Paar Dacheröden/Humboldt schrieb. Dass auch ihr das Umdenken Mühe machte, ist einer Erwiderung Wilhelms zu entnehmen: »Du schreibst so wund und so weh in Deinem letzten Brief. ... Aber nichts hat mich so tief ergriffen, als was du von Dir und Schiller sagst, ›Kein alter Ton erklingt unter uns, ich verhüte es und er sucht es nicht – die himmlische Freiheit ist entflohn!‹. Ich kenne das Gefühl ..., über den Gräbern seiner Freuden zu schweben. Kein andres reicht daran und die Seele empfindet so eine süße Wehmuth, indem das Gefühl ›es war!‹ sich in die selige Erinnerung der Vergangenheit auflöst.«[15] Aber so weit würde eine Caroline von Beulwitz es auf gar keinen Fall kommen lassen!

Im Gedankenaustausch mit seiner Caroline unterstellte Humboldt der anderen Schönfärberei. »Wo sie liebt ... zaubert sie sich leicht ein Bild des Geliebten [!] ..., das nicht immer in jedem Zug getreu ist. Manchmal kam es mir so vor mit Schiller.«[16] Nahezu zwei Jahrzehnte später, 1809, sprach Wilhelm ihr sogar jegliche Fähigkeit zu seelischem Tiefgang ab; sich stets an der Oberfläche der Dinge bewegend, spiele sie »mit allem was sie anzieht wie mit bunten Seifenblasen« und füge »immer wieder scheinbar zusammen, was innerlich schrecklich zerrissen war, und wenn man es genau nimmt, so sind die Schicksale des Lebens an ihr vorübergegangen, ohne mächtig auf sie zu wirken«.[17]

Zu Charlottes hervorstechenden Eigenarten gehörte Opportunismus. Anders gesagt: Sie fand nichts dabei, taktisch klug vorzugehen. Nicht umsonst war ihr instinktsicheres Erspüren von Notwendigkeiten anerzogen worden. Was Ende Juli 1790 ihrem (!) Schiller von Rudolstadt aus nach Jena geschrieben werden musste, entstammte teils dem Repertoire der Hofdamen-Anwärterin, teils ihrem gesunden Menschenverstand. Ihr spezielles Erfolgsrezept bestand aus einer ordentlichen Prise weiblicher Koketterie, gepaart mit einer gehörigen Portion Streicheleinheiten für das männliche Gegenüber: »Lieber, Lieber ich drücke dich an meine Seele! wie klar fühl ichs täglich und jezt, daß nur bei dir, nur unter deinen Augen das Leben mir liebliche Blüthen geben kann. Arm und leer wäre mein Herz ohne dich. Mein beßres Leben lebe ich nur bei dir. ... Mir war es gestern so bang; eine lange Trennung trüge ich nicht ..., o daß du immer fühlen könntest wie viel du mir giebst! Ich kann dirs so wenig sagen, denn meine Gefühle sind so still, ich denke oft, wie viel ich dir zu sagen hätte ..., und ich sage doch so wenig, aber ich lebte immer so einsam, was ich dachte theilte ich nie mit aus Furchtsamkeit, und daher wird es mir oft schwer über die Dinge zu sprechen, es wird sich aber geben, der längere Umgang mit dir wird mir mehr Selbstvertraun geben.«[18] Davon konnte ausgegangen werden. Ob Charlotte tatsächlich am Anfang eines glücklichen, will meinen im Mittelwert zufrieden stellenden Ehelebens stand, würde sich weisen müssen.

An Carolines Verbindung mit Beulwitz gab es nichts zu retten. Dem »faden Gatten« hatte nach seiner Rückkunft weder die Ernennung zum Vizekanzler und Geheimen Legationsrat, noch betont höfliche Zurückhaltung genutzt, welche seine Frau viel mehr irritierte als die »undelikaten Szenen«[19] der Vergangenheit. Carolines Ausweichmanöver bestand hauptsächlich darin, dass sie ihren Schlafraum gegen Charlottes, von der Beulwitz-Wohnung räumlich relativ weit entfernte ehemalige Stube tauschte oder mit einem Gästezimmer im Erfurter Domizil der Dacherödens, von dem es nur wenige Schritte bis zu Dalbergs palastartiger Statthalterei waren. Auch Reisen zu auswärtigen Verwandten und Bekannten sorgten bald für Abstand vom ihr unerträglichen Ehemann. Briefe Louise von Lengefelds an Tochter Charlotte geben Hinweis auf häufig wechselnde Aufenthaltsorte Carolines in den frühen neunziger Jahren.

Massive Störungen im privaten Bereich mindern bekanntlich die berufliche Leistungsfähigkeit; Schiller nicht ausgenommen. 450 Taler jährliche Einnahme hatte er einmal als Minimum ermittelt; mit 200 Talern, seinem fixen Salär, lag man selbst im wohlfeilen Jena an der Armutsgrenze. Ein Ausbleiben der schwiegermütterlichen Apanage war unwahrscheinlich, aber vorstellbar. Noch dazu erwarteten alte Gäubiger Darlehensrückzahlungen. Der Zusatzverdienst aus schriftstellerischer Tätigkeit wurde also dringend benötigt. Doch nur zäh ging, zum Beispiel, die mehrteilige »Geschichte des Dreißigjährigen Krieges« für den »Historischen Calender für Damen« vonstatten, trotz täglich vielstündiger Quälerei. Nur einen einzigen eigenen Beitrag brachte Schiller für die nächste Ausgabe der »Thalia« zustande. An im strengen Sinne Poetisches war nicht einmal zu denken, worunter die Stimmung zusätzlich litt.

Im August 1790 unterbrach der junge dänische Dichter Jens Immanuel Baggesen seine Deutschlandreise in Jena. Schon beim ersten Zusammentreffen fand er Gefallen an Frau Schiller: ansehnlich, graziös, sanft, angenehm aufgeschlossen. Umso enttäuschender sein Idol: bleich, unfrisiert, unecht freundlich (»tiefer Gram guckte durch seine gezwungene Munterkeit«[20]) und launenhaft im Umgang mit seiner Frau.[21]

So wie beim Ehemann lagen auch beim Dienstherrn Aufbrausen und Bereuen nahe beieinander. »Um 10 1/2 Uhr stand Schiller auf, und ich mußte ihm die Kleider bringen. Er nahm sie in die Hand, hielt sie gegen das Fenster und schnippte mit dem Finger daran. Wenn er das geringste Stäubchen bemerkte, war er äußerst aufgebracht«, gab Schillers damaliger Leibbursche Schultheiß rückblickend zu Protokoll. »Anfangs wollte ich mich verteidigen, allein dadurch goß ich nur Oel in die Flamme. Später war ich klüger und hörte seinen Sermon ganz ruhig an. ... Gewöhnlich war ich aber kaum aus dem Zimmer, als er wieder schellte und freundlich war, als wäre nichts vorgefallen.«[22]

Charlottes Hochmut im Umgang mit Untergebenen führte ein anderer, gut informierter Chronist auf Standesdünkel zurück: »Daß sie von Adel war, zeigte Madame Schiller durch die Art, wie sie ihre Kammerjungfer behandelte. Sie war hübsch und schien gutmüthig, auch waren ihre Sitten unanstößig. Sie wurde aber immer mit einem gewissen spöttischen, herabwürdigenden Ton behandelt, der uns oft empörte; sie konnte nichts recht machen und wurde immer mit Bitterkeit zurechtgewiesen, auch wo keine Ursache dazu war.«[23]

Während Schiller im September 1790 in einem Brief an die Schwägerin seine Ehefrau nicht genug loben konnte – »Die liebe Lolo half mir die beschwerliche Periode leicht überstehen. Wieviel Freude gibt mir ihre Liebe, ihr freundliches, glückliches Daseyn um mich her, das liebliche Spiel ihrer sanften Seele«[24] –, wurde Charlotte von Caroline zur Antimuse gestempelt: »... denn so innig gut Lotte ist, so ists doch ein toter Umgang ..., ich fürchte der Samen alles Unheils für Schiller liegt doch darin, und die Welt der Empfindung ist ihm für immer verstummt.«[25] Davon war auch Adressatin Dacheröden überzeugt. Humboldt bestätigte zwar prinzipiell die böswillige Unterstellung: »... genügen konnte sie Schiller nicht, wie er damals war, und nun hat sie ihn herabgestimmt«, gab seiner Braut aber gerechterweise zu bedenken: »Mit Lili [Caroline] wär's [überhaupt] nicht gut gegangen.«[26]

Seit April ein Zusammentreffen mit dem Schwager vermeidend, kam Caroline am 18. September, von ihm in die Schrammei eingeladen, erstmals wieder nach Jena. Bei der Heimreise Anfang Oktober saß nur Charlotte an ihrer Seite. Schiller erklärte sein späteres Nachkommen, glaubhaft, mit unaufschiebbarer Terminarbeit.

Von Rudolstadt aus forderte ihn seine Frau eindringlich auf, die Vorlesungsankündigung nicht erneut zu spät ans schwarze Brett der Universität zu heften. Allein mit dem letztmaligen Versäumnis aber war das Umschlagen anfänglich größter studentischer Begeisterung in – Charlotte hätte es so nie gesagt – erschreckendes Desinteresse an Schillers Lehrangebot nicht zu erklären. Von anfangs etwa vierhundert war die Hörerzahl auf kaum glaubliche dreißig geschrumpft, mit der unerfreulichen Konsequenz, dass entsprechend weniger Hörergeld in Charlottes chronisch leere Haushaltskasse floss.

Schiller war leider, es hatte sich herumgesprochen, kein begnadeter, ja nicht einmal ein passabler Wissensvermittler. Dazu fehlte es ihm an didaktischem Talent und mehr noch an Motivation. Wie hatte er doch einmal sinngemäß zu Körner gesagt? Wüsste dieser ihm eine vermögende, heiratswillige Frau, dann kehrte er dem Professorendasein mit Freuden den Rücken.[27] Und ganz Jena gleich mit?

Charlottes zweitliebster Wohnort wäre nach der Residenzstadt Rudolstadt die Residenzstadt Weimar gewesen. Nur standen einer gewesenen Adligen die Türen bei Hofe nicht mehr ohne weiteres offen! Hatte nicht die junge Herzogin Louise von Sachsen-Weimar Herrn Johann Wolfgang Goethe aus Frankfurt nur sehr zögerlich einen Stuhl an ihrer Tafel oder am Spieltisch angeboten? Und Charlotte von Stein, wohlbemerkt, fand es »ridicul«, dass Personen ohne das bedeutsame Wörtchen zwischen Vor- und Familiennamen in einer Festvorführung Mitglieder des Herrscherhauses darstellen wollten. Kaum ins Gewicht fiel das gesellschaftliche Manko indes in einer durch und durch bürgerlichen Stadt.

Jena. Gegen Ende des 18. Jahrhunderts war der von bewaldeten Höhen umgebene Ort im Saaletal sehr überschaubar zu nennen; vom einen Ende bis zum anderen ging man zu Fuß vielleicht zehn Minuten. Rund 4300 Einwohner hatte die alte

Ackerbaugemeinde, jeder sechste war beruflich mit der Universität verbunden. Hinzu kamen an die achthundert Studenten aus ganz Europa. Jenas Salana galt um 1790 als die liberalste Hochschule auf deutschem Boden, führend auf den Gebieten der Theologie und der Philosophie mit Schwerpunkt auf »moderner«, an Kant orientierter Forschung.

Jenas Studenten war es verboten, außerhalb der mittelalterlichen Befestigungsanlagen Quartier zu nehmen. Die Zahl der innerstädtischen Häuser stand jedoch in keinem Verhältnis zum Wohnbedarf. Wer eine manierliche und erschwingliche Unterkunft gefunden hatte, konnte sich glücklich schätzen. Insgesamt waren die Lebenshaltungskosten vergleichsweise niedrig. Es gab weder Manufakturen noch Fabriken. Schiller war das im Vergleich zu Weimar urbane Erscheinungsbild Jenas positiv aufgefallen. Wer jedoch aus Leipzig anreiste, sah Jena als ein Dorf.

Jenas Stadtväter achteten auf Reinlichkeit. Zweimal in der Woche wurden die Schleusen des Flüsschens Leutra geöffnet, damit Wasser in die Straßen strömen und allen Unrat fortspülen konnte. Warnungen sprachen Zeitgenossen hinsichtlich anderer ortsüblicher Gepflogenheiten aus: »Der Jenische Philister raubt Ihnen womöglich das lezte Hemd und sieht Sie dann mit der größten Gleichgültigkeit von der Welt im heftigsten Winter erfrieren.«[28] Zu einseitig fand Johann Gottlieb Fichte diese Bewertung, seiner Erfahrung nach wurde in Jena rundum betrogen.

Auf noch eine Gefahr musste man in der Universitätsstadt gefasst sein, allerdings wurden die Auswirkungen einer ganz bestimmten Art von Burschenherrlichkeit erst nach gewisser Zeit offenbar: »Unter jedem Mantel, einem bei … Weibspersonen hier gewöhnlichen Kleidungsstücke, sieht eine Kraftäußerung irgendeines Studierenden hervor.«[29] Kulturelle Veranstaltungen für die Allgemeinheit waren Mangelware, angeblich aus pädagogischen Gründen.

Die Professoren trafen sich zu Punschabenden oder beim Mittwochabend-Kränzchen in wechselndem privatem Rahmen. Wöchentlich, immer sonntags, besuchten die Herren den Klub in der Rosenkellerei und im Abstand von vierzehn Tagen, gern in Damenbegleitung, Abonnementkonzerte im Gasthof »Zum Schwarzen Bären«. Zweimal die Woche annoncierte Jenas »Intelligenzblatt« die wichtigsten Stadtbegebenheiten. Wissenswertes über Gott und die Welt entnahm Charlotte Schiller Büchern. Lesen war ihre Leidenschaft und ganz besonders die Umsetzung von Lese- in Gesprächsstoff.

Wir dürfen uns also vorstellen, wie sie ihrem Mann regelmäßig Zettel mit ihrer Auswahl aus der 50 000 Bände umfassenden, ihr als weiblichem Wesen verschlossenen Universitätsbibliothek in die Hand drückte. Bestellungen bei einer der sieben Buchhandlungen Jenas waren kaum vonnöten; Schillers Verleger, seinerzeit vor allem die Leipziger Georg Joachim Göschen und Siegfried Lebrecht Crusius, versorgten auch die Frau des Autors verlässlich mit Neuerscheinungen.

Persönlich konnte Charlotte die Leihbestände des Voigt'schen Akademischen Lese-Instituts am Markt durchstöbern, immerhin 3000 gebundene Werke standen in seinen Regalen, ergänzt um Journale (in frühen Ehejahren von Schiller noch nicht aus seinem Haushalt verbannt) und Musikalien. Notenblätter ließ sich Charlotte außerdem von Freunden wie Körner schicken. Arien aus »Nina oder Wahnsinn aus Liebe«[30] gehörten zum Liedprogramm ihrer Jenaer Frühzeit; »Wenn der Geliebte zurückkehrt«,[31] heißt es, habe Schiller besonders gern gehört – aus dem Nebenzimmer,[32] währenddessen er in dem seinen nach Worten suchte.

Nur hielt Charlottes aktive Musikalität den Anforderungen ihres Mannes nicht stand; sie nahm in Jena ihre Gesangsstunden wieder auf und zudem Klavierunterricht. Leider fehle ihr an dem Tasteninstrument, so Schiller resignierend, »die geschickte Hand«.[33] Oder das Interesse? Da zahlte sich die mit Lust betriebene Stimmbildung schon eher aus. 1802 schrieb Christiane Vulpius an Goethe, die Schiller habe in einem Konzert besonders hübsch gesungen. Charlottes Mandoline blieb, soweit wir wissen, gänzlich unbeachtet.

Im ausgehenden 18. und frühen 19. Jahrhundert haftete dem Begriff Dilettant oder Dilettantin noch kein unangenehmer Beigeschmack an. Abgeleitet vom italienischen *dilettare* für erfreuen, ergötzen, stand er für kenntnisreiche Nichtfachleute, denen die ernsthafte Beschäftigung mit Kunst und Wissenschaft reinstes Vergnügen war.

Charlotte hob ihren, wie sie es nannte, »gar großen Trieb« zum Zeichnen und Malen hervor, aber auch mit dem Kupferstechen fuhr sie in Jena fleißig fort. »Morgen fange ich eine neue Platte an, und wir wollen sehen, ob noch eine Spur von der Nähe von Lipsens [der Maler und Kupferstecher Lips] Genius zu merken ist an meiner Arbeit«, stapelte sie im Brief an Fritz von Stein nicht ganz zu Unrecht tief.[34] Was der Nachwelt aus Charlottes Skizzenbüchern oder aus ihrer Lose-Blatt-Sammlung vorliegt, spricht nicht für wirkliche Könnerschaft. Goethe nannte die junge Freundin »Kunstkennerin«[35], auch talentiert, er lobte ihre Fortschritte und versorgte sie mit Kopiermaterial[36] – wie auch Schiller, der für seine Frau unter anderem Vorlagen der Malerin Angelica Kauffmann bestellte.

Für Damen höheren Standes waren gute Französischkenntnisse ein gesellschaftliches Muss. Zum Englischen fühlten sich die Lengefeld-Schwestern seit jeher – später verstärkt durch die Begegnung mit Heron – hingezogen. Schriftsteller wie Byron, Marlowe, Pope, Montaigne, Rousseau oder Voltaire urschriftlich zu erfassen und auszugsweise in deutscher Sprache wiederzugeben – kein Problem für sie. Charlotte beschäftigte sich in Jena auch mit dem Italienischen, weshalb die Aufzählung um Dante, Michelangelo oder Petrarca verlängert werden kann. Bildungshunger und Seelennahrung standen in engster Verbindung. Vortrefflich ließen sich des Tages Stunden auch mit Briefeschreiben füllen.

Dass Charlotte ihr Fernweh (»Ich möchte nach der Provence«[37] – »Ich fühle mich wie die Zugvögel, unruhig die Schwingen zu erheben, und doch sind auch die Flügel beschnitten, durch so viele Dinge«[38]) mit anderer Leute Reisebeschreibungen würde lindern müssen, hing – noch ahnte sie es nicht – mit der künftigen Unbeweglichkeit ihres Mannes zusammen. Die Freude an Tanzvergnügen wurde ihr schon jetzt vergällt; ein Augenzeuge überlieferte das Bild von einem Schiller, der seiner Frau nach später Heimkehr von einem Ball, zu dem er sie nicht hatte begleiten wollen, demonstrativ die kalte Schulter zeigte, und einer Charlotte, die sich nach vergeblichem Beschwichtigungsversuch auf ebenso demonstratives Stillschweigen verlegte.

In Rudolstadt mit beinahe jedem Mitbürger von Rang und Namen verwandt, verschwägert, befreundet, hieß es für Charlotte nun mit wenigen auszukommen. Ihr Mann schrieb an seine Schwester Christophine: »In Jena schränken wir uns fast auf ein einziges Haus meines Landsmannes, des Professor Paulus ein, der auch seine Frau aus Schwaben mitgebracht. Wir leben in einem engen Zirkel zusammen und halten soviel wie möglich die Schwelle von den übrigen Menschen rein.« So weit die Wahrheit. Wunschdenken war im Spiel, wenn er fortfuhr: »Ein Glück für mich und meine Frau, daß wir nicht nötig haben unsere Glückseligkeit irgend anderswo zu suchen als in unserem eigenen Hause.«[39]

Eigentlich empfand Charlotte anders. Und Schwager Wilhelm Friedrich Hermann Reinwald, Christophines je nach Laune mäkeliger, maliziöser oder mokanter Ehemann, erzählte ihr nichts Neues, als er über seine Erfahrungen mit uniformen geselligen Kreisen schrieb, es liefe entweder darauf hinaus, »sich mit dem Gast zu zanken, ob er genug Kaffee getrunken«, oder »wenn der Gesprächsstoff vollkommen weggeplaudert ist, bis auf den Knochen, selbst noch den Knochen zu benagen wie ein elender Hund«.[40]

Zur Standardbesetzung ihrer Reihumvisiten gehörte für die Schillers das Ehepaar Schütz. Dem Professor der Poesie und Beredsamkeit stand Schreiben näher als Sprechen, weshalb sein Einsatz für die von ihm herausgegebene »Allgemeine Literaturzeitung« zulasten seiner Vorlesungsverpflichtungen ging. Frau Schütz, immer zu lebhaft und zu kokett und zu tief dekolletiert (was Charlotte mehr als einmal ein »Das schickt sich nicht!« entlockt haben dürfte), tischte Samstag für Samstag »artigen« Damen »deliziöse« Apfelkuchen auf.

Anders stand es mit der in Charlottes Augen untadeligen Gattin Gottlieb Hufelands. Aus nicht bekannten Gründen blieb ihr das Haus des Rechtsgelehrten weitestgehend verschlossen, indessen Schiller, wie Goethe, dort ein und aus ging. Es täte ihm Leid, dass die Hufelands Jena verließen, schrieb Fritz von Stein im Februar 1796 an Charlotte. Aber sie verliere ja nicht dabei, da sie wenig Umgang mit ihnen habe.

Um allzu häufiges Beieinandersitzen mit Friederike Juliane Griesbach, des Universitätslehrers und Geheimen Kirchenrats Johann Jakob Griesbachs penetrant gutartigem Eheweib, hätte sich die junge Charlotte gern gedrückt: »Mein Herz wird [sie] wohl nicht ganz rühren können, aber sie beleidigen wollen wir auch nicht. Es ist mir schon mit so vielen Menschen geglückt, sie gut zu erhalten und sie doch nicht oft zu sehen.«[41] – »… es ist unglaublich, was sie alles besorgt. In einem andern Zirkel denke ich wohl, daß sie wenig geben kann.«[42] In Krisenzeiten späterer Jahre sollte sich die über die Maßen hilfsbereite »Frau mit dem Lorbeerkranze«[43] als willkommene Wohltäterin erweisen.

Die Herstellung eines engeren Verhältnisses zu Sophie Katharina Susanne Reinhold scheiterte an Schillers kritischer Distanz zu Karl Leonhard Reinhold, Professor der Philosophie, und daran, dass nur Charlotte Schiller in dessen ehelicher Verbindung mit Wielands ältester Tochter einen Vorteil zu sehen vermochte. Wenige Freundinnen und Freunde also, und bis zur Ankunft Johann Gottlieb Fichtes und seiner ausgefallenen Frau Johanna, einer Klopstock-Verwandten, 1794 in Jena sollte es noch ein paar Jahre dauern.

Die Paulus' also. Er – Heinrich Eberhard Gottlob, Orientalist. Sie – Elisabeth Friederike Caroline, etwa gleichaltrig mit Charlotte, musikalisch und sangesfreudig, literarisch bewandert, sehr gesprächig, aber auch: eine Hausfrau ohne Fehl und Tadel. Überdies sprach sich das Elternpaar Paulus gegenseitig nur mit »lieb Mütterle« und »lieb Väterle« an.

Davon waren die Schillers weit entfernt. Selbst dann noch, als Charlottes Verdacht erregende Gewichtszunahme bis hin nach Erfurt ein Thema wurde. Mit ihrer spitzen Bemerkung »Kind, mit deiner Dezenz ists gar aus, denn vorgestern ist hier öffentl. in großer Gesellschaft bei Tische diskutirt worden ob du schwanger seist«, hatte es die Dacheröden natürlich auf eine Bestätigung durch die Freundin oder ein Dementi abgesehen.[44] Sie bekam – aber nur von Caroline! – mal das eine und mal das andere zu lesen. Der Versuchung, daraus eine Fehlgeburt Charlottes abzuleiten, muss wegen der unsicheren Quellenlage widerstanden werden. Bekannt ist, dass Schiller im Mai des Jahres 1791 dem Mediziner Johann Christian Stark[45] in Bezug auf seine Frau mitteilte: »In den Mensibus [Monatsblutungen] ist bey ihr viel Unregelmäßigkeit.«[46]

Ende des Jahres 1790 reisten Friedrich und Charlotte Schiller nach Erfurt. Das Ehepaar (!) Beulwitz hatte es ihnen gleich getan.[47] Nur ging die Rechnung der Chère mère nicht auf, taugte doch der Rudolstädter Schwiegersohn noch viel weniger als Hemmschuh als der Jenaer. Caroline und Carl Theodor von Dalbergs »Verliebtsein auf den höchsten Grad«[48] konnte niemandem entgehen; und wie die Dinge lagen, haftete ihm etwas dezidiert Provokantes an.

Das Jahr 1791 war erst drei Tage alt, als Schillers »große Pathologie«[49] ihren Anfang nahm. Die Ereignisse im Überblick:

1. Januar – Lottchen habe in allem den süßen Ausdruck der Ruhe, der Zufriedenheit, des innigsten Wohlseins, meint Caroline von Dacheröden und hatte ganz recht gesehen.

2. Januar – Wetterverschlechterung, dichter Nebel, abends Komödie, eine Aufführung der Theater-Dilettanten-Gesellschaft, in der Loge neben ihm sitzend haben Charlotte und Caroline Anteil an Schillers Berühmtheit.

3. Januar – im Rahmen einer Festveranstaltung[50] wird der Dichter in die Kurfürstliche Akademie nützlicher Wissenschaften aufgenommen. Von fünf Uhr nachmittags an ein Konzert: Haydn, Pleyel …, plötzliche Unruhe im Redouten-

saal, Schiller muss hinausgeführt und in einer Sänfte heimge-
tragen werden, Fieberschauer machen ihn am ganzen Leibe
zittern.

9. Januar – Besserung, Rückreise über Weimar.

11. Januar – Schiller fährt weiter nach Jena, tags darauf beginnen dort die Vorlesungen, Charlotte bleibt in der Residenzstadt ein wenig länger als vereinbart, es ist die Zeit win-
terlicher Festveranstaltungen und Maskeraden.

15. Januar – »Pressant«: »Der Frau Hofräthin Schiller, abzugeben bei der Frau von Stein … Es wäre mir gar lieb, mein
Herz, wenn du gleich nach Empfang dieses Briefs einen Wagen nähmest und hierher führest. Meine Krankheit ist wieder
gekommen, weil ich darauf zählte Dich heute zu sehen, so
schrieb ich nichts. Aber Dich länger zu vermissen wäre mir
schmerzhaft. Gefahr hat es keine mehr.«[51] Schillers vollkommen entstellte Handschrift entlarvt den letzten Satz als gnädige Lüge! Erst nach ihrer Ankunft in Jena wird Charlotte bewusst: Ihr Mann kämpft um sein Leben.

Die Diagnose unserer Tage heißt kruppöse Pneumonie. Die
ärztlichen Verordnungen 1791 waren Aderlässe, Zugpflaster,
Blutegel, Brechmittel, Klistiere. Charlotte von Stein empfahl
Mineralbrunnenwasser, schickte gleich ein paar Flaschen
davon; den Geschmack des Patienten traf mit seinem Heil-
und Stärkungsmittel Herzog Carl August am besten, süd-
licher Wein allein aber konnte Schiller nicht kurieren.

Zeitweilig unterstützt von seinen Hörern, darunter Gustav
Behaghel von Adlerskron aus Livland, »das Studentgen«
(hinter vorgehaltener Hand wurde der seit 1788 in Deutschland weilende unglückliche Melancholiker seiner großen Anhänglichkeit wegen auch »der arme Trabant« genannt), und
manch anderen Schiller-Verehrern (darunter der neunzehnjährige Friedrich Leopold von Hardenberg alias Novalis) sowie von Caroline und der Chère mère, wachte Charlotte tags
und nachts, wochenlang. Erst Anfang April konnte dem allmählich Genesenden eine Kutschfahrt nach Rudolstadt zu-
gemutet werden, zur Erholung und Aufmunterung.

Sahen die dort hektisch aufeinander folgenden Aktivitäten nicht eher Caroline ähnlich? War Charlotte mit der anstrengenden Beschäftigungstherapie einverstanden? Oder war doch sie selbst deren Initiatorin? Fest steht jedenfalls: Die Überforderung hatte fatale Folgen. Besucher ohne Unterlass, Wanderungen, scharfe Ausritte bis zu dreimal wöchentlich – von den Erschütterungen versprach sich Schiller eine Lösung seiner chronischen Verstopfung – mündeten in einem Desaster. Der Rekonvaleszent hatte den Rückfall vorausgeahnt: »Dieser noch fortdauernde Schmerz auf einer bestimmten Stelle auf meiner Brust … beunruhigt mich in manchen Stunden, da er durchaus nicht weichen will, und läßt mich zweifeln, ob meine Krankheit durch eine vollkommene Crise behoben ist.«[52]

Charlottes Reaktion war schiere Verzweiflung. Eine Szene, die ihm unvergesslich blieb, »als Schiller in Rudolstadt so krank war«, würde ihr der Schriftsteller und Maler Karl Gotthard Graß[53] einmal ins Gedächtnis rufen:

»Ich befand mich in seinem Zimmer und hatte, indem ich am Fenster stand und las, mir das Bild des Leidenden … tief eingeprägt. Er hatte, so viel ich weiß, etwas Opium genommen, die heftigen Krämpfe zu stillen, und lag da, leicht entschlummert, wie ein Marmorbild. Sie befanden sich im Nebenzimmer, … und von Zeit zu Zeit kamen Sie an die Thüre, sich nach Schillern umzusehen. Sie sahen ihn also da liegen und nahten leise auf bloßen Strümpfen, und eben so leise knieten Sie mit gefalteten Händen vor sein Bette hin. Ihr loses dunkles Haar floß über die Schulter. Still weinte Ihr Auge. Sie hatten es wohl kaum bemerkt, daß noch Jemand im Zimmer war. Der ohnmächtige Kranke schlug indessen etwas die Augen auf. Er erblickte Sie; mit Leidenschaft umschlangen plötzlich seine Arme Ihr Haupt, und so blieb er auf Ihrem Nacken ruhen, indem ihn die Kraft von neuem verließ.«[54]

Und was war dem aufmerksamen Graß sonst noch in Rudolstadt aufgefallen? Im Brief an Schiller nahm er kein Blatt vor den Mund: die Ähnlichkeit der Zustände im Beulwitz-Haus mit einer legendären Bigamie. »Es war mir oft als ob die Frau Hofmeisterin [womit die Chère mère gemeint war] nur eine Tochter, und Sie, wie der alte Graf von Gleichen, laut der Sage, zwey Frauen hätten.«[55] Nur wetteifernd in der Krankenpflege?

»Lieber bester Freund! ach mir wird oft so bange! Ich bin für nahe Gefahr *sicher* … zumahl vermehrt das eigne Gefühl von Weh sein das ich habe, oft meine Angst …«, das gestand Charlotte dem »Studentgen« von Adlerskron im Juni 1791. Ausnahmsweise sagte sie so etwas, »denn ich gebe gern meinen Freunden so angenehme Gefühle als möglich«.[56]

Presseleute hatten weniger Skrupel. Am 8. des Monats gab, aufgrund eines Gerüchts aus Weimar und Jena, die »Oberdeutsche allgemeine Literaturzeitung« Friedrich Schillers Tod bekannt. Zeitgleich wurde in der Nähe von Kopenhagen auf dieselbe Falschmeldung hin ein von dortigen Anhängern des Dichters geplantes Ehrenfest spontan in eine Trauerfeier umgestaltet. Einer der Teilnehmer hatte dem gemeinsam vorgetragenen Schiller-Lied »An die Freude« eine Strophe hinzugefügt, deren erste Zeile, »Unser todte[r] Freund soll leben!«, an Tragikomik kaum zu übertreffen war.

Bis in den Sommer hinein übernahm Charlotte einen Großteil der geschäftlichen und privaten Korrespondenz (»Schiller trägt mir auf, … statt Seiner ein paar Zeilen zu schreiben, … seine Gesundheit erlaubt es ihm nicht …«[57]), verhandelte mit Göschen, hielt Freunde, so die Körners, und Verwandte wie Schwiegereltern und Schwägerinnen auf dem Laufenden, beruhigte, wo ihr die Angst im Nacken saß, versorgte den Hausarzt in Jena mit ausführlichen Bulletins. Schiller revanchierte sich, als er für ein Weilchen wieder die Feder führen konnte, mit besorgten Anfragen zu gesundheitlichen Beschwerden seiner Frau. Zwar könne, schrieb er aus Rudolstadt an Stark, ihr Stuhlgang (damals immer und überall der Rede wert) als normal bezeichnet werden, doch leide sie unter Kopfweh, Brustenge und Augenbrennen. Genau darüber klagte jetzt auch Caroline.

Im Gegenzug hatte das alte Leiden der Schwester auf Charlotte übergegriffen: »Es kam sie ein Zucken an der Hand an, welches den ganzen Abend und die Nacht anhielt. Am folgenden Abend kam es wieder und nun schüttelte es den ganzen rechten Arm biß oben an die Brust mehrere Stunden lang und fast ununterbrochen.«[58] Medikus Stark riet zu einer »Blase«, einem »künstlich« hervorgerufenen und »künstlich« offen gehaltenen eitrigen Geschwür, das mittels eines mit Seidelbast-Harz oder wahlweise mit Schierlingssud bestrichenen Pflasters (in diesem Falle auf Charlottes Arm platziert) hervorgerufen wurde. Es half, wie auch immer. Gegen Bauchgrimmen wurde ihr ein Apothekergemisch verordnet, bestehend aus Schafgarbe-mit-Rhabarber-Extrakt, Ammoniakgummiharz, Salmiaksalz und Bibergeilfett.

Die Dacheröden wusste genau, was der Schiller fehlte und ihr hätte gut tun können: »Deine Zufälle halte ich eigentl. nur für Folgen der langen Unruhe. Ach die Gesundheit ist so verwebt in die Sele. Gewis wirst du mit Schiller wieder beßer.«[59] Womit leider nicht zu rechnen war. Schwachen Einkünften standen hohe Arzt- und Arzneirechnungen gegenüber; Geldnot machte sich bemerkbar. Charlottes Bitte um Nachbesserung ihres Mangeletats reichte Schiller als Bitte um einen Vorschuss an Göschen weiter. 300 Taler? Des Verlegers Zusage führte zum Aufatmen auch der Hausfrau. Ein Stein dürfte ihr vom Herzen gefallen sein, als am 13. Dezember 1791[60] ein Brief »vom Nordmeer« finanzielle Hilfe ankündigte: 1000 Reichstaler per annum Pension, auf drei Jahre garantiert.

Denken wir zurück an Jens Immanuel Baggesen, den Besucher und leisen Kritiker Schillers, der ihn im Vorjahr in Jena besucht hatte. Selbst in bitterster Armut aufgewachsen, hatte den dänischen Poeten die Kunde von der Existenznot des großen deutschen Dichters nicht ruhen lassen. Er informierte eine Bekannte: Charlotte von Schimmelmann. Die hatte das Ohr ihres einflussreichen Gatten: Ernst Heinrich Graf von Schimmelmann, Finanzminister in Kopenhagen und ebenso literaturbesessen wie sein Vorgesetzter, Friedrich Christian Prinz[61] von Schleswig-Holstein-Augustenburg. Der Gemahl der dänischen Kronprinzessin Luise Auguste, mehr Schöngeist als Staatsmann und seit der Lektüre des »Dom Karlos« enorm für Schiller eingenommen, hatte sich einen Namen auch als Philanthrop gemacht. Mit ihm schloss sich der Kreis, denn Jens Immanuel Baggesen gehörte schon seit längerem zu seinen Protegés. Hinzu kam: Baggesen und Schimmelmann hatten etwas gutzumachen, die peinliche, vermeintlich posthume Schiller-Huldigung nämlich.

Nebenbei bemerkt: Charlotte von Schiller und Charlotte von Schimmelmann sollten einander als ideale Briefpartnerinnen entdecken. Im Austausch »schöner seelenvoller«[62] Briefe erwies sich die eine wie die andere als besonders firm auf dem »Gebiet der höheren Gedanken und Empfindungen«[63] – sowie dem des höheren Klatsches. Ihr Freundschaftsband würde lebenslang halten.

Was für den Schleswig-Holstein-Augustenburger eine Ehrensache war, hatte dem Sachsen-Weimar-Eisenacher nicht nahe gebracht werden können. Wir stellen uns das Ehepaar Schiller im Spätsommer 1791 beim Nachdenken über die Frage vor, wer von ihnen tunlichst den Bittbrief an Carl August unterschreibe. Die Wahl fiel auf Charlotte. Ihr stehe der Herzog, so das vermutlich ausschlaggebende Argument, von Kindheit an nahe. »Hoffentlich liebes Lottchen wird der Kranckheits zustand H[errn] Schillers nicht von dauer seyn ...«, stand am Anfang der Antwort des Landesherrn vom 11. September, die auf den Bescheid hinauslief: »Verzeihn Sie daß ich mich alleweile auf die bestimmte erhöhung der Pension H[errn] Schillers nicht einlaßen kan ...«[64] Eine herbe Enttäuschung, trotz allergnädigster Gewährung einer Einmalzahlung von 250 Talern.

Von Vorlesungsverpflichtungen im laufenden Semester war

Schiller schon im März 1791 durch Carl August entbunden worden, von seinem »bedeutenden« Kranksein hatte sich der Herzog persönlich überzeugt.

Minna Körner hatte ihrem Christian Gottfried schon im September den Sohn Karl Theodor geschenkt. Sie »trage die schöne Hoffnung«, ihrem Wilhelm »ein süßes Kind zu geben«, ließ Caroline von Humboldt, seit Ende Juni verheiratet, im Oktober Charlotte Schiller wissen,[65] gegen deren Kinderlosigkeit Professor Stark kein medizinisches Mittel wusste. Professor Schiller war trotz mehrwöchiger Egerbrunnen-Kur ein körperlich stark geschwächter Mann. Von Frau und Schwägerin und dem Arzt Ferdinand Eicke begleitet, war er mehr tot als lebendig in Karlsbad an- und in ähnlich besorgniserregendem Zustand nach Rudolstadt zurückgekommen. Zur mittlerweile chronischen Rippenfellentzündung kamen Fieberanfälle, blutiger Auswurf, Atemnot, Darmkoliken, grippale und mancherlei andere Infekte. Schlaf fand Schiller vielfach erst bei Tagesanbruch oder in den Vormittagsstunden, gegen Mittag stand er auf und verschob die Morgentoilette auf den Nachmittag.

Bald nahmen Besucher Anstoß an seinem ungepflegten Äußeren wie an oft schroffer Zurückweisung. Manche sahen in Charlotte eine Heldin des Alltags. »In der Tat ehrwürdig« nannte der sächsische Rittmeister Karl Wilhelm Ferdinand von Funck[66] die Duldsamkeit von Schillers Frau, welche »ohne den Ersatz zu finden, den ihm sein spekulatives Leben gibt, die Einsamkeit mit ihm theilt«. »Sollte sie aber in der Länge einmal das Bedürfnis eines anderen männlichen Umgangs fühlen«, so Funck verständnisvoll ergänzend in seinem Brief an Körner, »wer könnte sie verdammen?«[67]

Im Austausch mit Göschen ließ Charlotte ihrem Unmut freien Lauf und stempelte Schiller sowohl zum Hypochonder[68] mit reger Einbildungskraft als auch zum Miesepeter. Untätigkeit als Last empfindend, nur glücklich und zufrieden, wenn er lesen und schreiben könne, habe sich aus dem Fehlen »solcher Beschäftigungen ... die Zeit über manche düstre Laune« eingestellt.[69]

Eine ausgedehnte Nachkur in Erfurt, nicht ohne Caroline, sorgte für nur leichte Verbesserung. Im Herbst 1791 nannte die Schwägerin Schillers Trübsinn »dumpfes Sein«, hervorgerufen durch Liebesentzug und verstärkt durch verfehlte Heirat: »Thorheit ists das Vergangne nicht vergangen sein zu lassen ... Alle alten Töne müsten erst ganz verklingen, eh uns ein neues stilles Zusammensein erblüht.« Verlöre sein Geist dadurch nicht an Leuchtkraft, »so mögte ich er heftete sich mehr an Lolo«.[70] Jedes Wort dieses Satzes konnte von Briefempfängerin Humboldt unterstrichen werden. Dass Carolines Von-oben-herab-Attitüden von dieser unbemerkt blieben oder sie nicht verdrossen, ist kaum anzunehmen.

Ungeachtet anhaltender Beklemmungen, Krämpfe, Luftnot zwang ihr Mann sich zu stundenweiser Arbeit, nahm an Lese- und Theaterproben teil, setzte die »Geschichte des Dreißigjährigen Krieges« fort, suchte den rechten Zugang zum »Wallenstein«-Thema. Seit die Schiller'sche Daseinsvorsorge dank des Versprechens der dänischen Zuwendungen von kommerziell unmittelbar verwertbarer Produktivität abgekoppelt war (dass die Zahlungen ziemlich verspätet eintreffen würden, konnte man noch nicht wissen), leistete sich der Dichter den Luxus eines intensiven Studiums der Schriften Immanuel Kants. Und seine Frau nahm wissbegierig zur Hand, was er beiseite legte.

Mit den Thesen des Königsberger Philosophen beschäftigte sich auch, und zwar nicht minder eifrig, Frau von Stein. Eine Ergänzung oder besser gesagt Richtigstellung war den Damen nach »strenger Prüfung« wichtig: »Kant und Schiller können wohl Recht haben, daß unser Geschlecht mehr aus Neigung als aus Pflicht handle, aber nur deßwegen ..., weil ihre Pflicht ihnen zur Neigung wird.«[71] Unwidersprochen von der jüngeren blieb auch der älteren Charlotte trefflicher Umkehrschluss, dass die Deklaration von Liebhabereien zu Unerlässlichkeiten in die Kategorie der Männerallüren falle.

Ein Lichtblick für Charlotte: Ihr »liebes Brüderchen« war zu den Schillers in die Schrammei gezogen[72], seit Ostern 1791 studierte Fritz von Stein an der Salana. Einige Freunde folgten ihm im Herbst, gebildete fröhliche Menschen allesamt, größtenteils etwa im Alter von Frau Schiller. Man traf sich täglich als Tischgesellschaft zu den von den Hausmamsells bereiteten Mahlzeiten.

Bartholomäus Ludwig Fischenich, trotz seiner Jugend Professor der Jurisprudenz an der kurkölnischen Universität zu Bonn, hatten Fortbildungsbestrebungen nach Jena geführt. Aus Frankfurt stammte Johann Karl von Fichard und aus Schwaben dessen Hofmeister Ludwig Friedrich Göritz. Ein Landsmann Schillers war auch der Theologe und spätere Jenaer Professor Friedrich Immanuel Niethammer, von Charlotte »das Köpfchen«[73] genannt. Bald wurde die Tafelrunde um den angehenden Juristen Karl Heinrich von Gros erweitert sowie um Christian Gottlob Voigt, Sohn des gleichnamigen Geheimen Rats in Weimar.[74]

Ernsthaftes Disputieren wechselte ab mit ausgelassenem Treiben. L'hombre-Partien standen im Schrammei-Zirkel hoch im Kurs. Manchmal wurden die Karten erst in den frühen Morgenstunden aus der Hand gelegt, gewöhnlich gegen Mitternacht, »wobei man sich nicht Zeit nahm, zu Nacht zu essen, sondern sich am Spieltische aus der Hand servieren ließ«.[75] Alkoholische Getränke – selten ging bei den Schillers der Madeira aus –, aber auch Kaffee (ihm wurde gern Vanille beigegeben) in größeren Mengen und heiße Schokolade vermischt mit Wein hatten ihren Anteil am Stimmungshoch jener guten Tage. Spaß gäbe es in froher Runde »so viel es angeht, und heute haben wir Seifenblasen gemacht wie die wahren enfants«, machte eine ungewöhnlich aufgekratzte Charlotte Schiller den vorübergehend abwesenden Fritz von Stein auf versäumte Freuden aufmerksam.[76]

Ob ihr Mann bemerkte, dass alle jungen Herren, insbesondere Fischenich, für Charlotte, die »holde Scham«, die »personifizierte Lieblichkeit«, schwärmten, derweil sie, auch das notierte Göritz, an Schillers »Größe hinaufstaunt«?[77] Eher hinaufstrebte, eigener Einschätzung nach: »Man wurde empor getragen über die Welt und die Dinge und kam sich selbst auf einem höheren Standpunkt stehend vor.«[78] In den Niederungen des Alltags werden ihr gleichwohl Schmeicheleien von Seiten der jungen Freunde mancherlei Trost gespendet haben.

Das Beste an Charlottes früher Jena-Zeit waren in der Tat jene von Frohsinn, Freimut und Freigeist bestimmten geselligen Stunden. Stunden, die vielleicht zu ihren glücklichsten überhaupt gehörten – trotz fortdauernder Belastungen, einschließlich alarmierender Nachrichten aus Erfurt, wo Frau von Humboldt gemeinsam mit Frau von Beulwitz auf Herrn von Dalbergs Liebesleben massiv Einfluss nahm.

Sie erwarte viel Gutes in den nächsten Wochen, wurde Wilhelm von Humboldt von seiner Frau mitgeteilt, eine Favoritin wie Caroline, geistreich und »von wahrem Charakter«, müsse eine neue Erfahrung für den Welt- und Kirchenmann sein. »Was nicht Gänschen waren, waren Koketten, die dem männlichen Geist gern Flügel bänden, um ihn in ihrem engen Kreis zu halten.«[79] Und so lautete das Fazit von Carolines Manöverkritik Ende Februar 1792: »Alles deutet mir, daß er etwas Bleibendes unter uns wünscht, ich sollte mich doch sch – [scheiden] lassen, hat er letzt der Li. [Caroline von Humboldt] wieder gesagt.«[80]

Caroline war zur endgültigen Trennung von Beulwitz, nun gar vom katholischen Würdenträger Dalberg ins Gespräch gebracht, fest entschlossen. Beiden Schillers verschlug es die Sprache. »Mir ist als hörte ich lang nicht von euch«[81], reagierte Caroline irritiert auf das ungewohnte Schweigen. Dem ehelich gebundenen Schiller muss bei der Vorstellung einer auch auf dem Heiratsmarkt frei agierenden Schwägerin angst und bange geworden sein. Was Charlotte der Schwester schließlich vorhielt, vorwarf, gar verbot, durfte den Weg in Archive nicht finden.[82]

Halten wir uns deshalb an die Briefe Carolines, welche der Zensur entgingen und die Befindlichkeiten zumindest ahnen lassen. Wie jener an die »Liebe Lollo!«, der, im März 1792 geschrieben, mit dem Satz beginnt: »Ich bitte dich, höre auf dich und mich mit Bedenklichkeiten zu plagen, über die wir ja schon hundertmal gesprochen haben.« Daran anschließend suchte sie Charlottes Hauptangriffspunkte zu entkräften. Ad eins: »… du wirst mir doch hoffentlich den Verstand zutrauen, daß ich bei allen Arrangements, sie mögen ausfallen wie sie wollen, dahin sehen werde, daß du nichts von deinen Revenuen [den regelmäßigen Zahlungen der Chère mère] verlierst, da ich weiß, wie nöthig du sie brauchst«. Ad zwei: Immerwährendes Zusammenleben mit Schwester und Schwager stünde nicht in Aussicht, da es sie unglücklich machen würde.[83]

Und erst recht bekanntlich Charlotte! Sicher wissen wir: Gegen Jahresende war sie es, die Caroline zuliebe und in enger Absprache mit ihr die schwierige Mission der Konfrontation Louise von Lengefelds mit dem Scheitern der Beulwitz-Ehe übernahm. Freilich verfügte die Mutter über ein eigenes Informationsnetz. »Caroline ist wieder in Erfurt und voller Projekte, *hofentlich macht sie sie nur allein du verstehst mich schon*«[84], hob sie in einem Brief an Charlotte ihren Unmut über die zielstrebige Fortsetzung der Dalberg-Belagerung hervor, deren pekuniärer Aspekt der Chère mère allerdings nicht schlecht gefiel.[85]

Wochenlang war es im Frühjahr 1792 bei Ankündigungen eines Besuchs bei den Körners geblieben. Schillers schwankendes Befinden machte die Festlegung auf ein Ankunftsdatum mehrfach null und nichtig. Von einem Tag auf den anderen wurden umfangreiche Reisevorbereitungen obsolet. Als Anfang April die Fahrt endlich losging, waren er, Charlotte, deren Jungfer sowie Bartholomäus Fischenich mit von der Partie. Caroline blieb dem Unternehmen fern. Im Jahr zuvor war ein Sommerurlaub im Elbetal, nur weil sie nicht dabei sein konnte, von Schiller abgesagt worden: »Weder der Zeit- noch Geldaufwand sind es, was mich davon abhält, sondern die

Verhältnisse meiner Schwägerinn in Rudolstadt, die ihr nicht erlauben über die gesetzte Zeit wegzubleiben.«[86]

Für Schiller waren Dresden und Loschwitz ein voller Erfolg, für Charlotte nur ein bedingter. An seine Vertrautheit mit den Freunden war sie auch nach etwa vierwöchigem Beisammensein nicht herangekommen. Näher als Minna Körner, das geht aus Briefwechseln der Folgezeit hervor, stand ihr die gefühlvolle Malerin Dora Stock. Die unverheiratete Schwester der Gastgeberin war sozusagen integraler Bestandteil des Körner'schen Familienkreises. Dass Fischenich nun auch Dora zum Ziel seiner Verehrung machte, quittierte die bisher exklusiv Hofierte – von Minna noch nach Jahren daran erinnert – allerdings mit »Eifersucht«.[87] Was Charlotte von Körners Angewohnheit hielt, sie »Schillers Weibchen« zu titulieren, ist unbekannt. Und ebenso wenig drang nach außen, ob ihr erst jetzt die Intensität des Meinungsaustauschs zwischen ihrem Mann und Körner sauer aufstieß; daran, dass er private und berufliche Probleme mit der Schwägerin ausgiebiger als mit der Ehefrau besprach, hatte diese sich schon viel früher gewöhnen müssen.

Interessanterweise stellte in der fraglichen Zeit Wilhelm von Wolzogen an Charlotte eine optische Veränderung fest. In den Wohnräumen von Schillers Eltern auf der Solitude habe er beim Betrachten eines Miniaturporträts der Cousine gefunden, sie sähe so trotzig darauf aus. Die erst kürzlich entstandene Zeichnung sei schlecht, gab Charlotte zurück, auf »eine solche Art lasse ich mich nicht für Dich malen … Für Papa und Mama ist dies gut … Auf die Feinheit der Züge scheint es bei denen nicht anzukommen.«[88]

Nun denn. Von Mitte September 1792 an wäre ausreichend Gelegenheit zu einer teilweisen Revision ihres diesbezüglichen Vorurteils gewesen, vorausgesetzt, Elisabetha Dorothea Schiller hätte bei ihrem ersten und einzigen Besuch bei Sohn und Schwiegertochter Charlottes Idealbild einer so nahen Verwandten auch nur ansatzweise entsprochen.[89] Schillers jüngste Schwester, die fünfzehnjährige Nanette, war mit nach

Jena gekommen. »Noch sehr Kind der Natur«, urteilte Schiller, den Mangel an intellektueller Förderung des jungen Mädchens freundlich umschreibend – und bedauernd.[90] An Frau Schiller der Älteren ließe sich partout nichts verbessern, konstatierte Charlotte: »Die Begriffe über das Leben und die Bildung des Geistes waren bei der Mutter eingeschränkt«. Schillers Vater, dem eigenen zumindest von der Profession her ebenbürtig, kam als »thätiger Geist« besser weg.[91]

Elisabetha Dorothea war das »Einmischen in Alles« ein Bedürfnis, gewiß unter der Devise Ich-will-ja-nur-euer-Bestes. Göritz war allein das, was er zufällig mitbekam, des Guten zu viel. »Hoher Mutterstolz«, verquickt mit »Schwiegermuttergefühlen«, stellte der Außenstehende hellsichtig fest, seien in ihrer Wirkung verheerend gewesen; und wäre die Besucherin, so die Quintessenz des Hausgenossen, »länger geblieben, sie hätte mit der größten Guthmütigkeit das schönste und zarte Verhältnis zwischen Schiller und seiner Gattin ganz zerstört«.[92]

Charlottes Langmut fand Göritz erwähnenswert. Nun hing aber ihre Duldsamkeit mit einer rettenden Idee zusammen. Zehn der insgesamt etwa zwanzig Besuchstage verbrachte die gemischte Gesellschaft in Rudolstadt, wo sie unter Mithilfe von Caroline und der Chère mère notdürftig bei Laune gehalten werden konnte. Der Rückkehrtermin nach Jena lag so nahe wie möglich an dem der Heimfahrt von Schillers Mutter und Schwester in Richtung Stuttgart.[93]

Am 22. November 1792 wurde Charlotte Schiller sechsundzwanzig. Zu ernst für ihr Alter fand sie sich. »Schwermuth« und »Mißbehagen« raubten ihr die Lebensfreude. Freilich konnte das »öftere Sehen« von Schillers »Übel« »keinen guten Einfluß« auf ihre Psyche haben, wie sie Wilhelm von Wolzogen eingestand.[94] Wohl hatte ihr Mann – ein Versuch, auf den keine weiteren folgten – die Wiederaufnahme der Dozententätigkeit gewagt; nur war das Interesse an seinem philosophisch-ästhetischen Privatkolleg äußerst gering. Die Hörerschaft fand im größeren der Schrammei-Wohnzimmer Platz. Was insofern von Vorteil war, als Professor Schiller gewöhnlich erst, wenn der Uhrzeiger dem Beginn der Vorlesung schon bedenklich nahe gerückt war, aus dem Bett und in letzter Sekunde in seine Kleider kam. Hatte Charlotte gegen Melancholie anzukämpfen, dann rang er mit einer Depression.

Wie das Kaninchen auf die Schlange starrt, fixierte Schiller die Kalenderblätter. Zum Jahreswechsel beschwor er angstvoll die zurückliegenden Erscheinungsdaten seines »Würgeengels«. »Es sind nun 6 Tage über die Zeit, in der mich der vormjährige Paroxysmus anfiel«, wurde Körner zu dessen Beunruhigung am 25. Januar 1793 mitgeteilt. Am 8. Februar hatte Schiller sich, das schrieb er Fischenich, »3 Wochen über die Zeit« gerettet, »wo [er] voriges Jahr, und 4 Wochen über die, wo [er] vor 2 Jahren krank« gewesen war. Vom Dresdner Freund kam die eindringliche Warnung vor sich selbst erfüllenden Prophezeiungen. Im März war es dann so weit: »Der Eintritt des Frühjahrs hat ... die ganze Litaney der fatalen Zufälle herbeygeführt.«[95] So bedrohlich war Schillers Zustand erneut, dass Louise von Lengefeld eine längst fällige Investition in Angriff nahm.

Mit einer Einmalzahlung von 300 Talern plus Beiträgen für das laufende und fünf zurückliegende Halbjahre zuzüglich vier Prozent Verzugszinsen – 425 Taler, elf Groschen und zehn Pfennige in Gold insgesamt – setzte sie eine Rentenversicherung in Kraft, die Charlotte im Fall des Todes ihres Mannes eine Pension von 400 Talern jährlich garantierte. Die exakte Aufschlüsselung der Quittung der 1776 gegründeten Berliner »General-Direktion der allgemeinen Wittwen-Verpflegungsanstalt«[96] vom 3. April 1793 spricht für den Abschluss des Vertrages (eine Bedingung, an die die Schwiegermutter ihre Zustimmung zur Ehe geknüpft haben dürfte) schon um das Hochzeitsdatum herum. Nur hatte der Versicherungsnehmer – nämlich Schiller – bislang keinerlei Leistungen erbracht, und deshalb hatte bis dato kein Versicherungsschutz vorgelegen.[97] Offenbar belasteten zudem alle weiteren Prämienzahlungen ausschließlich das Budget der Chère mère.[98]

Wenn die häusliche Misere Überhand gewinnt, ist Ablenkung durch äußere Ereignisse hoch willkommen, selbst dann, wenn auch sie mit Angst und Schrecken einhergeht. Eine bescheidene Kostprobe von dem, was sich im revolutionären Ausland tat, hatten im vergangenen Sommer Jenaer Studenten den Stadtbewohnern geliefert. Rasch war dem zaghaft aufrührerischen Treiben polizeilich Einhalt geboten worden. Klipp und klar hatte Herzog Carl August seinen Widerwillen gegen die »Überpflanzung neufranzösischer Grundsätze auf deutschen Boden« zum Ausdruck gebracht.

Zu den Revolutionsgegnern gehörte unbedingt Goethe, aber Knebel keinesfalls.[99] Anders als Wieland, Herder, Reinhard, Forster oder Fichte kehrte Schiller den – anfänglichen – Sympathisanten niemals öffentlich heraus. Er bezog seine Informationen durch Augenzeugen wie Wilhelm von Wolzogen, seit Jahren in Paris wohnend, aber auch aus Artikeln, der »Gazette nationale ou le Moniteur universel« beispielsweise, eines politischen Tagesjournals von Rang.

Wir stellen uns vor, wie Charlotte beim Übersetzen half – und welche Ereignisse sie und ihren Mann seit 1789 zwischen Genugtuung und Ablehnung schwanken ließen: Aristokraten beim üppigen Tafeln im Schloss zu Versailles, während in Pariser Elendsvierteln Menschen Hungers sterben; Sturm der Benachteiligten auf die Bastille; Auflösung der ständischen Gesellschaftsordnung; Abschaffung des erblichen Adels; Freiheit, Gleichheit,[100] Brüderlichkeit als Losungen der Aufständischen; Eid Ludwigs XVI. auf die französische Verfassung; Terror und hasserfülltes Gemetzel unter den Mitgliedern der Bourgeoisie; Ausrufen der französischen Republik; Einmarsch revolutionärer Milizen in Speyer, Worms, Frankfurt am Main und Mainz. (Letztlich würde Carl Theodor von Dalberg seine Hoffnungen aufs Mainzer Kurfürsten- und Kurbischofsamt begraben müssen und damit den Erwartungen aus dem Umfeld Caroline von Beulwitz' nicht gerecht werden können.)

Preußische und österreichische Truppen waren im Kampf gegen die Okkupanten nicht sonderlich erfolgreich. Aus »Befreiern« wurden Eroberer. Im Dezember 1792 beherrschte der Prozess gegen den abgesetzten französischen Monarchen die Schlagzeilen der europäischen Presse. Am 21. Januar 1793 wurde Louis Capet (so genannt nach dem Herrschergeschlecht der Kapetinger) unter dem Jubelgejohle der Pariser hingerichtet.

Ende August 1792, wenige Tage bevor in Paris aus Furcht vor einer Gegenrevolution die mörderischen Gewalttaten ihren grausamen Höhepunkt erreichten, war dem Autor der »Räuber« in Anerkennung seines schriftstellerischen Einsatzes für die Rechte der Unterdrückten das französische Bürgerrecht verliehen worden. Die offizielle Mitteilung sollte auf sich warten lassen. Ohne Ortsangabe adressiert an einen »M. Gille, Publiciste allemand«, irrten Urkunde und Begleitschreiben so lange herum, bis die Initiatoren der Aktion fast ausnahmslos der eigenen Revolution zum Opfer gefallen waren. Schiller erreichten die Papiere, via Verleger Campe, erst im Februar 1798. Doch die Zeitungen griffen die Nachricht unverzüglich auf, Klatsch und Tratsch bemächtigten sich ihrer. Nicht nur »die Kalb« – sie hatte »wieder angefangen sich zu regen«[101] – war auf Genaueres erpicht. Schiller blieb in seinem öffentlichen Schweigen konsequent, vermied jede schriftliche Äußerung. Im Freundeskreis, im Gespräch mit engen Vertrauten, wird er Stellung bezogen haben.

Wie Caroline dachte, wie seine Frau die fragwürdige Auszeichnung aufnahm, wissen wir nicht. Wohl aber, dass Charlotte wie Schiller hatte umdenken müssen. Auch ihr (blaublütiges) Herz hatte anfangs für die Revolutionäre geschlagen. Jetzt aber schrieb sie an ihre Schwägerin Christophine Reinwald: »Ich traue den Oesterreichern recht viel Gutes zu und freue mich ihrer Siege. Man möchte fast lieber von der Aristokratenpartie sein, weil sich die Gegenpartie in so schlechtem Lichte zeigt. Seit dem grausamen Tod Ludwigs haben die Franken [Franzosen] ihren Kredit bei mir verloren. Auch die Art, wie sie in den Rheingegenden zur Freiheit bekehren wollen, empört. Wenn das nicht Despotismus ist, so ists gewiss, der den die Könige ausüben und ausübten, noch weniger. – Man wird so in die Politik jetzt gezogen, dass man es kaum lassen kann davon zu reden. Ich bin sehr eifrig und glaubte nicht, dass sie mich einst so interessieren konnte.«[102]

Im Dezember 1792 hatte das Ehepaar Schiller ernsthaft über eine Abenteuerreise nach Paris nachgedacht – und stattdessen sein erstes Kind gezeugt. Daraufhin einsetzende Beschwerden Charlottes wurden auf die schwer verdauliche Schrammei-Kantinenkost, unter der auch Schiller litt, geschoben. Essensunverträglichkeit. Nun ja. Selten aß man in Jena auf Dauer ungestraft aus fremden Töpfen. Goethe pochte bei Aufenthalten dort nicht von ungefähr auf Nahrungsmittellieferungen von daheim, wobei auch in Weimar bekömmliche Wirtshaus-Gerichte reine Glückssache waren. Während auf vorzügliches Speisen »beim Italiener« nahezu Verlass war,[103] bezeichnete ein Gast des »Elephanten« das, was ihm dort aufgetischt wurde, als »Mortifikationen«.[104]

Bald war der Wohnungswechsel der Schillers beschlossene Sache, auch wenn man die aufmunternden Gefährten zurücklassen mußte. Bartholomäus Ludwig Fischenich hatte schon im Vorjahr nach Bonn heimkehren müssen. Die Trennung von ihm werde ihr sehr nahe gehen, seine Abreise eine gewaltige Erschütterung ihres häuslichen Friedens mit sich bringen, war Charlotte vorhergesagt geworden. Dora Stocks Prognose beruhte auf Beobachtungen während des gemeinsamen Aufenthalts der Schillers und Fischenichs bei den Körners. Wie Recht die Dresdner Freundin hatte, geht aus Charlottes dem verlorenen Freund nachgesandten Briefen hervor. Anfang 1793 schrieb sie: »Mancher stille Abend verging mir traurig, weil ich fühlte, wie sehr Sie uns fehlen, und mich über Ihr Schweigen betrübte.« Im Februar 1793: »Könnten wir nur zusammen leben … Wir sind jetzt arm an angenehmem Umgang.« Und im November 1793: »Sie und Frau von Stein sind die einzigen Menschen, die ich vermisse, und von denen es mir schwer fällt mich getrennt zu wissen.«[105]

Der Umzug der Schillers in ein Domizil mit eigener Kochgelegenheit fiel auf den 7. April 1793. Das neue Heim lag unweit der Schrammei in der nordöstlichen Vorstadt Jenas.[106] Schillers Vorschlag, es seiner tüchtigen Schwester Louise als Wohn- und Arbeitsplatz anzubieten, stieß bei Charlotte auf taube Ohren. Mit der geringen Größe der Wohnung von Anfang an einverstanden, diente ihr deren Enge jetzt als wichtigstes Argument gegen Dauergäste – Schwester Caroline inbegriffen.

Als vorteilhaft sah Charlotte auch den Gartenhauscharakter des Leist'schen Anwesens an, eingedenk ihres Wunsches, Schiller möge sich mehr bewegen als bisher. Nur fünfmal schätzungsweise hatte er sich, nach eigenen Angaben, im gesamten vergangenen Winter frischer Luft ausgesetzt.

Fast mehr noch als die in schlimmer Regelmäßigkeit auftretenden eigenen Krankheitsschübe raubten Schiller im Frühjahr 1793 Charlottes »Krämpfe« die Ruhe. Sie habe sich »sehr oft übel befunden«, wurde Fischenich von ihm informiert. »Sie können denken theurer Freund, daß der Anblick ihres Leidens und die Furcht, sie vielleicht ganz und gar zu verlieren, meinen eigenen Zustand mir schwer genug machen mußte.« Die besorgniserregenden Symptome nahmen noch zu.

Erst Ende Juli wagte Charlottes Arzt, Professor Stark, die Umbenennung des »unglücklichen Räthsels« in fortgeschrittene Schwangerschaft. Groß war Schillers Freude und noch größer seine Erleichterung: »Meine kleine Maus wird mir in 6 biß 8 Wochen ein großes, großes Geschenk machen. ... Sie ist schon im achten Monate; und ich sehe mich nicht bloß von einer schweren Besorgniß befreyt, sondern blicke noch einer der schönsten Lebensfreuden, nach der ich so lange mich gesehnt habe, entgegen.«[107] Kein Grund also, die anstrengende Reise in Schillers Heimat abzusagen. Anfang August war man unterwegs. Der werdende Vater fühlte sich, im Gegensatz zur werdenden Mutter, so gut wie lange nicht. Und nicht zu vergessen: Im Juni war ihnen Caroline ins Schwabenland vorausgeeilt – um niemals mehr ins Haus ihres Mannes zurückzukehren.

Fast eine Kriminalgeschichte

»… es soll auch in der Folge gut gehen.
alle Anstalten sind wenigstens getroffen.«
WILHELM VON WOLZOGEN AN JOHANN GAUDENZ SALIS-SEEWIS

Heilbronn, 8. August 1793. »Meine Frau hat die Strapazen sehr gut ausgehalten, und befindet sich sehr wol«, teilte Schiller nach tagelanger Kutschfahrt den Körners mit.[1] Kurzum: Charlotte und er hatten Glück gehabt – in zweierlei Hinsicht.

Planten um das Jahr 1800 Fatalisten eine größere Reise, machten sie ihr Testament, so auch Wilhelm von Wolzogen, als ihm seine Reise nach Russland bevorstand. Angsthasen schlossen sich gern Kämpfernaturen an. Handbücher empfahlen das Mitführen von Terzerolen, auch Goethe hatte sich in Italien mit einem Paar der handlichen Pistolen in seiner Rocktasche sicherer gefühlt. Ein Dolch galt als die noch bessere Waffe, er wartete im linken Rockärmel verborgen auf notfalls beherzten Zugriff. Auf Räuber, die Reisenden nach dem Leben trachteten, stieß man in deutschen Landen zwar mittlerweile seltener, auf Kleinkriminelle aber musste man zwischen Thüringen und Schwaben stets gefasst sein, ebenso wie auf erpresserische Transporteure oder sonstige Fährnisse.

Einschlägige Erfahrungen hatte Charlotte von Stein machen müssen. Mit List und Tücke luchste ihr der Kutscher, je weiter sie sich von Weimar entfernten, immer höhere Aufschläge auf den ursprünglich vereinbarten Fahrpreis ab und überließ die schließlich absolut Zahlungsunfähige an einer Relaisstation, die lange nicht das Endziel war, an der aber eine noch viel mehr versprechende Rückfracht wartete, ungerührt ihrem Schicksal.

Der Diebstahl von Börsen war in den engen, überfüllten

Coupés eine Alltäglichkeit. Banditen, die es auf Gepäckstücke abgesehen hatten, sprangen unterwegs unbemerkt von hinten auf die Kutsche auf – bei einer Fahrgeschwindigkeit von maximal acht Stundenkilometern durchaus machbar –, um die Beute im Ganzen zu entwenden oder in aller Eile am Heck oder auf dem Dach platzierte Taschen, Körbe und Kisten auf der Suche nach Lohnenswertem zu durchwühlen. Wobei es sich zumeist nicht vermeiden ließ, dass eine Spur uninteressanter Einzelteile auf dem Fahrweg zurückblieb.

Gottlob blieb den Schillers auch erspart, was Louise von Lengefeld hatte erleben müssen; deren Kutsche war auf einer Fahrt von Arnstadt nach Rudolstadt auf regendurchweichter Straße umgestürzt, sie selbst leicht lädiert im Graben gelandet. »Unfälle zu Pferde und zu Wagen« war eine damals angebotene, äußerst beliebte Sammelmappe überschrieben, die burleske Darstellungen von Reisemissgeschicken schauerlichster Art enthielt. So schlugen Herausgeber von Büchern, Zeitungen und Zeitschriften aus dem Unglück anderer Kapital. Ganz abgesehen von skrupellosen Monopolisten.

Man stelle sich also vor: Charlotte, hochgradig schwanger, und Friedrich, hochgradig gesundheitsgefährdet, acht Tage lang aufs Heftigste durchgerüttelt und des Abends in der einzigen Herberge weit und breit vergeblich Ruhe suchend auf Strohlagern, unter vor Schmutz starrenden Decken, gepeinigt von Wanzen und Flöhen. Nein, von Nachtasylen übelster Sorte waren die Schillers – im Gegensatz zur doppelt geplagten armen Chère mère[2] – ebenfalls verschont geblieben.

Allerdings hatte das Ehepaar nach dem Eintreffen der Ordinari-Post in Heilbronn mit dem Gasthof »Zur Sonne« kein Wunschquartier vorgefunden. Besser, doch nicht gut, gefielen ihnen die neuen, ab Mitte August privat gemieteten Räumlichkeiten. Nach wie vor war Sparsamkeit geboten. Die Anweisungen aus Dänemark ließen auf sich warten. Erst im Juni war die Zahlung für das Vorjahr eingetroffen. Und bis April 1795 würden die 1000 Taler für 1794 offen stehen.

Die Rückkehr in Schillers einstmaligen Wirkungskreis führte zu einem, von seiner Frau womöglich argwöhnisch beäugten, Wiedersehen. Aber nichts von dem, was Demoiselle Margareta Schwan einmal ausgezeichnet hatte, war an der seit einem Monat nach Heilbronn verheirateten Rechtsanwaltsgattin Margareta Treffz wieder zu finden. Insofern konnte Charlotte beruhigt sein.

Es war eine Vorsichtsmaßnahme Schillers gewesen, Heilbronn als Aufenthaltsort zu wählen. Bei kurzen Anreisewegen für Verwandte und Freunde befand sich die freie Reichsstadt außerhalb des Herrschaftsgebiets seines alten Widersachers, des württembergischen Herzogs Carl Eugen. Dennoch sollte Heilbronn bald zum Reizwort werden. Es wäre gar zu leer an Unterhaltung, so Charlotte. Schiller nannte die Bibliothek schwach bestückt, die Buchhandlung kümmerlich vegetierend, die Wohnung winzig, die Bequemlichkeit gering, die Preise überhöht. Mit einer angenehmen Ausnahme allerdings: Der im Vergleich zu Jena spottbillige Wein verführte zur Verdoppelung des schon gewöhnlich beachtlichen Schiller'schen Alkoholkonsums.[3]

Den Wechsel nach Ludwigsburg, auf bislang als zu gefährlich eingeschätztes Terrain, wagte das Ehepaar Schiller aufgrund einer Quasi-Immunitätszusage des Landesherrn. Carl Eugens unerwarteter Tod im Oktober 1793 befreite Schiller dann endgültig von allen diesbezüglichen Sorgen. Charlotte, die werdende Mutter, hatte am 8. September, ihrem Umzugstag, das Schlimmste noch vor sich.

Eine gewisse Beruhigung ging von Friedrich Wilhelm von Hoven aus; der Hofmedikus wohnte mit seiner Frau Henriette in unmittelbarer Nachbarschaft und gefiel Charlotte auf Anhieb. Mag sein, weil er ihren »Umerziehungserfolgen« spontan Beifall zollte: Dass aus dem Schiller von vor zehn Jahren »ein vollendeter Mann geworden« war, vorzüglich gekleidet und mit »weit mehr Anstand in seinem Betragen«, wurde allgemein festgestellt.[4] Auch des neuen Schillers betont leises Sprechen führte man auf Charlottes Einfluss zurück, bei deren Wispern es sich allerdings um eine Übernahme von wichtigtuerisch tuschelnden Höflingen handelte.

Der Arzt Hoven stand im Ruf eines Geburtshelfers erster Klasse. Diesen hatte Charlotte also Gott sei Dank vor der Tür. Überdies war von Hovens Frau Henriette das Versprechen gekommen, ihr in den schweren Stunden zur Seite zu stehen. An weiblichen Helfershelfern herrschte im Schiller'schen Haushalt, Kanzleistraße 85[5], aber ohnehin kein Mangel. Denn nach Beendigung einer nur ansatzweise erfolgreichen Cannstätter Kur hatte sich Caroline mitsamt ihrem Anhang bei Charlotte und Friedrich Schiller in Ludwigsburg eingenistet, wie zeitweise schon zuvor in Heilbronn.

Am liebsten wäre Frau von Beulwitz allein gereist, damals jedoch eine Unmöglichkeit für jede Dame, die weiterhin eine solche genannt werden wollte. Louise von Lengefeld war schon beim Gedanken daran regelrecht außer sich geraten. Herrn von Beulwitz' Meinung hatte nicht gezählt. Dass Caroline, neben ihrer Kammerjungfer, mit Ulrike von Beulwitz die Schwester ihres Mannes als Begleiterin akzeptiert hatte, war ein letztes Zugeständnis an die Mutter gewesen, deren Verhältnis zur älteren Tochter trotzdem noch eine ganze Weile getrübt blieb.

Karl Friedrich Ludwig Schiller erblickte am 14. September 1793, wie man so sagt, das Licht der Welt. Auch im Falle seiner Mutter spottete diese poetische Verharmlosung des Gebärens jeder Beschreibung der Realität. Nicht nur die leidgeprüfte Minna Körner hatte Charlotte Schiller etwas vorgemacht, indem sie der »ganzen Begebenheit« eine »wohlthätige« gesundheitliche Wirkung unterstellte.[6] Dabei brauchte man sich nur umzuschauen, die erschreckend hohe Mütter- und Neugeborenen-Sterblichkeit war allseits gegenwärtig.

»Wünsche mir Glück lieber Körner. Ein kleiner Sohn ist da, die Mutter ist wohl auf, der Junge groß und stark, und alles ist glücklich abgelaufen.«[7] In die Begeisterung des stolzen Vaters mischte sich Erleichterung. Charlottes Quälerei durch den überlangen Geburtsvorgang hatte ihn zunächst in Panik versetzt und dann ins Bett getrieben. Wochen vergingen, bis die junge Mutter wieder bei Kräften war. Nur ungern verzichtete sie aufs Stillen. Eine Amme wurde wohl nicht engagiert, denn Schiller nannte Karl einmal »Wasserkind«. Da grenzt es eingedenk der zeitbedingt eingeschränkten ärztlichen Kunst an ein Wunder, dass der kaum drei Monate alte Knirps eine schwere Durchfallerkrankung überlebte.

Zur Feier des siebzigsten Geburtstags des Schwiegervaters im Oktober war Charlotte noch keineswegs gesundheitlich gefestigt. Auch hatte das gezwungenermaßen häufige Beisammensein mit der schwäbischen Verwandtschaft keinen günstigen Einfluss auf ihr Wohlbefinden. Wohl ein wenig zu demonstrativ hatte sie die Augenbrauen hochgezogen beziehungsweise mit Blicken ein gewisses Missfallen zu erkennen gegeben. »Seine liebe Frau wird Sich vieleicht eine andere SchwiegerMutter oder Schwäger[inne]n vermuthet haben, wo wir alle nicht nach jhrem Thun uns zu richten wißen …«, würde Elisabetha Dorothea Schiller – richtig vermutend – ihrem Friedrich einmal schreiben.[8]

Man konnte die alte Dame ungebildet oder ungeschickt nennen, dumm war sie nicht. So steht zu vermuten, dass ihr schon vor Jahr und Tag in Rudolstadt jene sonderbare Vertrautheit ihres »Friz« mit seiner Schwägerin aufgefallen war, die in Heilbronn und Ludwigsburg ihren Fortgang nahm. Warum nicht zwei Fliegen mit einer Klappe schlagen, könnte Mutter Schillers Devise gewesen sein, als sie Friedrich vorhielt: »Wenn Er bester Sohn mit der lieben Lotte allein wäre: so denk ich, könnt ein bessres Arrangement gemacht werden.« Der Vorschlag bezog sich auf einen akuten finanziellen Engpass, richtete sich gegen den Zuzug Carolines und fußte auf ihren eigenen Beobachtungen.

Kaum zur Besichtigung ihres ersten Enkelchens in Ludwigsburg angereist, hatte die redliche Schwäbin das Rechnen angefangen und das unbefriedigende Resultat in eine väterliche Vorhaltung ummünzen lassen: »Was Er für einen Vertrag mit Frau von Beulwiz gemacht hat, das ist mir nicht bekannt,

Mamma sagt von monatlich – 25f. aber das wäre nicht hinlänglich … denn es sind doch 3 Personen, die man täglich nicht mit einem Gulden unterhalten kann.«[9] Mit anderen Worten: Die ungute Wohngemeinschaft gehöre beendet. Friedrich stellte sich taub. Caroline blieb. Den ganzen Winter über.[10]

Auch Charlottes Versuch, den Ehemann aus der »Gefahrenzone« um die Schwester zu entfernen, war erfolglos. Zur Kenntnis genommen, aber mit Hinweis auf seine schlechte Verfassung von Schiller abgelehnt, wurde ein von ihr klug eingefädelter Rückruf aus Weimar. Instruktor des dortigen Thronfolgers, an sich »kein übler Posten«, wollte und konnte der Dichter so wenig sein wie Universitätsprofessor.[11] Seine Frau wagte, vermittelt durch Charlotte von Stein, einen zweiten Vorstoß, diesmal wurde von Seiten des Hofs abgewunken.[12] Zum Jahresende 1793 brach Schillers fragiler Gesundheitszustand, wie es schien, unter den Angriffen nasskalter Witterung zusammen. In Wirklichkeit war er am Ende seiner Nervenkraft. Nicht einmal die Beschäftigung mit seiner »Theorie der Schönheit« vermochte ihn seelisch im Gleichgewicht zu halten.

Was war geschehen? Während jener Winterwochen, in denen Charlotte erneut das Schreiben geschäftlicher Briefe übernehmen musste, griff ihr Mann nur ein einziges Mal selbst zur Feder, um am 21. Januar 1794, welch erstaunlicher Sinneswandel, unter Aufbietung vieler Worte und unter Verwendung eines schlagenden Arguments, Beulwitz zur unverzüglichen Freigabe seiner Frau zu bewegen.

»Meine Meinung ist also diese, daß ich in Ihrer Lage alle Hofnung auf eine Wiederherstellung des vorigen Verhältnißes mit Carolinen aufgeben, und mich zu einer Scheidung entschließen würde. Ihre Convenienz ist, eine angenehme Existenz im Hause und Kinder zu haben, weil Sie ohne Kinder doch nie in den völligen Besitz Ihres väterlichen Vermögens treten können. Alle Ihre übrigen Umstände sind so, daß Sie ganz gewiß eine recht vortheilhafte Parthie treffen können …«[13] Der Gedanke an Ersatz einer notorisch Eheflüchtigen durch eine ihm treu ergebene Tisch- und Bettgenossin war dem in seinem achtunddreißigsten Lebensjahr stehenden und ob erzwungener Kinderlosigkeit verhinderten Erben[14] längst selbst gekommen.

Mit Datum vom 7. Juli 1794 wurden Herr und Frau von Beulwitz nach zehnjähriger ehelicher Unverträglichkeit in den Ledigenstand zurückversetzt. Statt Scheidung der Ehe also deren Aufhebung, mit dem Vorteil der relativ problemlosen Möglichkeit einer Wiederverheiratung für beide. Das amtliche Dokument nennt als Grund für das in seiner Konsequenz salomonische Urteil die »kräncklichen Leibesumstände« der »Ehekonsortin«. Aus Konzeptionsunwilligkeit hatte das fürstlich rudolstädtische Consistorium Konzeptionsunfähigkeit gemacht.[15] Nicht im Traume dachte Caroline daran, dieser eklatanten Fehleinschätzung zu widersprechen!

Wenige Wochen zuvor, an einem Maitag, war sie in der Schweiz von einem Knaben entbunden worden. Und obwohl ihr damaliger Nochgatte, der seine Frau seit fast einem Jahr nicht mehr zu Gesicht bekommen hatte, als Erzeuger ausgeschlossen werden kann, hätte Beulwitz um ein Haar den ersehnten Stammhalter »geschenkt« bekommen. (Und ganz sicher nicht mehr hergegeben!) Jedes Kind einer verheirateten Frau galt per Gesetz und Recht als ehelich, ungeachtet biologischer Beteiligung eines Außenstehenden – dessen Identität im vorliegenden Fall, genau wie die Geschehnisse in jenen Monaten überhaupt, im streng Verborgenen bleiben sollte. So meisterhaft agierte Caroline auf dem Feld der Täuschung und Vertuschung, dass nur Querdenken und das Verlassen ausgetretener Recherchepfade bei der Suche nach der Wahrheit weiterhelfen.[16]

Zuerst die ermittelten Fakten in ihrer chronologischen Reihenfolge: Spätestens im Januar 1794 war Caroline sich ihrer Schwangerschaft sicher. Nie durfte Beulwitz davon erfahren! Was bedeutete, dass sie vor ihrer Niederkunft weder ihm noch jemandem, der ihm und anderen von ihrer körperlichen Veränderung hätte berichten können, unter die Augen kommen durfte. Was aber auch hieß, dass die offizielle Trennung von ihrem Mann vorangetrieben werden musste. Dafür setzte sich bekanntlich Schiller in der zweiten Hälfte des Januars schriftlich ein.

Im Februar erklärte Wilhelm von Wolzogen sich bereit, die Schwangere, gleichsam als ihr Schutz und Schirm, ins Ausland zu begleiten. Ob der Entschluss von ihm ausging, ob er zu der guten Tat überredet werden musste, von Caroline, von Schiller ..., dazu schweigen die schriftlichen Quellen. In einem nicht überlieferten Brief muss er dem ihm gut bekannten (und den Schillers und Caroline nicht fremden) Schweizer Dichter Johann Gaudenz von Salis-Seewis[17] Fragen vorgelegt haben, auf welche dieser in seinem Schreiben vom 1. März folgendermaßen einging: In kleinen Gemeinwesen wie dem angesprochenen Chur sei es »nicht möglich unbemerkt zu leben«. Auch gäbe es keine »Accoucheurs«, Geburtshelfer also. Und falls der männliche Betroffene – Wolzogen hatte wohl angegeben, er handele im Auftrag eines anderen, dessen Namen aber nicht genannt – aus dem Raume Stuttgart stamme, dann sei Chur sogar in zweifacher Hinsicht keine gute Adresse für eine Inkognito-Entbindung, da es dort von Württembergern geradezu wimmele. Lästigen Nachforschungen »von Seiten der Regierung«, so Salis-Seewis grundsätzlich, ginge man in der Eidgenossenschaft bei autarken Gastwirten eher aus dem Wege als bei meldepflichtigen Privatvermietern.[18]

Als Wilhelm von Wolzogen diese Auskünfte in Händen hielt, befanden er und Caroline von Beulwitz sich bereits auf Schweizer Boden. Von dort wurde Schiller, noch im März, eventuell auch erst Anfang April, über den Stand der Dinge informiert: »Bis hieher ist Alles glücklich gegangen, und ich denke, es soll auch in der Folge gut gehen. alle Anstalten sind wenigsten getroffen und die Umstände uns nicht ganz ungünstig. ... Unsere arrangements sind iezt so getroffen, daß Du mir meine Briefe ... unter der Adresse schicktest – A Monsieur

Neuhaus – Architecte [Neuhaus war ein Pseudonym Wolzogens nach einer Seitenlinie des Geschlechts] à Schafhousen poste restante. … an Muth und Entschloßenheit fehlt es mir nicht, gebe der Himmel, daß es der Frau [Caroline] nicht an Gesundheit fehlt.«[19] Ihr endgültiges Ziel war Schaffhausen jedoch nicht.

Ende April hatte die Nachricht von Frau von Beulwitz' und Herrn von Wolzogens »Eskapade« Rudolstadt erreicht. Am 25. des Monats schrieb Louise von Lengefeld an Schiller: »Daß übrigens Carolines verdrüßliche Geschichte unter uns ganz nicht mehr erwähnt werden soll ist mir sehr recht.«[20] Fraglich an dieser Briefstelle ist, ob die Chère mère nur von der Endgültigkeit der Abkehr Carolines vom Gatten oder aber auch von der Schwangerschaft ihrer Tochter kein Wort mehr hören wollte.

Für den Geburtsort Vorderbrugg (jetzt zu Stein am Rhein gehörend) sprechen die verfügbaren Archivalien. Außerdem stand dort mit dem Gasthof »Zum Schwanen« ein als diskrete Geburtsstätte taugliches Logis zur Verfügung. Der Schwanenwirt war zuvor Lehensmüller zu Bibern bei Ramsen gewesen[21] und gehörte zur Sippe der Büels. Was von Bedeutung ist, weil Caroline das Neugeborene auf die nahe bei Stein am Rhein gelegene Domäne Bibern brachte und in die Obhut des Pächters des Hofguts Johann Conrad Wintz und dessen Ehefrau Anna Magdalena gab.[22] Besagter Wintz aber war ein naher Verwandter von Johannes Büel[23] aus dem nahen Hemishofen, der die Pflegestelle vermittelt haben soll. Johannes Büel verdient unsere Aufmerksamkeit nicht als Lehrer, Schulinspektor und Diakon, sondern als ein alter Bekannter der Lengefelds sowie als Ehemann Louise von Aulebens, welche wiederum mit den Dacherödens in Beziehung stand.[24]

Woher die letzte Sicherheit über eine Niederkunft Carolines im fraglichen Zeitraum des Jahres 1794 nehmen? Trotz an Gründlichkeit kaum zu überbietender Spurenvernichtung lassen sich Anhaltspunkte finden. Eine Reminiszenz vom Juli 1826 beispielsweise entging Carolines Zensur, obwohl sie eine verräterische Rechnung enthält: »Wie reich war ich vor 23 Jahren [1803] ... Meine erste Lebens Freude ... ein Neunjähriges Kind!«[25]

Als ein Fingerzeig entpuppt sich auch jener Zusatz, den Caroline einem Gedicht anfügte, mit dem sie Wilhelm von Wolzogen emphatisch als ihren Retter preist. Eigenhändig versah sie es mit einem Hinweis auf seine Entstehungszeit: Herbst 1794. Und wenn Johann Gaudenz von Salis-Seewis mit Brief vom 29. August 1795 Carolines Sohn einen »aufblühenden Knaben« nannte[26], dann passt seine Formulierung durchaus auf ein Kleinkind von etwa fünfzehn Monaten. Außerdem: Zwischen dem 14. und 22. Mai des Jahres 1794 wurden im Taufbuch der evangelisch-reformierten Kirche auf der Burg[27] – welche in unmittelbarer Nähe des Gasthofs »Zum Schwanen« lag – der Name eines Kindes sowie die Namen seiner Eltern vermerkt und nach relativ kurzer Frist (dazu später mehr) unleserlich gemacht. Dass zum Zeitpunkt der Eintragung der Gemeindepfarrer Georg Hurter hieß und seit Studententagen mit erwähntem Johannes Büel eng befreundet war, wird ebenfalls noch von Bedeutung sein.

Ende Juni 1794 kehrten Caroline von Beulwitz und Wilhelm von Wolzogen aus der Schweiz nach Schwaben zurück; sie, um rechtzeitig zur Eröffnung des Scheidungsverfahrens Rudolstadt anzusteuern, er zur Wiederaufnahme seines Dienstes als württembergischer Kammerjunker und Legationsrat. Wochen zuvor waren Charlotte und Friedrich Schiller mit ihrem kleinen Karl nach Jena abgereist, wo sich inzwischen erfreulicherweise die Humboldts niedergelassen hatten.

Auf seinem Tagebuchblatt vom 22. August 1794 hielt Wilhelm von Humboldt fest: »Mittags Caroline, Schillers und Wollzogen hier.« Die Verlagerung des ersten Wiedersehens des Quartetts auf neutrales Terrain, sozusagen, spricht für Annäherungsschwierigkeiten nach monatelanger Trennung – wohl vor allem im Hinblick auf die unmittelbar bevorstehende Wiederverheiratung Carolines. Wilhelm von Wolzogen war der Auserwählte. Und Friedrich Schiller der Betrogene? Jedenfalls seinem Gefühl und Benehmen nach. Ungläubiger Ablehnung ließ er wütende Abwehr folgen, und nachdem auch diese nutzlos geblieben war, musste ein drastischeres Strafmaß her. Die sich selbst und damit auch Caroline auferlegte Kontaktsperre wurde erst nach zwei Jahren wieder aufgehoben.

Vergleichsweise unaufgeregt reagierte Charlotte auf die Ankündigung einer erneuten ehelichen Bindung ihrer Schwester. Mit einer Einschränkung allerdings. Den Ersatzmann bereits im Rücken, parierte Caroline übles Scheidungsgerede mit – so der Eindruck der Schwester – unpassend hoch getragenem Kopf. Noch dazu bei Hofe. Denn Louise von Lengefeld hatte für die ersten drei Septemberwochen um Unterbringung beider Töchter auf der Heidecksburg nachgesucht. Man demonstrierte also Familienzusammenhalt.[28] Im Krisenmanagement fanden sich immer alle Lengefeld-Frauen zusammen. Was vorübergehende atmosphärische Störungen nicht ausschloss.

Für Schiller hatte der Topos »schöner Reminiscenz der vorigen Zeiten, wenn ich die Plätze besuche, wo ich meine ehemaligen, in mich selbst verschlossenen Empfindungen wieder finde«[29] seinen Reiz auf immer verloren. Von Wilhelm Heinrich Karl von Gleichen war ihm das angekündigt worden: Mit dem Schwinden jeglicher Hoffnung auf Carolines endgültiges Bleiben sei auch die Wahrscheinlichkeit dahin, »sie verehrter Freund öfters in Rudolstadt zu sehn«.[30] Lange musste Charlotte auf die Begleitung ihres Mannes ins von ihr unverändert heiß geliebte heimatliche Saaletal verzichten.

Carolines Heirat mit Wilhelm von Wolzogen fand in Abwesenheit ihrer gesamten Familie am 27. September 1794 in Bauerbach statt. Sie sei immer der Meinung gewesen, meinte Caroline von Humboldt im Rückblick, dass Wolzogen »nur durch die Combination von Umständen, die damals walteten, Carolinen bekommen hat, und daß C. zum Glück ihres Lebens eine andere Wahl hätte treffen müssen«.[31] Vorwiegend auf dem Landgut in Bauerbach oder aber in Stuttgart lebte das Paar in der Folgezeit, von ein paar Auswärtsaufenthalten abgesehen, darunter die zweite gemeinsame Schweizreise im Sommer 1795.[32]

Man fuhr nicht dorthin, um Carolines Kind abzuholen, sondern um es, sicherheitshalber und in gehörigem Abstand zu ihrer Wiederverheiratung, noch einmal, als Wolzogensohn, in die Welt zu setzen. Imaginär, versteht sich. Nach neun Monaten im abgelegenen Bauerbach war es nunmehr auf das Verbergen einer Nicht(!)schwangerschaft angekommen. Beinahe wäre der Plan schief gegangen.

Kurz bevor Caroline und Wilhelm sich erneut auf den Weg in die Gegend um Stein am Rhein machten, bat Louise von Lengefeld die Tochter, von der man sehr zum Erstaunen der Chère mère erzählte, sie käme bald nieder, um ein Treffen.[33] Das vermied Caroline tunlichst, obwohl die Mutter sich nicht in Rudolstadt aufhielt, sondern auf Schloss Greifenstein bei Bonnland, einem Besitztum der von Gleichens, nur eine Tagesreise weit von Bauerbach entfernt.

Wann Caroline den Entschluss zur Lebenslüge fasste? Niemand weiß es. Vielleicht gehörte sie von Anfang an zum Arrangement – weil sie ihr Kind nicht auf Dauer in der Pflegefamilie lassen und die Zeitspanne zwischen seiner Geburt und seiner Heimholung möglichst kurz halten wollte. Denn zweifelsfrei sehnte Caroline sich sehr nach dem auf dem Hofgut Bibern versteckt gehaltenen Sohn. Und je größer der Abstand zwischen seinem vorgeblichen und tatsächlichen Geburtstag, desto länger würde das »Auswachsen« erkennbarer Diskrepanzen hinsichtlich Größe, Sprachvermögen etc. dauern.

Der Entschluss zur Umdatierung des Geburtstags könnte aber auch in engem Zusammenhang mit der zweiten Heirat ihres Ex-Ehemannes schon am 30. November 1794 stehen und der damit verbundenen berechtigten Hoffnung auf das baldige Erscheinen eines echten kleinen Beulwitz.[34] So kam es auch: August wurde am 15. Februar 1796 geboren; ihm folgten die Beulwitz-Töchter Amalie und Ida.

Für seine Mitwelt erhielt Carolines Knabe erst am 10. September 1795 (aber selbst dieses Datum erfuhr eine Korrektur; unter der 10 verbirgt sich, wie es scheint, eine 15) seinen Namen schwarz auf weiß: Adolf Karl Wilhelm. Und einen Vater: Wilhelm Ernst Friedrich Franz August von Wolzogen, Frei- und Bannerherr auf Bauerbach. Als Paten, ihr persönliches Erscheinen war nicht erforderlich, sind Ludwig von Wolzogen (Wilhelms Bruder), königlich preussischer Leutnant und Baronesse von Lengefeld geb. von Wurmb in jenes Taufbuch aufgenommen, aus dem wohl im gleichen Zuge der sechzehn Monate zuvor erfolgte Eintrag unter dunklen Tintenkringeln verschwand.[35]

Doch damit war offenbar des Verwirrspiels noch nicht genug. Da sich der zuletzt vorgenommene Eintrag an einem üblicherweise unbeschriebenen unteren Seitenende befindet, sieht es so aus, als ob er zu einem noch späteren Zeitpunkt als dem angegebenen vorgenommen wurde. Mit welchen Mitteln es Caroline gelang, den nunmehr amtierenden Pfarrer mit Namen Heitz zur Tilgung respektive Fälschung zu bewegen, wird auf ewig ihr Geheimnis bleiben.

Apropos Geheimnis. »Der Chère mère tausend herzl. Grüße und meine besten Glückwünsche zum kleinen Enkel«, schrieb Caroline von Humboldt am 30. Oktober 1795 an Charlotte Schiller.[36] Ob oder inwieweit die Absenderin Genaueres wusste, lässt sich nicht ermitteln.[37] Aus viel späterer Zeit sind Briefe der Chère mère an Johannes Büel überliefert sowie einer von ihm an Charlotte, in dem diese gebeten wird, ein beigefügtes Schriftstück an Caroline weiterzuleiten – »Sie mag seyn wie sie will«.

Außerdem gibt es das Schreiben einer Johanna Büel (möglicherweise die Tochter des Schwanenwirts Beat Büel) an Louise von Lengefeld von 1813. Darin weist die Absenderin die »liebe Mutter« darauf hin, dass »seit Jahr und Tag« keine Nachricht von Caroline gekommen sei. Also möge sie dem »Töchterlein ein wenig ins Gewißen zu reden«, dass man der »Büels!« doch gedenken und sie nicht ganz vergessen solle.[38]

Demnach könnte Caroline ihrer Mutter im Nachhinein die Täuschung eingestanden haben. Der Schwester ebenfalls? Kein Schimmer einer Andeutung.

Im März 1797 nahmen die Wolzogens Adolf zu sich. Nicht nur seiner Großmutter Lengefeld und seiner Tante Charlotte muss der unglaublich weit fortgeschrittene Entwicklungsstand des vorgeblich eineinhalbjährigen, in Wirklichkeit aber knapp drei Jahre alten Knaben zu denken gegeben haben. Es sei denn … Nur gibt es nach heutigem Kenntnisstand für die Überlegung, ob Caroline nicht vielleicht zwei Kinder geboren haben könnte, keinen konkreten Anhaltspunkt. Aber exakt auf dergleichen Unsicherheiten hatte Carolines Verschleierungstaktik ja abgezielt. Und hatte sie mit ihrem trickreichen Vorgehen nicht letztlich auch die Absicht verfolgt, aus einer – nahe liegenden – Vaterschaft ein Mysterium zu machen?

Vier Namen stehen zur Debatte.

Beginnen wir mit Wilhelm von Wolzogen. Gegen Ende Juni 1793 aus Paris über Basel nach Stuttgart zurückgekehrt, stand der Nenn- und Ziehvater Adolfs als Erzeuger des Knaben theoretisch zur Verfügung. Aber kommt er als Geschlechtspartner Carolines überhaupt in Betracht? Nirgends findet sich ein Hinweis, der zur Bejahung dieser Frage Anlass geben könnte. Wichtig war ihr der Cousin als Anker in stürmischen Lebenszeiten, so wie auch sie ihm ein starker Halt war. Carolines fast nahtloser Wechsel aus einer ihr von der Mutter aufgezwungenen, verhassten Konvenienzverbindung in eine von jeglichem, wahrscheinlich auch sexuellem, Anspruchsdenken freie Gefährtenpartnerschaft war keine Ad-hoc-Entscheidung. Schon im August 1792 hatte sie sich zukünftiges Wohlergehen an der Seite des umgänglichen Wolzogen ausgemalt: »... mein Herz würde leichter und fröhlicher schlagen und den Druck aller heterogenen Dinge um mich her weniger empfinden, in der Nähe und der zarten Pflege eines so lieben treuen Freundes, als mein Wilhelm mir ist!«[39]

Über das Manuskript ihrer verkappten Autobiografie »Ag-

nes von Lilien« gebeugt, legte Caroline ein vielleicht voreheliches Ehrenwort Wilhelms seinem Alter Ego Julius in den
Mund: »Heilig gelobe ich, Ihr Freund, und nur Ihr Freund zu
seyn. Ich verspreche nicht wenig, aber ich will und werde es
halten.«[40] Verlass war auf den »lieben Guten« immerdar.
Daran, dass Wolzogens Mut und Treue ihr den Weg aus »Leiden u. Noth mit meiner Familie, besonders meiner Mutter«
gewiesen hatten, dachte Caroline dankbar noch aus einiger
zeitlicher Distanz zurück.[41]

Grundsätzlich hatte Wilhelm, ein Einwurf am Rande, durchaus Chancen bei den Damen. Virginia Woolf, die die Begegnung zwischen ihm und Mary Godwin Wollstonecraft in
»Four Figures« nacherzählte, schrieb dem groß gewachsenen
»bonvivant, mit ungeheuerm embonpoint und breiten Schultern, was ihm bei den Engländerinnen die Reputation eines
schönen Mannes zuwege bringt«, die Fähigkeit »erotischer
Absorption« zu. Die berühmte junge Frauenrechtlerin habe,
nachdem er ihr in Paris vorgestellt worden war, den Blick
nicht mehr von »Baron de Wolzogen« wenden können.[42]

Ernsthaft wurde erst in unseren Tagen Vaterschaftskandidat
Nummer zwei ins Gespräch gebracht: Gustav Behaghel von
Adlerskron, Schillers anhänglicher Pflegehelfer in schlimmsten
Krankheitswochen und gefragt auch als aufmerksamer Zuhörer und verlässlicher Tröster Carolines in Krisenzeiten. Zum
Ausgleich konnte der junge, instabile Balte ihres Mitgefühls
sicher sein, verbunden mit, sagen wir pauschal, Streicheleinheiten. Kein Sterbenswörtchen in diese Richtung jedoch von
den Humboldts, die in aller Regel bestens vertraut waren mit
Carolines Liebesleben. Der »arme Trabant« dauere sie sehr,
schrieb Caroline im Oktober 1792 an ihre Schwester und forderte im gleichen Monat Wolzogen auf, ihr von Adlerskrons
Befinden zu berichten, denn »es schmerzt mich so innig ihn
unglücklich zu wissen«; seine Neigung zur Larmoyanz brachte
sie mit seinem Hang zum Müßiggang in Verbindung.[43]

Um Ostern 1791 hatte der völlig mittellose Adlerskron[44]
sein Studium an der Universität zu Jena aufgegeben, um es in

Stuttgart fortzusetzen, notdürftig vor allem von den alten Schillers über Wasser gehalten. Der Adlige scheint ihnen ihre Gutmütigkeit – an welche sich womöglich die Hoffnung auf Standeserhöhung der jüngsten Tochter knüpfte – nicht gelohnt zu haben. Bis nach Jena und Rudolstadt drang die schlechte Nachricht. »Schreib mir doch liebe waß der Student eigentlich der Nane [Nanette] alles angedahn hat, sie ist wohl sehr böse darüber«, wurde Charlotte Schiller von der vergeblich auf Details erpichten Chère mère gebeten.[45] Im Frühsommer 1793 fragte Adlerskron brieflich bei der Schwester nach, ob Caroline, die bereits in Cannstatt war und ihm ihre dortige Adresse (sie wohnte bei einer Freundin) verschwiegen hatte, »über [ihn] böse geworden« sei.[46]

Doch da hatte man Adlerskron bereits nach Hessen abgeschoben. Dank Louise von Lengefelds guter Beziehungen wurde er von Juni an am Homburger Hof durchgefüttert.[47] Hatte er dort auf eine Dauerstellung gehofft, so tat er es vergebens. Auch Bemühungen, ihn als Erzieher des Sohns von Charlotte von Kalb in Lohn und Brot zu bringen, waren zum Scheitern verurteilt.

Noch immer in Homburg, griff Adlerskron am 22. und 24. August zur Feder, um Fürsprecher Schiller das deprimierende Ergebnis von dessen (!) Misserfolg in typisch weinerlicher Manier mitzuteilen. »Gänzlich niedergeschlagen size ich heute um mein Brief an Sie zu endigen. Mein Schiksal beugt mir, und meine Kraft ist das Zuken des Wurms im Staube, und ich ein schwaches, elendes, armseliges Werkzeug. … ewige Verwesung, oder, ewiges Seyn, ist gegen die Gegenwart immer Gewinn.« Deutschland, das ihm nichts als Leiden bringe, wolle er nunmehr den Rücken kehren, aber vorher noch einmal, in acht Tagen vielleicht, nach Schwaben kommen, »um auf immer von Ihnen Abschied zu nehmen und Sie noch mündlich für Ihre Freundschaft zu danken«.[48]

Auch von Weibern, so der offenbar auf ganzer Linie Enttäuschte, habe er genug. Die angekündigte Reise in seine Heimat trat Adlerskron Mitte November 1793 von Leipzig aus an.[49] Das ist insofern wörtlich zu nehmen, als er sich zu Fuß auf den unendlich weiten winterlichen Weg ins Baltikum machen musste, da sich ein vorgeblich für ihn mitbezahlender Reisegefährte als unzuverlässig erwiesen hatte.

So weit die Fakten. Niemand weiß hingegen mehr zu sagen, ob Adlerskron sein Versprechen eines Abschiedsbesuchs bei Schiller in Heilbronn beziehungsweise Ludwigsburg wahr machte, ganz zu schweigen von einem Ankunftstermin. Hier und da wurde sein Eintreffen trotzdem – schätzungsweise – auf Mitte September gelegt und rund um dieses Datum Caroline von Beulwitz in denkbar intimster Beziehung mit Gustav Behaghel von Adlerskron gesehen.

Da die Geburt Adolf von Wolzogens mit großer Sicherheit auf Mitte Mai 1794 datiert werden kann, wobei nichts für eine Frühgeburt spricht, kommt Adlerskron, der sich zum Zeitpunkt des anzusetzenden Konzeptionstermins definitiv noch in Hessen aufhielt, als Vater von Carolines Kind kaum in Betracht. Und so müssen wohl gewisse Passagen seines vermutlich an die Freundin gerichteten (vielleicht aber auch an jemand ganz anderen, da Anrede und Anschrift nicht erhalten sind) schriftlichen Lebewohls vom 4. November 1793 neu gelesen werden. Zugegeben: Adlerskrons gefühlvolle Gunstbezeugungen verführen zur Überinterpretation. Zurückhaltender fällt das Urteil bei einer Lesart in Anlehnung an den Zeitgeist aus.

Wilhelm von Humboldt, der exzellente Kenner romantischer Überhöhung, bezeichnete Gefühlsäußerungen im Stile eines Adlerskron als haltlose Hingabe an die Empfindung. Als das angesehen, lässt selbst jener Schlusssatz, welcher schon im 19. Jahrhundert aus dem Druck herausgehalten wurde und nur im Original zu finden ist[50], Rückschlüsse auf nicht viel mehr als schwärmerische Verehrung zu. Sein Wortlaut: »Lebe wohl, theures Wesen, hier hast du einen Kuß von mir, aber leider nicht so herzlich derjenige war, [als] ich deine Lippen berühren konnte, doch dieser Kuß ist der herzlichste, den man nur im Geiste geben kann, und ich beschwöre dich, vergeß nie, daß ich ganz der deinige bin.«[51]

4 Das Geburtshaus der Lengefeld-Schwestern
zwischen Kirche und Schloss: der Heißenhof

5 Rudolstadt, Rühm'sches Haus, Gartenseite: Im rechten, an der
Neuen Gasse gelegenen Gebäudeteil bewohnten Caroline und Ludwig
von Beulwitz, im linken, einer Allee zugewandten, Louise und Charlotte
von Lengefeld das erste Stockwerk. Im Hintergrund Schloss Heidecksburg.

6 Caroline,
Ende dreißig

7 Caroline, Mitte vierzig

8 Ludwig von Beulwitz (1755–1829), Carolines erster Ehemann. 1784 hatte sie ihn geheiratet, fast genau zehn Jahre später wurde die Ehe geschieden.

9 Wilhelm von Wolzogen (1762–1809), Carolines zweiter Ehemann. Sie heiratete ihn 1794, kurz nach ihrer Scheidung von Beulwitz.

10 Carl Theodor von Dalberg (1744–1817). Für die Schwestern war der Coadjutor – mit Blick auf Schillers ungesicherte berufliche Zukunft – »der Goldschatz«, für Caroline weit mehr als das.

11 Adolf von Wolzogen, Carolines Sohn. Er starb am 10. September 1825 an seinem vermeintlich dreißigsten Geburtstag, angeblich nach einem Jagdunfall. Seine Mutter machte um seine Geburt wie um seinen Tod ein großes Geheimnis.

12 Henry Heron. Der smarte Schotte hielt sich etwa von Mai 1786 bis Mai 1787 im für Charlotte magischen Dreieck Jena/Rudolstadt/ Weimar auf. Nicht nur ihr erschien er als wünschenswerter Lebensgefährte, bis er sich zu ihrem Kummer auf und davon machte.

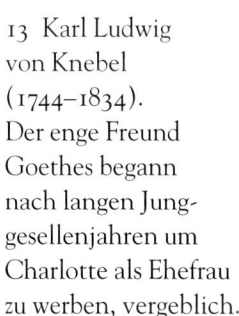

13 Karl Ludwig von Knebel (1744–1834). Der enge Freund Goethes begann nach langen Junggesellenjahren um Charlotte als Ehefrau zu werben, vergeblich.

14 Friedrich Schiller. Charlotte fand das 1812 entstandene Bildnis von Emma Körner »vortrefflich; die Züge sind treu dargestellt«.

15 Kirche in Wenigenjena, Sepiazeichnung von Charlotte Schiller, 1790. Hier wurde Charlotte von Lengefeld am 22. Februar 1790 ganz unspektakulär mit Friedrich Schiller getraut. Einzige Zeugen: ihre Mutter und ihre Schwester.

16 Charlotte von Lengefeld, vermutlich während ihrer Brautzeit

17 Charlotte von Lengefeld, Zeichnung von Prinz Ludwig Friedrich II. aus dem Jahre 1788. Der Vergleich mit dem Porträt oben zeigt, wie schwierig es ist, sich aus zeitgenössischen Dokumenten eine Vorstellung vom tatsächlichen Aussehen der Abgebildeten zu machen.

18 Die »Schrammei« in Jena. Hier befand sich die erste gemeinsame Wohnung von Charlotte und Friedrich Schiller.

19 Das Haus der Schillers in Weimar, Esplanade. Knapp zweieinhalb Jahre hatte die inzwischen fünfköpfige Familie Schiller in Weimar zur Miete gewohnt. Dann, Ende April 1802, zog sie ins eigene Haus, unweit des Wittumspalais' Anna Amalias gelegen. Hier starb Schiller am 9. Mai 1805.

20 Charlotte von Kalb (1761–1843), Friedrich Schillers in jeder Hinsicht beste Freundin, bis er die Lengefeld-Schwestern kennen lernte. Charlotte von Kalb und Charlotte, die Braut, waren zu Recht eifersüchtig aufeinander.

21 Charlotte von Stein (1742–1827), Charlotte von Lengefelds Patin und Vertraute, Goethes Freundin

22 Schillers Garten in Jena

23 Schillers Gartenhaus in Jena, 1797, historisierende Zeichnung von 1860.
Sitzend von links: unbekannt, Caroline von Wolzogen, Charlotte Schiller
mit Sohn Karl, Herder, unbekannt, Caroline von Humboldt, unbekannt,
Schiller; stehend von links: Goethe, Wieland, Wilhelm und Alexander von
Humboldt, unbekannt.

24 Karl von Schiller
(1793–1857),
Forstmann

25 Ernst von Schiller
(1796–1841), Jurist

26 Caroline Junot geborene Schiller (1799–1850), Erzieherin

27 Emilie von Gleichen-Rußwurm geborene von Schiller (1804–1872), Nachlassverwalterin der Schillers

28 Caroline von Humboldt geborene von Dacheröden (1766–1829), vertraute Freundin der Lengefeld-Schwestern

29 Wilhelm von Humboldt (1767–1835), den Lengefeld-Schwestern und Schiller verbunden durch seine spätere Ehefrau Caroline von Dacheröden

Gegen die Annahme, Caroline sei im alles umfassenden Sinne die seinige gewesen, sprechen Schreiben von ihr an Adlerskron; ein bislang unveröffentlichtes, ohne genauen Hinweis auf sein Entstehungsdatum, wurde dem Freund auf dessen elterliches Gut Friedrichshof bei Dorpat (heute Estland) nachgeschickt.[52] Obwohl er sie in seinen Briefen duzte, blieb Caroline beim förmlichen Sie:

»Nach so langen Jahren in denen ich nur durch Fremde einige Nachrichten von Ihrem Befinden vernahm, theurer Gustav, wünsche und hoffe ich jetzt etwas Bestimmtes zu erfahren. Die schöne, Zeit unßrer Jugendträume u. das Bild edlen Wesens das mir so tröstend in einer trüben Zeit erschien, steht noch wie Gold vor mir, u. meine innige heilige Freundschaft ist Ihnen für immer gewidmet. Ich hoffe, mein Bruder ..., Sie sind selig und glücklich in Ihrem Vaterland. ... Ich führe ein sehr beschäftigtes Leben ... Schiller hat sich sehr hergestellt ... Lolo hat zwei Kinder [also wurde der Brief zwischen Juli 1796 und Oktober 1799 geschrieben] u. ist recht glücklich u. ruhig ... Alle denken Ihrer, theurer Freund, mit zärtlicher Achtung ...
Leben Sie wohl Theurer Gustav, u. behalten ein Andenken für Ihre Freundin Auguste Caroline Wolzogen«[53]

Schreibt man so dem Vater seines Kindes? Skepsis ist angebracht, zumal von Adolf überhaupt nicht die Rede ist und der Sohn auch in einer noch viel später, 1823, erfolgten brieflichen Kontaktaufnahme nur sehr beiläufig Erwähnung fand.[54]

Wenden wir uns dem dritten im Bunde der potenziellen Väter zu: Carl Theodor von Dalberg. An einen Frauenfreund von Format, eine einflussreiche Persönlichkeit, mit glanzvollem Wohn- und Regierungssitz, konnte sich Caroline bedenkenlos verschwinden. Der Reichsfreiherr stammte aus alter und vornehmer Familie, deren männlichen Mitgliedern beachtliche Karrieren sicher waren. Carl Theodor war human, gelehrt, geistreich, liebenswürdig, amüsant. Sein Freisinn fand

Ausdruck im Bekenntnis zur Freimaurerei sowie in seiner Mitgliedschaft im radikal aufgeklärten Illuminaten-Orden, seine Freizügigkeit zeigte sich im lockeren Umgang mit Verehrerinnen, an denen kein Mangel herrschte. Selbst die spröde Charlotte von Stein fand Dalberg »allerliebst«.[55]

Wäre er nicht zur Ehelosigkeit verpflichtet gewesen, wer weiß, worauf die Liaison mit Caroline von Beulwitz hinausgelaufen wäre. Auf das öffentliche Bekenntnis zu einem gemeinsamen Kind zumindest? Da Caroline, die Mutter in spe, sich von Juni 1793 an nicht mehr in der Nähe von Erfurt, sondern ununterbrochen bis zum folgenden März im Großraum Stuttgart aufhielt, ließe sich die punktgenaue Begegnung nur mit der sehr regen Reisetätigkeit des Erfurter Statthalters und Coadjutors von Mainz und Konstanz in Verbindung bringen. 1793 mehrfach zu Friedensverhandlungen in die Schweiz unterwegs, bot sich eine schwäbische Zwischenstation für Dalberg geradezu an.

Wichtig zu wissen ist zudem, dass das Herrschaftsgebiet des Hochstifts Konstanz, flächenmäßig eines der größten im Heiligen Römischen Reich, auch den gesamten nichtdeutschen Bodenseeraum einschließlich Schaffhausen und Stein am Rhein umfasste. Immer wieder hielt sich deshalb der designierte Nachfolger des amtierenden Fürstbischofs für Wochen oder Monate im Grenzgebiet auf.[56] Bei der Suche nach einem Inkognito-Geburtsort und einer Unterbringungsmöglichkeit für Carolines Kind könnte er also gut und gern behilflich gewesen sein. Des Weiteren war auch ihm Johannes Büel, laut dessen Biograf, weiß Gott nicht fremd: »Dalberg im benachbarten badischen Dörflein Öhningen [Standort eines bischöflich-konstanzischen Augustiner-Chorherrn-Stifts] ließ den Hemishofer Schulmeister zur Tafel einladen, weil ihm dessen Abhandlung über die Landschule so sehr imponiert hatte.«[57]

Darüber hinaus machen regelmäßige Zahlungen Dalbergs an Caroline ihn als Erzeuger Adolfs denkbar. Ein für die damalige Zeit enorm hoher Betrag von 12 000 Gulden wurde der

Freundin noch 1816 angewiesen. Doch damit nicht genug. Jene Pension, die ihren Sohn bis zu seiner Volljährigkeit mit dem Nötigsten versorgte, stammte aus der gleichen Quelle – was ebenfalls Wilhelm von Humboldt und wiederum ohne ein Zeichen der Verwunderung überlieferte.[58] Denn Carolines Bettgeschichten kursierten unter ihren Zeitgenossen. Wir erinnern uns, was Wilhelm von Humboldts Bruder mündlich weitergab[59] und Karl August Varnhagen von Ense schriftlich fixierte: »›Elle a commencé à coucher avec Schiller, e[t] plus tard avec Dalberg‹« – »dem sie bis zuletzt«, das kam vom Schreiber selber, »mit Zärtlichkeit anhänglich blieb«.[60]

Beischlaf also auch mit Schiller? Warum eigentlich sollte ausgerechnet er aus der Vaterschaftsdiskussion ausgenommen bleiben? Zumal Informationssammler Varnhagen von Ense seine erste Notiz um eine zweite ergänzte: »Wenn es wahr ist, was Alexander von Humboldt mir einmal sagte …, so kann dies nur in eine spätere Zeit [nach Schillers Heirat im Februar 1790] fallen, denn daß Schiller in solchem Betreff nicht eben streng war, ist genugsam bekannt, und Frau von Wolzogen machte sich schwerlich ein Gewissen aus einer Untreue, in der sie sogar eine Art Berechtigung sehen konnte.«[61]

Und denken wir auch zurück an jenen Satz auf dem Billett, das sehr wahrscheinlich Schiller im September 1788 an Caroline sandte und das von ihr Jahre später mit dem Vermerk »nicht abzudrucken« versehen wurde: »Gestern Abend blieb ich nicht Herr meines Thuens«.[62] Auf das Aussondern oder Vernichten von Notizen und Reminiszenzen, die Schiller anbetrafen, verwendete Caroline besonders große Sorgfalt. Ein Halbsatz, 1826 in Erinnerung an Adolfs Geburtsjahr in ihr »Gedankenbuch« geschrieben, wurde übersehen, er lautet: »Mein geliebter Freund in dem ich ein doppeltes [!] Leben fand, Schiller, von einer Krankheit genesen …«[63] – das lässt aufhorchen.

Nehmen wir Caroline zusätzlich beim literarischen Wort. Im Selbstgespräch mit ihrem zweiten Ich[64] Agnes von Lilien heißt es: »Liebe Seele, sagte sie sanft, du hast ihn geliebt; und wenn man ihn einmahl geliebt hat, – kann man sein Herz von ihm wieder losreißen?«[65] Im wirklichen Leben konnten sowohl Schiller als auch Caroline voneinander nicht lassen.

Im Spätsommer 1788 mag Charlotte konkretes Wissen um besagtes »Thuen« ihres zukünftigen Mannes erspart geblieben sein, da sie damals immer wieder ein paar Tage allein oder mit der Mutter bei Frau von Stein in Kochberg war. Im August oder September des Jahres 1793 könnte der Austausch von Intimitäten zwischen Schwager und Schwägerin durch Charlottes unmittelbar bevorstehende Niederkunft und die notwendigerweise ausgedehnte Phase postnataler Rekonvaleszenz begünstigt worden sein. Und nicht zu vergessen: Hautnähe war gegeben, sowohl in Heilbronn als auch in Ludwigsburg lebte Caroline mit den Schillers in einer Wohnung.

Dass Friedrich Schiller als einer der Ersten, wenn nicht gar als Erster überhaupt, von Carolines Schwangerschaft Kenntnis hatte, kann als sicher gelten. Wie sonst ließe sich sein trotz krankheitsbedingter Schreibpause eigenhändig verfasster Brief an Beulwitz von Januar 1794 erklären? Richtig aktiv im Hinblick auf die Existenzsicherung des kleinen Adolf wurde er aber verhältnismäßig spät; das mag an dem von ihm vehement abgelehnten ehelichen Zusammengehen Carolines mit Wolzogen und der damit verbundenen vorübergehenden Funkstille gelegen haben.

Als gegen Jahresende 1796 die ersten Kapitel von Carolines Roman »Agnes von Lilien« in den »Horen« erschienen waren, wies Herausgeber Schiller seinen neuen Stuttgarter Verleger Johann Friedrich Cotta (von Cottendorf) an, »auf Abschlag des Honorars«, »zwanzig Carolin« (deutsche Münzeinheit, 20 Carolin entsprachen etwa 200 Gulden oder 140 Talern) zu verschicken.[66] Als Empfänger gab er Georg Hurter an, jenen Jugendfreund Johannes Büels, der zum Zeitpunkt von Adolfs Geburt, 1794, Pfarrer der Kirche auf der Burg bei Vorderbrugg war, demzufolge Verfasser des irgendwann unkenntlich gemachten Taufeintrags und inzwischen Lehrer am Schaffhauser Gymnasium.

Zweimal wiederholte sich der Geldtransfer: Im Januar 1797 flossen auf Schillers Anweisung hin 224 Gulden und im September des folgenden Jahres noch einmal 24 Gulden in Georg Hurters Tasche.[67] Zum Eigenbehalt? Zur Weitergabe? Als Entgelt für wessen und welche Leistung? Es käme einem Wunder gleich, vermöchten zeitlich Fernstehende das herauszufinden.

Bleibt noch, bedauernd festzustellen: So wie Caroline ihrer Mutter frappierend ähnlich sah, kam Adolf, rein äußerlich, ganz nach der seinen.

Aufatmen nach langer Trennung

> »… Wer mit Eifersucht liebt, liebt mehr,
> wer ohne Eifersucht liebt, liebt besser.«
> CHARLOTTE VON STEIN AN CHARLOTTE SCHILLER

Jena, 14. Mai 1794. Nach neuntägiger Reise und neunmonatiger Abwesenheit hielt die dreiköpfige Schillerfamilie Einzug ins Kirsten'sche Haus Unterm Markt Nummer eins.[1] Stimmengewirr, Pferdegetrappel und Kutschenräderlärm erfüllten die schmale, auf den zentralen Platz mündende Gasse. Es gab bessere Adressen in Jena. Die neue Mietwohnung befand sich im zweiten Stockwerk; die Existenz eines Hörsaals im gleichen Gebäude blieb ohne Belang. Schillers Universitätslaufbahn konnte als abgeschlossen gelten, nie wieder würde er sich zutrauen, ein Katheder zu besteigen.

Häufig nahmen Charlotte und ihr Mann das Mittagessen bei den Humboldts ein, deren Kinder, Caroline und Wilhelm, zwei Jahre alt beziehungsweise gerade geboren waren. Nahezu allabendlich spazierte Schiller, ohne seine Frau, zum Freund in die Zwätzengasse, unter anderem, um mit Johann Gottlieb Fichte, Nachfolger des Philosophen Reinhold an der Salana, zusammenzutreffen. Die Männer verband ihr kritischer Kantianismus. Oftmals erst tief in der Nacht kehrte Schiller zu Charlotte heim. Mit dem Umzug von Wilhelm und Caroline von Humboldt im Oktober 1794 vom Stadtrand in die Nummer vier Unterm Markt schrumpfte der Weg von Haus zu Haus auf wenige Schritte zusammen.

Ansonsten hatte sich Schillers Hang zur Stubenhockerei in Jena prompt wieder eingestellt. Dabei gab es gesundheitlich ausnahmsweise wenig zu klagen; auch »Lottchen«, konnte er den Körners nach Dresden melden, sei »größtentheils wohl«. Körperlich. Gesellschaftlich hatte seine Frau Schwierigkeiten

mit dem Wiedereinstieg in Jenas gutbürgerliche Damenkränz-
chen. Zu oft hatte »die Schillern« in der Vergangenheit ihren
Adelsstolz herausgekehrt.

Erstmals in ihrer Ehe stand Charlotte einer langfristig, das
heißt auf Vorratshaltung angelegten Ökonomie vor. Auch das
Muttersein forderte seinen Tribut. Nur am Zeichnen wurde
eisern festgehalten. Ausgedehntes Lesevergnügen, ihr Band
zur Außenwelt, war passé. Obwohl für Entlastung gesorgt war,
hatte sie doch mit der tüchtigen und treu sorgenden Maria
Christina (Christine gerufen) Wetzel eine Perle von Haus-
und Kindermädchen aus Schwaben mitgebracht. Carolines
Verschwinden aus ihrer unmittelbaren Umgebung machte
sich zusätzlich negativ bemerkbar; die Schwester als Anlauf-
station und Gesprächspartnerin fehlte ihr. Und da Schiller ja
auf Jahre hinaus von Rudolstadt nichts wissen wollte, musste
auch seine Frau auf manche Besuche dort verzichten.

So kam die Chère mère im Juni nach Jena, um Enkel Karl
zu begutachten – und nach der jüngeren Tochter zu sehen.
Wir kennen das im Sommer 1794 von der Malerin Ludovike
Simanowiz fertig gestellte Porträt der Siebenundzwanzigjäh-
rigen.[2] Die langen, gewellten dunkelblonden Haare offen tra-
gend und gekleidet im Stil des Klassizismus, hielt sich also
auch Charlotte (noch) an die Vorgaben des »Journal des Luxus
und der Moden«, Friedrich Justin Johann Bertuchs[3] 1786 in
Weimar begründete erste deutsche Monats-Damenzeitschrift.
Im Vergleich mit Jenas seinerzeitiger Femme fatale war Schillers »Maus« jedoch, im Ganzen gesehen, eine eher graue.

Die Mereau und Schiller, die Dichterin und der Dichter! Das
Spezielle an ihrer Annäherung kann Charlotte nicht unbe-
rührt gelassen haben. Zu offensichtlich waren gewisse Parallelen, wobei Sophies Extravaganz über diejenige Carolines in
einigen Punkten noch hinausging. Schon bevor Schiller die
damals einundzwanzigjährige Tochter eines altenburgischen
Hofbeamten 1791 erstmals einlud, hatte er sich für den Abdruck ihrer Gedichte – die er mit »vielem Vergnügen« las –

eingesetzt.[4] Die Einführung der begabten literarischen Debütantin in sein Haus fand im Beisein Charlottes statt und war von Sophies zukünftigem Ehemann Friedrich Ernst Karl Mereau eingefädelt worden.

Nur mit der Aussicht auf regen geistigen Austausch »mit Menschen, die ihres Kopfes und Herzens wegen vielleicht nicht leicht ihresgleichen finden«, hatte der unauffällige Jurist, Universitätsbibliothekar und spätere Professor die Unabhängigkeitsfanatikerin nach Jena locken und schließlich zur Heirat überreden können, »denn gern, gern werden sie Dich als Gast aufnehmen, werden Dich in Genüsse des Lebens einweihen, die Du bis jetzt bey Gott noch nicht kennst, und die du unter die seligsten zählen wirst. … Befürchte nicht, süße Sophie, daß ich im geringsten indicent war – von dieser ganzen Spekulation weiß niemand als Schiller, der mich zu ihrer Ausführung ermunterte – erfülle meine Hoffnung und Bitten und Schillers Wünsche.«[5]

Die Ehe der Mereaus wurde – die Braut hatte es dem Bräutigam angedroht – der schlechtesten eine. Schiller hingegen konnte sich stets größter Zuneigung erfreuen – in Sophies Tagebüchern entging einzig sein Name der Reduzierung auf ein Monogramm – und tanzte insoweit erkennbar aus der Reihe ihrer Verehrer, Anbeter, Geliebten. Dass die bezaubernde Mereau mit keinem ausgewachsenen männlichen Wesen in einem Raum sein könne, ohne von ihm umarmt zu werden, davon war ganz Jena überzeugt: »… wo sie erschien, drängte man sich um sie und fast um sie allein, ein dichter Schwarm von Bewunderern, die nach einem Wort, einem Lächeln von ihr haschten, ringsumher schlossen noch die Gaffer einen undurchdringlichen Kreis.«[6]

Jetzt, um die Mitte der neunziger Jahre, lud Schiller Sophie zu einem Gespräch unter vier Augen ein – »Nachmittags nach 3 Uhr bin ich immer frey von Geschäften und meistens auch allein; wenn Sie es mich ein paar Stunden vorher wißen lassen, so kann ich es um so eher seyn«.[7] Ob Redaktions- oder Herzensangelegenheiten bei solchen Tête-à-têtes im Vordergrund standen, sei dahingestellt. Ein offenes Ohr, dessen konnte die Mereau gewiss sein, fand sie beim Freund und Förderer immer, gern gab Schiller auch den Beichtvater ab. »Noch ein Wort über meine innere Stimmung. Ich weis Sie nehmen Antheil daran, denn Sie haben es mir durch Wort und Blick gesagt.«[8]

Zwei Jahre zuvor geschieden, willigte Sophie 1803 nach einigem unerfreulichen Hin und Her in die Umwandlung ihres zutiefst problematischen Verhältnisses mit dem jüngeren Clemens Brentano in eine rechtskräftige Verbindung ein. Aber da war sie bereits eine schriftstellerische Berühmtheit, deren Leben 1806, im Kindbett, ein jähes Ende nahm.

Charlotte Schiller hatte grundsätzlich keine Probleme mit der ihr oder ihren Geschlechtsgenossinnen üblicherweise zugewiesenen Daseinsform als »schmückendes« beziehungsweise »nützliches Beiwerk« des Ehegatten. Vorausgesetzt, sie konnte ihren Honig daraus saugen – will meinen, dass sich daraus auch eine Art Anerkennung für sie ergab. Kaum etwas taugte dazu besser und anhaltender als die Erfolgsgeschichte von Johann Wolfgang von Goethe und Friedrich Schiller mit ihrem Unterkapitel: Der »Meister« und seine getreue Verehrerin Charlotte Schiller.

Nichts hatte am Morgen des 20. Juli 1794 auf »neuen schönen Lebensgenuß«[9] hingedeutet. Bleischwer lastete die Hitze schon früh auf der Stadt. Schillers Stimmung befand sich nach erneut schlafloser Nacht auf dem Nullpunkt, währenddessen das zehn Monate alte Karlchen durch unablässiges Greinen auf eine kindliche Befindlichkeitsstörung aufmerksam machte. Das traf sich insofern gut, als Schiller seine Teilnahme an der Sitzung der »Naturforschenden Gesellschaft« am späten Nachmittag wohl als das kleinere Übel empfand. Außerdem hatte Ehrenmitglied Goethe sein Kommen angekündigt.

Der Parole »Jetzt oder nie mehr« mag der Aufsteiger gefolgt sein, als er zu einem weiteren Versuch der persönlichen Kontaktaufnahme mit dem Etablierten schritt. Am Ende des Tages stand eine einzigartige Allianz an ihrem Anfang. Daran, dass Charlotte eine Garantin für die Haltbarkeit des Freundschaftsbandes war, hatte Goethe keinen Zweifel: Schillers »Gattin, die ich von ihrer Kindheit auf zu lieben und schätzen gewohnt war, trug das Ihrige bei zu dauerndem Verhältnis«.[10]

Die beiden Herren hatten ihre kontrovers geführte Diskussion über das in der »Naturforschenden Gesellschaft« Vorgetragene zuerst auf dem Heimweg und hernach in der Schiller'schen Wohnung fortgesetzt. Wir stellen uns vor, wie der Geheime Rat die junge Freundin als alte Bekannte begrüßt. Wie Charlotte es dem Gast so bequem als möglich zu machen trachtet und eilig mit Tee, Zitrone und Arrak die wichtigsten Punschzutaten auftischen lässt. Sie selbst erinnerte, wie glücklich sie war, »die Abendstunden in Goethes und Schillers Gesprächen zu verleben, und wie ich mit Freude meine Geschäfte beendigt sah, um dem Höhern leben zu können«.[11]

Gelegenheiten zur »Abgötterei«[12] boten sich ihr von nun an reichlich. Kaum in Urfreund Knebels ehemaligem Jenaer Schlosszimmer angekommen, sollte Goethe sich auf den Weg zu den Schillers machen. Von nun an besuchte er sie oft mehrmals täglich. »Goethe ist hier … immer ein ganz andrer Mensch als in Weimar!«[13] Charlottes Beobachtung, für Fritz von Stein aufgeschrieben, wurde von Zeitgenossen bestätigt und hatte unter anderem mit ihr zu tun. Im Übrigen entbehrte das Aufeinanderprallen dreier ausgeprägter Dialekte – Hessisch, Schwäbisch, Thüringisch – wohl nicht einer gewissen Komik.

Ernst wurde es, als ein Gegenbesuch und mit ihm die prekäre Frage nach dem Umgang mit Goethes Lebensgefährtin im Raum stand. Schiller fuhr, von Humboldt begleitet, nach Weimar, seine Frau mit Kind nach Rudolstadt. Anders als für ihren bürgerstolzen Mann war für »Charlotte Schiller geborene von Lengefeld« (ihre Standardunterschrift) Abstandhalten von so genannten kleinen Leuten ein Naturgesetz. Aufklärungsliteratur hin, Revolutionsideen her. Sie, das gewissenhafte Sprachrohr Frau von Steins und anderer weiblicher Mitbetroffener, machte aus ihrer ausgeprägten Aversion gegen des Dichterfürsten »Bettschatz« (aber auch Garten- und Küchenfee) kein Hehl; dass moralisch vortreffliche Frauen nicht ohne weiteres Eintritt in seinem Hause hätten, hinge von seinen inneren Verhältnissen ab, beklagte sie.[14] Und ging nicht mit der ärgerlichen Beschränkung ein schmerzlicher Verlust einher? Denn je öfter die Damen an Goethes Lippen hängen konnten, desto besser durften sie sich fühlen. Charlottes rhetorische Frage, welcher Teufel Goethe wohl diese dicke Hälfte angeschmiedet habe, hatte deshalb unter Gleichgesinnten das Zeug zum geflügelten Wort.

Im Juli 1788 hatte sich die elternlose Johanna Christiane Sophie Vulpius im Park von Weimar, einen Bittbrief ihres Bruders Christian August in der Hand, dem Vertrauten des Herzogs in den Weg gestellt. Augenblicklich erkannte Goethe in ihr jene Frau – arbeitsam, haushälterisch, duldsam, unkompliziert, spaßig, lebensklug, risikobereit, anschmiegsam, liebevoll –, welche die Defizite seines Daseins auszugleichen willens und fähig sein würde. Unverzüglich holte sie der sechzehn Jahre Ältere in sein Haus. Von Ehe war keine Rede. Auch nicht, nachdem im Dezember 1789 ihr erstes (und einzig überlebendes) Kind, August, geboren worden war. Hoch schlugen die Wellen der öffentlichen Empörung, an rasches Verebben kein Gedanke. Und ebenso nicht an Christianes ursprünglich gut situierte und dann unverschuldet in Not geratene Familie oder daran, dass sie sich bisher mit ihrer Hände Arbeit durchgebracht und in Bertuchs Stoffblumen-Manufaktur für wenig Geld die Finger wund gebosselt hatte.

Auf gewisse Weise bekam im September 1794 auch Schiller die Qualitäten der Vulpius zu spüren. Mit gemischten Gefühlen wird seine Frau zur Kenntnis genommen haben, wie gut es ihrem ansonsten chronisch indisponierten Mann in der Höhle der Löwin ging: Er schliefe stets gut im Haus am Frauenplan, wäre erstaunlich schmerzlos dank »ordentlichem Abendeßen«, ließ er Charlotte brieflich wissen, und nicht einmal Blähungen, nach dem Genuss von Gemüse ansonsten obligatorisch, stellten sich in Weimar ein.[15] Dabei waren dort die Anforderungen an Schillers Verdauungsapparat insgesamt erheblich. Was bei Goethe im Verlauf einer einzigen Abendmahlzeit auf den Tisch kam? In überlieferter Reihenfolge beispielsweise: Sagosuppe, Rindfleisch mit Senf, grüne Erbsen mit jungen Hühnern, Forellen oder Backfische, Wild- und Gänsebraten, Torte und Rührkuchen sowie zwei bis drei unterschiedliche Weine.

Kaum wieder daheim, meldete sich Schillers »malum domesticum« zurück; die Teilnahme an der Aufführung seines »Dom Karlos« im Oktober in der Residenzstadt war ihm folglich krankheitshalber verwehrt.

Leider hat in der Vergangenheit ein Chronist vom anderen die Gewohnheit übernommen, vorzugsweise Charlotte Schiller – häufig gemeinsam mit Charlotte von Stein – als Wortführerin der Verbalattacken gegen die Vulpius heranzuziehen. Mehr oder weniger böse wurde Christiane jedoch allseits mitgespielt. Kein Wunder, wenn sogar der eigentliche Verursacher übler und übelster Nachrede – die selten ihn, Goethe, aber immer seine Auserwählte treffen sollte – sie mit Schweigen quittierte oder mit einem Achselzucken abtat. So durfte Caroline Herder unwidersprochen mahnen, »er solle nichts thun, wodurch er sich zu den andern so herabwürdigt«, und ungestraft behaupten, die Vulpius sei »eine allgemeine H-[ure] vorher gewesen«.[16] Johann Gottfried Herder, laut um Verständnis werbend für Goethes Liaison, nannte sie insgeheim »fatal«.[17]

Schiller, auch er ein vermeintlich Toleranter, schrieb zum Beispiel an Charlotte von Schimmelmann, als sie mehr über »dies Weib« hatte erfahren wollen, Goethe sei durch »einige falsche Begriffe über das Häußliche Glück und durch eine unglückliche Ehescheue in ein Verhältnis [›elend‹ nannte er es in einem Brief an Körner[18]] gerathen, welches ihn in seinem eigenen häußlichen Kreise drückt und unglücklich macht, und welches abzuschütteln er leider zu schwach und zu weichherzig ist«.[19]

Auch Caroline Schlegel stimmte in den Chor der Widerständler ein, wobei ihr Tadeln, eingedenk eigener Lebenserfahrungen, moderat blieb: »Ich sprach ... mit der Schillern davon; warum hat er sich nur nicht eine schöne Italiänerinn mitgebracht? Jetzt tut es ihm freilich auch wohl nur weh, die Vulpius zu verstoßen, und nicht wohl, sie zu behalten.«[20]

Dass Caroline von Wolzogen auf öffentlich geäußerte Kritik verzichtete, lässt sich wohl gleichfalls mit der sprichwörtlichen Zurückhaltung einer im Glashaus Sitzenden erklären. Im Meinungsaustausch mit Freundin von Humboldt musste sie aus ihrem Herzen keine Mördergrube machen: Die »alberne Frau« gewinne immer mehr über Goethe, schneide ihn von der Gesellschaft ab und ziehe ihn in ihre »Komödiantenwirtschaft«.[21] Mit solchen Worten leistete Caroline der Verleumdung Vorschub, Christiane würde Goethe »ganz abpoetisieren«.[22] Hatte nicht ganz ähnlich geklungen, was Charlotte im Hinblick auf Schiller von ihrer Schwester unterstellt worden war?

Die Vulpius musste sich von Achim von Arnim als Hausfurie beschimpfen lassen. In Weimars höfischen Kreisen machte der ausnahmsweise direkt gegen Goethe gerichtete Satz »Wer Dreck anfaßt, besudelt sich« die Runde.[23] Herzogin Louise bezeichnete es als »indelikat«, dass der Geheime Rat ihr seinen illegitimen Sohn »alle Tage vor der Nase herumführen« ließe.[24] Erstaunlicherweise sah Charlotte von Stein, obwohl die Vulpius für sie, gelinde ausgedrückt, ein rotes Tuch war, den Goethe-Sprössling gern bei sich, und Charlotte Schiller fand nichts dabei, ihn mit Sohn Karl spielen zu lassen.[25] Schon bald allerdings war Vorsicht geboten, da schon der elfjährige August auf seine Alkoholabhängigkeit zusteuerte. Besorgt schrieb da die von Stein an ihren Sohn Fritz, nicht ohne Seitenhieb auf die Vulpius, der arme Junge dauere sie, neulich habe er »in einem Club von der Klasse seiner Mutter« siebzehn Gläser Champagner getrunken, und sie habe alle Mühe gehabt, ihn bei sich vom Wein abzuhalten.[26]

Als Beruhigung Charlottes war Schillers Mitteilung im

September 1794 aus Weimar gedacht, Goethes Hausgenossin mache sich während seiner Anwesenheit nahezu unsichtbar. Vorsorgecharakter hatte auch seine zur gleichen Zeit abgesetzte Nachricht: Goethe »las mir seine Elegien, die zwar schlüpfrig und nicht sehr decent sind, aber zu den beßten Sachen gehören, die er gemacht hat«.[27] Schillers das Leserinteresse an seinen »Horen« ankurbelnde Entscheidung, die umstrittenen Verse im sechsten Stück der Monatsschrift abzudrucken, brachte Charlotte in echte Loyalitätskonflikte. Denn »alle ehrbaren Frauen«, posaunte Weimars größtes Klatschmaul, Karl August Böttiger, im Zusammenhang mit der Aufregung über Goethes »Bilder so wie Leidenschaften« herum, »sind empört über die bordellmäßige Nacktheit«. Eigentlich müssten die »Horen«, auch das tat der Gymnasialdirektor kund, statt des o ein u im Titel tragen.[28] Dafür, dass Charlottes mit Sicherheit verletztes Feingefühl nur in beredtem Schweigen Ausdruck fand, ließ Goethe das hübsche, eigens für sie gefertigte Tischchen aber nicht zu ihr nach Jena schicken. Zumindest nicht in erster Linie.

Schillers Beitrag zur Wiedergutmachung hieß Umlenkung weiblichen Anspruchsdenkens in Verlegerschelte. Denn was er im November Cotta, bezogen auf einen Beitrag in der »Flora. Teutschlands Töchtern geweiht« mitzuteilen hatte, gab Wort für Wort die Meinung seiner Ehefrau wieder: »... ich kann es Ihnen kaum verzeihen, daß Sie sich bisher blos auf eine angenehme Unterhaltung des schönen Geschlechts einschränken, das einer ernsthaftern Belehrung und Bildung so sehr empfänglich und würdig ist. Sie scheinen mir also auch die Meinung zu hegen, als ob Schriften, die bei der weiblichen Welt ihr Glük machen sollen, schlechterdings nur Spiel bleiben dürften; eine Verläumdung ..., denn der edlere Theil dieses Geschlechts ... will Geistesnahrung, nicht blos Belustigung.«[29]

Später griff Charlotte direkt in den Kampf um die weibliche Ehrenrettung ein. Im Jahre 1800 las sie Cotta eigenhändig die Leviten:

»Ich wünsch Ihnen werther Freund, recht viel Gutes und Schönes zu sagen, und Ihnen für dies neue Geschenk des Damenkalenders zu danken wie es diesem Geschenk gebührt. … So fein und zierlich Sie alle Mittel anwandten um die Eindrücke zu verdrängen die die Sechsblätter [Karikaturen] über die Frauen bey dem Leser erwecken möchten, so möchten Ihnen doch die Frauens ein wenig den Krieg machen, denn Sie wissen wohl daß wir lieber Ideale vor uns sehen die wir zu erreichen wähnen können, als schwache Seiten an unserem Geschlecht aufdecken zu sehen. Die vordern Kupfer die so gut gezeichnet sind, und ausgeführt können den Frieden wohl wieder herstellen, und Sie haben sie mit rechter Klugheit gewählt. Auch das Titelkupfer [»Die Schwäger«] ist als Sujet sehr anziehend, und gut ausgeführt. Die Leserinnen erwarten freilich nicht von dem glänzenden ehrenden Anfang, was am Ende ihrer wartet. Ich werde Ihre liebe Frau bitten sich ein ander mahl recht ernstlich dagegen zu erklären wenn Sie wieder so einen Einfall hätten, Sie selbst da Sie durch sie unser Geschlecht von einer achtungswürdigen Seite kennen, haben keine Gefahr zu befürchten, sie durch diese Bilder irren zu lassen aber das Heer der Nachahmer und Nachbeter sucht nun vielleicht in der Zukunft sich auch wichtig zu machen, durch Ausfälle, und am Ende leiden doch die Frauens auch, die es nicht verdienen, wenn sich einmal die Männer den Wiz erlauben auf ihre Rechnung. Lassen Sie sich es zu Herzen gehen, und sollten Sie wieder so etwas im Schilde führen gegen uns, so sollten wir billig verlangen, daß jedem Blatt ein Gegenstück zugefügt würde, wo auch etwas gegen die Männer gesprochen wird. Nur unter dieser Bedingung soll es Ihnen erlaubt seyn, die Frauens wieder zum Ziel des Wizes zu machen.«[30]

Bitten um Vorschusszahlungen kam der finanzstarke und auf Autorenpflege bedachte Verleger lieber nach. Zu seinem Leidwesen aber blieb Cottas Wunsch, Schiller möge die ihm im

Frühjahr 1795 in Tübingen angebotene ordentliche Professur »mit einem zwar mäßigen, aber in der Folge zu verbeßernden Gehalt« akzeptieren, unerhört. Seine Kränklichkeit, Jena, »die Freunde und Bekannten, die mir an keinem Ort der Welt würden ersetzt werden«, der Vorzug großer persönlicher Unabhängigkeit hielten Schiller zurück. Charlotte war »unendlich froh«, »sich nicht aus ihrem Heimatland entfernen zu dürfen«.[31]

Viele wichtige persönliche Entscheidungen trafen sie gemeinsam. Ohne Charlottes Einwilligung wären beispielsweise Frau von Kalbs Wiederannäherungsversuche erfolglos geblieben. Auch, dass dem kleinen Karl im Februar 1795 das »Inoculieren« nicht erspart bleiben könne, meinten beide Schillers. Wobei Charlotte sich der einst am eigenen Leibe erfahrenen, nicht ungefährlichen Prozedur erinnert haben mag. Körner äußerte Bedenken. Die Humboldts waren der Empfehlung fortschrittlicher Ärzte schon zuvor gefolgt.[32] Noch immer wurde das Impfserum unmittelbar aus menschlichen Krankheitserregern gewonnen. (Die Kuhpockenimpfung oder Vakzination wurde erst 1796 eingeführt und 1818 obligatorisch.) Und nach wie vor waren bedenkliche Verläufe, schwere Erkrankungen oder sogar Tod des Impflings zu befürchten. Kam es jedoch zu Pockenepidemien, so war die Mortalitätsrate exorbitant hoch.[33]

Gut fünf Jahre waren die Schillers nun verheiratet – und sechsmal umgezogen, zu Ostern 1795 in eine der schönsten Wohnungen Jenas. Am Löbdergraben lag das repräsentative Griesbach-Haus mit seinen breiten Korridoren, hohen, lichten, geräumigen Zimmern und Ausblick auf die Berge. Goethes Unterkunft im Schloss waren sie damit ein ganzes Stück näher gerückt. Trotzdem beklagte Schiller im Juli sein Alleinsein: »Ich bin also ziemlich verlassen hier.«[34] Der Dichterfreund kurte in Karlsbad, und die Humboldts waren aus familiären Gründen für längere Zeit an Tegel gebunden, um danach Jena als Wohnsitz ganz aufzugeben.

Charlotte gestand ihre Vereinsamung der Patin ein, als den

langen, ereignislosen Jenaer Winterabenden Berichte aus Berlin von endlosen Faschingsvergnügungen gegenüberstanden und ihre Weimarer Hofberichterstatterin Luise von Imhoff vom dortigen Übermaß an »Fêten« schrieb.[35] Es mochte gut klingen, wenn Charlotte sich sagte, Aufopferung sei eine Tugend.[36] Aber irgendwie war dem Schiller'schen Eheleben der Glanz abhanden gekommen und ihr Augenmerk verstärkt auf die blinden Flecken gerichtet.

Frau von Stein wusste die Quelle weiblichen Übels im Allgemeinen und im Speziellen zu benennen: »… man glaubt nicht, wie zu so viel tausend kleinen Geschäften des Lebens, die wir besorgen müssen, mehr Geisteskraft muß aufgewendet werden, die uns für nichts angerechnet wird, als die eines Genies, das Ehre und Ruhm einerntet.«[37] Für Gedichte zum Beispiel.

FRIEDRICH SCHILLER
Würde der Frauen

Ehret die Frauen! Sie flechten und weben
Himmlische Rosen ins irdische Leben,
Flechten der Liebe beglückendes Band.
Sicher in ihren bewahrenden Händen
Ruht, was die Männer mit Leichtsinn verschwenden
Ruhet der Menschheit geheiligtes Pfand.
Ewig aus der Wahrheit Schranken
Schweift des Mannes wilde Kraft,
Und die irren Tritte wanken
Auf dem Meer der Leidenschaft.
Gierig greift er in die Ferne,
Nimmer wird sein Herz gestillt,
Rastlos durch entlegne Sterne
Jagt er seines Traumes Bild …

… das Traumbild Carolines, das der Dichter sich auch durch Hochstilisieren des Gegenentwurfs nicht aus dem Herzen reißen konnte?

Bei der »Würde der Frauen« »sieht man recht, daß mein Lollochen der Gegenstand war«, merkte süffisant Charlotte von Stein an. Ob das Charlotte Schiller genauso unangenehm aufgefallen war? Falls ja, dann machte sie aus der Poesie kein Drama, August Wilhelm Schlegel aber eine Parodie:

>»Ehret die Frauen! Sie stricken die Strümpfe,
> Wohlig und warm, zu durchwaten die Sümpfe,
> Flicken zerrissene Pantalons aus;
> Kochen dem Mann die kräftigen Suppen,
> Putzen den Kindern die niedlichen Puppen,
> Halten mit mäßigem Wochengeld Haus.
> Doch der Mann, der tölpelhafte,
> Find't am Zarten nicht Geschmack.
> Zum gegornen Gerstensafte
> Raucht er immerfort Tabak;
> Brummt, wie Bären an der Kette,
> Knufft die Kinder spat und fruh;
> Und dem Weibchen, nachts im Bette,
> Kehrt er gleich den Rücken zu.«[38]

Dass Schillers »Lied von der Glocke« und zugleich auf die »züchtige Hausfrau« sie vor Lachen fast von den Stühlen gehauen habe, würden die respektlosen Frühromantiker in ein paar Jahren zum Besten geben.

Das Jahr 1796 hielt Beklagenswertes und Erfreuliches bereit. Die Hoffnung auf vollkommene wirtschaftliche Absicherung durch Carl Theodor von Dalberg schwand mehr und mehr.[39] Im März kam Charlotte in den Genuss eines vierwöchigen Weimaraufenthalts, ihr Mann logierte erneut in Goethes Haus am Frauenplan, sie selbst mit Sohn Karl bei Frau von Stein an der Ackerwand.

Auf der Solitude starb im gleichen Monat Schillers jüngste Schwester Nanette in ihrem einundzwanzigsten Lebensjahr an Typhus, die mittlere, Louise, hatte die grassierende Krankheit an den Rand des Todes gebracht. Sein Vater war infolge einer fortgeschrittenen Krebserkrankung ans Bett gefesselt (im September trug man ihn zu Grabe) und seine Mutter am Ende ihrer Kräfte. Händeringend wurde Familienhilfe angefordert. Schließlich eilte Christophine Reinwald aus Meiningen herbei. Vom Bruder kam das Reisegeld.

Für Charlotte Schillers konsequente Zurückhaltung gab es einen guten Grund. Ihre unerklärliche »Ungesundheit«[40] hatte lange Zeit ziemliches Kopfzerbrechen bereitet. Ärztliche Gewissheit brachte dieses Mal der siebte Monat der Schwangerschaft. Über deren Entstehungsgeschichte berichtete Schiller im Oktober 1795 an Körner: »Ich habe in diesen schönen Herbsttagen ordentlich wieder aufgelebt und mich eine Zeitlang ganz erträglich befunden. Heute fuhr ich spazieren, nachdem ich wohl 3 Monate nicht ins Freye gekommen war. Meine Krämpfe regten sich immer stärker, wenn ich ausgehen wollte. Wenn ich physisch wohl bin, so bin ich gewöhnlich moralisch desto müßiger.«[41]

Erinnerungen an qualvoll langes Gebären vor Dreijahresfrist schränkten die Vorfreude Charlottes auf ihr zweites Kind erheblich ein. Je näher der Geburtstermin rückte, desto weniger war ihr nach Todesmut. Mehr in ihrer Angst bestärkt (zur Ablenkung vertiefte sie sich in Goethes »Wilhelm Meister«) denn getröstet wurde sie von der bekennenden Mutterschaftsgegnerin Frau von Stein (einzig Fritz, dem Jüngsten von insgesamt sieben, hatte diese einen Platz in ihrem Herzen eingeräumt): »Niemand kann besser Ihre Leiden fühlen als ich, denn mir war dieses Geschäft auch auf eine schwere Art auferlegt. Von Thränen ermüdet schlief ich nur ein und schleppte mich wieder beim Erwachen einen Tag, und schwer lag der Gedanke auf mir, warum die Natur ihr halbes Geschlecht zu dieser Pein bestimmt habe. Man sollte den Weibern deßwegen viele andere Vorzüge des Lebens lassen, aber auch darin hat man sie verkürzt«.[42] Caroline von Humboldt wäre, das nicht zu vergessen, bei der Geburt ihres dritten Kindes Anfang 1797 um ein Haar gestorben; fünfmal noch sollte ihr Gleiches drohen.

Unter anderem von der Chère mère wissen wir, wie erfreut Charlotte Schiller über das erneute Ausbleiben eines Mädchens war.[43] Am 11. Juli 1796, mittags gegen eins, war sie von ihrer Last befreit. Obwohl mit Jenas »Accouchierhaus« eine enorm fortschrittliche »Entbindungsklinik« zur Verfügung stand, war, wie bei Karl, die Hausgeburt vorgezogen worden.[44] Anders als erwartet, so Schiller an Körner, »erfolgte die Niederkunft der kleinen Frau« »geschwind«. Die Mutter, der Vater und der Arzt Stark konnten sich glücklich schätzen – bis das Schicksal dem Säugling nach dem Leben trachtete. Ernst Friedrich Wilhelm Schiller schien, so Goethe an Staatsminister Christian Gottlob Voigt, »in kurzem wieder abscheiden zu wollen«.[45] Trotz Stillens durch eine Amme gedieh der Säugling nicht so recht.

Als eine der ersten Gratulantinnen stellte sich Caroline Schlegel ein. Mit dem Sondieren des Schiller'schen Terrains hatte die frisch mit August Wilhelm Schlegel Verheiratete bereits unmittelbar nach ihrer beider Ankunft wenige Tage zuvor begonnen und mit der Kategorisierung der Dame des Hauses keine Mühe gehabt: »… es ist doch eine Adliche, et même très fort, so artig ist sie. So viel ich durch den Adel hindurchsehn konnte, scheint sie wirklich Geist zu haben.«[46]

Zwar lieh Frau Schiller Frau Schlegel bereitwillig Tee, besorgte ihr aus Rudolstadt eine Dienstmagd und nannte der um drei Jahre Älteren den Morgen als beste Besuchszeit, doch hatte auch Herr Schiller längst beschlossen, diese skandalumwitterte Caroline nicht zu mögen.[47] »Das Übel« nannte er sie, als er mit Jenas gesamtem Frühromantikerkreis schon über Kreuz war, auch »Dame Luzifer«. Darauf anspielend empfahl Charlotte dem verlässlichen Verbündeten Friedrich Immanuel Niethammer, andernorts und in späterer Zeit Nachmieter des »teuflichen Weibs«: »Sowie die Schlegeln zum Hause heraus ist, solltest Du alle Türen und Fenster öffnen und dann zwei Pfund Räucherpulver schießen, damit die Luft von der früheren Bewohnerin bis zu deren letzten Hauch gereinigt werde.« Ein Pfund Räucherpulver würde sie beisteuern.[48]

Wer Schiller für keinen großen deutschen Dichter hielt und ihm seine literarische Vorherrschaft in Jena und darüber hinaus streitig zu machen suchte, machte sich eben auch seine Frau zur Feindin! Jean Paul (Richter) wurde für seine kritische Distanz zu Schillers Texten mit frostigem Abstandhalten bestraft. Ludwig Tieck, ursprünglich auf gutem Wege, geriet alsbald in Misskredit. Zunächst ob seines angenehmen romantischen Tons gelobt und auch seiner guten Einfälle wegen, fand Schiller ihn schließlich »zu hohl und zu dürftig«. Viel Schaden habe bei Tieck »die Relation zu Schlegels« angerichtet.[49] Johann Gottlieb Fichte machte sich unter anderem durch sein selbstbewusstes Rütteln an der Rangfolge des akademischen Personals der Stadt unbeliebt, denn auch in Universitätskreisen hatte Schiller eine Position zu verteidigen.

Novalis gelang der schwierige Balanceakt zwischen Romantik und Klassik gut. Dem jungen Menschen mit dem fein geschnittenen Gesicht und den schwarzen Augen von herrlichem Ausdruck, der an das Böse in der Welt nicht glauben mochte, weshalb er vor Kummer über das schreckliche Sterben[50] seiner kindlichen Verlobten Sophie von Kuhn 1797 schier vergehen wollte, konnte ohnehin kein weibliches Wesen böse sein. Die »beste Frau Hofräthin« Charlotte Schiller erhielt zum Dank für ihr Mitgefühl »eine Locke meiner verewigten Freundin. Sophie erinnerte sich oft in den letzten Tagen Ihrer Liebe und Theilnahme. Sie schien sich Hoffnung auf einen nähern Umgang mit Ihnen zu machen. Dieses kleine Andenken an das köstliche Mädchen wird ihnen gewiß lieb sein.«[51] Weitgehend unangefochten zwischen den Fronten bewegte sich auch Friedrich Hölderlin.[52]

Im August 1796 hatte sich Caroline von Wolzogen, nach zwei Jahren »Einsamkeit, Ruhe und Sicherheit«[53], in Jena zurückgemeldet. Wilhelm von Wolzogen strebte ein Hofamt in Weimar an. Schiller war ihm dabei auffallend intensiv behilflich[54] und konnte zum Jahresende resümieren: »Ich lebe sehr gern mit meiner Schwägerin, und mein Schwager bringt ... Verschiedenheit in meinen Zirkel.«[55] Der Bann war also gebrochen. So »heiter und gut aufgelegt« habe man Schiller lange nicht gesehen, hatte Humboldt schon im Herbst festgestellt.[56] Obwohl »Wallenstein«, das »unglückselige Werk«, noch immer »formlos und endlos« vor dem Dichter lag.[57] Charlotte fiel die positive Veränderung ihrer Schwester auf, »… sie ist sehr ruhig und glücklich jetzt«.[58]

Im Frühjahr 1797 bezog der sachsen-weimarische Kammerherr und Kammerrat Wilhelm von Wolzogen mit Weib und Kind ein nahe Schloss und Ilmpark gelegenes Haus. Für die Dienstwohnung fiel keine Miete an. Das half, denn die Wolzogens mussten vorerst mit jedem Groschen rechnen. Adolf hatte endlich aus der Schweiz zu ihnen geholt werden können. Auf schmerzliche Trennung folgte grenzenlose Verwöhnung. Vom schulisch desinteressierten Knaben würde er sich zum berufsuntauglichen Tunichtgut entwickeln. Von dem Zehnjährigen sagte Caroline von Humboldt: »Adolf ist auch eigentlich kein liebenswürdiges Kind, er hat bis jetzt etwas dezidiert Gemeines und Wildes und scheint mir dabei mehr schlau als fein.«[59]

Wilhelm von Humboldt bemängelte an dem Heranwachsenden jene »Pagen- und Bereiter-Tournüre«, die er dem eigenen männlichen Nachwuchs nicht wünsche, an den Schiller-Söhnen aber gleichfalls beobachtet habe.[60] Schiller wiederum hätte Humboldts Theodor als Sohn nicht geschenkt haben wollen, sagte aber wiederum von Adolf: »Der Junge hat eine herrliche Natur; es geschieht Alles, was er will, und doch ist er gut.«[61]

Problemlos gelang es Caroline, die Fäden alter Verbindungen wieder aufzunehmen, stand sie doch im Ruf einer klugen Unterhalterin und Korrespondentin. Über die Werke von Kant, Schelling, Jean Paul, Hume, Bacon oder Fénelon referierte sie gekonnt aus dem Stegreif. Auch bei Hofe wurde ihre Anwesenheit als Bereicherung angesehen. Goethe, Knebel, Bertuch, Voigt, Wieland, Herder, Einsiedel, Stein, Imhoff – was in der Residenzstadt Rang und Namen hatte, durfte sie zu ihren Kontaktpersonen zählen.

Salondame Caroline von Wolzogen kam also in Weimar in den Genuss all dessen, wovon Hausfrau Charlotte Schiller in Jena nur träumen konnte. Außerdem erhob frischer Schriftsteller(innen)ruhm die ältere über die jüngere der Schwestern. Ausgerechnet die Schlegels zollten dem/der – ungenannten und darum vorerst unbekannten – »Agnes von Lilien«-Verfasser/in höchste Anerkennung, spekulierten gar, ob der in Teilen in den »Horen« veröffentlichte Roman von Goethe stamme.[62] Körner rückte das Werk zumindest in die Nähe des Meisters. Dieser vermisste Behaglichkeit und fühlte sich durch die komplizierte Handlung gehetzt, teilte aber die Vermutung, Schiller habe sprachlich und formal kräftig nachgeholfen.

Dieser widersprach: »Plan und Ausführung sind völlig frei und ohne mein Zutun entstanden. Bei dem ersten Teil habe ich gar nichts zu sprechen gehabt … Bloß dieses dankt er mir, daß ich ihn von den auffallenden Mängeln einer gewissen Manier in der Darstellung befreite, aber auch bloß solcher, die sich durch Wegstreichen nehmen ließen, daß ich durch Zusammenziehung des Bedeutenden ihm eine gewisse Kraftlosigkeit genommen und einige weitläuftige und leere Episoden ganz herausgeworfen. – Bei dem zweiten Teil … habe ich nicht einmal mehr auf die Sprache Einfluß gehabt.«[63]

Clemens Brentano fand sich im Gewirr der Dreiecksbeziehungen ebenso wenig zurecht wie Goethe und nannte Carolines »Agnes« überspannt und überfrachtet. Trotzdem: Lobeshymnen überwogen. In Rudolstadt zeigte sich Herr von Beulwitz restlos begeistert von dem Roman; Frau von Lengefeld lachte sich, so schrieb sie Charlotte, eins ins Fäustchen bei der Vorstellung, wie ihr Exschwiegersohn seiner zweiten Gattin nichts ahnend aus dem Opus seiner ersten vorlas: »… ihr [Carolines] Werk macht großes Glück hier. Gestern kam B[eulwitz] zu mir und sagt, es sei ein neues Stück von den Horen gekommen, da wäre eine solche schöne Historie darinnen, daß er ganz weg darüber gewesen wäre, so schön geschrieben u. s. w., ob ich nicht wisse von wem sie sei … und der Gedanke, die Beiden den ganzen Vormittag … in der Admiration zu wissen, hat mir viel Spaß gemacht.«[64] Die Chère mère hatte aber nicht das Herz, das Autorinnengeheimnis zu lüften.[65]

Freilich gab es noch andere Eingeweihte, so Charlotte von Schimmelmann, die »Agnes von Lilien«, wie sie Charlotte Schiller schrieb, geradezu verschlungen hatte. Richtig freuen konnte sich die Adressatin wohl nicht über das hohe Lob. Als Angriff auf das eigene Ego wurde auch Charlotte von Steins Begeisterung nach freiwillig dreimaliger (!) Lektüre von Carolines Manuskript empfunden. Mit wohlgesetzten Worten wurde die vermeintlich Abtrünnige zu ausgleichender Gerechtigkeit herausgefordert. Mit ihrer Antwort »Wer weiß, ob Sie nicht gar der gute Geist sind, der sie beide [Schiller und Goethe] inspiriert …«[66], hieb die Patin postwendend in die von Charlotte gut vorbereitete Kerbe. Und, deren wirkliches Problem deutlich im Visier – »Die Wolzogen ist mir eine angenehme Gesellschaft, aber meiner treuen Lollo gehöre ich ganz allein …« –, gab Frau von Stein der »allerbesten Freundin« noch den Rat: »… seien Sie nur nicht eifersüchtig, letzt fand ich wo eine Bemerkung: *wer mit Eifersucht liebt, liebt mehr, wer ohne Eifersucht liebt, liebt besser.*«[67] Leichter gesagt als getan.

»Livre de Plans« überschrieb Schiller gebundene leere Blätter, die er seiner Schwägerin Caroline schenkte. Seine Frau Charlotte bekam zu Beginn des Jahres 1797 eine zweite schwäbische Haushaltshilfe.[68] Und von Frau von Stein die traurige Nachricht: Unmöglich sei es, derzeit in Weimar eine Wohnung mit Grün drum herum zu bekommen, lediglich neben der Irrenanstalt würde das Gesuchte angeboten.

Ursprünglich hatte Schiller ebenfalls für einen Wechsel in die sachsen-weimarische Residenzstadt plädiert, unterdessen wurde dieser jedoch nur noch von Charlotte vorangetrieben: »Jena wurde mir … recht lästig, weil ich mich so fremd fühlte« (an Fritz von Stein).[69] »Wir leben hier sehr still, und sind mit Allen gut freund, aber mit Wenigen auf ein geselliges Verhältniß gestimmt. Nieth[ammer], der eine gute anspruchslose Frau hat, mit der ich unter den Frauen hier am liebsten lebe, macht unsre meiste Gesellschaft aus, wir sehen uns jede Woche einmal« (an Fischenich).[70] »Das Köpfchen [Niethammer] das jetzt ein gemachter Mann ist und Hausherr, hat sich mit mir an die vorigen Zeiten erinnert; er selbst hat sich übrigens nicht viel geändert ... Seine Frau ist ein gutes Geschöpf, aber, unter uns gesagt, sehr beschränkt und wenig kultivirt, doch versteht sie die Kunst zu schweigen und meint es herzlich gut, daß man Wohlwollen für sie fühlt ...« (an Fritz von Stein).[71] »Mit Paulusens kommen wir selten zusammen; er ist kränklich und hat viele Geschäfte, die Frau weicht auch in ihrer Bahn ganz von der meinen ab, und wir stoßen uns nicht zurück, aber wir haben die Anziehungskraft verloren« (an Fischenich).[72] Waren doch die »Paulusens« neuerdings dick befreundet mit den Schlegels. »Zu den Schillers geht man nicht ...«, tönte es in Jena als Widerhall sozialer Unverträglichkeiten.[73]

Charlottes vergeblicher Vorstoß, der Isolation zu entfliehen, fiel mit der Festlegung ihres Mannes auf das ungeliebte Umfeld zusammen: »Ich habe jetzt ein zweytes Gebot auf meinen Schmidtischen Garten gethan ... und hoffe ihn ... zu bekommen.« Alles sei ihm, fuhr Schiller Anfang Februar 1797 im Brief an Goethe fort, die Verbesserung seiner Existenz wert.[74] Damit war jenes Argument gefunden, das Charlotte widerstandslos zu akzeptieren hatte: »Schiller fühlt jetzt auf das lebhafteste was er entbehrt daß er immer in der Stube eingeschlossen ist, und wie er sich nur durch eine Wohnung im Freien wieder an die Luft gewöhnen kann.«[75]

Ausreichend lange Spaziergänge machte seine Frau offensichtlich auch nicht mehr. War Wolzogen in den vergangenen Jahren feist und Caroline dick geworden, so konnte man Charlotte mollig nennen. »Meiner Frau ist eine äusere Nothwendigkeit sich in Bewegung zu setzten sehr gesund«, begründete Schiller Goethe gegenüber die Wahl eines Domizils einige hundert Meter weit entfernt von Jenas Zentrum. Ihr zukünftiger Sommersitz »mit Obstbäumen und Grabeland« lag in der Löbdervorstadt, zwischen Engelgatter und Neutor.[76] Eine Steintreppe führte hinab zum Flüsschen Leutra, aus dem das Wasser geschöpft werden musste.

Am 16. März 1797 unterzeichneten die Beteiligten den Kaufvertrag, laut welchem der »vom verstorbenen Professor [Johann Ludwig] Schmidt hinterlassene, hinterm Gasthof zum gelben Engel, auf dem sogenannten Jüdengraben gelegene Garten nebst dem dazu gehörigen Gartenhause und allem, was letzterem erd-, wand-, band-, nied-, mauer- und nagelfest ist, an den herzoglich Sachsen-Weimarischen Hofrath und Professor der Philosophie Herrn Friedrich Schiller allhier, um und für Eintausend einhundert und fünfzig Reichsthaler veräußert«[77] wurde. Nach einem Umbau kam das 1740 in leichter Fachwerkbauweise errichtete Haus »auf zwey Etagen und eine Mansard« mit »zwey tapecirten heizbaren Zimmern und drey Cabinets« sowie zwei Kammern für das Personal, eine davon mit Ofen.

Üppig waren die Räume bei insgesamt sieben Bewohnern also nicht bemessen. (Zur vierköpfigen Familie kamen die zwei Mägde und ein Bediensteter. Im Juni 1797 wurde Georg Gottfried Rudolph, damals neunzehnjährig, als Schillers Leibdiener eingestellt; der junge Mann erwies sich, wie zuvor Christine Wetzel, Charlottes zuverlässiges Mädchen für alles, als ein Glücksgriff, verfügte er doch zusätzlich über die Qualitäten eines Sekretärs.) In der einen Gartenecke entstand ein Küchenhäuschen und in der anderen des Dichters »Gartenzinne« mit »reinlich und niedlich« gemauertem Bad zu ebener Erde und dem ihm vorbehaltenen Arbeitsraum darüber, fernab häuslicher Geräuschkulissen.[78] Wer auch immer das Betragen der Schiller'schen Buben erwähnte, beschrieb sie als lärmend und ungestüm. Gleichfalls nicht grundlos hatte Schiller auf die Verlegung des »Abtritts« in abseitiges Gelände bestanden. Weder Essens- noch Fäkaliengerüche sollten ihm in die Nase steigen.

Bestimmte moderige Ausdünstungen hingegen waren ihm

Stimulanz. Die Kunde davon kam vom angewiderten Goethe und über Eckermann auf die Nachwelt:

»Eine Luft, die Schillern wohltätig war, wirkte auf mich wie Gift. Ich besuchte ihn eines Tags, und da ich ihn nicht zu Hause fand und seine Frau mir sagte, daß er bald zurückkommen würde, so setzte ich mich an seinen Arbeitstisch, um mir dieses und jenes zu notieren. Ich hatte aber nicht lange gesessen, als ich von einem heimlichen Übelbefinden mich überschlichen fühlte, welches sich nach und nach steigerte, so daß ich endlich einer Ohnmacht nahe war. Ich wußte anfänglich nicht, welcher Ursache ich diesen elenden mir ganz ungewöhnlichen Zustand zuschreiben sollte, bis ich endlich bemerkte, daß aus einer Schieblade neben mir ein sehr fataler Geruch strömte. Als ich sie öffnete, fand ich zu meinem Erstaunen, daß sie voll fauler Äpfel war. Ich trat sogleich an ein Fenster und schöpfte frische Luft, worauf ich mich denn augenblicklich wieder hergestellt fühlte. Indes war seine Frau hereingetreten, die mir sagte, daß die Schieblade immer mit faulen Äpfeln gefüllt sein müsse, indem dieser Geruch Schillern wohl tue und er ohne nicht leben und arbeiten könne.«[79]

Das Geld für Hauskauf, Verlegung des Treppenaufgangs und Ergänzungsbauten hatte Schiller weitgehend von Verleger Cotta als Vorschuss erbeten, mit Hinweis darauf, dass sich die Kapitalien seiner Schwiegermutter so schnell nicht aufkündigen ließen.[80] Anderweitig war Kredit zu erschwinglichen Konditionen nicht zu bekommen gewesen.

Reich an Rosen und Lilien wünschte Charlotte sich den Garten; sie kontrollierte die Arbeiten für das große Spargelbeet und begrüßte die üppige herbstliche Obsternte. Manches »gute und große Wort« wechselten Schiller und Goethe am Steintisch des von Kletterpflanzen umrankten hölzernen Gartenpavillons. (In der kalten Jahreszeit wohnte die Familie weiterhin im komfortablen Haus der Griesbachs.[81])

Hatte man sich vom sommerlichen Gartenhausaufenthalt gesundheitliche Besserung erwartet, so sah sich Schiller, und mit ihm seine Frau, getäuscht: drückende Hitze und nächtliche Gewitter (Cotta, der ein besonders beängstigendes miterlebte, ließ auf eigene Kosten einen Blitzableiter am Haus seines wichtigsten Autors anbringen) führten beim Dichter im August 1797 zu einer Nervenkrise. Fieber und Husten folgten. Im September verschaffte der Patient sich durch ein Brechmittel leidliche Augenblicke. Sein durchgehend unbrauchbarer Kopf ließ die Balladenproduktion stocken – »Der Handschuh«, »Der Ring des Polykrates«, »Der Taucher«, »Die Kraniche des Ibykus« harrten ihrer Fertigstellung. Und »Wallenstein« schien ins Endlose wachsen zu wollen. Im Oktober stellte sich Schlaflosigkeit ein.

Die im Frühjahr aufgetretenen »epileptischen Krämpfe« des kleinen Ernst hatten sich gottlob als einmalig herausgestellt, hervorgerufen durch fieberhaftes Zahnen. Carolines extremen »Zuckungen« vergleichbar, hatten jene des zweiten Sohnes die Eltern in Angst und Schrecken versetzt.[82] Man musste Charlottes Schwester im Zustand krankhafter Erregung gesehen haben, um die große Furcht der Schillers zu verstehen. »Die Arme flogen ihr eins ums andere in die Luft und sie hopste auf dem Kanapé in regelmäßigen intervallen in die Höhe als wenn sie auf einem gallopirenden Pferde säße.«[83]

Im Alltag auf Ausflüge in die nähere Umgebung beschränkt, machten einen Großteil von Charlottes aktueller Lektüre, soweit Zeit zum Lesen blieb, Erlebnisberichte von Weltenentdeckern aus, ergänzt um Nachrichten von Caroline von Humboldt, die mal aus Wien, mal aus Paris, mal aus Madrid kamen oder auch aus Rom. Frau Schiller konnte bestenfalls zwischen Rudolstadt und Weimar wählen.

Zum Ende des Jahres hatte sie auf mehr als ein paar Tage bei Caroline gehofft. Vergebens. Als die hohe Zeit der Festveranstaltungen und Faschingsvergnügungen nahte, lag Schiller Tag und Nacht zu Bett. Wochenlang kam er nicht zu Kräften. Ganz konnte Charlotte im Brief an Goethe ihre Enttäuschung nicht verbergen: »Ich soll Sie in Schillers Namen herzlich grüssen, er kann es heute nicht selbst thun. Er ist diese Nacht [vom 18. auf den 19. Dezember] schnell krank geworden, u. diese nacht war bang. weil das Uebel so schnell kam … es war ein Colique artiger Zufall … So lieb mir es gewesen wäre einige Freunde diesen winter in weimar zu sehn u. auch die trüben winter Abende durch das Schauspiel zu vergessen, so leicht habe ich doch wieder auch den Plan aufgegeben. Schillers Gründe überwogen alles was ich hätte dagegen zum vortheil sagen können …«[84]

Zum Ausgleich half der Geheimrat der »Imagination« der Freundin schriftlich nach. Wie folgt habe sich der Chor »recht schön geputzter Frauenzimmer« beim Maskenball zusammengesetzt:

> »Der Friede – Fräul. von Wolfskeel
> Die Eintracht – Frau von Egloffstein und
> Fräulein von Seckendorff
> Der Ueberfluß – Frau von Werther[n]
> Die Kunst – Fräulein von Beust
> Der Ackerbau – Fräulein von Seebach.«

Vermeintlich tröstende Worte hatte er auch parat: So viele Gäste seien erschienen, dass der Raum nicht ausgereicht habe, »sich gehörig zu produciren«.[85] Drei Tage Weimar zwischen Weihnachten und Neujahr schlug Charlotte dann doch noch heraus. Nur musste sie allein fahren.

Im Februar 1798 wurde sie nach dem Besuch einer Aufführung von Mozarts »Zauberflöte« noch in der Nacht in Jena zurückerwartet. Zum begehrten Frühstück bei Goethe reichte der Urlaub vom Alltag bei dieser Gelegenheit also nicht: »Ich muss Ihnen noch ein wort von mir sagen und für Ihre gütige Einladung danken. Wenn ich Schiller nicht so allein gewusst hätte, und die Kinder, so wär ich gern geblieben, um den gestrigen Abend bey Ihnen zu sein. So sehr mich der zirkel der schönen *Damen* und die *Beredsamkeit* des Herrn von Brinkmann erfreut hätten … Es thut mir immer leid wenn ich auf so kurze Zeit nach Weimar komme … doch ist die Zeit mir immer so sparsam zugemessen.«[86]

Zu Beginn des Monats Mai reiste Charlotte in Weimar an, um ein Goldoni-Lustspiel zu bejubeln. Goethe hatte gut vorgearbeitet, doch weder durch seine Anpreisung »Theatralischer Abentheuer« noch durch eindringliche Hinweise auf Ifflands unvergleichliche Darstellungskunst hatte er auch Schiller in Bewegung setzen können.[87] Im Anschluss an die Symptome eines grippalen Infekts hielt ihn »Kopfrheumatismus« von nahezu allem ab. Der in jenen Tagen von ihrem Mann für Charlotte bei Cotta bestellte Toilettentisch, »übrigens nichts weniger als kostbar, so daß er etwa auf ein Carolin zu stehen käme«,[88] mochte als ein kleiner Ausgleich für die Zumutungen eines Dauerpatienten gedacht gewesen sein.

»Man wird nicht froh in seinem Umgang«, zog Friedrich Wilhelm Joseph von Schelling nach seinem Antrittsbesuch bei Schiller im Mai 1798 Bilanz. Von der heroischen Gestalt auf dem Papier sei beim leibhaftigen Schiller nichts zu spüren. »Es ist erstaunend, wie dieser berühmte Schriftsteller im Sprechen so furchtsam sein kann. Er ist blöde und schlägt die Augen nieder, was soll da ein andrer neben ihm? … Schlägt er die Augen auf, so ist etwas Durchdringendes, Vernichtendes in seinem Blick, das ich noch bei niemanden sonst bemerkt habe.«[89] Freilich entzauberte der hochbegabte, frühreife Philosoph andere Zeitgenossen ähnlich respektlos, traf aber mit seinen bissigen Kommentaren fast immer ins Schwarze.

Bemerkenswert ist, was Frau von Stein etwa zeitgleich über Charlotte sagte: Ihre Art »in ihren jetzigen Briefen sich auszudrücken«, sei »mehr energisch«.[90] So setzte Charlotte Anfang Juni eine Woche Rudolstadt durch. Bald sollte sie mit der Übertragung französischer Erzählungen[91] ins Deutsche beginnen. Ihre Übersetzung »Die Nonne« erschien 1800 im Märzheft der »Flora«, »Die neue Pamela« zwei Monate später in der gleichen Publikation.

Schiller hatte beides an Cotta weitergereicht, »den Bogen

1 Carolin gerechnet …, denn der Uebersetzer [!] hat bißher aus meinem Beutel gelebt«[92] – und darauf hingewiesen, dass er nicht Zeit genug gehabt habe (da sehr mit der »Macbeth«-Übertragung beschäftigt), die Abschrift des Manuskripts auf Orthographiefehler durchzusehen. Charlottes »Autun und Manon« und »Der Prozeß« wurden im dritten beziehungsweise vierten Band des »Journals der Romane« abgedruckt. Obwohl nur drei der Originalmanuskripte überliefert sind, ist davon auszugehen, dass ihr Mann alle vier einer kritischen Prüfung unterzogen und jedes Mal mit seiner Bearbeitung erheblich in Charlottes Texte eingegriffen hatte.[93]

Davon durfte Verleger Unger erfahren, aber wie Cotta nichts von dem hohen Leistungsanteil von Schillers Frau: »Einstweilen, bis ich mich mit meinem eigenen Beitrag hervorrücken kann, sende ich Ihnen etwas von fremder Hand, das mir mitgeteilt und von mir durchgesehen worden.«[94] Zum Ausgleich hatte sie ihren Erfolg zukünftig stets vor Augen, denn mit Hilfe der Honorarzahlungen wurden zwei schöne Spiegel angeschafft.[95] Interessanterweise nannte Schiller in jenen Tagen die Namen von vier Menschen, »an die ich mich gern erinnere, wenn ich dichte«: Körner, Humboldt, Goethe sowie: den seiner Frau![96] Viel fehlte nicht, und er hätte Charlotte verloren.

Dabei hatte das Jahr 1799 vielversprechend angefangen:

21. Februar. Charlotte an Fritz von Stein: »Daß ich beinahe fünf Wochen in Weimar war … wie es mir wohlthätig war, … wissen Sie wohl.«[97] Man hatte im Schloss gewohnt, und Charlotte war von der Herzogin zum Tee gebeten worden, wenngleich Louise von Sachsen-Weimar nicht verwinden konnte, dass »dieses hübsche, junge, adelige Persönchen« unter Stand geheiratet hatte.[98] Weimars erste Dame, völlig leidenschaftslos im Verkehr mit ihrem Gatten Carl August, umwarb auffallend intensiv Charlotte von Stein. Charlotte Schiller, wohl wissend, wie schwierig es für ihre mitunter peinlich berührte Patin war, die hochgestellte Verehrerin auf

Distanz zu halten, ließ zwar keine Gelegenheit zur Beweihräucherung der Herzogin aus, kaprizierte sich aber auf das zwölfjährige »Prinzeßchen« Caroline, welches die herzliche Zuwendung dankbar zurückgab, da es ihm an Mutterliebe fehlte.

Für Einladungen zu offiziellen höfischen Empfängen wie Galadiners fehlte Charlotte Schiller bekanntlich seit ihrer Herabstufung in den Bürgerstand das prominente Wörtchen zwischen Vor- und Familiennamen. Eine Caroline von Wolzogen hatte insofern besser gewählt. An Goethes Tisch waren unterschiedslos beide Schwestern willkommen, im Januar 1799 immerhin flankiert von Erbprinz Carl Friedrich, Weimars »Premier«-Minister von Voigt, den von Kalbs, den von Imhoffs, den von Schardts, den von Egloffsteins … Herrlich im Vergleich zu Jena!

10. Februar. Schiller an Körner: »Mein Aufenthalt in Weimar hat mir auch in Rücksicht auf meine Gesundheit neue gute Hoffnungen erweckt. Ich bin genötigt gewesen alle Tage in Gesellschaft zu sein, und ich habe es wirklich durchgesetzt mir etwas zuzumuten. Selbst an den Hof und auf die Redoute bin ich gegangen, ohne daß meine Krämpfe mich daran gehindert: und so hab ich in diesen 5 Wochen wieder als ein ordentlicher Mensch gelebt und mehr mitgemacht als in den letzten 5 Jahren zusammen genommen. Freilich habe ich diese 5 Wochen für meine Arbeit ganz verloren, sonst könnte ich heute mit dem ganzen Wallenstein fertig seyn, aber in anderer Rücksicht reuen mich diese Zerstreuungen nicht.«[99]

9. August. Schiller an Körner: »Lottchen hat vielleicht schon geschrieben, daß unserer kleinen Familie gegen Ende der Herbsts ein Zuwachs bevorsteht.«[100]

Ohne Datum. Louise von Lengefeld an Charlotte: »Warum Liebe bist du so ängstlich und besorgt für deine Niederkunft … Schmerzen steht man wohl aus aber es ist doch bald vorüber.«[101]

Doch dann, am 5. Dezember des Jahres, schrieb Charlotte an Fritz von Stein: »Ich schreibe Ihnen nur einige Zeilen … Ich war lange krank und fühle jetzt erst, wie nahe ich war, das

Leben ganz zu verlassen.«[102] Was war ihr in der Zwischenzeit geschehen? Briefwechsel protokollieren die bestürzende Entwicklung der zurückliegenden Wochen:

11. Oktober. Schiller an Louise von Lengefeld: »Ich melde nur in zwey Worten, beste Chère Mère daß Lolo diese Nacht ... gegen Eilf Uhr glücklich mit einem Mädchen [Caroline Henriette Louise] niedergekommen ist. Es hat etwas lange gedauert, weil die Krämpfe stark waren und starke Kolikschmerzen eintraten; auch ist die gute Lolo durch vielen Blutverlust sehr geschwächt worden. Sie fängt aber an, sich zu erhohlen und grüßt Chère mère herzlich. Das Kind ist stark und gesund. Wir erwarten Sie nun aufs bäldeste ...«[103]

18. Oktober. Schiller an Goethe: »Meine Frau fängt nun an sich von ihrer großen Schwäche wieder zu erhohlen und ist nach den Umständen recht leidlich ...«[104]

22. Oktober. Schiller an Goethe: »Es geht mit der Erhohlung der kleinen Frau etwas langsam ...«[105]

23. Oktober. Schiller an Stark: »Meine Frau beunruhigt mich heute mehr als die ganze Zeit über. Sie ist gleichgültiger gegen alles, und diese Gleichgültigkeit wechselt mit ängstlichen Besorgnißen und Grillen ab, als wenn sie nicht recht bei sich wäre. Es wird mir nun auch jezt erst erzählt, daß sie die ganze Nacht über in einer Art von Delirium gewesen. ... Sie klagt vorzüglich über ein Klingen und Zischen in den Ohren. Meine SchwiegerMutter will bemerkt haben, daß es über den andern Tag schlimmer mit ihr sey. Wir ersuchen Sie inständig lieber Herr Hofrath, heute Abend bei Zeit zu kommen, wo möglich bei Tage noch ... Die Schwäche der Nerven und das Anhalten des Fiebers beunruhigen mich sehr.«[106]

25. Oktober. Schiller an Goethe: »Wir schweben noch immer in großer Angst, obgleich Starke jetzt noch vielen Trost giebt. ... Meine Frau kann nie allein bleiben, und will niemand um sich leiden als mich und meine Schwiegermutter. Ihre Phantasien gehen mir durchs Herz und unterhalten eine ewige Unruhe. ... Ohne meine Schwiegermutter, die theilnehmend ruhig und besonnen ist, wüßte ich mir kaum zu helfen.«[107]

30. Oktober. Schiller an Goethe: »Ich ergreife die Gelegenheit, die ich eben erhalte, nach Weimar zu schreiben, Ihnen wißen zu lassen, daß nach Starkens Urtheil meine Frau jetzt zwar außer Gefahr ist, das Fieber fast ganz aufgehört hat, aber leider die Besinnung noch nicht da ist, vielmehr heftige Accesse von Verrückung des Gehirns öfters eintreten.«[108]

4. November. Schiller an Goethe: »Mit meiner Frau steht es leider noch ganz auf demselben Punkt ... und es ist noch gar nicht abzusehen, was daraus werden will. Seit vorgestern spricht sie keine Silbe ... Eine hartnäckige Stumpfheit, Gleichgültigkeit und Abwesenheit des Geistes ist das Symptom, das uns am meisten quält und ängstigt. Gott weiß, wohin al dies noch führen wird, ich kenne keinen ähnlichen Fall aus dem sich dieser judiciren ließ und fürchte, Starkens Erfindungskunst wird auch bald erschöpft seyn. Opium, Moschus, Hyosciamus [Bilsenkraut], China [Chinarinde], Campher, Zinkblumen, Vesicatorien [Zugpflaster], Sinapismen [Senfpflaster], kalte Salmiakumschläge um den Kopf, starke Oele zum Einreiben sind nach und nach an der Reihe gewesen und heute soll mit der Belladonna noch ein Versuch gemacht werden.«[109] Damit war der Arzt mit seinem Latein am Ende.

»Nänie« (altrömische Totenklage, Trauergesang) ist eines der anrührendsten Gedichte Schillers überschrieben; es entstand wahrscheinlich in jener Zeit und beginnt mit den Zeilen

»Auch das Schöne muß sterben! Das Menschen und
    Götter bezwinget,
Nicht die eherne Brust rührt es des stygischen Zeus.
Einmal nur erweichte die Lieben den Schattenbeherrscher,
Und an der Schwelle noch, streng, rief er zurück sein
    Geschenk.«[110]

Auch Frau von Stein bedachte die Möglichkeit von Charlottes Tod, der *ihr* allerdings als Erlösung erschien – von den befürchteten bleibenden psychischen Schäden? Ach wo! »Wie leid täte sie mir, wenn sie stürbe ... Und doch würde ihr wohler sein, als in der immer angespannten unnatürlichen Existenz mit einem schönen Geist. Gesagt hat sie mir's nie; ich fühle es aber allzuoft, daß sie nicht glücklich ist. Die schönen Geister trocknen einem das Leben aus.«[111] Um keinen Preis hätte Charlotte ausgesprochen, was die Patin zu wissen glaubte.

Am 6. November brachte Schiller seinen älteren Sohn nach Weimar. Fast drei Wochen behielt Christiane Vulpius den sechsjährigen Karl in ihrer Obhut, fragte sich aber, warum eigentlich nicht die Wolzogen eingesprungen sei. Auch als Charlottes Pflegerin kam Caroline nicht infrage, ihre Anwesenheit in der Krankenstube, entschied die Chère mère, schade der Schwester mehr als dass sie ihrer Genesung diene. Der »guten« Friederike Juliane Griesbachs Hilfsangebot war, wie das aus dem Hause Goethe, dankbar angenommen worden.

18. November. Schiller an Cotta: »... endlich fängt es an, sich mit meiner Frau etwas zu beßern, sie besinnt sich wieder mehr, das Gedächtniß kommt auch wieder, und obgleich die kranken Einbildung sich noch in alles mischt, so nimmt sie doch wieder Notiz von den Dingen, die sie umgeben.«[112]

Wochenbettpsychose. Ein, was die Ursachen angeht, noch heute nicht bis ins Letzte erforschtes Leiden. Antike Ärzte erklärten es mit dem Eindringen von Muttermilch ins Gehirn. Mediziner des 19. Jahrhunderts sprachen von »halluzinatorischem Irresein der Wöchnerin«. Der Zeitpunkt des Ausbruchs liegt charakteristischerweise in den ersten drei Wochen nach der Geburt, am häufigsten zwischen dem zweiten und vierten Tage nach der Niederkunft. Die Krankheit beginnt unvermittelt, ihr Verlauf kann hochdramatisch sein und ist nicht vorhersehbar. Heute werden Patientinnen möglichst stationär behandelt. Es besteht erhebliche Suizidgefahr und auch die der wahnhaften Kindestötung. Eine Wiederholung des Geschehens steht zu befürchten, weshalb von nochmaliger Schwangerschaft dringend abgeraten wird!

Scharmützel und schöner Schein

>»Sie haben mich ordentlich wütend gemacht, diese Debatten …«
> CHARLOTTE SCHILLER AN FRIEDERIKE VON GLEICHEN

Schiller an Goethe am 4. Dezember 1799: »Unsere Reise [nach Weimar] ist gut von Statten gegangen und meine Frau die bei Fr[au] v. Stein wohnt, hat auf die Troubles des vorigen Tags recht gut geschlafen, ohne eine Spur ihrer alten Zufälle. Der Anfang ist also Glücklich gemacht …« Am gleichen Tag an Charlotte: »Alle Erinnerungen an die lezten acht Wochen mögen in dem Jenaer Thal zurück bleiben, wir wollen hier ein neues heiteres Leben anfangen.«[1]

Geografisch kommt die Gegend um Weimar über Mittelmaß kaum hinaus. Landschaftlich Hervorstechendes hat sie nicht zu bieten und verdient trotzdem, oder gerade deshalb, die Bezeichnung lieblich: Umgeben von begrünten Muschelkalkhöhen, durchfließt ein Flüsschen das nach ihm benannte, muldenförmige Ilmtal. Die Straßen der etwa 6000 Einwohner zählenden Stadt galten um das Jahr 1800 als vergleichsweise sauber. Hinter den Kulissen sah es oftmals anders aus. Christiane Vulpius, vorbildlich in Sachen Hygiene, atmete jedes Mal erleichtert auf, wenn beim peniblen Großreinemachen kein Ungeziefer zum Vorschein gekommen war. Ganz anders bei den Schillers: Im jüngst verlassenen Gartenhaus wimmele es nur so von Wanzen, stellte Jurist Gottlieb Hufeland, ihr Jenaer Mieter für die beiden kommenden Sommer, mit Entsetzen fest und nahm schleunigst einen Tapetenwechsel vor, um die eklige Hinterlassenschaft aus ihren Wandverstecken zu vertreiben.

400 Taler jährlich waren Friedrich Schiller neuerdings sicher, das Vierfache dessen, was mehr als die Hälfte der Erwerbs-

tätigen in Weimar verdiente. Tatsächlich hatte Carl August das leistungsunabhängige Gehalt aus der herzoglichen Schatulle auf Anfrage hin verdoppelt, ja notfalls eine nochmalige Draufgabe zugesagt. (Schillers Gegenleistung: eine Wohnung in Weimar – die ihm zusätzlich Charlotte im Verlauf ihrer dritten, beschwerdereichen und angstvollen, Schwangerschaft abgehandelt haben könnte.[2]) Nach wie vor steuerte Louise von Lengefeld regelmäßig ihr Scherflein bei, obwohl des Schwiegersohns Schreibarbeit unterdessen erkleckliche Summen abwarf, bei steigender Tendenz.[3] Dennoch waren immer wieder einmal finanzielle Löcher zu stopfen.

Da war es wirklich bedauerlich, dass Mutter und Töchtern Lengefeld erneut eine Erbschaft entging. Dieses Mal hatten sie sich vom Tod eines Dresdner Verwandten 10 000 Taler versprochen. Auf Schillers Betreiben und mit Körners Hilfe wurde ein Anwalt eingeschaltet. Doch von Monat zu Monat sahen sich die Damen in ihren Erwartungen mehr getäuscht und schließlich gezwungen, die Hoffnung auf den Geldsegen ganz aufzugeben.

Das war umso schmerzlicher, als dem Schiller'schen Haushalt einschließlich dreier Bediensteter inzwischen acht Personen angehörten. Außerdem gab es infolge des unberechenbaren Krankheitsverlaufs bei Schiller keinerlei Planungssicherheit, ganz abgesehen vom nicht zu unterschätzenden Aufwand für Arzneimittel und ärztliche Leistungen. Dass Charlottes Interessen fernab von wirtschaftlich effektiver Haushaltsführung lagen, dürfte sich gleichermaßen ungünstig ausgewirkt haben.

Erfreulicherweise war wie in Jena so in Weimar der Unterhalt eines eigenen Gespanns nicht vonnöten. Selbst die längsten innerstädtischen Wege waren zu Fuß zurückzulegen. Wer wie Schiller Spaziergänge scheute, konnte sich Sänftenträgern anvertrauen. Ins Geld ging die Anschaffung von Textilien.[4] Kaum in der Residenz angekommen, bekam Charlotte ein Ballkleid aus Atlasseide zugestanden. Nicht zuletzt die Aussicht auf »Plaisirs« und »Divertissements« hatte sie so sehnsuchtsvoll von Jena aus gen Weimar blicken lassen – und relativ rasch gesund gemacht.

In Weimar ging – vorwiegend Außenstehende nahmen daran Anstoß – räumliche mit gesellschaftlicher Enge einher. Wer was wann wo geäußert, getan, unterlassen hatte – jeder wollte und sollte von jedem alles wissen. Aus männlichen Mündern kamen »Klätschereyen« genauso wie aus weiblichen. Trotzdem, heißt es, hätten im »klassischen Weimar« die Damen den Ton angegeben, weil nämlich in der Goethezeit vielen »gebildeten und geistvollen Frauen« nur »einzelne gelehrte Männer« gegenübergestanden hätten.[5] Allen voran: Wieland, Goethe, Herder – und nun auch Schiller.

Dieser war fürs Erste mit Renovierungsarbeiten ausgelastet. Doch blieb das neue Domizil im zweiten Stockwerk des Wohnhauses Große Windischengasse 145[6] ungeliebt. Die »unruhige« Straße – sie mündete auf den überaus belebten Markt –, das »geräuschvolle« Haus – Carl von Schardt, der Bruder Charlotte von Steins, lebte mit seiner Frau Sophia in der Beletage unter ihnen und entpuppte sich als gewissenhaft übender Bassetthornbläser –, die gemessen an ihrer Größe überbevölkerte Wohnung zwangen Schiller zu häufigen Absenzen.

Solche Phasen auswärtiger Arbeit ihres Mannes beäugte Charlotte auffallend skeptisch. Als Schiller sich zur Fertigstellung von »Maria Stuart« ins wenige Kilometer von Weimar entfernte Schloss Ettersburg zurückzog und seiner Frau statt von schriftstellerischem Fortschritt über ausgedehnte Wanderungen in einsamem Gelände berichtete, gefiel ihr das überhaupt nicht. Mag sein, sie dachte im Mai 1800 auch an die unberechenbare Caroline. Zumindest hatte diese derzeit noch freiere Bahn als ohnehin: Vor Monaten war Wilhelm von Wolzogen in diplomatischer Mission nach St. Petersburg abgereist.[7] Und was war davon zu halten, dass die Schwester Schillers Ankündigung seines Besuchs gerade dann so besonders liebevoll begrüßte, als Charlotte nicht in der Stadt war?[8] Oder davon, dass diese desto beharrlicher an der Seite ihres im Februar und März wieder schwer erkrankten Mannes blieb, je mehr Caroline sie zur Schonung drängte? Mit den Worten: »Sie haben mich ordentlich wütend gemacht, diese Debatten ...«[9], machte Charlotte im Brief an Friederike von Gleichen ihrem Ärger über die Vordrängelei der Schwester Luft.

Kaum etwas funktionierte in Weimar besser, wie gesagt, als Sozialkontrolle. Ehrliche Empörung steckte hinter dem Gerede über Seitenblicke und Seitensprünge eher selten. Hauptsache, eine Beobachtung lieferte neuen Gesprächsstoff. Wenn Hofherren ungestraft lästerliche Bemerkungen über Carl Augusts Maitressenwirtschaft[10] anbringen durften, dann waren freimütige Äußerungen über den Fortbestand oder das Wiederaufflackern der Liebesbeziehung zwischen Friedrich und Caroline erst recht an der Tagesordnung. Zupackender, wendiger, nicht eben klüger, doch unbedingt gescheiter und von rascherer Denkungsart als Charlotte, setzte Caroline die Jüngere in mancherlei Hinsicht unter Konkurrenzdruck.

Fügte sich jedoch zum Gefühl der Unsicherheit das der Geringschätzung, dann bröckelte die Fassade schwesterlicher Eintracht erst recht. So sparte Charlotte im ureigenen Freundeskreis nicht mit spitzen Bemerkungen im Hinblick auf Caroline. Sie sei, »wenn sie nicht ruhig gestimmt ist, eben keine Erheiterung«, wurde ihre Exaltiertheit angeprangert. Sie »stört mich durch ihre unbestimmten Pläne des Lebens recht oft in den meinigen, und ich verliere den Standpunkt, dem ich folgen wollte ...«, wurde ihre Sprunghaftigkeit kommentiert.[11]

Gar an pathologisches Verhalten grenzten, aus Charlottes Sicht, die permanenten Ausweichmanöver Carolines, »die gleich für alle Vorstellungen, die sie schrecken, als Heilmittel die rollenden Räder ergreift«.[12] Verläßlichster Auslöser kritischer Anmerkungen (die sich so wunderbar zum Selbstbetrug eigneten!) waren die wechselnden Amouren der Erstgeborenen: »Sie liebte so oft, und doch nie recht; denn wahre Liebe ist ewig wie das Wesen, aus dem sie entspringt. Und eben weil sie nicht liebte sucht immer das Herz noch einmal die Sehnsucht zu stillen.«[13]

Was im Gegenzug Caroline den Humboldts zum Beispiel über Charlotte zutrug? Niemand anderer sollte es erfahren. Fest steht, dass die Parteigänger Carolines an der Herabwürdigung der Schwester stets ihr Vergnügen hatten und es ihnen, trotz langer Auslandsaufenthalte, an Munition zur Fortsetzung kleinerer und größerer brieflicher Sticheleien in Charlottes Richtung niemals mangelte.[14] Und dennoch: War Caroline fern von Charlotte, ging ihr so etwas wie Nestwärme ab, und Charlotte fühlte sich irgendwie verloren, wenn Caroline nicht greifbar war. Miteinander teilen. Aneinander leiden. Übereinander reden. Gegeneinander schreiben?

Im März 1801 teilte Charlotte ihrem im Gartenhaus an der Leutra über der »Jungfrau von Orleans« brütenden Ehemann aus Weimar mit: »Damit doch jemand im Hause die Feder führt, bin ich auch mit meiner angefangnen Geschichte beschäftigt, die vielleicht doch so wird, daß man sie brauchen kann. Ich gehe streng zu Werke und lasse mir nichts hingehen, und so wollen wir sehen, was heraus kommt.« Darauf gab Schiller aus Jena zurück: »Arbeite deine Geschichte nur mit dem möglichsten Fleiße aus, daß sie schon Gestalt hat, wenn Du sie mir mittheilst. Sie giebt uns dann eher Gelegenheit, das Wesentliche, worauf es ankommt, zur Sprache zu bringen.«[15]
Es könnte sich um ein Originalwerk Charlottes oder zumindest um eine freie Bearbeitung gehandelt haben. Vermutlich war die »Heimliche Heirat« angesprochen. Sie trägt Charlottes Handschrift, auch wenn ihr Mann stilistische Nachbesserungen vornahm. (Schiller sei, so Jugendfreund Friedrich Wilhelm von Hoven, grundsätzlich »furchtbar belehrend« gewesen.[16]) Die rechte Herz-Schmerz-Geschichte mit glücklichem Ausgang, von zwei sich treu Liebenden und einem unehelichen Kind, kam, soweit bekannt, nicht zur Veröffentlichung.[17]
Caroline von Wolzogen wurde etwa zeitgleich massiv in den Schlussteil von »Die Zigeuner« hineingeredet. »Ich kann Dir nicht helfen, liebe, ich muß Dich mit diesen letzten Bogen

noch einmal plagen. So wie es jezt ist, kann es nicht wohl bleiben.«[18] Vor dem Erscheinen ihrer Novelle in Cottas »Taschenbuch für Damen« war die Schwägerin den Verbesserungsvorschlägen Schillers bis ins Detail gefolgt. Auch ihre Erzählung »Eduard und Emma« ging nicht ohne größere Korrekturen in Druck. Doch kamen weder dieses Werk noch die in der Schweiz angesiedelten Protagonisten »Walther und Nanny« beim Lesepublikum besonders gut an. Genau genommen konnte Caroline mit keinem ihrer nachfolgenden Werke an den »Agnes von Lilien«-Erfolg anknüpfen. Sohn Adolf hielt sowieso nichts von ihr als Autorin. 1823, als sie an einer Tragödie arbeitete, schrieb Humboldt an seine Frau, die Fürstin von Rudolstadt habe ihm von des jungen Wolzogens »fußfälliger« Bitte erzählt, das Schauspiel seiner Mutter von der Theaterbühne fern zu halten.[19]

Charlotte Schiller brachte es nicht einmal quantitativ zu bemerkenswerten schriftstellerischen Leistungen. Viele Verse aus ihrer Feder waren als Geburtstagsgaben gedacht oder stellten, wie vornehmlich die auf Adelspersonen bezogenen, pure Lobhudeleien dar, einige rekapitulierten Naturerlebnisse und etliche boten Seelentrost. Patriotisches entstand unter dem Eindruck der antinapoleonischen Freiheitskriege.

Als die junge Charlotte noch fleißig jene dem irischen Barden Ossian[20] zugeschriebenen sentimentalen Gesänge las, hatte lyrisches Nachempfinden zu Ergebnissen ähnlich dem folgenden geführt:

> »In des Mondes ungewissem Lichte
> An dem Stamm der dicht bemoosten Fichte
> Lehnet nicht des Sängers Harfe mehr
> Mit dem Traumbild jener heil'gen Tage
> Schwieg auch seine ernste Trauerklage
> Und es horchet Niemand um ihn her.«[21]

»Der verunglückte fünfte März«, ein kleiner Sketch in Versform, ein »Schwank«, so die Verfasserin, lässt selbst das Qualitätsmerkmal spaßig vermissen.[22] Anders als bei ihren für den Druck bestimmten Prosaversuchen scheint Charlotte bei ihren Reimereien für den Hausgebrauch keinen besonderen Ehrgeiz entwickelt zu haben.

Hinsichtlich der Optimierung der Produktivität ihres Mannes kannte Frau Schiller jedoch kein Pardon. Wie auf Kohlen saß sie in Weimar, als in Jena »Die Jungfrau von Orleans« nicht so recht vom Fleck kam. Dabei irritierten Charlotte die wiederholten Aufzählungen Schillers von Besuchern und Besuchten genauso wie solche von sich nahtlos aneinander reihenden Herrenabenden. Zur Verdeutlichung: »Bei Niethammern habe ich ein neues Getränk kennen lernen, das eine Art von Punsch ist, und mir noch beßer schmeckt, es wird aus Portwein, Zitronen, Zucker und Muskatnuss warm bereitet und ist für den Magen confortabel.«[23]

Und was tat Schiller für den Broterwerb? Definitiv zu wenig. Nach zähneknirschend akzeptierter Schonzeit hielt Charlotte es für angebracht, dem literarisch Säumigen Druck zu machen: »Wenn Du fleißig bist, und Dich nicht stören läßt, so will ich mich darein ergeben Dich vielleicht gar bis Ostern zu entbehren; aber wenn ich mir vorstelle, daß Du Dich in den Jenaischen Clubbs herum drehst, und Dir die zeit rauben läßt, so möchte ich freilich lieber Du wärst hier.«[24] Hinter ihrem Unmut stand die zweifellos berechtigte Frage: Wann endlich werden die von Unger avisierten 650 Taler in die Familienkasse fließen?

Leider fiel Goethe der Freundin in den Rücken, indem er dem Freunde riet, er solle seine Freiheit »nach Herzenslust« genießen.[25] Zweieinhalb Wochen nach der Abreise ihres Mannes intervenierte Charlotte persönlich, um in Jena resignierend festzustellen, dass der verhinderte Klausner »doch den zweck der absoluten Einsamkeit nicht erreicht …«[26] Immerhin verhalf die kämpferische Ehefrau der militanten Tragödienheldin zu einem vierten Akt. Den Schlusspunkt unter die »Jungfrau von Orleans« konnte Schiller erst in Weimar setzen, wohin er Anfang April heimkehrte. Vierzehn

Tage zurück bei Weib und Kindern, und die endgültige Fassung war auf dem Weg zum Verleger.

Einmal zumindest bestand Charlotte auf Mitspracherecht an einem Schiller'schen Werk. Eidgenössische Landschaftspanoramen und Motive befanden sich im Schatzkästchen ihrer Jugenderinnerungen ebenso wie Hintergrundwissen zur Geschichte des Schweizer Nationalhelden Wilhelm Tell. Zu Tränen gerührt soll sie gewesen sein, als Schiller ihr im Februar 1802 zum ersten Mal aus seinem Drama vorlas – »dies Sujet freut mich sehr«.[27] Der Aufenthalt in Bern 1783 stand ihr wieder lebhaft vor Augen: »Man zeigte uns die Bildsäule Wilhelm Tells mit dem Bogen, womit er wirklich soll den Apfel vom Kopf seines Sohnes geschossen haben.«[28]

Körners Lob im März 1804, Schiller habe offenbar manche Schwierigkeiten mit dem Stoff überwunden, gebührt ein Stück weit dessen Frau. Das vom emsigen Korrektor hervorgehobene Beispiel, »Johannes Parricida trägt als Gegenstück des Tell am Schlusse viel zur Befriedigung bei«, ergänzte die jüngste Schillertochter in späteren Jahren um den Hinweis, ihre Mutter habe exakt diese Szene so »verlangt«.[29] Da hatte sich Beiträgerin Charlotte im guten Gefühl des Gefragtseins also gar zu beharrlicher Kritik hinreißen lassen. Gewöhnlich gab der Literaturschaffende Schiller mehr auf Ratschläge seiner Schwägerin als auf solche seiner Frau.

Urlaub zu dritt und auf engstem Raum stand im Sommer des Jahres 1801 an. Körners hatten den Schillers und Caroline ihr Sommerhaus am Fuße des Weinbergs in Loschwitz als Quartier angeboten. Es kam für alle einem Wunder gleich, dass Dresden und Leipzig nicht auf die Streichliste gekommen waren wie zuletzt das Ostseebad Doberan – ebenfalls ein Reisetraum Charlottes, der genau das würde bleiben müssen. Als Friedrichs schmerzhafte Leibkrämpfe abgeklungen waren, hatte sein nunmehr einziger Anspruch an ein Feriendomizil gelautet: frische Luft, ohne auszugehen!

Auch in Weimar war er kaum noch unter Leute zu bringen.

Goethe erzählte Eckermann aus jener Zeit, es sei Schiller »zuwider« gewesen, »wenn ein Fremder sich bei ihm melden ließ. Wenn er augenblicklich behindert war, ihn zu sehen, und er ihn etwa auf den Nachmittag vier Uhr bestellte, so war in der Regel anzunehmen, daß er um die bestimmte Stunde vor lauter Apprehension [Unbehagen] krank war.« Selbst dem angesehenen Berliner Musiker Carl Friedrich Zelter war bei seinem ersten Kontaktversuch nicht entgangen, dass Schiller sich regelrecht vor ihm versteckt hielt und von seiner Frau verleugnen ließ.[30] Ausgehend von, übers Jahr gesehen, erträglichen Monaten hatten sich die kopfweh- und darmkolik- und bauchgrimmen- und brustschmerz- und fieber- und katarrhfreien Phasen im Leben des chronisch Kranken auf Wochen oder auch nur Tage reduziert.

Von Caroline kamen, soweit man wissen kann, keine Klagen, wenn ihr Wilhelm sie aus beruflichen Gründen allein ließ. Im Gegensatz zur Schwester nutzte sie monatelange Strohwitwenzeiten zu eigennützigen Unternehmungen. Von der lieb gewordenen Usance wurde auch dann nicht abgewichen, als sie, sehnsuchtsvoll herbeigerufen, ihrem mehr und mehr kränkelnden Mann hinterherreiste. So 1802 nach Frankreich, wo Weimars junger Erbprinz Carl Friedrich (mit dem Caroline zuvor in den Augen Herzogin Louises ein wenig zu heftig geliebäugelt hatte[31]) unter Wolzogens Anleitung den ultimativen höfischen Schliff erhielt und vorbereitet werden sollte auf die von seinem Begleiter eingefädelte Prestigeehe mit der russischen Zarenschwester Maria Pawlowna.

Caroline, neununddreißig, fügte in Paris ihrer Sammlung bemerkenswerter Männer Gustav von Schlabrendorf hinzu, einen Grafen, neunundfünfzigjährig und erzliberal. Bevor er im »Hotel de Roi des deux Siciles« in der Rue de Richelieu sesshaft geworden war, hatte unstillbare Neugier den in Stettin geborenen, reich mit Geldmitteln ausgestatteten Intellektuellen durch halb Europa getrieben. Jetzt verließ er, sich selbst als Diogenes von Paris bezeichnend, nur noch ungern seine Einzimmer-Behausung, ein Beobachterposten eigentlich, angefüllt mit Büchern, Zeitungen, Papieren – und Besuchern aller Klassen und Stände.

Von den Revolutionsideen beeindruckt, die Revolutionäre verabscheuend, vor den Schrecken der Republik nicht kapitulierend, harrte Schlabrendorf im Frankreich Napoleons aus, unbefangen und unerschrocken, prüfend und wertend. Vor der Hinrichtung hatte den Aristokraten seine Kaltblütigkeit bewahrt. Als er im Henkerskarren vom Kerker zum Schafott gebracht werden sollte, fand er seine Stiefel nicht. Bis zum nächsten Tage werde er welche aufgetrieben haben, ob sein Tod nicht Zeit bis dahin hätte, fragte er den Gefängnisaufseher, der zustimmte und den Mund hielt, als weder anderntags noch irgendwann Schergen nach dem Delinquenten suchten, den sie längst einen Kopf kürzer wähnten.

Rat, Impulse, Gunstbeweise bekamen von Schlabrendorf, neben ungezählten anderen, die von Wilhelm von Wolzogen so beeindruckte Mary Godwin Wollstonecraft, Henriette Mendelssohn, Rahel Levin, die Freiherren vom Stein und von Hardenberg, Achim von Arnim, die Brüder Humboldt: »Zuweilen vier, ja fünf und sechs Stunden lang konnte er ununterbrochen, im schönsten Gedankenzusammenhange, mit beweglichster Einbildungskraft und mit steigendem Reiz, durch seine reiche Rede den Hörer fesseln.«

Karl August Varnhagen von Ense berichtete, wie Schlabrendorf, am frühen Abend mit dem Lichte in der Hand Wilhelm von Humboldt zur Treppe geleitend, »mit demselben am hellen Tage noch im Gespräch begriffen an solcher Stelle gefunden worden« war.[32] Von anderen Vorzügen Schlabrendorfs hatte Caroline von Wolzogen durch Caroline von Humboldt erfahren, die vor Jahren, vom Grafen hingerissen (»Du bist es, nach dem ich verlange mit all Deinen Eigentümlichkeiten, der Sehnsucht, die Du mir im Herzen, in der tiefsten Seele gelassen hast, die kann mir nichts stillen, als wie Du wieder selbst ...«[33]), länger als beabsichtigt in Paris geblieben war und ihren Mann allein nach Rom hatte weiterreisen lassen.

Schlabrendorf schrieb an Caroline von Wolzogen, nachdem sie sich in Paris sehr nahe gekommen waren: Zuerst hoffe man auf Liebe, dann suche man sie und zuletzt schwatze man gern davon.[34] Caroline von Wolzogen schrieb an Schlabrendorf, nachdem sie nach Deutschland zurückgekehrt war: »Meine Hand zittert, indem ich dies Blatt nehme Dir zu schreiben, lieber lieber Gustav! Mir ists als stünd ich in Deiner Gegenwart. Welche Sehnsucht haben diese wunderbaren Tage in meiner Brust zurückgelassen, und wie oft habe ich sie wieder durchempfunden, während der einsamen Reise. Mit Trauern sah ich meine geschwollene Lippe verschwinden, das letzte sinnliche Zeichen meines Glücks. Meine Brust war so gepresst vom letzten Abend, ich hatte keine Worte und musste gewaltsam die Thränen zurückhalten, die ich an Deinem lieben Herzen hätte vergiessen mögen. ... Alles könntest Du mir sein.« Es folgte die dringende Bitte um ein Zusammentreffen, wo auch immer. »Einzig unter uns ruhe und lebe und blühe das feste Geheimnis unseres Glücks.«[35]

Vereinnahmung! Gott bewahre! Hatte sie denn im Überschwang der Gefühle Schlabrendorfs Warnung überlesen? Gustav kam nicht. Dafür schrieb er: Das einzige Glück, auf das er Anspruch erhebe, sei »irgend ein schöneres Gefühl des Augenblicks dankbar hinzunehmen«. Weiterreichende Entwürfe der Freundschaft vermöge er nicht »zu ergreifen«.[36] Der Egozentriker erwies sich auch bei den Wiedersehen 1804 und 1807/08 in Paris als in letzter Konsequenz uneinnehmbare Festung. Aus der Ferne blieb man einander nahe.

Er habe nun alle Gedanken an das Wegziehen von Weimar aufgegeben und denke »hier zu leben und zu sterben«, das teilte Schiller Göschen im Februar 1802 mit und war nur einen Monat später Eigentümer einer Immobilie – dreigeschossig, Barock im Übergang zum Klassizismus. Das Haus stand an der Nordseite einer von Linden gesäumten Allee[37], die gen Süden den Blick ins Grüne freigab. Seine Fassade versprach mehr, als sein Grundriss hergab. Im Parterre fanden Eingangshalle, Dienerzimmer und Küche Platz. Die Söhne Karl und Ernst, Christine Wetzel, ein zweites Hausmädchen, vorübergehend noch eine von der Chère mère mühevoll aufgetriebene Köchin[38] und Gäste dürften in einem rückwärtigen Gebäudeteil genächtigt haben. Zum Refugium des Dichters taugte hervorragend die Mansarde. Im mittleren Stockwerk pulsierte das Familienleben, wurden Gäste empfangen, denen ungehindert umhertollende Kinder die Unterhaltung durchaus erschweren konnten. Hier befand sich neben den zellenähnlichen Schlafräumen der weiblichen Schillers Charlottes hübsch eingerichteter Zufluchtsort.

Wie es scheint, lag der passionierten Briefschreiberin daran, die Prominenz des äußerlich typisch bürgerlichen Gebäudes besonders stark herauszustreichen: »Das Haus, das die Gräfin Bachof[f] ehemals in der Esplanade bewohnte, haben wir gekauft, und ich freue mich sehr des Besitzes, weil die Lage meinen Augen wohlthätig ist [sie machten ihr zunehmend Probleme] und ich immer wie in einer Laube sitze.«[39] Zuvor hatte das Anwesen Joseph Charles Mellish of Blythe gehört. Dem Diplomaten, Schriftsteller und Übersetzer von Schillers »Maria Stuart« ins Englische war sein nur kurze Zeit zurückliegender Hauskauf wirtschaftlich schlecht bekommen. Vielleicht durch dessen Schicksal gewarnt, hatte Schiller das eigene Wagnis mit einem – zeitlich zu optimistisch angelegten – »Arbeits- und Finanzplan für die Jahre 1802 bis 1809« besser zu kalkulieren versucht.

4200 Taler Kaufpreis zuzüglich der Kosten für den aufwändigen Umbau aufzutreiben war keine Kleinigkeit. Etwa ein Viertel steuerte der stets spendable Cotta bei, 600 Taler borgte die in ihrem Rahmen nicht minder großzügige Louise von Lengefeld,[40] und in Schillers Kalender ist ein Darlehen Caroline von Wolzogens aufgeführt – aber ebenso, dass er den Lohn für seinen Diener und Schreiber Rudolph vorübergehend schuldig blieb. Die Hälfte ungefähr der insgesamt benötigten Kreditsumme kam von der herzoglich-weimarischen Kammer sowie von einem professionellen Geldverleiher.

Erst im Juni 1802 würde das Jenaer Gartenhaus – unter Wert – an den Juristen Anton Friedrich Justus Thibaut gehen. Sparsamer Umgang mit den finanziellen Ressourcen war, trotz wachsender Einnahmen, angeraten, ausgenommen Vorratskäufe alkoholischer Getränke. 135 Talern jährlichem Aufwand für Wein und Bier stand das Charlotte zugebilligte Haushaltsgeld in Höhe von 550 Talern pro Jahr gegenüber.

Am Tag des Einzugs ins Haus an der Esplanade, es war der 29. April 1802, starb Schillers Mutter. Wie selbstverständlich Caroline auf Schillers Entscheidungen Einfluss nahm, zeigen ihre Empfehlungen im Zusammenhang mit der Verteilung des Erbes auf seine Schwestern. Die nach geraumer Wartezeit endlich mit Johann Gottlieb Franckh, Pfarrer in Cleversulzbach, verheiratete Louise sei besser als angenommen versorgt, gab ihm die Schwägerin zu bedenken. Christophine hingegen, ein Opfer des »abscheulichsten Egoismus« von »Unthier Reinwald«, benötige dringend den Grundstock für eine Rente (der Himmel möge geben, dass ihr »böser Geist« bald unter der Erde verschwinde).[41]

In Thüringen wurde Caroline frühestens um die Weihnachtszeit zurückerwartet. Von Paris aus hatte sie sich mit ihrem Ein und Alles, Adolf, zunächst Schwaben zugewandt, dann ein Treffen mit Carl Theodor von Dalberg im Raume Frankfurt arrangiert (man sah sich so oft als möglich) und schließlich nach Bauerbach aufgemacht.

Ein anderer Freund und Helfer hatte derweil auf ein Wiedersehen mit ihr verzichten müssen. Johannes Büel unternahm im Jahre 1802 auf Einladung des Herzogs von Gotha (der ihn 1804 zum Hofrat ernannte) eine Deutschlandreise. Anfang September führte ihn der Weg nach Weimar. Irgendwie scheint er eine Sonderbehandlung durch den berühmt-berüchtigten Ehemann der jüngeren, ihm ja ebenfalls bekannten Lengefeld-Tochter erwartet zu haben: »Von Schiller sagte man mir, er sei schwer zu sprechen und kurz und trocken. Ich ging aber mit vieler Zuversicht zu ihm und war auch von drei bis abends zehn Uhr an seiner und seiner Lotte Seite wie ein vieljähriger Freund.«[42]

Minna Körner, die den Schweizer bald darauf in Dresden kennen lernte und sein Auftreten eher unerquicklich fand, fragte irritiert bei Charlotte an: »Sag mir wer ist der H[err] Büel eigentlich? nach seinen Reden ist er eng verbunden, und sehr geachtet von Euch edlen Schwestern ...«[43] Die Antwort ist, so es eine gab, verschollen.

Apropos »edle Schwestern« – mit ihrer leicht süffisanten Formulierung spielte die Dresdnerin auf ein wahrhaft erhebendes Ereignis an. Offiziell teilte Schiller im November 1802 seinem Verleger Cotta mit, was Gazetten längst vorweggenommen hatten: »Von Wien habe ich jezt mein Adels Diplom in optima forma erhalten. Die Anregung zu dieser Sache ist vom Herzog von Weimar geschehen, der mir dadurch etwas angenehmes erzeigen und meine Frau, welche bisher nicht nach Hof gehen konnte, auf einen gleichern Fuß mit meiner Schwägerin setzen wollte; denn es hatte etwas unschickliches, daß von 2 Schwestern die Eine einen vorzüglichen Rang am Hofe, die andre gar keinen Zutritt zu dem selben hatte.«

Schiller selbst wies jeden Drang zur Standeserhöhung weit von sich, hielt allerdings auch Wolzogens Fürsprache für mitentscheidend. Wilhelm hatte Karriere gemacht – mit entsprechenden Auswirkungen auf den Status von Caroline. Inzwischen Oberhofmeister und Kammerrat mit Sitz und Stimme im Geheimen Consilium, befand sich ihr Mann streng genommen gesellschaftlich auf Augenhöhe mit Johann Wolfgang von Goethe. Wolzogens verfügten nunmehr im Gegensatz zu Schillers über Pferde und Kutsche, und auch finanziell war der Abstand größer geworden, den das neu oder wieder erworbene »von« nun etwas erträglicher machte.

Freilich kommt Friedrich von Schillers scherzhafte Bemerkung: »Lolo ist jezt recht in ihrem Element, da sie mit ihrer Schleppe am Hof herumschwänzelt«[44], der Wahrheit näher, als Charlotte von Schillers falsche Bescheidenheit: »... man wird mir hoffe ich, nicht zutrauen, daß ich so etwas gesucht hätte; doch ist mir jeder Beweis einer öffentlichen Achtung, die Schiller widerfährt, erfreulich, weil ich gern sehe, daß man seine Verdienste anerkennt. Auch kann man nicht wissen, wozu es bei den Kindern in Zukunft führt«.[45] Tatsächlich bezog sich Schillers Nobilitierung lediglich auf ihn und seine Leibeserben. Seine Frau bekam nur deshalb das »von« zugesprochen, weil sie es vor ihrer Heirat besessen hatte.

Was könnte die leidenschaftliche Theaterbesucherin Charlotte bewogen haben, dem Sommergastspiel des Weimarer Schauspielensembles in Lauchstädt fern zu bleiben? Zur Wiederholung seiner »Braut von Messina«, die Erstaufführung im Mai 1803 in der Residenzstadt war ein triumphaler Erfolg gewesen, reiste Schiller allein. Aber Lauchstädt war ihr Verlobungsort! Und das »Comödienhauß« des Kurbades, erst im Jahr zuvor auf Goethes Betreiben hin eröffnet, war eine viel besprochene Attraktion. Nichts deutet darauf hin, dass Charlotte ihren Mann aus irgendeiner Notwendigkeit heraus nicht hätte begleiten können.

Im April war Schiller schon einmal solo unterwegs gewesen, zu einem »lustigen Stiftungsfest« in Erfurt.[46] Damals hatte die Verabschiedung vor dem Schillerhaus an der Esplanade noch auf ungetrübtes eheliches Einvernehmen schließen lassen. Louise von Lengefeld rekapitulierte für die Tochter, was ihr zugetragen worden war. Nämlich »wie er von Weimar abreiste und sich in [den] Wagen sezte, standt der Kammerdiener von der Fürstin von Sondershausen nah dabey, er hat sich sehr gefreut Schillern, aber besonders den zärtlichen Abschied den ihr von einander nahmt zu sehen«.

Der bevorstehende Aufenthalt des Schwiegersohns in Lauchstädt aber war der Chère mère, in dem Brief an Charlotte klang auch das an, nicht geheuer: »Lollo wird mir erzählen was dort vorgefallen.«[47] Dessen können wir gewiss sein. Und ebenso einer nachträglichen Indizierung aller Schriftstücke von Charlottes Hand aus der unmittelbaren Folgezeit.

Bei Schiller, und anderweitig, werden Rechercheure jedoch fündig. Schiller an Charlotte, 4. Juli 1803:

»Der Ort hat einen recht schönen Eindruck auf mich gemacht, die Allee und alle Anlagen umher sind heiter, es ist für die Societät auf eine artige und anständige Weise gesorgt, auch fand ichs sehr volkreich und dabei ganz zwanglos, so daß ich mich in der Masse der Menschen recht gern mit fortbewege. ... Ich eße in dem großen Salon, der sehr schön und so groß wie der Concertsaal im Landschaftshauß zu Weimar ist. Er war bisher immer mit 100 und 120 Gästen besetzt, wobei es sehr lustig hergeht. Es sind viele sächsische auch einige Preußische Offiziers hier und viele Damen, worunter es auch recht hübsche Gesichter giebt. Alle Abende wird nach dem Souper getanzt und den ganzen Tag gedudelt. ... Man hat mir gestern nach dem Ball noch in später Nacht eine Musik gebracht, wobei viele Studenten aus Halle und Leipzig waren, so daß ich noch nicht recht habe ausschlafen können, auch des Morgens haben sie mich mit Musik begrüßt.«

Frau von Schiller mag dieses mit Erstaunen zur Kenntnis genommen und wohl ihre Zweifel an einer blitzartigen Genesung einzig infolge Luftveränderung angemeldet haben. Schiller an Charlotte, 6. Juli 1803: »Oft, liebes Herz, habe ich Deiner und der lieben Kinder gedacht und sehne mich von Dir zu hören ..., denn sonst ist ausser dem Theater nichts von Weiblicher Welt aus Weimar hier.« Weshalb diese Unwahrheit? Wo dergleichen Lügen erfahrungsgemäß extrem kurze Beine haben. Zumal Carl Augusts Favoritin, die Aktrice Henriette Caroline Friederike Jagemann, ihren Lauchstädt-Aufenthalt für einen Kurzbesuch beim daheim gebliebenen Herzog unterbrach. So konnte die Chronique scandaleuse von Schiller und der Vulpius weitaus anschaulicher als auf dem Postweg verbreitet werden. Man stelle sich vor: Er Seite an Seite mit ihr, tafelnd, scherzend, um nicht zu sagen schäkernd.[48] Und außerdem: Charlottes heftige Reaktion auf das in Weimar Undenkbare.

Schiller an seine Frau, 8. Juli 1803: »Ich schreibe Dir sogleich ... daß Du Dich wegen meiner Abwesenheit nicht beunruhigest. Zwölf oder vierzehn Tage hier zu bleiben war mein längstes Ziel gleich am Anfang, und dabei beharr ich auch. Du kannst mich also ganz gewiß gegen Ausgang der nächsten Woche wieder erwarten. ... In einer Stunde fahre ich nach Halle, wohin ich einige *männliche* Gesellschafter mitnehme, um die *weiblichen* ... zu vermeiden.«

So weit, so gut. Bis Schiller im anderntags an Charlotte gerichteten Brief so ungemein Widersprüchliches kombinierte wie: »Ich genieße aber überhaupt hier wenig, weil ich mich so am besten vor den Krämpfen schütze. ... Vor einigen Tagen machten zwei Trupp Preußischer und Sächsischer Offiziere, welche in zahlreicher Menge hier sind, ein Maneuvre gegeneinander auf dem Wege nach Merseburg, alles zu Pferd. Ich ritt auch mit ... Mittags fanden sich die Kämpfer und Zuschauer bei einer Tafel zusammen, wo es dann sehr über den Champagner hergieng, der hier in sündlicher Verschwendung getrunken wird.«

Zudem brachte Schiller, indem er seine Frau glauben machte, der Rückreisetermin werde hauptsächlich ihr zuliebe strikt eingehalten, die wahre Rangordnung wissentlich durcheinander. Schiller an Wilhelmine Niemeyer (eine neue Bekannte ohne nähere Einblicke in die Weimarer Verhältnisse[49]), 13. Juli 1803: »Leider werde ich das Vergnügen, das sie mich hoffen lassen, Sie diese Woche noch einmal zu sehen, nicht mehr genießen können, da ich Donnerstag früh nach Weimar zurückkehren muß. Meine Schwägerin reist auf den 16ten, vielleicht auf lange Zeit, weg und wollte mich vorher noch sprechen.«[50]

Auf einen regen Gedankenaustausch musste während Carolines mehrmonatigem Aufenthalt in Dresden nicht verzichtet werden. Mit Sicherheit auf Papier fortgesetzt, sollten Nachgeborene einmal mehr keinen Nutzen aus ihm ziehen dürfen. Zu Carolines intellektueller Grundausstattung gehörte neben rascher Auffassungsgabe Toleranz. Zur dauerhaften Tragfähigkeit ihrer Beziehung zu Schiller mag außerdem ihre Umgänglichkeit beigetragen haben. Es lasse sich leicht mit der Wolzogen leben, bestätigte Körner dem Freund, teilnehmend sei sie und unbefangen, nie übler Laune oder nur verstimmt.

Das machte sich gut im Vergleich zum Hang von Schillers Ehefrau zu Ressentiments und zu zwar teils berechtigter, aber deshalb umso unbequemerer Nörgelei. Die Bitte, der Schwester »tausend«, »schöne«, »beste« Grüße zu übermitteln, hatte Schiller, nebenbei bemerkt, am Ende keines seiner Schreiben aus Lauchstädt an Charlotte vergessen, welche sich just in jenen Tagen den »alten Freund Heron«, in verdächtig rosarotes Licht getaucht, vor Augen führte.[51]

Im Frühherbst 1803 brach Charlotte, unter welcher Last auch immer, zusammen. Eine Auszeit war unumgänglich. Weder Mann noch Kinder durften sie nach Rudolstadt begleiten. Der vierte Geburtstag von Töchterchen Caroline fiel in die Zeit ihrer Abwesenheit.[52] Louise von Lengefeld war schon zuvor zur Krisenintervention in Weimar gewesen und hatte sich erboten, das jüngste Schiller-Kind demnächst für längere Zeit zu sich zu nehmen.

Wir erinnern uns an Charlottes Wochenbettpsychose, mit der Folge anhaltender Traumatisierung. Jegliche Belastung konfrontierte sie seither unweigerlich mit den irritierenden Auswirkungen ausgeprägter Nervenschwäche. Briefe aus Weimar nach Rudolstadt referierten im Wesentlichen Alltäglichkeiten (ein Beispiel: Karlchen sei noch immer von lästigen Würmern geplagt).

Schillers dringender Wunsch, seine Frau stabilisiert zurückzuerhalten, scheint in Erfüllung gegangen zu sein. Derjenige Charlottes leider nicht: Eine weitere Schwangerschaft stand ihr bevor. Neun Monate etwa nach ihrer Rückkunft würde sie von ihrem vierten Kind entbunden werden. Aber da sie von ihm noch nichts wusste, blieb der Genuss wiedergewonnener Lebenslust noch eine Weile relativ ungetrübt.

Gegen Jahresende wurde Charlottes Trauer um Weimars ersten Prediger von ihrer Freude über interessanten gesellschaftlichen Zuwachs überlagert.[53] Johann Gottfried Herder starb am 18. Dezember 1803. (Dass Frau von Schiller viel besser mit Herder ausgekommen war als ihr Mann, war in Weimar kein Geheimnis.) Und der Name Anne Louise Germaine de Staël-Holstein tauchte im Fourierbuch erstmals am 15. des Monats auf. Bis zu ihrer Abreise Ende Februar 1804 wurde die selbstbewusste Aristokratin nahezu täglich ins herzogliche Schloss und in Anna Amalias Wittumspalais eingeladen. Ausgesprochen schwärmerisch fielen Charlottes Briefberichte von Begeisterungsfähigkeit und Kenntnisreichtum der von Napoleon aus Paris verbannten französischen Schriftstellerin schweizerischer Herkunft aus.

Die de Staël wiederum schilderte Weimars Damenwelt als erstaunlich kultiviert; bemerkenswert fand sie, dass ihr hier die Frauen, allen voran die Herzogin, den Hof machten wie sonst verliebte Herren. Denn: »Was die Männer angeht, gibt es keine, nur Literaten …«[54] Der Herzog hatte, Charlotte von Stein gestattete sich die Witzelei, der gebildeten Besucherin zu Gefallen »alle seine Verstandesschubfächerchen« aufgemacht. Zum Totlachen, ihre Wortwahl, fand Charlotte von Schiller, wenn sie den einen oder anderen deutschen Schöngeist Französisch radebrechen hörte.[55] Solche Unzulänglichkeiten ihres Mannes in beißenden Spott zu kleiden wäre ihr allerdings wie Majestätsbeleidigung vorgekommen.

Von derartigen Skrupeln war Germaine de Staël selbstverständlich völlig frei. Sie mokierte sich in einem Brief an ihren Vater, den Bankier und Politiker Jacques Necker, Friedrich von Schiller spreche ihre Sprache derart schlecht, »daß seine Anstrengungen, die er macht, um sich auszudrücken, peinlich wirken«.[56] (Den Träger des Titels »Citoyen François«, gekleidet in grüner Hofgala mit Degen, hatte sie zunächst für einen hochrangigen Hofgardisten gehalten.) »Aber Sie«, das direkte Lob galt Schillers Frau, »sind ein liebenswürdiger Interpret.«[57]

Genauer gesagt war Charlotte kaum noch zu bremsen, betätigte sie sich doch mit Feuereifer als Simultandolmetscherin und Fremdsprachenkorrespondentin. Noch lieber als der Dichtergatte machte Goethe von ihrer Dienstbereitschaft Gebrauch. Das aber galt für beide: Je weniger sie mit der kritischen und allein deshalb enorm anstrengenden de Staël zu tun bekamen, desto weniger sahen sie ihr männliches Ego gefährdet. Schiller wünschte Madame bald sonst wohin. Von einer geradezu aufgekratzten Charlotte wurde der im Februar Abreisenden ein »Ich liebe sie unendlich ...« hinterhergerufen.[58]

Den die de Staël betreffenden Vorsprung Carolines – deren lockere Bekanntschaft mit ihr auf eine Begegnung in Paris 1802 zurückging – hatte Charlotte mehr als wettmachen können, aber nur weil die Schwester ihr nicht in die Quere kam, da sie ja von Sommer 1803 bis Frühjahr 1804 eine ausgedehnte Dienstreise ihres Mannes für einige Monate in Dresden nutzte. Der wahre Grund für ihr und Adolfs Fernbleiben von Weimar, obwohl dort alle Welt den Paradiesvogel Germaine umschwirrte, ist nicht mehr festzustellen. Dass Wilhelm von Wolzogen Nerven zeigte, als seine Frau auch dann noch keine Anstalten zur Abreise aus Dresden machte, als er schon längst wieder daheim war, lässt auf seinen Verdacht einer dortigen Liebschaft Carolines schließen.

Mit der Nachricht einer drohenden Niederkunft – erst Anfang März 1804 hatte Charlotte Gewissheit – stiegen die Bilder von 1799 in ihr hoch und mit den Grauen erregenden Erinnerungen die unbezwingbare Angst. Aus Louise von Lengefelds schriftlichem Nachlass geht hervor, dass Charlotte anstatt fülliger sichtbar »magerer« wurde.[59] Im April rief der Zustand der Siebenunddreißigjährigen auch bei Caroline von Humboldt Besorgnis hervor: »Montag vormittag kamen Caroline [jüngst mit Adolf aus Dresden zurückgekehrt] und Lolo aus Weimar [nach Erfurt] herübergefahren, ganz allein, ohne Kinder. Caroline sieht sehr wohl und munter aus und ist ordentlich jugendlicher und hübscher geworden, Lolo aber schien ungemein angegriffen und hatte um die Augen so tief liegende Züge. Sie kommt … im Julius nieder. Schiller hat ein Quartier [bei den Niethammers] in Jena genommen und geht mit ihr, den Kindern, Carolinen und der Chère mère … hin, damit sie von Stark recht gepflegt werde. Es ist Schiller und Carolinen gewaltig bange [ganz zu schweigen von Charlotte!], daß sie wieder einen Anfall von Verrücktheit bekommt wie das vorige Mal, und sie sieht auch furchtbar aus.«[60]

Nur ging größtmögliche Sorge und Vorsorge leider nicht mit bestmöglicher Schonung einher. Sprachen frühmorgens unerwartete Besucher an der Esplanade vor, wurde die Hausfrau aus dem Bett geholt. Nicht einmal die hochschwangere Charlotte wagte ein Rütteln am Tabu: »Schiller darf einmal nicht aufgeweckt werden, das ist die Regel.«[61]

»Es war seit vierzehn Tagen«, so Schiller am 12. April 1804 an Körner, »große Noth bei uns, weil alle drei Kinder und auch meine Frau an einer Art Keichhusten mit Fieber darniederlagen; ich allein blieb gesund, und hab mich tapfer gehalten.«[62] Zwei Wochen danach war Berlin das Ziel. Niemand konnte sich die Hals-über-Kopf-Abfahrt von Friedrich, Charlotte, Karl und Ernst von Schiller (die kleine Tochter blieb bei Tante Caroline) am 26. April erklären.[63] Nun ja. Dem Dresdner Freund hatte Schiller kurz zuvor – ausgerechnet nach der frenetisch bejubelten »Tell«-Uraufführung – auch das geschrieben: »Ich verliere hier zuweilen die Geduld, es gefällt mir hier mit jedem Tage schlechter, und ich bin nicht Willens in Weimar zu sterben. Nur in der Wahl des Orts, wo ich mich hinbegeben will, kann ich mit mir noch nicht einig werden.«[64] Schiller mit sich selbst, wohlgemerkt. Die ehelichen Verständigungsschwierigkeiten dauerten also an oder waren wieder aufgelebt.

»Berlin gefällt mir und meiner Frau besser, als wir erwarteten. Es ist dort eine große persönliche Freiheit, und eine Ungezwungenheit im bürgerlichen Leben.«[65] Das rekapitulierte Schiller. »Wir waren dieses Frühjahr in Berlin; man war sehr artig gegen Schiller, und machte ihm vortheilhafte Anträge, dort zu bleiben. Mein ganzes Herz war verwundet bei diesen Aussichten; denn so trostlos wie die Natur, waren mir die nähren menschlichen Verhältnisse auch.«[66] So Charlotte im Rückblick.

Iffland, Hufeland, Stoll, Zelter, Bethmann, Berhardi, Erhard, Ditmar, Beschort, Romberg, Brinkmann, Beyme, Massenbach und so fort und so fort – bis zur Erschöpfung begab Schiller sich in Berlin in mehr oder weniger bedeutende Gesellschaft.[67] Charlotte ging, nachdem sie ihn anfänglich begleitet hatte, dazu über, die schauspielfreien Abende bei Frau von Hagen-Möckern zu verbringen, einer Bekannten Wilhelm von Humboldts, welcher diese Professorengattin bedrohlich gescheit fand. Vor anderen Berlinern und Berlinerinnen hätte er sie besser warnen sollen. So aber machten schlechte Erfahrungen aus Arglosigkeit Argwohn.

Von einem Fettnäpfchen, in das Provinzlerin Charlotte in der preußischen Metropole prompt tappte, erfahren wir durch die Salondame und Alt-Tugendbündlerin Henriette Herz: Schiller »stellte sich in seiner Unterhaltung als ein sehr lebenskluger Mann dar, der namentlich höchst vorsichtig in seinen Äußerungen über Personen war, wenn er durch sie irgend Anstoß zu erregen glauben durfte. Doch half ihm in Berlin die Zurückhaltung nicht viel. Die schlauen Hauptstädter wußten bald, daß seine Frau gegen ihre feingesponnenen Fragen weniger gewappnet war als er, wie ich denn überhaupt gestehen muß, daß sie auf mich nicht den Eindruck einer geistig bedeutenden Frau gemacht hat, namentlich nicht, wenn ich sie mit ihrer Schwester Karoline von Wolzogen vergleiche; und so erfuhr man denn von der Frau, was der Mann zu verschweigen für gut achtete.« Ganz sicher hatte »die Schillern« sich mit unverhohlen geäußertem Missfallen hinsichtlich der »Wallenstein«-Inszenierung der selbstgefälligen Berliner Theatermacher unbeliebt und, schlimm für sie, lächerlich gemacht.[68]

Was bedeuteten Audienzen beim preußischen Königspaar, was das Angebot von 3000 Talern jährlich oder einer frei verfügbaren Equipage oder besserer Zukunftsperspektiven für ihre

Kinder in Berlin im Vergleich zum Familienanschluss an die schwarzburg-rudolstädtischen und sachsen-weimarischen Herrscherhäuser? Ganz abgesehen von all den anderen Heimvorteilen. Unterm Strich kam Charlotte zu dem Ergebnis, nichts gehe über Thüringen. Nach Abschluss der strapaziösen Erkundungstour votierte auch Schiller für den Verbleib im Musenstädtchen, wo Carl August eine nochmalige Verdoppelung des Fixums für seinen zweitwichtigsten Musensohn in die Waagschale geworfen hatte und – wo Caroline wohnte.

Ziemlich genau zwei Monate lagen zwischen der Rückkehr aus Berlin und Charlottes Niederkunft. Sechs Tage nur waren es vom vorübergehenden Umzug der gesamten Familie nach Jena – vorher war noch ein Besuch der Reinwalds zu überstehen gewesen – bis zur Geburt des vierten Schiller-Kindes Emilie Henriette Louise am 25. Juli 1804 um zehn Uhr abends. Die Entbindung verlief normal, soweit man von normal sprechen kann, wenn der Vater sterbenskrank nebenan liegt, sich vor Schmerzen krümmt und unüberhörbar laut sein Ende herbeifleht.

In den letzten Wochen der Schwangerschaft, schrieb Charlotte rückblickend an Bartholomäus Fischenich, »war ich sehr krank, und glaubte, ich könnte die Ankunft der Kleinen nicht erleben. ... Starkens Sorgfalt dankt Schiller und ich das Leben. Er hat ... mich in den Wochen mit einer großen Geschicklichkeit behandelt; so daß ich keinen von den Anfällen spürte, die mich das vorige Mal so angegriffen. Es ist mir, als sei ich an einem Abgrund vorübergegangen.«[69] Bleibt zu hoffen, dass sie nie erfuhr, was Wilhelm von Humboldt, die Grenze zur Geschmacklosigkeit überschreitend, im September 1804 an seine Frau schrieb: »Lolos leichte Niederkunft wäre wirklich hübsch, wenn sie selbst nicht überall so schlaff wäre. Aber so, fürchte ich immer, entfährt sie einmal sich selber bei einer solchen Gelegenheit.«[70]

Schiller wäre das, natürlich war die Gelegenheit eine andere, beinahe schon jetzt geschehen. Entsprechend dem voreiligen Nachruf vor Jahren beruhte auch die am 16. Oktober

1804 in der »Fränkischen Staats- und Gelehrten Zeitung« veröffentlichte Falschmeldung von seinem Tod einem peinlichen Vorgriff. Doch kaum länger als ein halbes Jahr sollte das eilends von der Redaktion hinterhergeschickte Dementi Gültigkeit behalten.

»Es war ein böser Winter! ... Ich bin aber so an die Sorgen gewöhnt seit einigen Monaten, daß ich mich oft verwundert umsehe, ob es nun auch vorbei sei.« Wiederum war es Fischenich, dem Charlotte im März 1805 ihr Herz ausschüttete. Zu der Pflege ihres Mannes sei die ihrer Schwester gekommen. Die Verschlimmerung von Carolines »Gicht des Kopfes« stand in engem Zusammenhang mit Schillers zunehmender Hinfälligkeit.

»Sehr bedeutend krank« war im Dezember 1804 auch Emilie gewesen – die Mutter »fürchtete Alles«. Ähnlich robust wie der nun elf Jahre alte Karl und Tochter Caroline (die Fünfjährige hatte gerade einen »Anfall von Nervenfieber« folgenlos überstanden) überlebte der Säugling. Nur Ernsts seit jeher gefährdete Gesundheit bereitete Charlotte durchweg Sorgen.[71] Dennoch blieb ihr, die Kinder betreffend, das Allerschlimmste erspart. Mit Caroline meinte es das Schicksal diesbezüglich nicht so gut.

Verwaiste Eltern, nirgends musste man nach ihnen suchen. Friederike von Gleichen erlitt mindestens eine Totgeburt; Cottas betrauerten ein Mädchen und einen Knaben; Göschen wurden drei Söhne, kaum auf der Welt, genommen; Charlotte von Kalb verlor ein Neugeborenes und Goethes Christiane eines nach dem anderen; mehrfach mussten auch Sophie Mereau-Brentano und Caroline Schlegel den Kindsverlust erdulden; der Erstling von Schillers Schwester Louise Franckh durfte keine drei Wochen leben; den untröstlichen Humboldts war Wilhelm, ihr meistgeliebter Ältester, fast von einem Tag auf den anderen weggestorben.[72]

In Zeiten hoher Kindersterblichkeit suchten manche Betroffene im Stoizismus Zuflucht. Aber ob er eine Erklärung –

wenngleich keine Entschuldigung – für Charlotte von Steins befremdliche Reaktion auf die unheilbare Knochenkrebserkrankung ihres zweiten Sohnes ist? – »Dem sind die Übel hübsch bei Zeiten auf den Hals gerückt! *Den* Vorteil hat er, daß er nicht braucht vom Wahn der Jugend zurückzukommen, da ihn die Natur frühzeitig, wie es scheint, hinausweist.«[73]

Unter dem Datum 25. April 1805 schrieb Schiller an Körner von seiner Hoffnung auf »Leben und leidliche Gesundheit bis zum 50. Jahr«[74] – und fuhr fort, letzte Kraft auf »Demetrius«, jenes unvollendete Drama, zu ver(sch)wenden. Eine knappe Woche später wurde er, hoch fiebernd und schmerzgeplagt, von Heinrich Voß d. J., Erzieher seiner Söhne, aus dem Theater heimgeleitet. Für den Hinweg hatte ihm Caroline ihren Arm gereicht und während der Aufführung des Schauspiels »Die unglückliche Ehe aus Delikatesse« neben dem Schwager gesessen.

»Donnerstags den 9ten May, a. c. des Abends 1/2 6 Uhr starb«, gemäß Eintrag ins Kirchenbuch, »Friedrich von Schiller, Fürstl. Sachsen Meiningischer Hofrath allhier in einem Alter von 45 Jahren 6 Monaten …« Unmittelbar wurde sein Tod, heutiger Terminologie entsprechend, durch eine akute, die Herztätigkeit beeinträchtigende, linksseitige Lungenentzündung und einen Schlaganfall herbeigeführt.

Niemanden mag es gewundert haben, dass halb Weimar sofort und gespannt auf Schillers engste Hinterbliebene schaute. »Die beiden Frauen sind außer sich«, war Friedrich Wilhelm Riemers Eindruck am dritten Trauertag.[75] Karl Ludwig von Knebels Beobachtungen führten zu dem Ergebnis, Frau von Schillers Schmerz sei tief und sanft, der von Frau von Wolzogen tief und heftig.[76] Weder der einen noch der anderen war es möglich, sich an den Vorbereitungen von Bestattung und Trauerfeier aktiv zu beteiligen.[77] Die Chère mère aber hatte, noch bevor in der Nacht zum 12. Mai der Sarg mit den sterblichen Überresten ihres Schwiegersohns aus dem Haus an der Esplanade getragen wurde, der »Berliner Allgemeinen Wittwen-Verpflegungsanstalt« den Eintritt des Versicherungsfalls in schriftlicher Form gemeldet.[78]

Goethe – die Vulpius hatte dem gesundheitlich Angeschlagenen Schillers Ableben so schonend wie möglich beibringen müssen – verschob seine Beileidsbekundung um Wochen.[79] Erst am 12. Juni kondolierte er. Charlotte? Aber nein. Ihrer Schwester! Mit den Worten: »Ich habe nicht den Mut fassen können Sie zu besuchen. Wie man sich nicht unmittelbar nach einer großen Krankheit im Spiegel besehen soll; so vermeidet man billig den Anblick derer die mit uns gleich großen Verlust erlitten haben.«[80]

Wenige Tage nach seinem Tod, notierte Caroline später, habe sie mit solcher Klarheit geträumt, »daß es mir als Erscheinung dünckte, daß Schiller in mein Schlafzimmer kam, die beiden Hände auf meine Brust legte u[nd] – Patroklus! zu mir sagte.«[81] Patroklos und Achilleus, das klassische Gefährtenpaar: Als man Achilleus den durchbohrten Leib des im Kampf um Troja umgekommenen Patroklos brachte, warf er sich zu Boden und schrie vor Jammer so fürchterlich, dass seine Mutter Thetis aus der Meerestiefe emportauchte und zu ihm eilte. Ihr gestand er unter Tränen: »Patroklos ist in den Staub gesunken, er, den ich liebte wie keinen anderen.«

Witwen-Arrangements

>»Wie lange aber die Täuschungen der Jugend
>dauern sollen, ist mir oft ein Räthsel.«
>CHARLOTTE VON SCHILLER AN
>CAROLINE VON MECKLENBURG-SCHWERIN

Die Erinnerung sei das einzige Paradies, aus dem man nicht
vertrieben werden könne, gibt uns Jean Paul zu bedenken,
und er sprach damit auch die Unzuverlässigkeit des menschlichen Gedächtnisses an. Mal tauchen aus ihm allein die ver-
kraftbaren Ereignisse wieder auf, mal nur jene Momente, welche vorgefertigte Bilder wunschgemäß ergänzen. Andererseits
schleichen sich subjektive Sichtweisen allzu gern schon zu
Beginn des Speicherungsprozesses ein; selten sind Wahrneh-
mung und Wirklichkeit deckungsgleich. Und dann gibt es da
noch das weit verbreitete Phänomen wissentlich vorgenom-
mener Retuschen.

Gehalten von zwei Bediensteten, das Privileg beanspruchten
diese für sich, »verwechselte« Schiller »das Zeitliche mit dem
Ewigen«, während Charlotte und Caroline in einem Nebenzimmer saßen.[1] Im Vorfeld seines Todes hatten sie sich im Lie-
besdienst abgewechselt – einander missgünstig beäugend im
Hinblick auf Intensität und Verteilung der Gunstbeweise des
Sterbenden noch da?

Vor dem posthumen Wetteifern um Vorzugsbehandlung
scheute jedenfalls keine der Schwestern zurück. Am Ende sei
ihr Mann immer nur mit ihr beschäftigt gewesen, informierte
Charlotte bewährte Übermittler, die auch das streuen sollten:
Ihr habe Schiller, bevor ihn die Besinnung verließ, mit dem
Ausdruck größter Liebe den Mund geküsst. Und außerdem:
»Niemand kannte ihn wie ich, kannte den ganzen Reichthum
seines Herzens.«[2] Diesbezüglichen Alleinanspruch anzumel-

den war ihr besonders wichtig. Die Feststellung, ohne ihr treuliches Sorgen wäre er noch früher gestorben, war für Schillers Verwandtschaft bestimmt.[3] Dazu wusste Christophine Reinwald an Louise Franckh zu berichten, Frau von Wolzogens Jungfer, die gute Wilhelmine Schwenke, habe dem Bruder an seinen letzten Tagen mehr Gutes getan als seine Lotte.[4] Das konnte sie eigentlich nur von Caroline haben.

Ein inniger Abschiedskuss für die Ehefrau – auch den wollte die Nebenfrau nicht gelten lassen. Allenfalls eine letzte freundliche Geste mochte sie Charlotte als finales Ade zugestehen: »Am neunten früh trat Besinnungslosigkeit ein; er [Schiller] sprach nur unzusammenhängende Worte … Meine Schwester kniete an seinem Bette, sie sagte: ›daß er ihr noch die Hand gedrückt.‹ Ich stand mit dem Arzte am Fuße des Lagers, und legte gewärmte Kissen auf die erkaltenden Füße. Es fuhr wie ein elektrischer Schlag über seine Züge; dann sank sein Haupt zurück, und die vollkommenste Ruhe verklärte sein Antlitz.« Charlotte erfuhr also ein letztes Stammeln, Caroline hingegen die letzte deutlich vernehmbare Äußerung aus Schillers Mund! Auf die Frage, wie es ihm gehe, habe sie vom Schwager die Antwort »Immer besser, immer heitrer« erhalten.

Freilich war Carolines ergänzender Hinweis, er habe dieses »ganz in Bezug auf seinen innern Zustand« gesagt, als Bestätigung ihrer (!) Vorrangstellung in Bezug auf tieferes Eindringen in Schillers Gefühls- und Arbeitswelt gedacht.[5] Und bei der Suche nach weiteren Zugangsberechtigten kam sie über die alte Phalanx nicht hinaus. In den Plural aus ihrem Brief an Humboldt, »denn wir haben ihn doch eigentlich nur gekannt«, war ausdrücklich nur noch dessen Frau einbezogen.

Auch Wilhelm fand in seiner Bestätigung – ja, nur ihr und ihm und seiner Caroline habe sich »Schillers schönste, zarteste Eigenthümlichkeit« erschlossen – die Witwe des Dichters der Rede nicht wert.[6] 1808 würde Humboldt konsequenterweise die Wolzogen um Mithilfe bei der Durchsicht von Schillers literarischem Nachlass bitten. Das hatte gewiss nichts mit Charlottes Entschluss zu tun, sich eiligst einiger Gegenstände aus der Hinterlassenschaft ihres Mannes zu entledigen. Sowohl sein »Stehpult, an dem er neun Jahre gearbeitet«, als auch »seine beste Tabakspfeife« wurden Hauslehrer Voß als Erinnerungsstücke überlassen.[7]

Caroline half ein Erholungsaufenthalt über die Trauer hinweg. Bei ihrer Ortswahl Wiesbaden mag die relative Nähe zu Carl Theodor von Dalbergs seinerzeitigem Amtssitz Aschaffenburg von Bedeutung gewesen sein. Charlotte vertraute auf die beruhigende Wirkung von Eisenquellen und Moorpackungen. Neben der Mutter nahm sie Karl und Ernst mit ins Rhönbad Brückenau – »von den Söhnen kann ich mich nicht auf einmal trennen«.[8] Dabei war die kleine Caroline im Frühjahr nochmals sehr schwer krank gewesen.

Nach Schillers Tod unternahm seine Witwe erhebliche Anstrengungen, um den seit ihrer Heirat auf ein Minimum zurückgeschraubten Austausch mit Knebel, mittlerweile verheiratet[9] und in Jena lebend, zu reaktivieren, nicht immer zum Vergnügen des alten Verehrers. Er wollte, schrieb Knebel an seine Schwester Henriette, sie hätte wie Charlotte »die Gabe, sich mit Phantasien zu nähren«, »aus Büchern, aus der Welt, aus eignen Erscheinungen«. Zwar sei »die Schillern ... eine grundgute Frau, doch nicht immer in sich glücklich; sie braucht dazu fremde Hülfe ... Sie braucht sanfte, vernünftige Unterstützung – und so wendet sie sich zum Theil jetzt an mich, der ich ihr doch bei weitem das nicht sein kann.« »Recht kindlich« nannte er die Freundin ein andermal und empfahl ihr, »allzu zarte Empfindlichkeit zuweilen etwas zu bändigen«.[10] Vor allem versorgte man einander mit Literaturkritiken[11] oder Kunstbetrachtungen oder tauschte genüsslich Neuigkeiten aus der Weimarer respektive Jenaer Gerücheküche aus.

Schillers Geduld mit Knebel war bekanntlich begrenzt gewesen – und umgekehrt. Der Dichter hatte des Kammerherrn »frauenzimmerliches Wesen« und »seinen fatal süßen Ton« nicht ausstehen können,[12] und der Kammerherr hatte dem Dichter vorgeworfen, er schreibe nur für sich und zu wenig fürs Publikum, seinen langen Stücken fehle die Grazie.[13] Eine fünfstündige »Tell«-Aufführung hatte übrigens auch Herzogin Louise überfordert, und nicht einmal die gekürzte Wiederholung wollte sie sich noch einmal antun.

Zwangsläufig hatte Charlotte nach 1805 den Schriftwechsel mit Verlegern allein fortzusetzen, dabei legte sie ziemliches Geschick an den Tag, mahnte erfolgreich bei Cotta Werbemaßnahmen für Schiller-Ausgaben an und focht mit Vehemenz einen zähen Rechtsstreit mit dem Leipziger Buchhändler Crusius aus. Außerdem ließ sie nichts unversucht, gründliche Einblicke in das Privatleben ihres Mannes mit dem Hinweis zu verhindern, sie wolle »Schillers Andenken rein … erhalten«.

Als »heilige Zeilen aus Schillers Feder« unzensiert an das Lesepublikum gelangten (Ludwig Ferdinand Hubers tüchtige Ehefrau Therese hatte als Redakteurin von Cottas »Morgenblatt der gebildeten Stände« Briefe an den Dresdner Freundeskreis herausgegeben), klopfte Charlotte Cotta energisch auf die Finger. Genau genommen hatte dieser sich mit zwei Gralshüterinnen herumzuplagen.[14]

Den sakrosankten Gegenstand unangetastet zu lassen fiel geschäftstüchtigen Schnellschuss-Biografen wie Christian Wilhelm Oemler (»Schiller oder Scenen und Charakterzüge aus seinem spätern Leben nebst Bruchstücken einer künftigen Biographie desselben«, Stendal 1805) oder Johann Gottfried Gruber (»Friedrich Schiller. Skizze einer Biographie und ein Wort über seinen und seiner Schriften Charakter«, Leipzig 1805) nicht ein. »Anmaßung«! »Stümper«! »Unendliche Unrichtigkeiten«! Unisono Charlottes und Carolines (in Teilen sehr berechtigte) Proteste. Wenn sie mit ihrer harschen Kritik an der Verbreitung eines *falschen* Schillerbildes den Ruf nach dem *richtigen* verbanden, dann schwebte den Damen freilich das eines Säulenheiligen vor.[15]

Erstmals seit sie den Namen Schiller trug, lastete auf Charlotte kein Schuldendruck. Mit dem von Cotta für die fünfbändige Ausgabe der gesammelten Schiller-Dramen bezahlten 10 000-Gulden-Vorschuss machte sie das Haus an der Esplanade schuldenfrei. Vertraglich hatte ihr Mann gut vorgesorgt. Doch trotz solider Einkommensverhältnisse – eine vernünftige Ausgabenpolitik vorausgesetzt, aber die war nicht Charlottes Stärke – nahm das beständige Jammern über Geldnot nicht ab.

Ende des Jahres 1805 allerdings war mit den vorhandenen Mitteln tatsächlich kaum noch auszukommen. Es herrschte akute Kriegsgefahr. In Berlin hatte man sich leichtfertig auf ein Kräftemessen mit dem napoleonischen Frankreich eingelassen und dazu auch in Thüringen Truppen zusammengezogen. »Wir haben so viel Soldaten, daß von Eisenach bis Jena 46 000 Mann liegen. Unsere Stadt hat 1600 Mann, und die Teurung wird rasend«, klagte Christiane Vulpius.

»Die Schillern« werde »auch recht von den Einquartirungen aufgezehrt«, berichtete Charlotte von Stein, habe sich jedoch zu helfen gewusst und »zwey Soltaden« an »Wohlzogens Kutscher verdüngt«; »einer davon, Herr von Michalowitsch so unterschrieb er sich, hat ihr bittere Vorwürfe gemacht daß sie seine Erwartung so gedäuscht da er sich so drauf gefreut in das Schillersche Haus zu logiren«. Vielleicht gehörte der Russe zu jenen Offizieren, die »freylich unbescheiden zehrten«.[16] Manche waren sogar zum Fürchten. Sie brachten, hieß es, »einem Kellner vom Elephanten … mit ihren Degen einige Stiche« bei, »weil er nicht gleich ein viertes Bett beschaffen konnte«.

Gräfin Charitas Emilie von Bernstorffs Zwangshausgenosse – es gab also auch Gutes zu berichten – spielte mit seiner entzückten Gastgeberin Schach, und Sophie von Schardt, »enchantirt« von der Liebenswürdigkeit ihres uniformierten Gesellschafters, verehrte ihm zum Dank ein selbst gestricktes »wollenes Müffchen«.[17]

Pünktlich zu Schillers erstem Todestag (der Mai werde für sie nimmer mehr ein Wonnemonat sein, schrieb Charlotte an Cotta) sagte die sachsen-weimarische Prinzessin Maria Pawlowna seinen Söhnen einen jährlichen Ausbildungszuschuss zu. Über Deutschlands Grenzen hinaus initiierten hilfsbereite Zeitgenossen Sammelaktionen und Benefizveranstaltungen zugunsten der »armen« Schillererben. Im Juni 1806 bestätigte Wilhelm von Wolzogen als Vormund der Kinder den Empfang von 5389 Talern. Wofür das Geld verwendet wurde, ist unbekannt. Ein Gut, wie geplant, wurde davon jedenfalls nicht erworben. Dass dies mit den turbulenten Herbstereignissen zusammenhing, ist eine wiederholt publizierte, aber durch nichts zu belegende Behauptung.

Charlotte von Schiller an Bartholomäus Fischenich, 30. November 1806: »Ich habe seit dem 14. Oktober, wo ich mit meinen Kindern im Schloß Aufnahme fand, einige Wochen außer meinem Hause zugebracht, bei meiner Schwester. ... Meine Gesundheit, meine angegriffenen Nerven fordern, daß ich suche, so ruhig wie möglich zu sein ... Von meinem Fenster im Schloß aus sah ich den Rückzug der Preußen und hörte das Geschütz. ... Als wir nach der Angst des Tages zu ruhen gedachten, entstand in der Nähe des Schlosses Feuer. ... Ich dachte bei all dieser Noth nur, wie ich meine Kinder beruhigen wollte, die der Brand ängstigte und die nie noch gewohnt waren, daß man ihnen nichts zu essen reichen konnte ... Ich hatte nur ein [Dienst]Mädchen bei mir, weil ich die beiden andern in meinem Haus lassen mußte«[18] – wo Christine Wetzel und Lottchen Speck[19] sich eventuellen Eindringlingen entgegenstellen sollten, derweil ihre Dienstherrin sich zu Herzogin Louise[20] geflüchtet hatte, um danach bis zur endgültigen Entwarnung bei Caroline unterzukommen.

Am von Charlotte genannten Tag erlitten die Preußen und ihre Verbündeten in der Doppelschlacht bei Jena und Auerstedt eine vernichtende Niederlage. Herzog Carl August – die von ihm kommandierte Division war wie so viele andere mit fliegenden Fahnen untergegangen – sah sich zur Überführung seines Ländchens in den unter Napoleons Protektorat stehenden Rheinbund gezwungen.

Verletzte, verstümmelte Geschlagene schleppten sich vom

Schlachtfeld ins nahe Weimar, gefolgt von Soldaten im Siegestaumel: »Wie die höllischen Geister stürzten sie nun mit aufgestecktem Bajonett durch die Gassen und in die Häuser. – Da krachten die eingebrochenen Thüren, – da erscholl das Jammergeschrei der Bewohner.«[21] Als das Brandschatzen, Verwüsten, Plündern und Drangsalieren ein Ende hatte, war Weimars Bevölkerung, überlieferten Schätzungen nach, um zirka 140000 Taler ärmer, hatte Wäsche, Silberzeug, Möbel und sonstiges Inventar in großen Mengen oder gar das Dach über dem Kopf eingebüßt sowie rund 3000 Stück Ochsen, Schweine, Federvieh verloren; mehr als 70000 Liter Wein, Bier und Branntwein waren binnen sechzig, siebzig Stunden durch die Kehlen der Marodeure geronnen. Die Schiller habe wenig verloren, Goethe gar nichts, notierte die fast all ihres Hab und Guts beraubte Frau von Stein.

Der Schutzengel des Hauses am Frauenplan hieß Christiane, und sie wurde für ihre Courage mit alsbaldiger Heirat belohnt. Die Wellen der Empörung schlugen hoch und setzten sich fort bis ins ferne Dänemark. »Und eine solche Wahl der Person!«, echote Charlotte von Schimmelmann, gewohnt einig mit Charlotte von Schiller.[22] Caroline von Wolzogen gehörte zu den Ersten, die »die neue Geheime Rätin in ihre Gesellschaften gebeten und sie dadurch gefirmelt« hatten.[23] Viele von jeher »aufs rechtmäßigste verheiratete Damen« seien »um kein Haarbreit amüsanter«, soll sie als Begründung für ihr Entgegenkommen angeführt haben. Goethe, auch das vermerkte Humboldt, sei darum äußerst gut auf Caroline zu sprechen und lobe sie über alle Maßen.[24]

Hauptsächlich Berechnung mag eine – selbst keineswegs unbescholtene[25] – Neubürgerin, kaum dass sie am Ende der Esplanade, gleich beim Palais Anna Amalias, einen neuen Salon begründet hatte, bewogen haben, der ehemaligen Vulpius schön zu tun. Der Trick funktionierte. Wer Frau von Goethe nur den kleinen Finger reichte, bekam von Herrn von Goethe sofort die ganze Hand. Charlotte von Schiller beobachtete mit besonderer Sorge die Hinwendung des »Meisters«

zu Johanna Schopenhauer, zumal auch »Papa« Wieland und Freund Knebel, ja sogar die »allerliebste« Herzogin Louise seiner Vorgabe folgten. Was tun?

Frau von Schiller habe sie besucht, notierte Frau Schopenhauer kurz vor dem Weihnachtsfest – und zu Jahresbeginn, dass sie bei Frau von Wolzogen eingeladen gewesen sei. Über die Schwelle des Schiller-Hauses wurde die selbstbewusste Hanseatin, soweit bekannt, nicht gelassen. Nicht einmal ihre Bereitschaft, jede Ermüdungserscheinung zu unterdrücken, wenn Friedrich-von Schiller-Lobpreisungen ins Endlose auszuufern drohten, hatte das bewirken können.

1808 musste Charlotte lernen, dass die Existenz als Überbleibsel einer toten Zelebrität nicht das Gleiche war, wie Anhängsel einer lebenden zu sein.

September. Fürstentreffen in Erfurt. Die vielen gekrönten Häupter unternehmen einen Ausflug nach Weimar, angeführt vom französischen Kaiser. Jagd am Ettersberg (das Wild war in übersichtliche Gehege getrieben und ohne eine Chance zu entkommen zum Abschuss freigegeben), Theateraufführungen, Galadiner im Schloss, großer Hofball: Goethe und Wieland wurden von Napoleon durch besonders lange Gespräche ausgezeichnet, vorher soll er kurze Blicke in deren Werke geworfen haben. »Mehr oder weniger freundlich unterhielt er sich mit mancher von den Damen, die versammelt waren. Aber als er in die Nähe von Schiller's Witwe kam, die ihm bezeichnet worden war, redete er sie nicht an. Er ging an ihr vorüber … «[26] – während Caroline von Wolzogen sich größter Beachtung durch den Fürstentagsteilnehmer Carl Theodor von Dalberg erfreuen konnte, der für die Nacht bei ihr Quartier nahm.

Seit Jahren gesundheitlich angeschlagen, galt Wilhelm von Wolzogen inzwischen als unheilbar krank. Ratlos zuckten seine Ärzte die Achseln. Immer befremdlicher wirkte sein aufgeschwemmtes Äußeres, immer »übler« wurde sein Befinden.[27] Anwendungen in Wiesbaden, meinte seine Frau, würden ihn stabilisieren. Stattdessen wurde sein Sterben absehbar. Dass Carolines Stimmung trotzdem bestens blieb, machte vielleicht ein neuer Verehrer möglich. Ihr junger »Ami«, ein nicht genau zu identifizierender Herr von Mühlmann, stand in Nassauischen Diensten, sah fesch aus, sang sehr hübsch zur Gitarre und wurde zum Dank seinerseits angedichtet. Um Wilhelm müsse man sich weiter keine Sorgen machen, er sehe im Tod nur mehr einen Freund und könne seinen Eintritt kaum erwarten, erfuhr Charlotte im Oktober schriftlich von ihrer Schwester.

Wolzogens Leben endete am 17. Dezember 1809. Nach der Obduktion wussten die Ärzte noch immer nicht, woran er gelitten hatte. Seine Witwe habe den Verlust gelassen, ja sogar kühl aufgenommen, sei »heiter und voller Pläne«, war Humboldts Eindruck im Januar des Folgejahrs. Aus Reiselust wurde Reisewut. Lolo, auch das hielt Humboldt fest, habe auf Kosten Carolines »eine gar nicht so üble Parodie gemacht«: »Wenn der Funke sprüht, wenn die Achse glüht, eil ich meinen Freunden zu.«[28]

Dalberg würde auf Carolines Liste weiterhin ganz oben stehen. Monatelang verschwand sie in der Schweiz. Ob nur von Adolf begleitet, wie Charlotte mitgeteilt wurde, sei dahingestellt. Und war sie des ständigen Umherziehens einmal müde, dann rangierten Aufenthalte in Bauerbach oder auf dem Familiengut in Bösleben bei Arnstadt unbedingt vor Weimar. Entfremdung, monierte Charlotte, sei die Folge von Carolines fast ununterbrochener Abwesenheit, »denn wenn man so unstät auf der Erde ist und immer fremde Wohnplätze aufsucht, so stumpft sich doch am Ende, ohne daß man es will, das Gefühl ab.«[29]

Emotionaler Rückzug machte den Weg frei für angestauten Ärger, an erster Stelle über Carolines Promiskuität. 1811 war es Zeit für einen Bekennerbrief der »treuen Loloa«, adressiert an ihr untadeliges Prinzesschen Caroline von Mecklenburg-Schwerin (vormals von Sachsen-Weimar):

»Die gute Frau [Caroline von Wolzogen] hat wirklich eine Leidenschaft. Sie haben wohl noch die Gestalt von Wiesbaden im Gedächtniß wovon sie so viel erzählte. Ich habe nicht geglaubt, daß so etwas in diesem Alter so tief treffen könnte. Ich gestehe, der eingebildete Schmerz kränkte auch mich. Jetzt ändert aber das Schicksal das Verhältniß selbst, denn der Ami heirathet. Es ist eine eigene, ganz eigene Natur, die Frau, so höchst liebenswürdig und interessant; man möchte sein ganzes Glück für sie geben können und fühlt doch, daß, wenn sie immer ihrer Phantasie folgte, es die Arbeit der Danaiden wäre, einen Moment nur vom Glück zu erhaschen. Wie lange aber die Täuschungen der Jugend dauern sollen, ist mir oft ein Räthsel. … Ich hoffe jetzt Heilung von dem Wahn und ein Zurückkehren in sich selbst; es wird schmerzend aber heilsam sein.«[30]

Während Charlotte die ihr notwendig erscheinende Befreiung der Schwester von Männerbesessenheit in die Nähe einer Teufelsaustreibung rückte, wurde ihr von Knebel unerträgliche Schwarzseherei nachgesagt. »Die Schillern« fände momentan »alles trüb und düster wie eine Nebelwelt vor sich liegen«, schrieb er seiner Schwester Henriette, »worüber ich sie denn schon gewaltig geplagt habe, weil ich es nicht leiden kann, da kein Mensch mehr Ursache hat, heiter und zufrieden zu sein, als sie. Ihre Kinder, ihr Vermögen, Alles ist in gutem Stand.«[31] Ansichtssache.

Karl von Schiller war im Jahre 1810 zum Studium nach Tübingen und von dort nach Heidelberg gegangen. Bruder Ernst ließ auf Heidelberg Jena folgen. Charlottes Ältester strebte, wie Großvater Lengefeld, ein Forstamt an. Des Jüngeren Ausbildung lief auf Juristerei hinaus. Ihn hatte die Mutter, in völliger Überschätzung seines Talents, schädlich lange in die Fußstapfen des Vaters treten sehen. Schulisch haperte es bei beiden Söhnen. Trotzdem wurde in sie hineingestopft, was Privatlehrer und Lehrpläne[32] hergaben, und jeder noch so kleine Fortschritt als großer Erfolg gefeiert.

Im Curriculum für Caroline und Emilie von Schiller tauchen Nähen, Zeichnen, Tanzen, Musizieren, Singen auf, ergänzt um etwas Französisch und eine kontrollierte Beschäftigung mit Literarischem. Was den Töchtern aus moralischen Gründen vorenthalten werden musste, gab Charlotte nicht aus den Händen; nur selektiv las sie ihnen beispielsweise aus Goethes »Faust« vor. Stolz auf Karls und Ernsts Pagendienste stand das Lamento über die Notwendigkeit des Einführens der Töchter bei Hofe gegenüber.

Lästig fand die Mutter auch Carolines permanente Gesprächigkeit, unangenehm Emilies selbstbewusste Schweigsamkeit und die Konfirmation ihrer Jüngsten den notwendigen Aufwand nicht wert. Es scheint, als habe Charlotte mit ihrem Mann auch alle Lust am Großziehen der Mädchen verloren. Es wäre ihr ganz recht, gestand sie Knebel ein, wenn ein Verwandter oder eine Verwandte sich um sie kümmern würde: »So ein hülfreicher Oheim oder eine guthmüthige liebende Tante [Caroline expressis verbis ausgeschlossen] sind recht schätzenswerth in Familienverhältnissen.«[33]

Später rügte der nach Wolzogens Tod eingesetzte Vormund ihrer Kinder, ein sehr korrekter Mann namens Völkel, Frau von Schillers immerwährende Bereitschaft, zum Nachteil ihrer weiblichen Nachfahren die Schulden der Söhne auszugleichen. Einer wie der andere bevorzugte ein Leben auf zu großem Fuße. Student Ernst trug zu viel Geld in Konditoreien und Hutgeschäfte oder verkneipte es beim Kommers; Forstamtsanwärter Karl hielt eine eigene Equipage für unerlässlich.

Die wirklich kluge Emilie bekam reichlich Gelegenheit, sich in der Hauswirtschaft hervorzutun; schon als Halbwüchsige beherrschte sie mühelos das Geschäft der Winterbevorratung, und die wirklich begabte Tochter Caroline durfte Großes als der Chère mère willkommene Gesellschafterin oder, als es dazu an der Zeit war, bei der Pflege der Großmutter leisten. Ihre Obsession, »meinen Kindern zu zeigen, welchem Vater sie ihr Dasein verdanken, und wie sie ihn ihr ganzes

Leben beweinen sollten«, lebte die ewig untröstliche Witwe Charlotte von Schiller zum Schaden aller viere aus.

Noch weniger als die Schiller-Jungen machte sich Cousin Adolf aus dem Lernen,[34] und sein Interesse an Erwerbsarbeit ging gegen null. Charlottes vernichtendes Urteil: »… nichts als ein sinnlicher Mensch«.[35] Fehlschläge, an denen wahrlich kein Mangel war, buchte Adolf konsequent auf das Konto anderer; Wilhelm von Humboldt wurde das erhebliche Bemühen um sein Mündel mit hochnäsigen Spötteleien vergolten. Briefe des jungen Erwachsenen an die Mutter enthielten immer auch Geldforderungen. War von ihr nichts zu erwarten, schlug Adolf vor, es von einem Mitglied des Herzogshauses »zu ziehen«. Sein Ziel einer »reichen Heirat« scheiterte am Verzicht potenzieller Kandidatinnen auf den großmäuligen Versager.[36]

Nicht auf ganzer Linie allerdings. Adolf hatte eine unehelich gezeugte Tochter. Offenbar wusste Caroline nichts von der Enkelin, die im Elternhaus Wilhelmine Schwenkes aufwuchs. Überhaupt war sie, was den Sohn anbetraf, blauäugig bis zum Selbstbetrug. Im Übrigen übertraf seine Rastlosigkeit noch die ihre. Ungeachtet eigener Erziehungssünden brachte Charlotte zur Sprache – wieder einmal diente Knebel ihr als Klagemauer –, was hinter dem Rücken ihrer Schwester getuschelt wurde, dass nämlich »die Wolzogen« »ihre Ruhe, ihr Glück aufopfert, um die Wünsche des Sohns zu befriedigen, der doch leider Alles verkehrt an fängt und nie bleibt, wo die Mutter es denkt«.[37] Vorwürfe Charlottes hinsichtlich Carolines Gewohnheit, sich in die Belange der Neffen heftig einzumischen, sucht man vergebens.

Während Karl von Schillers Studien- und Berufsausbildungszeit besuchte ihn nur die Tante regelmäßig. Lieber als daheim verbrachte der ältere Schiller-Sohn das Weihnachtsfest mit Caroline und Adolf bei Dalberg in Aschaffenburg. Vielleicht, weil der Bruder, dem Vater in der äußeren Erscheinung ähnlicher, Charlottes erklärter Liebling war. Beging Ernst seinen Geburtstag nicht in Weimar, schmückte sein Bild, es hing über dem Sofa, ein Kranz von Rosen.

Wenigstens hatte Charlotte ihre elf- und sechsjährigen Töchter auf eine Friedrich-von-Schiller-Gedächtnis-Wallfahrt mitgenommen. Ein Fazit nach ihrer Heimkehr: Anders als die in Heidelberg, Mannheim, Stuttgart ... täten Weimars Männer Frauenmeinung nicht von vornherein als dummes Gerede ab.[38] Die zu Ehezeiten hintangestellten Reisegelüste meldeten sich unterwegs zurück.

Außerdem lebte Charlottes Lesefreude wieder auf. Sie verfügte über einen umfangreichen eigenen Bücherschatz und ist zudem als fleißige Benutzerin der von Herzogin Anna Amalia begründeten Universalbibliothek ausgewiesen. Zu ihren Vorlieben gehörten, wie der Ausleihkartei zu entnehmen ist, Sachbücher und Romane historischen, aber auch aktuellen politischen Inhalts (1816 las sie »Le congrès de Vienne«), und ebenso begeistert reicherte sie ihr naturkundliches Wissen an. Mitunter griff sie auch zu Exotischem, etwa zu altindischen heiligen Schriften, ergänzt um Mitteilungen »Über das Konjugationssystem des Sanskrit«. Ihr Kommentar nach der Beschäftigung mit den Lebensgewohnheiten brasilianischer Ureinwohner lautete: »Die armen Frauen! sie haben ein erschreckliches Loos! sie müssen die Jagdbeute nachschleppen, ihren Männern beladen durch die unwegsamen Wälder folgen und vielleicht nach aller Mühe noch unfreundlich behandelt werden.«[39]

Ein im Nachlass von Caroline von Wolzogen befindliches Verzeichnis listet mehr als eintausenddreihundert inhaltlich überaus weit gefächerte Titel aus ihrem Buchbestand auf, streckenweise gleicht es einer Bestsellerliste.[40] Mit Publikationen von Freunden und Bekannten beschäftigte sich jede der Schwestern, sie hernach ausgiebig kommentierend, ohne persönliche Vorbehalte auf literarische Veröffentlichungen zu übertragen. Lesefrüchte sammeln, Textpassagen durch Abschrift sichern, Merksätze selektieren, Fremdsprachiges ins Deutsche übertragen – all das hatte seinen festen Platz in beider Bildungskanon behalten.[41]

»Goethe ist nicht krank und lebt nur still, doch sah ich ihn einige mal von weitem.« – »Von Goethe sehe ich leider einmal gar nichts! … Wenn man nur zu ihm könnte, wie man wünschte!«[42] Goethe hielt Charlotte ihr störrisches Abstandhalten von seiner Frau vielleicht nicht vor, aber verzeihen konnte er es ihr auch nicht. Von Jahr zu Jahr war seine Zurückhaltung spürbarer geworden. Mag sein, dass »die Schillern« im Juli 1811 auch mündlich verbreitete, was brieflich an Caroline von Mecklenburg-Schwerin, »die Eidgenossin des Schutzes und Trutzes«, gegen die geborene Vulpius gegangen war: »… die Kugelform der Frau Geheimerath erinnert zu sehr an das runde Nichts, wie Oken[43] die Kugel nennt, und ist doch ein Nichts von Leerheit und Plattheit. Wenn wir ihn [Goethe] in einer bessern Welt ohne dieses Bündelchen sehn können, wollen wir uns auch freuen, nicht wahr?«[44]

Oder hatte Charlotte von Schiller vielleicht im September des Jahres ihr Vergnügen an einer Bemerkung Bettina von Arnims zu deutlich zu erkennen gegeben, die, nachdem sie von Christiane von Goethe tätlich angegriffen worden war, mit Abscheu in der Stimme herumerzählte: Es sei ihr vorgekommen, als wäre eine Blutwurst toll geworden und hätte sie gebissen?[45]

Im Frühherbst traf Herr von Goethe Frau von Schiller an empfindlicher Stelle. Das Weimarer Hoftheater war für sie eine Hauptattraktion, ein Abonnement auf den Platz an des »Meisters« Seite eine Auszeichnung ersten Grades. Wie ein Blitz, wenngleich nicht aus heiterem Himmel, traf Charlotte die fristlose Kündigung: »Mit einigem Widerstreben vermelde ich Ihnen, verehrte Freundin, daß ich diesen Winter in meiner kleinen Loge den Einsiedler spielen muß. Ich würde dieses jedoch nicht ausführen können, wenn ich Ihnen nicht einen bessern Platz als den bisherigen anzubieten wüßte … Sie haben auf diesem Platz den Vorteil, gut zu sehen, aber nicht gesehen zu werden …«[46] Was für ein Vorschlag!

Schließlich gesellte Charlotte sich zu Caroline, die ihre »Wand« war, wenn an den rührseligsten Stellen eines Stücks die Besucher rundum lautstark Äpfel verzehrten. Sich hinter der Schwester verstecken zu können, das war in diesem Fall wörtlich zu nehmen. Eigentlich sei Caroline »immer die nämliche als sonst nur unglaublich durch Dicke ... entstellt«, schrieb Humboldt in jener Zeit seiner Frau. Außerdem sei sie, nunmehr fünfzig, unschön in die Jahre gekommen. (Eine Notiz am Rande: Von Carolines dann zweiundsiebzigjährigem erstem Ehemann würde Humboldt 1827 sagen: »Weniger im Aussehen durch das Alter verändert werden, als es ... Beulwitz geschehen ist, kann man nicht. Er könnte gleich wieder heiraten und sah nie besser aus.«[47]) Charlotte kam auf andere Art schlecht weg. Nach einer Zusammenkunft in einem Erfurter Gasthof meinte Humboldt, er hätte Caroline »freilich lieber allein als mit Lolo gesehen, aber da Lolo ziemlich cavalirement behandelt wird, und sie gewohnt ist zu sprechen, ohne daß man darauf hört, so stört sie nicht viel«. Vom Spaziergang nach Tisch blieb sie dennoch ausgeschlossen.[48]

Von der Schwester und den Ihren noch immer nicht ernst genommen. Goethe auf Distanz. Die Söhne aus dem Haus. Prinzessin Caroline nach Mecklenburg-Schwerin verheiratet, und mit ihr entschwunden die »gute« Henriette von Knebel. Deren Bruder Karl Ludwig zwar nicht so weit weg, aber jede Bitte um eine Einladung zu ihm nach Jena geflissentlich überlesend. Immer seltener die Antworten auf Briefe an den »lieben« Fischenich, die Freundschaft mit Patin von Stein im Alles-schon-gesagt-Zustand ... Im Spätwinter und Frühjahr 1813 sah Charlotte, jetzt siebenundvierzig, sich nach Ausgleich und neuen Verbündeten um. Auffallend die häufige Erwähnung eines zweiunddreißigjährigen Karrieristen: »Ich habe jetzt eine Unterhaltung am Hof, die ich recht cultiviren will. Es ist der Herr von Gersdorff, der sehr verständig ist und mit dem man sehr viel reden kann, der sich gern mittheilt ..., mehr eine reflectirende Natur ... ein solcher Kammerherr ist ein Wunder!« Oder: »Herr von Gersdorff ist recht interessant und spricht sehr gut und hat eine Wärme für das Große, die ihm selbst sehr wohltätig ist.«[49]

Machen wir es kurz. Ernst Christian August von Gersdorff, »von hoher skeptischer Intelligenz, hellwach und klug und spürbar von großer Energie« (mit einem Hauch von »Ami«?), war zwar ebenfalls verwitwet, aber für Frau von Schiller trotzdem nicht zu haben.[50] Und sollten Charlottes Annäherungsversuche in erster Linie mit seinem Einfluss verbunden gewesen sein, dann blieben ihre Bemühungen auch in diese Richtung absolut erfolglos. Gersdorff, Geheimer Assistenzrat sowie Kammerpräsident und zukünftig Staatsminister mit dem Titel Exzellenz, rührte keinen Finger, als es wenige Jahre später darum ging, Schillers Söhne in sachsen-weimarische Dienste zu bringen – ganz zu schweigen von Goethes und Carl Augusts »Unbehilflichkeit«.[51]

An diesem Affront gemessen, hatte die Missachtung im Februar 1813, von außen betrachtet, den Stellenwert einer unbedeutenden Schikane. Dass eine wie Christiane von Goethe zur Trauerfeier der Freimaurerloge »Amalia« für Christoph Martin Wieland erscheinen durfte und eine wie sie ausgeschlossen blieb, fand Charlotte von Schiller (Caroline von Wolzogen meisterte dergleichen eindeutig souveräner) unerhört: »Ich als die beste Freundin Wielands, die ihn in den letzten Jahren am meisten sah und mich seiner Freundschaft rühmen konnte …, hätte ich der dicken Hälfte für eine Schaale Punsch für diesen Abend ihr Recht abkaufen können, so glaube ich, wären wir beide an unserem Platz gewesen.«[52]

Zugleich war wirklich Besorgniserregendes im Gang. Im Mai des Jahres 1812 hatte Napoleon die Grande Armée zum Feldzug gegen Russland in Marsch gesetzt. Von sechshunderttausend Soldaten – darunter ein Drittel Deutsche – blieben einhunderttausend übrig. Defensive Kriegsführung und Verzögerungstaktik des Generalstabs von Zar Alexander I.[53] hatten sich »ausgezahlt«, Kälte, Hunger und Krankheiten hatten in weit größerem Maße als die Konfrontation mit gegnerischen Truppen zur Dezimierung beigetragen. Hochrangige preußische Militärs, das heißt die Verbündeten des französischen Kaisers, strebten den Rückzug auch aus der politischen

Koalition mit Napoleon an. Über den Kopf von König und Regierung in Berlin hinweg sagten sie sich von ihm los. Friedrich Wilhelm III. zog im Februar 1813 nach, verbündete sich mit dem russischen Zaren gegen Napoleon und rief zum Freiheitskrieg auf. Gerade die gebildete Jugend leistete dem Appell mit Begeisterung Folge.

Patriotismus wurde zum Schlagwort und griff rasch um sich: »Alles, was sich Deutsche nennen darf, nicht gegeneinander, sondern Deutsche für Deutsche!« Kriegslieder, geschrieben von Joseph von Eichendorff, Friedrich Rückert, Karl Theodor Körner, heizten die Stimmung an. (Körners Sohn fiel im August 1813. Tochter Emma verloren sie wenig später durch Krankheit. Mit der Begründung, die armen kinderlosen Eltern dauerten sie zu sehr, brach Charlotte den nur mehr losen Kontakt mit den Freunden ihres Mannes vollkommen ab.)

Jenen deutschen Fürsten, die aus Furcht vor dem nach wie vor mächtigen Kaiser der Franzosen politische Lossagung und militärischen Widerstand noch nicht wagten, wurde von Preußen mit dem Verlust ihres Throns gedroht. Carl August erklärte sich so spät als möglich. Erst im Dezember suchte der Landesherr von Sachsen-Weimar unter seinen Landeskindern nach »lebenden Mustern der Tapferkeit«. In seinem Aufruf im »Weimarischen Wochenblatt« versprach er: »Zur Unterstützung der Wittwen und Waisen der auf dem Feld der Ehre Gebliebenen soll … ein besonderer Fonds gebildet werden.«[54]

Zuerst sah es nach einer Niederlage der Verbündeten aus. Erst nachdem Österreich an der Seite Russlands und Preußens in den Krieg eingetreten war, wendete sich das Blatt. Die Entscheidung brachte die »Völkerschlacht« bei Leipzig vom 16. bis 19. Oktober 1813. Am 21. Oktober wurde Weimar von letzten Kampfhandlungen gestreift.

Charlotte von Schiller an Karl Ludwig von Knebel: »Gestern Nacht um 12 Uhr kamen 150 bis 160 Kosacken an, so leise und leicht …; theils lagerten sie sich auf dem Markt, theils zogen sie sich nach dem Jägerhause in aller Stille.« Sie rauchten keinen Tabak, mieden den Alkohol, »dahingegen unsere Leute desto mehr besoffen waren«.[55] Und an Caroline von Mecklenburg-Schwerin: »So viele Visiten! ... es sah aus, als wäre ich auch berühmt. Kaum ist der Morgen grau, so krachen schon die Treppen ... Alle Nationen sind zu mir gekommen, um das Haus zu sehen! Aus dem innern Rußlands kamen Offiziere und wollten Bücher haben.« Zu hören bekamen sie den Erlebnisbericht von »Schillers letzten Tagen«. Am Ende weinten die fremden Herren mit der Witwe.[56]

Im Schiller'schen Hause waren vier Kriegsfreiwillige einquartiert, höflich aber unbequem, zumal Christine Wetzel die Arbeit zunehmend schwer fiel und sie vor Schmerzen zuweilen aufschrie. Im März 1814 erlag die »alte treue Schaffnerin, die die guten Luftkuchen machen konnte« ihrem Magenkrebs. Sie wurden nicht übermäßig betrauert. »Sie hat zwanzig Jahre, so lang wie Karl gelebt, die Kinder gepflegt und mir viel erfahren. So eine alte gewohnte Gestalt, ob sie gleich nicht erfreulich war, vermisst man immer.« Um die »trüben Eindrücke nicht physisch zu fühlen«, schlüpfte Charlotte so lange bei Caroline unter, bis die Ankunft ihrer neuen Stütze gewährleistet war.[57] Eine Verwandte der Wetzel, die wissen wollte, wie sie in den Besitz des Erbes kommen könne, wurde kühl abgewiesen, Christines Habseligkeiten, namentlich die Kleidung der Toten, samt und sonders abgetragen, seien von keiner Seite irgendeinen Aufwand wert.[58]

Karl von Schiller war schon Monate vor der Weimarer Werbekampagne bei den Sächsischen Ulanen eingerückt, danach in ein preußisches Regiment gekommen, das große Verluste erlitten hatte und deshalb neu gebildet werden musste.[59] Ihn hatte Charlotte ohne größeren Widerstand ziehen lassen. Aber: »Ernst ist auch so kriegslustig, und ich habe manches zu bedenken, denn seine Konstitution, wie seine Talente, möchte ich für andere Zwecke aufbewahren, und ich hoffe auch, es sind nur vorübergehende poetische Gedanken, aber wenn sie aufsteigen, sind sie mir doch wie schwere Gewitterwolken.«[60]

Der bald Achtzehnjährige wurde nach Rudolstadt expediert, wo Louise von Lengefeld für Ablenkung durch geselligen Umgang sorgte, mit Beulwitzens Sohn, der seit langem ein Freund des Enkels war, mit den jungen Wurmbs und Gleichens und Hollebens und insbesondere mit dem Fürstennachwuchs auf der Heidecksburg. In Hofuniform mit schwarzem Federbusch sah nicht nur Charlotte ihren Ernst mit Vergnügen paradieren.

Während Goethe für das Fernbleiben seines Sohnes August von den Freiheitskriegsfronten rechtzeitig gesorgt hatte, war Adolf von Wolzogen durch nichts und niemanden von der freiwilligen Meldung zum Dienst mit der Waffe abzuhalten gewesen. zum größten Entsetzen seiner Mutter. Entweder folgte Caroline ihrem Sorgensohn an seine Einsatzorte, oder sie setzte Himmel und Menschen in Bewegung, um möglichst lückenlos über sein Befinden informiert zu sein. »Dein Adolf ist wohlbehalten, liebe Caroline«, vermeldete Gustav von Schlabrendorf aus Paris, »wirst gewiß überschwengliche Gefahren erträumt haben.«[61] Noch als der Waffengang längst vorbei war und Adolf von einer militärisch-diplomatischen Karriere unter Friedensbedingungen träumte, eilte sie ihm hinterher.

Charlottes Kommentar dazu: »Meine Schwester ängstigt mich jetzt unbeschreiblich ... dieser Zustand von Angst scheint mir nicht auszuhalten ... Man kann weder helfen, noch rathen, noch trösten. Sie ist so stets von einer innern Unruhe bestürmt; jetzt ist es zur Krankheit geworden, fürchte ich«.[62] Dem ist Rahel Levins Aussage entgegenzuhalten; die Berlinerin sah im Herbst des Jahres 1813 in Prag eine »gütige, gefaßte« Caroline.[63]

Jubel herrschte über Napoleons Thronverzicht auch in Weimar. »Nur nie wieder Krieg, solange ich lebe!«, rief Charlotte aus, als er im Frühjahr 1814 vorbei war. Aber wie geht das zusammen mit ihrem im Jahr darauf entstandenen »Marschlied«?

»Auf Brüder, auf! der Morgen graut, / Es tönt der Trommel Schlag, / Es schallet weit der Hörner Laut; / Verlaßt der Zelte Dach. / In freier, frischer Morgenluft / Hinaus ins weite Feld: / Dort ist's wo uns die Ehre ruft, / Wo Muth uns aufrecht hält. / Was wäre ohne Kraftgefühl / Der Krieger schweres Loos? / Was führte uns zum schönen Ziel? / Was macht uns frei uns groß? / Denn wem nach dem errungnen Sieg das Herz nicht höher strebt, / Wen nicht in einem blut'gen Krieg / Sein eigner Sinn erhebt, / Der kehre heim mit leisem Tritt, / Der folge nicht dem Klang, / Der Trommel, und nicht fecht' er mit / In stolzer Waffen Drang.«[64]

Carl August brachte die politische Neuordnung durch den Wiener Kongress zwar keinen nennenswerten Gebietszuwachs, aber trotzdem einen neuen Status: Fortan stand er an der Spitze eines Großherzogtums und durfte sich Großherzog nennen.

1815 war kein schlechtes Jahr, sieht man von den Tagen um Schillers zehnten Todestag ab und von einer Kopfgeschwulst Charlottes, die »durch ätzende Mittel vertrieben« wurde. Oder von Goethes Mäkeln an den frühen Werken ihres Mannes. Ungewohnt schroff der Widerspruch der Witwe: »Ich bin wie Rahel; wie sie ihre Hausgötter vor Feinden bewahrt.«[65] Von Caroline wissen wir lediglich, dass sie zu Beginn der Theater-, Ball- und Maskeradensaison in Weimar weilte; aber auch, dass es dort mit der ausgeprägten Vorzugsbehandlung seit Wolzogens Tod vorbei war.

Kulturell entwickelte Weimar sich allerdings zurück – »vom Musenhof zum Museum«.[66] Nicht mehr lange, dann würde Johanna Schopenhauer schimpfen: »Nur im Schloß ist hier noch einiges Leben ... Wir in der Stadt schlafen samt und sonders. Ich glaube, es gibt keinen ungeselligeren Ort.«[67]

Vom literarischen Quartett der Jahrhundertwende lebte nur noch Goethe, aber der war gerade im Rhein-Main-Gebiet mit der jungen Marianne Willemer beschäftigt. Vorüber die Tage, da seine Weimarer Jüngerinnen mit dem »Meister« über »wissenschaftliche Dinge« plaudern durften, mittwochs von morgens um zehn bis mittags um eins. Jetzt plagten Entzugserscheinungen den kleinen, vorwiegend rein weiblichen Zirkel, an dem Caroline von Wolzogen kein besonderes Interesse hatte erkennen lassen, ganz im Gegensatz zu Luise von Göchhausen, Charlotte von Stein, Henriette von Knebel, Charlotte von Schiller ... Die Hände hätten sie Goethe küssen mögen, wenn er ihnen so »prächtige Sachen« wie »galvanische Versuche« darbot oder die Elektrizität der Luft und, »noch hübscher«, »die moralische Elastizität« erklärte. Politische Bildung war den Damen stets in leicht verdaulichen Häppchen verabreicht worden.[68]

Ereignislosigkeit, im Ganzen gesehen, bot indessen keinen Schutz gegen Zäsuren im persönlichen Bereich. Im Januar 1816 starb Caroline von Mecklenburg-Schwerin, kaum dreißigjährig, an einer Lungentuberkulose. Charlottes Trauer um ihren »guten Genius« war nicht weit weg von der um Schiller. Christiane von Goethes qualvolles Ende im Juni des gleichen Jahres ließ Aversion in Mitleid enden. Sie »dauert mich, denn sie hat unendlich gelitten«.[69] Nierenversagen, Blutvergiftung, epileptische Anfälle, weder Mann noch Sohn hatten das Leiden der Todkranken mit ansehen können. Den »Meister« dafür zu rügen wäre Frau von Schiller nicht eingefallen.

Frau Schopenhauer, der man immerhin unterstellte, sie habe sich ihres ungeliebten Mannes durch einen Fenstersturz entledigt, machte, wie noch andere, kein Hehl aus ihrer Empörung: »Allein, unter den Händen fühlloser Krankenwärterinnen, ist sie, fast ohne Pflege, gestorben ...« Frau von Humboldt war der Meinung, die Schopenhauer hätte besser daran getan, die unangenehmen Details mit Stillschweigen zu übergehen.[70]

Dass Frau von Wolzogen genauso dachte wie die Freundin, darf bezweifelt werden. Caroline ging – je weiter die Zeit fortschritt, umso deutlicher – zu Goethe auf Distanz und urteilte, gemäß Herrn von Humboldt, »bisweilen über seinen Charakter und sein Benehmen mit einer Strenge, die einem weh tut«.[71] Sie hatte den Tod Carl Theodor von Dalbergs am 10. Februar 1817, zwei Tage vor seinem dreiundsiebzigsten Geburtstag, zu beklagen. »O dieses Herz war der Quell, wie von tausend Schmerzen, so tausendfacher Seligkeit. Denn sein Leben riß an sich, und die Gewalt seiner Liebe beherrschte, was in seinen Kreis kam. Zauberisch fesselte dieses Herz; es gab den Worten Leben; und mächtig strömten diese in die lieberfüllte Brust der ihm Ergebenen, und durchdrangen sie mit ihrer Fülle.«

Nie hörte Caroline auf, um Dalberg zu trauern. »Ich kannte seine Seele, er erkannte meine Verehrung. Außer meinem Mann und meinem Sohn hätte ich ihm Alles geopfert«, notierte sie um 1826 und rief ihm auch später noch große Worte nach.[72] Wohin mit dem Überschuss an Gefühlen, wenn die Zeit gegen Abnehmer auf Erden arbeitet? Er möge sich ihrer annehmen, erbat Caroline sich vom himmlischen Herrn, damit die Liebesfülle ihres Herzens »im Unendlichen Raum findet«.[73]

Noch andere Einschnitte, tatsächliche und drohende, wurden schmerzhaft empfunden. Nachdem im Frühjahr 1818 etliche Bäume an der Esplanade einer Fällaktion zum Opfer gefallen waren, schrieb Charlotte an Knebel: »Die Menschen kommen mir so grausam vor, wie sie die Natur zerstören können, und ich war ganz unwillig im Herzen.«[74] In helle Aufregung versetzte sie im folgenden Sommer Ernsts Heiratsabsicht. Eine Jüdin? Um Christi willen, nein! Der Sohn, unterdessen im preußischen Rheinland, in Köln, als Kreisgerichtsassessor tätig, gab zögerlich nach. Sorgen machte ihr Ernst auch aufgrund der sich in an ihm wiederholenden Krankheitssymptome des Vaters.

1819 sehen wir Charlotte zu Besuch bei Sohn Karl, der im württembergischen Altshausen ein Forstpraktikum absolvierte. Danach reiste sie an den Bodensee, nach Stuttgart, Marbach, Würzburg, besuchte Schwägerin Christophine in Meiningen und Caroline in Bauerbach, welche die gänzlich erschöpfte Schwester erst einmal hochpäppeln musste.

Wodurch Charlotte zum Jahresende wieder einmal an ihren Jugendschwarm erinnert wurde, lässt sich nicht sagen, und dass sie vielleicht sinnend sein Bildnis betrachtete, lässt sich nur aus einer schriftlichen Äußerung Knebels schließen: »Es ist hübsch, daß Sie an unsern Freund Heron denken mögen, und sich ihm so nahe gestellt haben. Ich habe auch noch eine kleine Zeichnung von ihm stets in meiner Kammer. Ich kann nicht leugnen, daß diese Freunde – die englischen nämlich – von besonderem Metall waren, das man nicht überall findet.«[75]

Wem die Zukunft ohne Lebenssinn erscheint, der muss ihn aus Reminiszenzen gewinnen. Caroline fuhr fort »Gedankenbücher« mit Rückbesinnungen zu füllen. Charlotte belebte »Erinnerungen an Wieland, Herder, Goethe, Schiller« und ebenso an Kant, um unter anderem festzustellen, dass es im Hinblick auf dessen Frauenbild bei der Note mangelhaft bleiben müsse.

Ob eine Hinrichtung durch das Schwert im April 1820 auf dem Marktplatz zu Weimar, gegenüber dem »Elephanten«, ihr ins Bewusstsein rief, wie sie und Caroline einmal auf dem Schindanger von Lauchstädt mit Entsetzen Scherz getrieben hatten? »Die Begebenheit, die uns Donnerstag erwartet, ist nicht erfreulich. Ich … denke, daß es mir lieb ist, daß ich nichts von Allem hören kann, da es weit an meiner Wohnung vorüber ist. Die Vorstellung quält mehr als die Entwicklung.«[76]

1821 ging mit Adolf von Wolzogens Nomadenleben auch das seiner Mutter zu Ende. Nicht jedoch Carolines unentwegtes Kümmern, in des Wortes eigentlicher Bedeutung. Hatte sich doch der zunehmende Realitätsverlust des Sohnes ins Wahnhafte gesteigert. Gegen Adolfs Tobsuchtsanfälle wurde ihm eine Opiumkur verordnet.

Im Sommer des gleichen Jahres reisten Charlotte und ihre Töchter für dreieinhalb Monate zu Ernst. »Wenn man bedenkt, wie kurz das Leben ist, wie viele vergebliche Wünsche und Erwartungen man hegt, so muß man der innern Stimme Gehör geben, und die Sehnsucht nicht unterdrücken.« Von Köln aus ließ sich wunderbar das touristische Pflichtprogramm absolvieren, Bonn, Poppelsdorf, Godesberg, Königswinter mit Drachenfels:»… das Siebengebürge ist prächtig.« Ihre Schreibfaulheit erklärte Frau von Schiller mit der Gewöhnung an die rheinischen Sitten,»wo man lieber spricht als schreibt«.[77] Tatsächlich hatte ihre Sehkraft beträchtlich nachgelassen. Ihre Idee, die jüngere Tochter ganz bei Ernst abzustellen, stieß auf Ablehnung – beim Sohn. Dass die siebzehnjährige Emilie gefragt wurde, ist nicht anzunehmen.

Ende 1821/Anfang 1822 erschien ein zweihundertachtzig Seiten umfassendes Schiller-Porträt, entworfen von Dr. Heinrich Döring.[78] Goethe, war zu hören, habe an dessen Darstellung nichts auszusetzen. Knebel fand sie ebenfalls in Ordnung, bat aber vorsorglich um Nachsicht mit ihrem Autor: »Der gute Mensch! Er schreibt um's Brod …«[79] Die Nöte eines Privatgelehrten kümmerten die Schiller-Witwe wenig. Hätte Döring sich beispielsweise das Wort »Mißverhältnisse« im Hinblick auf ihre Ehe verkniffen, ja dann vielleicht. Aber so nicht! »Wir haben nun einmal verschiedene Ansichten. Ich müßte selbst ein Buch darüber schreiben, um alle meine Gründe klar zu machen«, gab Charlotte Knebel zur Antwort – und beließ es bei der Absichtserklärung.[80] Caroline nannte die Döring-Biografie ein »abgeschmacktes Produkt«. Sie »entwerfe selbst jetzt etwas« über Schiller, kündigte auch sie an – und entschied sich für einen Aufschub auf unbestimmte Zeit.[81]

1823 ging Ernst von Schiller die Ehe mit Magdalena Mastiaux ein. Gegen die einundvierzigjährige finanziell unabhängige Witwe hatte seine Mutter nichts einzuwenden, blieb aber trotzdem der Hochzeit fern. In Rudolstadt mit Spiritus-Einträufelungen behandelt, hatte sich Charlottes Augenschwäche, wie konnte es anders sein, verstärkt. Nehmen wir zu ihren Gunsten an, dass deshalb die Pflege der Chère mère den Enkelinnen, der älteren insbesondere, überlassen blieb.[82] Die diesbezügliche Zurückhaltung Carolines ließe sich mit dem Zustand von Adolf, der wohl nicht allein gelassen werden konnte, entschuldigen.[83] Am 11. Dezember 1823 tat im

Alter von achtzig Jahren und ohne allzu langes Leiden Louise von Lengefeld auf der Heidecksburg ihren letzten Atemzug.[84]

In die laufenden, teils unerquicklichen Verhandlungen im Zusammenhang mit der von Cotta geplanten Veröffentlichung der Schiller-Goethe-Briefe mischte Caroline von Wolzogen sich kräftig ein, »man muß fühlen lassen, daß man sein Recht kennt und nicht aufgibt«.[85] Da hatte Charlotte Worte wie Kampfgeist oder Engagement schon aus ihrem Vokabular gestrichen. Sollten doch die Söhne, der jüngere mehr als der ältere, die Schiller-Fahne weiter tragen. Dass Emilie das Amt der (über-)gewissenhaften Nachlassverwalterin zufallen würde, konnte die Mutter weder ahnen, noch hätte es ihren Vorstellungen entsprochen. Mit der konsequenten Fortschreibung der Familienlegende durch die jüngste Tochter wäre Charlotte allerdings höchst einverstanden gewesen.

Im August des Jahres 1824, da war er vierundsiebzig, endete in der französischen Ortschaft Batignoles das Leben von Gustav von Schlabrendorf, der trotz zunehmender Verwahrlosung bis zuletzt von Frauen umworben blieb. Schlabrendorfs Sinnlichkeit zu reizen sei nicht schwer gefallen, schrieb ein Freund des Verstorbenen an Karl August Varnhagen von Ense. Jedoch: »Persönliche Anhänglichkeiten waren bei ihm nie sehr stark.«[86] Niemand wusste das besser als Caroline von Wolzogen.

1825, im Februar, nahm Revierförster Karl von Schiller Luise Locher zur Frau, die Tochter eines württembergischen Oberamtsarztes. Monate zuvor und Monate danach lebte Charlotte gemeinsam mit Emilie im Haus des Sohnes in Reichenberg bei Heilbronn. Nahtlos schloss sich im Juni ein erneuter Aufenthalt bei Ernst in Köln an. Falls der Mutter seine übergebührliche Passion für Stieftochter Therese, jetzt fünfzehn, zu denken gab, dann behielt sie ihre Missbilligung für sich.[87] Sie dachte an rasche Heimkehr – fühlte sich dazu aber nicht stark genug.

Zur Sehnsucht nach Weimar kam die nach der Schwester.

Caroline, schon im Juli herbeigerufen, sagte ab: Es gehe zwar leidlich mit ihrem Sohn. »Doch ist noch an keine Reise zu denken ... Der Allbarmherzige wird helfen!«[88] Es blieb beim frommen Wunsch. Adolf starb am 10. September 1825.

»Er sprach am 9. September nachmittags gegen seine Mutter den Wunsch aus, auf die Rebhuhnjagd zu gehen. Voller Freude über dieses scheinbare Zeugniß wiederkehrender Genesung, bringt sie ihm selbst das Gewehr aus dem Hause nach dem Garten; – kurze Zeit darauf fällt ein Schuß – und nach etwa 24 Stunden, am 10. September nachmittags, lag ihr Sohn als Leiche vor ihr. Die Katastrophe fand gerade am [vermeintlichen!] 30. Geburtstage Adolf's statt, und man hat deshalb auf einen Selbstmord geschlossen. Gegen diese Annahme spricht jedoch, daß der Unglückliche unmittelbar nach dem Schusse ausrief: ›Ach Jesus, mein Heiland!‹ – daß er selbst sofort ins Haus zurückkehrte und dort sagte: ›Zieht nur rasch den Pfropfen heraus und legt Schwamm auf!‹ – ja, daß er überhaupt lebhaftes Verlangen nach Hülfe und Rettung bezeigte. Ueberdies war Adolf, als Reconvalescent, mit einem weiten Militärmantel bekleidet, und es kann somit bei dem Klettern über die Hecke, wo der Schuß fiel, die verhängnisvolle Wendung des Gewehrs leicht durch Zufall bewirkt worden sein. Seine Rettung wäre wohl sicher gelungen, wenn nicht der zwei Stunden weit herbeigerufene Arzt die nöthigen Instrumente zum Herausziehen des Pfropfens mitzubringen vergessen hätte. Der Schuß war in die linke Seite gedrungen und hatte die Lunge gestreift.«

So das Geschehen in der Erinnerung der Wolzogen-Familie.[89] Was Caroline das Weiterexistieren ermöglichte? Eine Ortsveränderung. Ein Umzug. Nach Jena. Die bescheidene Wohnung lag im Norden der Stadt vorm Zwätzentor.[90] Das Haus – Humboldt gefiel, was er sah, nur bedingt – recht hübsch, ebenso die Aussicht auf die Berge. Aber Treppe, Flur, Hof,

Umgebung – ein Graus! Der Haushalt war klein, jedoch ordentlich; Kutscher (das eigene Gespann war Caroline aus besseren Zeiten geblieben) und Bediensteter in Personalunion; ein Mädchen neben der bewährten Wilhelmine Schwenke.[91] Die Mittel waren beschränkt. Wilhelm von Wolzogens Tod hatte auch pekuniäre Einbußen zur Folge gehabt. Und mit dem Hinscheiden von Adolf waren die Familiengüter an andere übergegangen.

Wilhelm von Humboldt besuchte Caroline von Wolzogen gern und regelmäßig. Und genauso regelmäßig versah er für seine Frau bestimmte Berichte mit Eifersucht vorbeugenden Einsprengseln. So hatte er ihr Ende 1823 geschrieben:

»Es hat sich gar nichts an ihr [Caroline] verändert, noch immer das alles Vereinigende, mit der Phantasie verschönende Wesen, dies Leben in Ideen und Poesie, und diese Lust, ins wirkliche Leben mit einzugreifen, daher das beständige Beschäftigen mit Planen über Dinge, die sie gar nichts angehen, und das luftige Gewebe ihrer eigenen Einrichtung. Sie hat gar nicht den tiefen und sicheren Gehalt, der an ein weibliches Wesen, wenn man Sinn und Gefühl dafür besitzt, unauflöslich kettet, eine nahe Verbindung mit ihr hätte mich nie beglücken können, allein zum bloßen Umgange, der aber sehr vertraut sein kann, ist es auch unmöglich, etwas mehr Anregendes, Gefallenderes und im Gespräch über jeden Gegenstand mehr Anziehendes zu finden. Dabei ist sie von einer tiefen Gutmütigkeit, die sich auch jetzt immer ausspricht.«[92]

Caroline von Wolzogens Hilfsmittel gegen Zukunftsängste hieß Vergangenheitsverklärung. Man glaube ihn gar nicht gekannt zu haben, wenn man sie von Adolf sprechen höre, stellte Wilhelm von Humboldt am zweiten Weihnachtsfeiertag des Jahres 1826 fest.[93] Da hatte die Freundin schon mit einer groß angelegten Apotheose begonnen. Anders gesagt und Humboldts Worte gleichsam konkretisierend, ihre »Lust, ins wirkliche Leben mit einzugreifen« und »das luftige Gewebe ihrer eigenen Einrichtung« bedenkenlos verquickend, hatte sie die Arbeit am Idealbild Schillers aufgenommen. Frei von geschwisterlicher Rücksichtnahme! Charlotte nämlich, seit dem Vorjahr in Köln, hatte sich im Juni 1826 zur Behandlung ihres grauen Stars nach Bonn begeben.[94] Zweifel am guten Ausgang des für den 4. Juli angesetzten Eingriffs hatte Professor Franz von Walther nicht aufkommen lassen. Die ärztliche Kapazität nahm die Operation im Pensionszimmer der Patientin vor. Fünf Tage später war sie tot.

Der Redakteur des »Bonner Wochenblatts« entschied sich für eine angemessen kurze Notiz:[95] »Den 9. Juli Morgens früh starb hier Frau Hofräthin Charlotte von Schiller, geb. Fräulein von Lengefeld, Witwe des großen Dichters, nachdem sie blos zu diesem Zwecke seit einigen Wochen hier wohnend, eine Augenoperation glücklich überstanden hatte, endete ein Nervenschlag auf eine sanfte Weise das Leben der trefflichen Frau, im drei und sechzigsten Jahre ihres Alters. [Jene Angabe hätte auf die Schwester zugetroffen, Charlotte starb mit neunundfünfzig!] Diesen Morgen fand das Begräbniß Statt, unter Begleitung des evangelischen Geistlichen und wenigen, aber von Theilnahme ergriffenen Freunden, die, mit dem hier anwesenden Sohne [Ernst; die ebenfalls anwesende Tochter Emilie blieb unerwähnt] der Entschlafenen, auch des ihr ein und zwanzig Jahre vorausgegangenen Gemahls mit Sammlung gedachten.«

Charlottes letzter, schwer lesbarer Brief ging an Sohn Karl und datiert vom 26. Juni 1826. Er lässt gemäßigten Optimismus erkennen.[96] Trotzdem hatte sie vor geraumer Zeit über ihren Tod hinaus gültige Verfügungen getroffen, eine Grabstelle in Weimar für sich angeordnet und »daß die Reste des geliebten Vaters neben den meinigen ruhen«.[97] Ernst (er würde neben die Mutter gebettet werden) hielt die Verstorbene auf dem Bonner Alten Friedhof für besser aufgehoben. Caroline hatte nichts dagegen.

»Die Wolzogen ist sehr betrübt gewesen, aber bald darauf

gefaßt«, und die Patin habe »recht um sie geweint«, gab deren Schwiegertochter Amelie weiter.[98] Charlotte von Stein selbst schrieb an Sohn Fritz: »Daß die Schillern tot ist, hat mir sehr weh getan.«[99] Ähnlich äußerte sich Wilhelm von Humboldt: »Der Tod der guten Lolo Schiller hat mich sehr bewegt.«[100] Zu größerer Aufregung führte er nirgends.

Emilie von Schiller lebte in Jena bei der Tante, bis sie 1828 Heinrich Adalbert von Gleichen-Rußwurm heiratete, den Sohn von Freundin und Freund ihrer Mutter, mit dem sie forthin in Unterfranken auf Schloss Greifenstein bei Bonnland wohnte.[101] Die ältere Schiller-Tochter Caroline hatte nach dem Tod der Chère mère die Erziehung von Prinzessin Marie, Tochter des württembergischen Herzogs, übernommen. 1832 kehrte sie zurück nach Rudolstadt, gründete eine private Mädchenschule und gab 1836, da war sie siebenunddreißig, dem Wiederverheiratungswunsch des kinderreichen verwitweten Bergrats Franz Karl Emanuel Junot nach.

Vom Schiller-Haus an der Esplanade, die Brüder hatten das entschieden, trennte man sich flugs durch Verkauf. Auch die Verteilung des Inventars sowie des derzeitigen und zukünftigen Geldvermögens machten die Schiller-Söhne im Wesentlichen unter sich aus.

Aus der Einleitung von Caroline von Wolzogens 1830 erschienener zweibändiger Publikation »Schillers Leben«:[102] »Wahrheit allein sollte mich leiten im Entwurfe, und möglichst klare Einsicht in die Umgebung und die Zeit unsers großen Dichters; das Colorit der Billigkeit und Liebe wird Gleichfühlende ansprechen.«[103] Heutigen Menschen nötigt das Werk mitunter ein Kopfschütteln ab. Aus einem zeitnah von ihrer Hand gefüllten »Gedankenbuch«: »Memoiren werden fast immer zum Halb-Roman, wenn sie die Verflechtung des innern Lebens mit dem äußern darstellen. Der Duft der Vergangenheit umschleiert die Begebenheiten, der Nebel vergrößert die Gestalten, Farben und Umrisse verschmelzen. Die Ansicht der Gegenwart, die unsre Gefühle beherrscht, übt

Einfluß rückwärts auf die Vergangenheit, die Motive der Begebenheiten werden in unsern Vorstellungen verfälscht.«[104]

In der Tat! Gestalt, Gestus, Artikulation, Gesinnung …, alles am Schiller-Entwurf aus Carolines Feder grenzt ans Wunderbare. Greifen wir zur Veranschaulichung ein vergleichsweise bescheidenes, furchtbar schönes Exempel heraus: »Hoher Ernst und anmuthige geistreiche Leichtigkeit des offenen reinen Gemüths, waren in Schillers Umgang immer lebendig, man wandelte wie zwischen den unwandelbaren Sternen des Himmels und den Blumen der Erde in seinen Gesprächen.«

»Lottchen« – »mäßig, aber treu« – bekam ihren Platz in »Schillers Leben« nicht nur namentlich in der Kleine-dumme-Schwester-Ecke zugewiesen, am intellektuellen Vorsprung der »gewöhnlich die Unterhaltung führenden«, »gewandten« Älteren lebenslang lediglich partizipierend. Ein Gedicht Charlottes, anstandshalber ein wenig gelobt, bedurfte vor Drucklegung erheblicher Verbesserung.[105] Wie sich selbst ins rechte Licht rücken? Und in welches die Schwester? Mittels zielgerichteter Quellenauswahl. Auszüge aus Briefen von Schiller an Charlotte beinhalteten vorwiegend anspruchsloses Geplauder, fast jede ausgewählte Passage, die an Caroline gerichtet war, einen »Discours philosophique«. Ihr Heros im Gefühlsdilemma einer Doppelliebe? Niemals.

Und wie das anhaltende Gerede unterminieren? Mittels massiver Manipulation. Das bedeutete im wiederholten Falle: An beide Schwestern gerichtete Sätze von ihrer Dualität befreien und/oder Austausch der Ansprechpartnerin, nicht korrigierbare Indiskretionen ohne Auslassungshinweis unterschlagen und das Ganze unzutreffend mit »An Lottchen von Lengefeld« überschreiben. Betrachten wir Carolines Vorgehensweise anhand eines Briefes Schillers vom 23. Oktober 1789 aus Jena, an Braut und (!) zukünftige Schwägerin gerichtet:

»Gestern Abend um zehn bin ich glücklich angekommen, theure Lotte [Anrede im Original nicht vorhanden], und sehe mich nun wieder an der Stelle, die ich vor fünf Wochen so freudig verließ. Ich weiß noch nicht, meine Liebe [ihr lieben] wie ich mich jetzt wieder darein finden werde, daß mir ganze Tage ohne dich [euch] vorübergehen. Auch ich fühle, ich bin noch immer bei dir [unter euch]. Dein Bild [Euer Bild] in meinem Herzen hat ein Leben und eine Wirklichkeit, wie keines von allen den Dingen, die mich so nahe umgeben. …

Morgen, meine Theuerste [meine theuersten], erhalte ich Briefe von dir [euch]. Möchte ich hören, daß Carolinens Gesundheit sich bessert [daß deine Gesundheit sich beßert Caroline]; dieß ist's, was mir viele Unruhe macht. Ich fürchte zwar nichts für jezt; aber ich fürchte, daß diese Zufälle öfters wiederkehren möchten. Körperliche Zerrüttungen könnten das freie Spiel ihres [deines] Geistes stören, und ihr [dir] gerade das, was sie [dich] und uns in ihr [dir] glücklich macht, verbieten. Ihre [Deine] Seele hat Stärke, aber eben darum darf das Instrument nicht schwach seyn, worauf sie spielt; sonst wird sie es durch jede lebhafte Bewegung angreifen. [Sey also wachsam über deine Gesundheit! Meine Glückseligkeit hängt an deiner Liebe, und Du mußt gesund seyn, wenn du liebst.]

Adieu! meine Theuerste [meine theuersten]! Meine Seele ist dir [euch] nahe. Ich bin nicht von dir [euch] getrennt.«[106]

1840, im Alter von siebenundsiebzig Jahren, legte Caroline von Wolzogen nach »Agnes von Lilien« ihr zweites größeres fiktionales Werk vor. Gleich nach Fertigstellung von »Schillers Leben« hatte sie mit »Cordelia« begonnen. »Viel aus den Tiefen meiner Seele liegt in dem Roman.« – »Was das Übermaß der Reflexion betrifft, werde ich mich hüten.«[107]

Liest man aber im siebten Kapitel Cordelia für Caroline und Cäcilie für Charlotte oder Freundin für Schwester sowie Wilhelm für Friedrich – dann lugt hinter der Dichtung die Wahrheit und hinter dem selbstlosen Verzicht der Hochmut hervor: »Wilhelm's Neigung hatte sich längst für Cordelien entschieden ... Seit Cäcilie der Freundin ihre Liebe anvertraut hatte, fühlte sein von zarter Neigung bewegtes Herz eine Entfremdung in Cordeliens Wesen, die seine Hoffnungen niederschlug. Ohne alle Anmaßung, höchst bescheiden und leicht zu verletzen, zog er sich zurück, und um den Schmerz seiner getäuschten Hoffnung zu verbergen, wandte er sich, wenn sie beisammen waren, zu Cäcilien. Die Freude, mit der sie ihn aufnahm, war schwer zu verhehlen, und Wilhelm ergab sich bald ganz dem geheimen Zauber ... Er warb um ihre Hand. Wonnetrunken warf sich Cäcilie an die Brust ihrer Freundin. Dir verdanke ich mein Glück ... In kurzem stand Cordelia neben ihr am Traualtare.«[108]

Im wirklichen Leben war seit dem denkwürdigen 22. Februar 1790 ein halbes Jahrhundert vergangen, und noch immer musste die Dritte im Bunde die alten Wunden lecken.

Frische Wunden schlugen Tode, mehr oder weniger schmerzliche. 1827 starb Charlotte von Stein, 1828 Großherzog Carl August von Sachsen-Weimar, 1829 wurde Caroline von Humboldt[109] zu Grabe getragen. Im gleichen Jahr ging Ludwig von Beulwitz für immer und ebenso Friedrich Schlegel. Es folgten 1830 Großherzogin Louise und August von Goethe, 1831 Friederike Juliane Griesbach, Christian Gottfried Körner und Bartholomäus Fischenich, 1832 Johann Wolfgang von Goethe[110] und Johann Friedrich Cotta, 1834 Karl Ludwig von Knebel, 1835 Wilhelm von Humboldt, 1839 Carl von La Roche, 1841 Ernst von Schiller, 1843 Charlotte von Kalb und Minna Körner, 1844 Fritz von Stein, 1845 August Wilhelm Schlegel ...

Caroline von Wolzogen vereinsamte, die Zeit stahl ihr die Menschen – »... den Tod täglich erwartend, schau ich wie eine Halbabgeschiedene über die Welt«.[111] Jenseits des Irdischen – vollkommen ihre Hoffnung darauf und ihr Streben danach – würde die Vergangenheit eine Zukunft haben: »Die Geliebtesten sind drüben. Ewige Güte, vereine mich mit ihnen!«[112]

Im Juli 1846 traf Karl August Varnhagen von Ense die Dreiundachtzigjährige, »deren Aeußeres ein noch weit höheres Alter andeutet, … die ich am Schreibtische sitzend in feinem sorgfältigem Anzuge fand, ganz wohlauf und ganz munter, zu jedem Gespräche bereit; sie verweilte mit besonderer Vorliebe bei den Erinnerung an Schiller«, berichtete dem Besucher aber auch »von ihrem Bedürfnisse … in die Schweiz und nach Italien zu reisen«.[113]

Im September 1846 waren ihre Kräfte nahezu erschöpft. Zuletzt konnte sie das Bett nicht mehr verlassen. Am 11. Januar 1847 ging ihr Leben zu Ende. Seine Bilanz? »Es lag ein unversiegbarer Quell der Heiterkeit, der Freude am Dasein in mir; ich hätte eins der glücklichsten Wesen werden können, und wurde sehr unglücklich.«[114] Zu ihrem Grabspruch bestimmte Caroline von Wolzogen die Worte: »Sie irrte, litt, liebte, verschied im Glauben an Christum, die erbarmende Liebe«.[115] Sie wurde wunschgemäß auf dem alten Friedhof von Jena beigesetzt.[116]

Zahlreich die Trauergemeinde. Umfassend die Nekrologe. Stark reduziert der schriftliche Nachlass. Das ihr aufgetragene Vernichtungswerk wurde von Erbin Wilhelmine Schwenke – längst von der treuen Dienerin zur unverzichtbaren Gesellschafterin avanciert – zuverlässig erledigt.

Anmerkungen

Caroline und Charlotte

1   Zu beidem vgl.: Ludmilla Assing (Hrsg.): *Tagebücher von K. A. Varnhagen von Ense*, 14. (Schluss-)Band, S. 328.
2   NA 24, 181f.
3   NA 24, 165.
4   Beides NA 24, 182.
5   NA 25, 279.
6   Wilhelm von Humboldt fragte seine Braut Caroline von Dacheröden im Januar 1790, kurz vor der Hochzeit Charlotte von Lengefelds mit Friedrich Schiller. *Wilhelm und Caroline von Humboldt in ihren Briefen. Briefe aus der Brautzeit 1787–1791*, S. 59.

Die Töchter des Jägermeisters

Motto: Caroline von Wolzogen: *Schillers Leben*, Teil 1, S. 233.
1   Caroline von Wolzogen: *Schillers Leben*, Teil 1, S. 229.
2   Sie sah die Ludwigsburg. Das 1734 begonnene Stadtpalais wurde von Prinz Ludwig Günther und seiner Familie von 1742 an bewohnt, bis er 1767, nach dem Tod des Fürsten Johann Friedrich (er starb ohne männliche Nachkommen), als Fürst Ludwig Günther II. die Regierung antrat und auf Schloss Heidecksburg einzog. Dort wohnte er bis zu seinem Tod 1790. Nach ihm wurde sein schon vierundfünfzigjähriger Sohn Friedrich Karl regierender Fürst und damit Herr auf der Heidecksburg. Nur drei Jahre später starb er, und sein Sohn Ludwig Friedrich II. – der Jugendfreund Carolines und Charlottes – wurde sein Nachfolger. Mit der Regentschaft Johann Friedrichs hatte, seit sich der Geist der Aufklärung entfaltete, eine Entwicklung begonnen, die sich jetzt vollendete: der Übergang von der absolutistisch-höfischen zur bürgerlichen Kultur. Das blieb nicht

ohne Einfluss auf das Leben der Schwestern, das eng mit dem
Hof verknüpft war. Vgl. dazu auch: Thüringer Landesmuseum
Heidecksburg Rudolstadt in Verbindung mit dem Freundeskreis
Heidecksburg e. V. (Hrsg.): *Rudolstadt eine Residenz in Thüringen*, S. 34.

3   Sie sah die Stadtkirche.

4   Sie sah die Weißenburg, ein ehemaliges Lengefeld-Besitztum.

5   Ludwig Urlichs (Hrsg.): *Charlotte von Schiller und ihre Freunde*,
    Bd. I, S. 31.

6   Auch Bertin oder Berndin oder Berdin.

7   Reschwitz liegt südlich von Saalfeld. Nach dem Tod des Vaters
    führte er den Namen Carl Christoph von Lengefeld, Herr auf
    Reschwitz und Pippelsdorf.

8   Wie sich das gleicht: Auch Schillers Vater entdeckte, da war er
    über dreißig Jahre alt, die Mathematik. Auch er beschäftigte
    sich mit Bäumen – Obstbäumen.

9   Für die Bevölkerung war dieser Nutzen aktuell nicht spürbar.
    Die armen Leute aßen nach wie vor nicht selten Gras, Disteln,
    Kleienbrei, »geröstete Haferbreispreu« … oder sie hungerten.
    Vgl. dazu: Barbara Beuys: *Familienleben in Deutschland*, S. 302.

10 GSA 83/1426: Kirstens Beschreibung des Geschlechts von Lengefeld.

11 Der Hildburghausener Hofmaler Nikolaus Friedrich Eisenberger lieferte die Illustrationen. Victoria Fuchs und Ursula Weigl
    (Hrsg.): *150 nützliche Recepte. Das Kochbuch von Schillers Chèremère*, S. 8f.

12 Thüringisches Staatsarchiv in Rudolstadt: Nachlass Selma von
    Lengefeld, Sequenz mit Testamentsabschrift aus dem Nachlass
    von Lengefeld.

13 Auch die Familie von Wurmb kann ihren Stammbaum bis ins
    12. Jahrhundert zurückverfolgen.

14 Louise Auguste von Wolzogen (1717–1763), Tochter des Hans
    Christoph II von Wolzogen (1666–1734), hatte 1736 Günther
    Gottfried Ludwig von Wurmb auf Wolkramshausen und Rüxleben bei Nordhausen (1704–1743) geheiratet.

15 Sequenz: GSA 83/2523.

16 Ludwig Urlichs (Hrsg.): *Charlotte von Schiller und ihre Freunde*,
    Bd. I, S. 31ff.

17 Sequenz: Caroline von Wolzogen: *Schillers Leben*, Teil 1, S. 233.

18 Sequenz: Victoria Fuchs und Ursula Weigl (Hrsg.): *150 nützliche
    Recepte. Das Kochbuch von Schillers Chère-mère*, S. 179f.

19 Brief vom 29. Oktober 1772. GSA 83/2523.

20 Kleid mit runder Schleppe.

21 Sequenz: GSA 83/2511: Inventarium.
22 Ludwig Urlichs (Hrsg.): *Charlotte von Schiller und ihre Freunde*, Bd. I, S. 36.
23 Siehe Anm. 2.
24 Sequenz: Hermann Mosapp: *Charlotte von Schiller*, S. 16f.
25 Siehe Anm. 2.
26 Carl Christoph von Lengefeld erinnerte sich sicher nicht ungern daran, dass er von Steins Mutter, der Witwe Elisabetha Rosine Dorothea Charlotte, im April 1750 zweihundert Reichstaler zu fünf Prozent Jahreszins für den damals fünfzehnjährigen Josias geliehen hatte. Für dessen Ausstattung als Page am Weimarer Hof? Dokumente: Thüringisches Staatsarchiv Rudolstadt. Diese Frau von Stein hatte 1733 den Heißenhof nebst Küchengarten an den Fürstlichen Kutscher Johann Peter Hartmann vermietet, von dem ihn Lengefeld übernahm. Vgl. dazu: Hugo Trinckler: *Entstehungsgeschichte und Häuser-Chronik von Alt-Rudolstadt*.
27 Im Folgenden generell auf Sachsen-Weimar verkürzt.
28 So wurde zum Beispiel am 30. November 1770 in Saalfeld ein Mann geköpft, der eine Frau erschlagen hatte. Viele Leute aus Rudolstadt waren da, um die Hinrichtung anzusehen.
29 Möglich wäre es gewesen, drei Tage nach ihrem Tod im Alter von vierzehn Jahren war am 26. Mai 1783 die Leiche einer Prinzessin »en parade« zu sehen.
30 Siehe Anm. 2.
31 Die »Ereignisse« sind entnommen: Horst Fleischer: *Vom Leben in der Residenz*.

Vaterlos

Motto: Charlotte von Lengefeld an Wilhelm von Wolzogen, 11. Januar 1787. Caroline von Wolzogen: *Literarischer Nachlaß*, Teil 2, S. 180.
1 Horst Fleischer: *Vom Leben in der Residenz*, S. 184.
2 Ebd., S. 185.
3 1893 wurde dieser Friedhof »eingezogen«, der Grabstein dem Germanischen Nationalmuseum in Nürnberg geschenkt.
4 Horst Fleischer: *Vom Leben in der Residenz*, S. 186.
5 Bis 1861 bewirtschaftete ihn die Familie Mallenbeck, danach wurde er im Besitz des Böttchermeisters Robert Mohnhaupt unter dem Namen »Bergschlösschen« als Bierbrauerei mit Ausschank geführt. Im Garten wurden Bierzelte aufgestellt. Nach

1904 wurde in dem Gebäude ein Volksbad eingerichtet. Hugo Trinckler: *Entstehungsgeschichte und Häuser-Chronik von Alt-Rudolstadt*, S. 279.

6   Johann Friedrich von Beulwitz, ein Cousin Friedrich Wilhelm Ludwig von Beulwitz', Carolines ersten Ehemanns. Alexander von Dalnok: »Die von Beulwitz in Schwarzburg«, in: *Rudolstädter Heimathefte*, Heft 3/4, Jahrgang 1998, 44. Jahrgang, S. 82ff.

7   Thüringisches Staatsarchiv in Rudolstadt: Nachlass Selma von Lengefeld.

8   Leider ist nicht überliefert, wann genau zwischen 1775 und 1784, zwischen dem Tod Carl Christophs und der Rückkehr von einem langen Schweiz-Aufenthalt, Louise, Caroline und Charlotte von Lengefeld tatsächlich den Heißenhof verließen und in das Rühm'sche Haus einzogen. »Die Familien von Beulwitz und von Lengefeld wohnten seit dem Tod Carl Christoph von Lengefelds (1775) zur Miete in dem großen Rühmschen Haus in der ›Neuen Gasse‹, das aus Vorder- und Hinterhaus besteht (heute Schillerstraße 25). Das Ehepaar Beulwitz bewohnte das erste Stockwerk des Vorderhauses und des Verbindungshauses, die Lengefeldsche Familie das Hintergebäude.« So NA 25, 529. Das ist nicht nachzuvollziehen. Aus welchen Personen sollte »die Familie von Beulwitz« damals bestanden haben? Caroline gehörte noch längst nicht dazu, und dafür, dass ihr späterer Mann mit seinen Eltern und Geschwistern dort wohnte und dass diese zum Zeitpunkt der Heirat auszogen, gibt es keine Anzeichen. Dagegen ist nicht ausgeschlossen, dass Louise von Lengefeld und ihre Töchter einen oder mehrere uns nicht bekannte Wohnsitze zwischen den beiden genannten besaßen! Eine fleißig recherchierte Veröffentlichung spricht auch nur ungenau von einer Umsiedelung bald nach dem Tod Lengefelds: Hugo Trinckler: *Entstehungsgeschichte und Häuser-Chronik von Alt-Rudolstadt*, S. 278.

9   Charlotte von Lengefeld besuchte den Heißenhof 1789 und schrieb darüber an Knebel: »Wir wohnten an einem Berg, wo ich fast mehr als im Hause war, in meiner Jugend. Ich sah letzt einmal meine alte Wohnung und die Gegend umher wieder, und ich kann mir nun in Vielem die Richtung meines Geistes erklären, durch die Eindrücke, die mir zuerst in die Seele gelegt wurden, durch die äußeren Dinge, die ich sah.« Ludwig Urlichs (Hrsg.): *Charlotte von Schiller und ihre Freunde*, Bd. III, S. 45.

10 Das war die »Güldene Gabel«, in der Schiller später abstieg.

11 Der Kirchbauplatz, der später zum Garten des Rühm'schen An-

wesens wurde. Vgl. dazu auch: Freundeskreis Heidecksburg e. V.,
Schillerverein Rudolstadt e.V.: *Schiller in Rudolstadt 1787–1799*,
S. 4f.

12 Weder Louise noch Caroline – mittlerweile von Beulwitz geschieden – oder Charlotte wohnten zu diesem Zeitpunkt noch
dort. Beulwitz war mit seiner zweiten Frau, Henriette Sophie
Amalie, geborene von Bibra, in die Vorwerksgasse 13 gezogen,
wo er Eigentum erworben hatte.

13 Später Neue Straße und ab 1887 Schillerstraße.

14 In der Schillerstraße 25 heute noch wunderbar nachzuvollziehen.

15 Und Amalie von Lengefeld, die bei der Familie lebende Cousine der Schwestern.

16 Mathilde Donata von Beulwitz: *Friedrich Wilhelm Ludwig von
Beulwitz und Caroline von Lengefeld (Wolzogen)*, in: Schwäbischer Schillerverein, 34. Rechenschaftsbericht, S. 65ff.

17 Sie selbst schrieb, sie habe mit sechzehn den Heiratsantrag bekommen – in: Caroline von Wolzogen: *Schillers Leben*, Teil 1,
S. 234.

18 Wilhelm Fielitz (Hrsg.): *Schiller und Lotte*, S. 16.

19 Diese familieninterne Bezeichnung für Caroline geht auf eine
Anrede Beulwitz' in einem Brief vom 16. Mai 1779 zurück. Jacob Minor: *Aus dem Schillerarchiv*, S. 59.

20 Horst Fleischer: *Vom Leben in der Residenz*, S. 188 u. S. 191.
Der Begriff »inoculieren« stammt aus dem Obstbau. Vgl. dazu
auch: Jochen Klauss: *Alltag im klassischen Weimar*, S. 48, und
NA 25, 478.

21 Später, beispielsweise wenn das künftige Ehepaar Schiller sein
Budget plant, wird davon keine Rede mehr sein.

22 Locken, denen vor allem ihr Verehrer Knebel später einige Zeilen widmen würde.

23 »Weltton« laut Caroline von Wolzogen: *Schillers Leben*, Teil 1,
S. 234.

24 Ludwig Urlichs (Hrsg.): *Charlotte von Schiller und ihre Freunde*,
Bd. I, S. 25.

25 All das ist den Briefen von Luise von Göchhausen zu entnehmen, die 1783 Hofdame von Anna Amalia von Sachsen-Weimar wurde, deren Gesellschafterin sie zunächst gewesen war.
Werner Deetjen (Hrsg.) *Die Göchhausen. Briefe einer Hofdame
aus dem klassischen Weimar.*

26 Mathilde Donata von Beulwitz: *Friedrich Wilhelm Ludwig von
Beulwitz und Caroline von Lengefeld (Wolzogen)*, in: Schwäbischer Schillerverein, 34. Rechenschaftsbericht, S. 69.

27 In einem Brief an Wilhelm von Wolzogen vom 30. Juni 1783

schwärmte Charlotte von Lengefeld allerdings sehr von ihren
fünf Treffen mit Lavater in Zürich. Caroline von Wolzogen: *Literarischer Nachlaß*, Teil 2, S. 169 f. Die Chère mère war stolz auf
seinen Stammbucheintrag: »Wer gut ist wo er ist, wird gut seyn,
wo er seyn wird.« Schiller würde sich später über das Faible der
Lengefeld-Damen für Lavater amüsieren.

28 Wilhelm von Wolzogen war Carlsschüler vom November 1775
bis zum April 1784, Ludwig von Wolzogen vom September 1781
bis zum April 1792, Karl von Wolzogen vom Juli 1774 bis zum
Mai 1775.

29 Wie negativ der Eindruck war, den Charlotte von der militärisch
geprägten Atmosphäre dieses Ortes mitnahm, zeigt sich noch
in einem Brief an Wilhelm von Wolzogen vom 3. April 1786:
»… den ich weiß mir nichts Kläglicheres als Soldat zu sein …«
Caroline von Wolzogen: *Literarischer Nachlaß*, Teil 2, S. 176.

30 Im Juni 1775, von Oktober bis Dezember 1779 und später noch
einmal im September und Oktober 1797. Dr. Hans Wahl (Hrsg.):
Goethes Schweizerreisen. Tagebücher, Briefe, Gedichte.

31 Ludwig Urlichs (Hrsg.): *Charlotte von Schiller und ihre Freunde*,
Bd. I, S. 35ff.

32 Caroline von Wolzogen, *Literarischer Nachlaß*, S. 62f.

33 Einer von Caroline von Lengefeld selbst kolportierten Legende
nach sind ihre späteren nervösen Zuckungen auf ein Bad im zu
kalten Genfer See im Jahr 1784 zurückzuführen. Sie könnte diesen Zeitpunkt gewählt haben, um verklausuliert auf ihre Ängste, die bevorstehende Hochzeit mit Beulwitz betreffend, hinzu-
weisen, beziehungsweise diese Ursache, um der Störung einen
Grund zu geben, der nicht auf Schwäche schließen ließ. Vgl. dazu:
Lesley Sharpe: »Female Illness and Male Heroism: The Works
of Caroline von Wolzogen«, in: *German Life and Letters*, Vol. 52,
2. April 1999, S. 184ff. Es gibt einige wenige Beschreibungen ihrer »Zuckungen«, die vermuten lassen, dass sie unter epileptischen Anfällen litt. Eine Ursache ist nicht zu rekonstruieren,
weil Informationen fehlen, z. B. über Schwangerschaftsverlauf,
Geburtsverlauf, Unfälle, Erkrankungen. Es scheint aber, als seien
die Anfälle tatsächlich erstmals im Jugendalter aufgetreten.
Der Bräutigam nutzte die Reise, um Freimaurerkontakte zu pflegen; Caroline begleitete ihn wohl auf einem Abstecher nach
Lyon, den er aus diesem Grund unternahm. 1785 gründete er in
Rudolstadt die Loge »Günther zum stehenden Löwen« und
folgte dem Meister vom Stuhl, Herzog Georg I. von Sachsen-
Meiningen, in diesem Amt, das er fast dreißig Jahre, bis zu sei-
nem Tod 1829, innehatte.

34 Caroline von Wolzogen, *Literarischer Nachlaß*, Teil 2, S. 169ff.

35 Es war wohl auch eine Verwandte der Frau von Wolzogen und/oder des Herrn von Beulwitz dabei.

36 Caroline von Wolzogen: *Schillers Leben*, Teil 1, S. 227.

37 Ebd., S. 229.

38 GSA 83/2622.

39 Dazu kamen u. a. Johann Georg Müller, Josef Anton Sigismund von Beroldingen und die Verwandte E. F. C. von Grivel geborene von Wurmb.

40 Es handelte sich dabei um den Reichsadler aus dem Schwarzburg-Rudolstädter Wappen!

41 Lutz Unbehaun: *»Ein wertes Band der Freundschaft«*, S. 81ff. Das Mischen der Stände hatte allerdings seine Grenze: 1788 fand jedenfalls ein Ball für Adlige und Bürgerliche getrennt statt, an dem zumindest Charlotte teilnahm. Ob Friedrich Schiller, der damals in Rudolstadt war, ebenfalls, ist unbekannt.

42 Zucht- und Wildformen von Rosen.

43 Mathilde Donata von Beulwitz: »Friedrich Wilhelm Ludwig von Beulwitz und Caroline von Lengefeld (Wolzogen)«, in: Schwäbischer Schillerverein, 34. Rechenschaftsbericht, S. 70.

44 Diese Neigung teilten sie mit Baron Gleichen-Rußwurm. Er und Friederike von Holleben (das »Kleine«), seine zukünftige Frau, kannten Caroline und Charlotte seit Kindertagen. Die Schiller-Tochter Emilie würde einmal einen Sohn des Paares heiraten.

45 Anna Amalia war da gerade sechsunddreißig, ihr jüngster Sohn, Prinz Konstantin, siebzehn Jahre alt und dessen Erzieher, Karl Ludwig von Knebel, einunddreißig, eine junge Gesellschaft also.

46 Carl Eduard Vehse: *Der Hof zu Weimar*, S. 127.

47 Zu diesen gesellschaftlichen Tendenzen, die der an den Gepflogenheiten des Adels stark orientierten Charlotte zwar erlaubten, einen Bürgerlichen zu heiraten, allerdings um den Preis des gesellschaftlichen Abstiegs: Marcus Ventzke (Hrsg.): *Hofkultur und aufklärerische Reformen in Thüringen*.

48 Der Bruder Louise von Lengefelds starb unverheiratet und ohne Nachkommen mit neununddreißig Jahren in Batavia, wo er sicher ein interessantes Leben geführt hatte – unter anderem erforschte und klassifizierte er Orang-Utans –, nachdem er überflüssigerweise (denn sie liebte Carl und nicht Ludwig) zu Gunsten seines Bruders Ludwig auf Christiane verzichtet und Europa verlassen hatte. Schiller schrieb, angeregt durch das Schicksal der drei, die Erzählung »Eine großmütige Handlung aus der neuesten Geschichte« (NA 16, 3ff., und NA 16, 367ff.). Sie erschien 1782.

Im Januar 1783 lernte Schiller Ludwig von Wurmb persönlich
kennen, als Neffe seiner Wohltäterin Henriette von Wolzogen,
die auch Vertraute der umworbenen Christiane von Werthern
gewesen war und von ihr wohl auf dem Sterbebett die Geschichte erfuhr, die sie dann Schiller erzählte. Vgl. auch: Peter
André Alt: *Schiller Leben – Werk – Zeit*, Bd. I, S. 477.

49 In diesem Zusammenhang interessant: Carolines Äußerung, dass
sie »niemals die Idee gehabt habe«, dauernd mit Beulwitz leben
zu wollen. Mathilde Donata von Beulwitz: »Friedrich Wilhelm
Ludwig von Beulwitz und Caroline von Lengefeld (Wolzogen)«,
in: Schwäbischer Schillerverein, 34. Rechenschaftsbericht, S. 70.

50 Erstmals im März 1783.

51 Sequenz: Caroline von Wolzogen: *Literarischer Nachlaß*, Teil 2,
S. 113ff.

52 Ebd., S. 143.

53 Ebd., S. 176f.

54 Ebd., S. 134.
Diese und eine spätere Äußerung der Frau von Lengefeld (Hermann Mosapp: *Charlotte von Schiller*, S. 33f.) lassen es nicht unwahrscheinlich erscheinen, dass Beulwitz 1783 nicht über die
Mittel verfügte, die seine Schweiz- und Frankreichreise erforderten und dass die Chère mère ihm damals beisprang.

55 Der Fürst finanzierte u. a. so die Vergrößerung und Verschöne-
rung seiner Residenz. Hugo Trinckler: *Entstehungsgeschichte und
Häuser-Chronik von Alt-Rudolstadt*, S. 100.

56 1797 kaufte Fürst Ludwig Friedrich der Chère mère den Garten
mit den Häusern für 1100 Taler ab, die sie allerdings für fünf
Prozent Zinsen bei ihm »stehen ließ«. GSA 83/1780: Konvolut
Briefe Chère mère an Charlotte Schiller.
Weil die Häuser neue Wegführungen behinderten, wurden sie
1835 umgesetzt.

57 Horst Fleischer: *Vom Leben in der Residenz*, S. 212f.

58 Aus einem Brief Charlottes an ihr »Brüderchen« Fritz von
Stein vom 4. Dezember 1785 wissen wir, dass das schon für den
Winter 1785/86 geplant war, aber da Geheimrat von Holleben,
Friederikes Vater, starb, wurde nichts aus der Begleitung durch
die Freundin. Ludwig Urlichs (Hrsg.): *Charlotte von Schiller und
ihre Freunde*, Bd. I, S. 416.

59 Was Charlotte von Lengefeld sicher nicht einmal ahnte: Goethe war von Frau von Stein darum gebeten worden und hatte
zugestimmt wegen des ihm so lieben Vornamens: »Ich habe
gern iede die du mir zu weist, wenn du es nicht selbst bist, ist
mir iede gleich. Hat diese doch den Namen.« Karl Eibl u. a.

(Hrsg.): Johann Wolfgang von Goethe, *Sämtliche Werke. Briefe, Tagebücher, Gespräche 1775–1786*, S. 568 u. 1079.

60 Polincinello ist ein Hanswurst in der Commedia dell'Arte.

61 Carl Wilhelm Heinrich Freiherr von Lyncker: *Ich diente am Weimarer Hof*, S. 194.

62 Genauer gesagt, er verkaufte sie. Den Erlös brachte Christoph Adam Carl von Imhoff schnell durch. Im November 1784 reiste er mit seiner zweiten Frau Luise, Charlotte von Steins Schwester, nach England, um sie mit seiner ersten, Marianne geborene Chapuset, jetzt Mrs. Warren Hastings, bekannt zu machen.

63 Carl Wilhelm Heinrich Freiherr von Lyncker: *Ich diente am Weimarer Hof*, S. 73.

64 Ludwig Urlichs (Hrsg.): *Charlotte von Schiller und ihre Freunde*, Bd. I, S. 413.
Emilie von Werthern-Beichlingen geborene von Münchhausen-Steinburg »hatte, nachdem sie die Nachricht von ihrem Tode verbreiten lassen, ihr eigenes Leichenbegängnis veranstaltet, eine Puppe statt ihrer begraben lassen, um ihrem Geliebten zu folgen«. »Die Ehe mit Christian Ferdinand von Werthern, sehr viel älter als sie und lediglich an Pferden und Flasche interessiert, musste sie langweilen.« Carl Eduard Vehse: *Der Hof zu Weimar*, S. 52ff., u. Effi Biedrzynski, *Goethes Weimar*, S. 76.

65 Ludwig Urlichs (Hrsg.): *Charlotte von Schiller und ihre Freunde*, Bd. I, S. 418.

66 Friederike (»Fritz«) von Gleichen hatte am 1. Mai 1785 einen von Mandelsloh geheiratet, und ein knappes, aber schickliches Jahr später verbrachte Charlotte viel Zeit mit der jungen Wöchnerin.

Sie spielen den »schönen Geist«

Motto: Henry Heron in Charlotte von Lengefelds Stammbuch am 20. Februar 1787. GSA.

1 Dagegen wurde Caroline »die Bequemlichkeit« oder, wie schon erwähnt, »die Frau« genannt. NA 33 II, 412 u. 578.

2 Friedrich Wilhelm von Ketelhodt (1766–1836) wurde Kanzler und Geheimer Rat (war also Mitglied des Fürstlichen Geheimen-Raths-Collegiums wie auch Ludwig von Beulwitz), Konsistorialpräsident, Steuerdirektor und Amtshauptmann der Ämter Rudolstadt und Blankenburg. Und einer der acht abwechselnd amtierenden Präsidenten des Fürstlichen Cammer-

Collegiums. Die spöttischen Schwestern nannten ihn »Spanischer Molch«!

3   Es ist eine Geschichte für sich, dass Karl Ludwig von Knebel als Initiator dessen gelten kann, was heute als »Klassisches Weimar« bezeichnet wird. Sie begann, als von Knebel mit den zwei Prinzen auf einer Bildungsreise nach Paris Goethe in Frankfurt aufsuchte.

4   Goethe schrieb am 22. Mai an Frau von Stein: »Die Engländer ... haben ein schönes Quartier bey Griesebach bezogen und scheinen eine gute Sorte Menschen.« Vgl.: Robert Steiger u. Angelika Reimann: *Goethe von Tag zu Tag*. Die »gute Sorte Menschen«, die ihre Irren nicht in Ketten legte, sondern Zwangsjacken benutzte, die im Lampengeschäft alle Kunden gleich behandelte, die Schaufenster für den ästhetischen Mitgenuss der Massen gestaltete, beeindruckte Marie Sophie von La Roche. Um 1780 fuhr *man* nach London, auch der sofort erhältlichen Manufakturerzeugnisse wegen – nicht aber wegen der Küche, der Cafés, der Betten oder der Kaminheizung ... Hermann Bausinger, Klaus Beyrer, Gottfried Korff (Hrsg.): *Reisekultur*, S. 237ff.
Ob zwischen Weimar und Schottland deshalb Kontakte gepflegt wurden? Charlotte von Steins Mutter war Concordia Elisabetha von Schardt, eine geborene Irving of Drum (1724–1802), eine Schottin!

5   Nicht wenige männliche Reisende wurden von den Damen sehr freundlich aufgenommen, wie vielleicht zweihundert Jahre später die legendären Tennislehrer.

6   Eintrag vom 4. Juni 1786 in Karl Ludwig von Knebels Kalender, der im GSA aufbewahrt wird.

7   Eine Eintragung Knebels in seinen Kalender, abgeglichen mit dem Fourierbuch des Weimarer Hofs, lässt stark vermuten, dass Charlotte Captain Heron erstmals am 19. Februar 1787 oder nahe diesem Datum traf. (Am 20. Februar trugen sich beide Herren in ihr Stammbuch ein.) An anderer Stelle (Wychgram, Mosapp) wird angenommen, Charlotte habe Heron erstmals in Kochberg gesehen. Charlotte hielt sich in den ersten Februartagen in Weimar auf, drei Wochen später war sie wieder zurück in Kochberg. Charlottes Stammbuch verwahrt das GSA in Weimar.

8   GSA. Stammbuch Charlotte von Lengefelds. Die Eintragungen von Adligen sind darin in der Überzahl.

9   Horst Fleischer: *Vom Leben in der Residenz*, S. 218. Es ist möglich, dass er den letzten von vier britisch-französischen Kolonial-

kriegen in Nordamerika, die seit 1689 um die Vormachtstellung in der Neuen Welt ausgetragen wurden, den von 1754 bis 1763, mitmachte. Wenn das stimmt, war Captain Heron allerdings nicht mehr ganz jung, was eine spätere Äußerung der Chère mère bestätigt!

10 Wer war nicht alles dort: Bach und Liszt zum Musizieren, Napoleon zur Jagd, Schiller zur Vollendung von »Maria Stuart«, Goethe zur Inszenierung von »Iphigenie auf Tauris« … Das barocke Jagdschloss war 1706 auf den Ruinen eines Augustinerchorherrenstifts erbaut und wenig später durch das Neue Schloss ergänzt worden. Fürst Pückler-Muskau entwarf die Gartenanlagen. Siehe dazu und zur heutigen Situation Schloss Ettersburgs: Martina Dreisbach: »Noch ist das Juwel von Staub bedeckt«, in: *Frankfurter Allgemeine Zeitung* vom 4. Februar 2004.

11 Briefe an Charlotte von Lengefeld sowie an Karl Ludwig von Knebel: GSA 83/1759, Brief an Caroline von Beulwitz: GSA 83/2563.

12 Thomson's »Jahreszeiten« waren damals in Mode. Ludwig Schubart, Studienkollege Schillers und Sohn Christian Friedrich Daniel Schubarts, den die Schwestern einst im Gefängnis besuchten, übersetzte den Text.

13 Dieses und die folgenden Heron-Zitate: GSA 83/1759.

14 Horst Fleischer: *Vom Leben in der Residenz*, S. 218 u. 354 (hier Meiselbach).

15 Den Reiher bekam Charlotte von Lengefeld wohl schon 1787 geschenkt, er blieb aber bis 1788 in Weimar. Auch die ihr gleichzeitig zugedachten »amerikanischen Ulmen« wurden erst nach einiger Zeit aus Weimar nach Rudolstadt geholt. Ludwig Urlichs (Hrsg.): *Charlotte von Schiller und ihre Freunde*, Bd. III, S. 293ff., und NA 35, 465.

16 Am 8. Mai 1787 verzeichnet das Fourierbuch (ThHStAW, Großherzogliches Hausarchiv A) als Gäste an der Mittagstafel: »Herr Capitain Heron mit Knebel, Wieland, Herder u. a.«, und die Bemerkung »Capitain Heron (welcher nach England zurückgeht) beurlaubt sich.« Am 11. Mai war er jedoch wieder Gast an der Abendtafel.

17 »Zu Mainz spricht man von nichts als den Vorbereitungen die man macht um die Wahl des Conjutors zu feiern.« Was Henry Heron miterlebte und was die Schwestern einmal mit Hoffnungen für Schillers Karriere verbinden würden: Carl Theodor Anton Maria Reichsfreiherr von Dalberg, Statthalter zu Erfurt, wurde auf Betreiben Preußens zum designierten Nachfolger

– Coadjutor – des Mainzer Fürstbischofs gewählt. Er trat dieses Amt im Juni 1788 an, nachdem er im Februar zum Priester geweiht worden war.

18 Heron hatte eine schottische Ballade von John Heldebrod gewählt. Verse wie »He promised me a wedding ring, / The wedding day was fixed to morrow, / Now he is wedded to his Grave, / Alas! his watery Grave in Yarrow« sollten Charlotte wohl einstimmen auf das Ende, das Heron für ihre »Beziehung« kommen sah!

19 Vermerk auf dem Umschlag: »p. adress de vôtre très obeissant serviteur Pierre H. Hinrichsen, Lisbonne, 17. Mai 1788« – laut Heinrich Düntzer (Hrsg.): *Briefe von Schillers Gattin an einen vertrauten Freund*, S. 564. Dort S. 557 die Herleitung des Vierzeilers.

20 Es sei die Überlegung erlaubt, ob Henry Heron überhaupt auf Madeira war und nicht eher auf diese Weise das Kapitel Jena, Rudolstadt, Weimar abgeschlossen wissen wollte.

21 Ludwig Urlichs (Hrsg.): *Charlotte von Schiller und ihre Freunde*, Bd. I, S. 4f.

22 Caroline von Wolzogen: *Literarischer Nachlaß*, Teil 2, S. 181.

23 Caroline von Wolzogen: *Schillers Leben*, Teil 1, S. 236. Caroline hatte übrigens einen trüben Wintertag, Charlotte dagegen einen heiteren in Erinnerung!

24 Schiller hatte sich dort aufgehalten, um seine Gönnerin Henriette von Wolzogen, Wilhelms Mutter, und im nahen Meiningen seine dort verheiratete Schwester Christophine zu besuchen. Dafür hatte er, wie er es nannte, seinen »Interims-Wittwerstand aufgeopfert« (Frau von Kalb war auf Kalbsrieth), NA 24, 179f.

25 Seit Schiller Ende Juli Dresden verlassen hatte, wohnte er in Weimar, seit Ende Oktober 1787 im Haus Frauentorstraße 21, neben dem Gasthof »Zum weißen Schwan«, in Nachbarschaft der Familie Wieland, die im »Heydenreichschen Haus«, Marienstraße 1, lebte.

26 Wilhelm von Wolzogen war Schiller am 10. Dezember 1787 nach Weimar gefolgt, zwei Tage später war er jedoch wieder in Rudolstadt, wo er bis zum 23. Dezember 1787 blieb. Mit einem Billett vom 19. Dezember 1788 lehnte Schiller Wolzogens Einladung ab, ebenfalls nach Rudolstadt zu kommen. NA 24, 183.

27 NA 24, 186.

28 Allerdings war Maria Carolina Friederica Wieland ebenso wenig zur Heirat mit Schiller bereit (sie heiratete 1788 den Diakon Schorcht) wie Amalia Augusta, die zweite Wieland-Tochter, die Schiller zunächst ins Auge gefasst hatte (sie heiratete

– ebenfalls 1788 – den Pfarrer Liebeskind). NA 25, 459, und NA 24, 178. Im Übrigen täuschte sich Schiller wohl über deren Wesen, denn Wieland selbst erwähnt in einem Brief an seine Älteste, Sophie Katharina Susanne, vom 16. Januar 1804, die von ihm ererbte Reizbarkeit seiner Töchter. Dies treffe besonders auf die Jüngste, Luise, zu (sie hatte sehr jung eine Affäre mit Heinrich von Kleist und wurde später Briefpartnerin Charlotte von Schillers).

29   NA 25, 4.

30   NA 25, 181f.

31   Henriette an Karl Ludwig von Knebel am 24. Juni 1781, in: Heinrich Düntzer (Hrsg.): *Aus Karl Ludwig von Knebels Briefwechsel mit seiner Schwester Henriette.*

32   Karl Ludwig an Henriette von Knebel, Neujahr 1788. Ebd.

33   Karl Ludwig an Henriette von Knebel, 18. Januar 1788. Ebd.

34   Ludwig Urlichs (Hrsg.): *Charlotte von Schiller und ihre Freunde,* Bd. III, S. 293.

35   Sequenz: GSA 83/1944.

36   Sequenz: Caroline von Wolzogen: *Literarischer Nachlaß,* Teil 2, S. 148ff.

37   In eben dem Haus, in dem Schiller im Sommer zuvor gewohnt hatte. Frau von Imhoff hatte den Tipp gegeben, Frau von Kalb die Räume für ihn angemietet. Charlotte sollte eigentlich in Goethes Haus wohnen, »das für sie bestimmte Zimmer war aber noch durch einen von Goethe bestellten Italiener besetzt«. Jacob Wychgram: *Charlotte von Schiller,* S. 23f.

38   Nicht zu verwechseln mit dem Weimarer Fahrweg, der aus dem Jenaer Mühltal in steilen Windungen zur Hochebene Schwabhausen führte. NA 33 II, 328, und NA 25, 729.

39   GSA 83/1944.

40   NA 25, 35.

41   Charlotte von Kalb hatte sich mit ihrem Mann auf ihrem Gut Waltershausen aufgehalten, um Erbschaftsangelegenheiten zu regeln. Schwer zu beurteilen ist übrigens die aufgesetzt wirkende, betont freundliche Haltung Charlotte von Lengefelds ihr gegenüber. Charlotte von Lengefeld war an Schiller interessiert, und sie wusste um dessen Verhältnis zu der Frau, die sie in Briefen an ihn »meine Charlotte Kalb« nannte, und betonte: »sie ist mir so innig lieb«, die »liebe Kalben«.

42   NA 33 I, 177.

43   NA 1, 189.
Schiller widmete Charlotte von Lengefeld das Gedicht am 3. April 1788. Er hatte sich auf der Rückseite des Blattes einge-

tragen, das Charlotte von Kalb am 11. März 1788 wie folgt beschrieben hatte:

> »Da nimm die Hand! am Lebensufer blühen
> Uns spät noch Blümchen, und kein bittrer Schmerz
> Soll unsern Gang mit Wolken überziehen,
> Nichts trüben unser Herz.
>
> Wann spät am Abend uns die Händ' entsinken,
> Und kühle Grabes Lüfte um uns wehn,
> Dann laß uns sterbend noch einander winken:
> Uns drüben bald zu sehen!«

NA 2 IIA, 161.

44 Charlotte von Lengefeld an Wilhelm von Wolzogen, 18. April 1788. Caroline von Wolzogen: *Literarischer Nachlaß*, Teil 2, S. 189f.

45 NA 33 I, 179. Schiller brachte aber vermutlich seinen Diener mit.

46 Charlotte von Lengefeld an Fritz von Stein, 27. März 1788 und 23. April 1788. Ludwig Urlichs (Hrsg.): *Charlotte von Schiller und ihre Freunde*, Bd. I, S. 419ff. Sowie Caroline von Beulwitz an Wilhelm von Wolzogen am 19. April 1788. Caroline von Wolzogen: *Literarischer Nachlaß*, Teil 2, S. 152ff.

47 Im Sommer und Herbst 1788 ist Schiller im Gästebuch der »Güldenen Gabel« als »Herr Professor Schüler aus Jena« verzeichnet.

48 Ludwig Urlichs (Hrsg.): *Charlotte von Schiller und ihre Freunde*, Bd. III, S. 299.

49 NA 24, 129.

50 Appolonios von Rhodos (um 295–215 v. Chr.): »Argonautika« (in deutscher oder französischer Übersetzung).

51 NA 25, 65.

52 Fritz Kühnlenz: *Schiller in Thüringen*, S. 101.

53 Caroline von Wolzogen: *Schillers Leben*, Teil 1, S. 263f.

54 Rudolstädter Wochenblatt Nr. 25 vom 24. Juli 1788. Blitzeinschläge und Brände waren zu der Zeit häufige Katastrophen, die gegen Ende des 18. Jahrhunderts fortschrittliche Fürsten, die demonstrieren wollten, dass ihnen das Schicksal ihrer Untertanen nicht gleichgültig war, zu engagierten Feuerbekämpfern werden ließen. Marcus Ventzke (Hrsg.): *Hofkultur und aufklärerische Reformen in Thüringen*, S. 223ff.

55 Die Lengefeld-Damen hatten Goethe ja im Juli 1786 in Karlsbad getroffen.

56 Caroline von Wolzogen: *Schillers Leben*, Teil 1, S. 271.

57 Und 1812 in einem Gedicht, zitiert nach Jochen Golz (Hrsg.):
    Caroline von Wolzogen 1763–1847, S. 105f.

    »In einem Thal bei Rudolstadt

    Meiner Kindheit goldne Träume
    Blühten in dem stillen Thal,
    Ahndung füllte diese Räume
    Von des Lebens Glück u. Qual.
    Wunderbar in dem Gedränge,
    In der Bilder Füll' u. Flucht,
    Glänzet aus der Blüthen Menge
    Einer Liebe goldne Frucht.
    Hat auch Schmerz sie mir erzogen
    Lacht ihr Hoffnungs Schimmer nicht,
    Steigt sie aus des Lebens Wogen
    Doch ein ewig junges Licht.«

58 Wilhelm von Wolzogen bat Schiller mit Caroline von Beulwitz
    und Charlotte von Lengefeld nach Bauerbach zu kommen, um
    ihm (und auch seiner Schwester Charlotte, die einige Zeilen an-
    fügte) nach dem Tod der Mutter beizustehen. Er reagierte so auf
    deren Einladung nach Rudolstadt, die aus dem gleichen Grund
    ausgesprochen worden war. Weder Wolzogen, noch Schiller
    oder die Schwestern fuhren. NA 33 I, 217, und NA 33 II, 385.

59 Nicht zu vergessen: Caroline »bearbeitete« die Briefe später,
    strich Passagen, ließ an sie beide gerichtete so erscheinen, als
    sei nur Charlotte gemeint gewesen ...

60 Das erste Datum erschien Gero von Wilpert, dem Verfasser der
    Schiller-Chronik, Stuttgart 2000, sicher zu sein, auf das zweite
    legten sich die Herausgeber der NA fest.

61 Donata Mathilde von Beulwitz dachte so, nach den Angaben
    der NA 25, 199, kann das aber nicht stimmen. Dagegen gibt es
    ein »Wir sind allein«-Billett vom 22. Oktober 1788, das war ein
    besonderer Courtag (Cour: Empfang bei Hofe), der Geburtstag
    des Fürsten, an dem die Chère mère sicher bei Hofe war.

62 Dieses Idealbild hatte Schiller 1785 in einem Gedicht »An
    Körner« zu dessen Hochzeit am 7. August 1785 entworfen. NA
    1, 154f.

63 NA 1, 196ff.
    Das Gedicht »Die berühmte Frau« entstand im Sommer 1788.

64 Die in Rudolstadt oft bevorzugte Version, Schiller habe ab Ende
    August 1788 im Roß'schen Haus (es war im Besitz der Hof-
    ratswitwe Anna Sophia Roß), Schloßaufgang II, Nr. 3, Woh-

nung genommen, wird durch nichts mehr gestützt als durch den
Wunsch nach einer züchtigeren Distanz Schillers zu den
Schwestern. Vgl. auch: Fritz Kühnlenz: *Schiller in Thüringen*,
S. 86.

65 Jochen Golz (Hrsg.): *Caroline von Wolzogen 1763–1847*, S. 124.

66 Wilhelm Fielitz verwies in *Schiller und Lotte*, S. 11, darauf, dass
das Billett vom GSA nicht Schiller zugeordnet wurde; sein Urteil stützte sich allerdings lediglich auf ein Blatt mit den von
ihm selbst durchgepausten Schriftzügen. Dr. Paul Schwenke,
Göttingen, in dessen Besitz das Original (aus dem Nachlass der
Wilhelmine Schwenke, der Vertrauten Carolines, kommend)
1890 war, sah das anders: »Dieser Zettel, dessen Inhalt zu den
Rudolstädter Verhältnissen nicht ganz zu passen scheint, ist mit
den anderen zusammen aufbewahrt worden, die Identität der
flüchtig hingeworfenen Schrift mit der Schillerschen kaum zu
bezweifeln.« NA 25, 535.

67 Ludwig Urlichs (Hrsg.): *Charlotte von Schiller und ihre Freunde*,
Bd. III, S. 296.

68 Ebd., S. 299.

69 NA 25, 157.

70 Dazu gehörten auch Ausflüge nach Uhlstädt, Teichröda, Blankenburg, Schwarzburg, Paulinzella u. a. Vgl.: Fritz Kühnlenz:
Schiller in Thüringen.

71 Die folgenden Strophen der »Lebenspflichten« lauten:

>»Heute hüpft im Frühlingstanz
>Noch der frohe Knabe;
>Morgen weht der Totenkranz
>Schon auf seinem Grabe.
>
>Wonne führt die junge Braut
>Heute zum Altare,
>Eh' die Abendwolke taut,
>liegt sie auf der Bahre.
>
>Ungewisser, kurzer Dauer
>Ist dies Erdenleben
>Und zur Freude, nicht zur Trauer
>Uns von Gott gegeben.
>
>Gebet Harm und Grillenfang,
>Gebet ihn den Winden,
>Ruht bei frohem Becherklang
>Unter grünen Linden!

Lasset keine Nachtigall
Unbehorcht verstummen
Keine Bien' im Frühlingstal
Unbelauscht entsummen!

Fühlt, solang es Gott erlaubt,
Kuß und süße Trauben,
Bis der Tod, der alles raubt,
Kommt, sie euch zu rauben.«

Ludwig Christoph Heinrich Hölty: *Rosen auf den Weg gestreut.*
Eine kleine Auswahl schönster Frühlingslieder und andrer Gedichte,
S. 17f.

72 NA 25, 99 u. 534.
73 NA 25, 100 u. 536.

Aber kabalisieren können sie auch ...

Motto: Friedrich Schiller an Caroline von Beulwitz, 25. August 1789. NA 25, 280.

1 NA 33 I, 228.
2 Ob der Spaziergang wirklich stattfand, ist nicht erwiesen. Unstreitig ist aber, dass dieses Treffen der beiden Dichter keine Annäherung brachte, einmal, weil die Situation inmitten der Gäste nicht danach war, zum anderen, weil Goethe scheute. NA 25, 543.
Übrigens, das ist eine Bemerkung wert, auch Goethe wurde, wie Schiller, ein Doktor der Medizin. 1825 promovierte ihn die Medizinische Fakultät der Universität Jena ehrenhalber.
3 Knebel war am 19. Juli 1788 aus Goethes Gartenhaus ausgezogen – weil Goethe seit dem 12. Juli 1788 eine Liebesbeziehung mit Christiane Vulpius unterhielt? Erst etwa ein dreiviertel Jahr später würde die Weimarer Gesellschaft davon erfahren. Sigrid Damm: *Christiane und Goethe*, S. 120.
4 Sequenz: NA 25, 108 f., und NA 33 I, 227f.
5 NA 33 I, 247.
Charlotte von Lengefeld schenkte Schiller zum Geburtstag einen Geranienstock, für eine Vase bedankte er sich bei beiden Schwestern. Zum Abschied schenkte Charlotte ihm noch eine Zeichnung: das Bildnis einer Wassermühle im niederländischen Stil nach Ernst Dietrich, Dresden. Sie nahm Unterricht in Rudolstadt und später auch in Weimar bei Georg Melchior Kraus,

dem Direktor der dortigen Zeichenschule, und bei Johann Heinrich Lips, dem von Goethe in Italien entdeckten Schweizer Maler und Kupferstecher. Kurz vor ihrer Heirat spielte Charlotte mit dem Gedanken, Lips möge gelegentlich nach Jena kommen, um sie weiter zu unterrichten, sodass sie Radierungen zu Schillers Werk fertigen könnte. Ihr Skizzenbuch befindet sich im GSA Weimar.

6 Wilhelm Christian von Wurmb war der älteste Bruder der Chère mère und daher Erbe des Familienguts. Auf dem Weg übernachteten sie in Teichröda, im Gasthof »Zum Schlehendorn« (oder Schlehedorn oder Schleendorn oder Schlenthorn), Ecke Regierungsstraße/Lange Brücke. Das Haus steht nicht mehr. NA 33 II, 432.

7 NA 33 I, 379.

8 NA 25, 132.

9 NA 25, 129.

10 NA 25, 577.

11 Ludwig Urlichs (Hrsg.): *Charlotte von Schiller und ihre Freunde*, Bd. III, S. 302.

12 Charlotte von Lengefeld interessierte sich wohl tatsächlich für dergleichen, sie besuchte im November 1788 das Erfurter Schottenkloster, wo sie eine große Elektrisiermaschine aus England und einen Brennspiegel besichtigte.

13 NA 25, 143f.

14 NA 33 I, 259.

15 Andere hatten andere Ideen. Friedrich Justin Bertuch z. B. hatte Schiller einen vermeintlichen Freundschaftsdienst erweisen wollen und eine Heiratskandidatin aufgetrieben, die Schiller in einem »gewissen Clubb« treffen sollte. NA 25, 147.

16 NA 25, 157.

17 Älterer Bruder von Wolfgang Heribert Tobias Otto Maria Johan Nepomuk von Dalberg, dem Mannheimer Intendanten, von dem sich Schiller vergeblich eine Anstellung als Theaterdichter erhofft hatte. Carl Theodor Anton Maria von Dalberg war während Herons Mainz-Aufenthalt zum dortigen Coadjutor gewählt worden.

18 Dem Geheimen Consilium, sozusagen Kabinett des herzoglichen Hofes, schlug Goethe am 9. Dezember 1788 vor, Schiller zum Extraordinarius zu ernennen. Zwei Tage später gab der Weimarer Hof (beziehungsweise Herzog Carl August als Rector magnificentissimus) diese Empfehlung an die Häuser Coburg, Gotha und Meiningen weiter, die, wie Weimar, die Universität Jena unterhielten. Durch den Fortgang des Orientalisten Eichhorn war dort

ein Lehrstuhl frei geworden. Die Entscheidung für dessen Nachfolge war, wie alle, von den vier Nutritoren einvernehmlich zu treffen. Das führte letztlich dazu, dass die Jenaer Professorenschaft über einen großen Handlungsspielraum verfügte.

19 NA 33 I, 284.

20 Vgl. dazu: Anna von Sydow (Hrsg.): *Wilhelm und Caroline von Humboldt in ihren Briefen.* Bd. I., S. XIff. Es war dieser Werbung eine durch Carl von La Roche vorausgegangen, die im Sande verlaufen war, wie letztlich auch die Wilhelm von Humboldts bald von den kommenden Ereignissen verdrängt wurde.

21 NA 33 I, 290.

22 Ludwig Urlichs (Hrsg.): *Charlotte von Schiller und ihre Freunde,* Bd. III, S. 309.

23 NA 33 I, 308.

24 NA 33 I, 310.

25 Heinrich Düntzer (Hrsg.): *Briefe von Schillers Gattin an einen vertrauten Freund,* S. 43.

26 Ebd., S. 39f.

27 GSA 83/1772.

28 Ludwig Urlichs (Hrsg.): *Charlotte von Schiller und ihre Freunde,* Bd. III, S. 308.

29 NA 33 II, 518.

30 Heinrich Düntzer (Hrsg.): *Briefe von Schillers Gattin an einen vertrauten Freund,* S. 34.

31 Das Doktordiplom erhielt Schiller mithilfe eines Dekans der Salana am 30. April 1789, das Magisterdiplom am 28. Mai 1789. Salana, so wurde die Saaleuniversität in Jena – die heutige Friedrich-Schiller-Universität – damals genannt.

32 Jenergasse 26.

33 NA 25, 254 u. 665, sowie Berthold Litzmann (Hrsg.): *Schiller in Jena,* S. 94ff.
Was vorübergehend von zusätzlichem Interesse war: Die Schwestern Schramm besaßen am Weg nach Rudolstadt »unter dem Hohen Creutz neben der Lichtenhayner Flurgrenze und Rasenmüller Keßler« ein Gartengrundstück, das Schiller zu nutzen gedachte. NA 25, 767.

34 Die Schiller-Forschung hat sich ausführlich damit beschäftigt, wie der Einfluss zu bewerten sei, der über die Schwestern von diesem Werk – neben ihrer Schweizreise – auf den »Tell« ausging. Ebenso fragte man sich, ob und in welcher Weise Schillers Besuch der Rudolstädter Glockengießerei Einfluss auf das berühmte Gedicht hatte. Das in der gebotenen Sorgfalt zu referieren würde den Rahmen dieses Buches sprengen.

35   NA 33 I, 296.
36   NA 33 I, 300.
     Schiller nannte Charlottes Urteil genauer, Carolines großmü-
     tiger. Wenn er erwartet hatte, durch diese »Fangfrage« mehr
     über die Schwestern zu erfahren, so war das Ergebnis wohl nicht
     befriedigend.
37   NA 25, 230.
38   NA 25, 257.
39   Der »Universitätsbereiser« Friedrich Gedicke übrigens auch
     nicht. Er besuchte vom 16. Juni 1789 bis zum 1. August 1789
     vierzehn außerpreußische Universitäten, um deren Organisa-
     tion zu studieren und geeignete Lehrkräfte für etwaige Vakan-
     zen an preußischen Universitäten zu finden, und berichtete
     darüber König Friedrich Wilhelm II. Schiller hoffte auf seine
     Fürsprache. Gedicke fand ihn im Umgang zwar recht ange-
     nehm, fürchtete aber, sein Äußeres könne abschrecken, sein
     pathetischer Vortragsstil gefiel ihm auch nicht. Das entspricht
     dem Urteil vieler, die ihn erlebten. NA 25, 712.
40   Wann genau, ist nicht bekannt, etwa zwischen dem 18. und
     21. Juni 1789.
41   Mit Beginn des 18. Jahrhunderts hatte die Verwertung einer ei-
     senhaltigen Quelle dem »Martialischen Gesundbrunnen«, so
     ein professorales medizinisches Gutachten, Bad Lauchstädt zu
     seiner Bedeutung verholfen, gefördert durch den Besuch der
     Merseburger Herzogsfamilie, für die im Schloss eine adäquate
     Unterkunft zur Verfügung stand. In Lauchstädt kurten auch
     Herzog Carl August von Weimar, Körner, Frau von Stein, Chris-
     tiane Vulpius …
42   Das war ein schönes mehrstöckiges Haus inmitten des Jenaer
     Prinzessinnengartens gelegen.
43   Am 16. Juni 1789 war Beulwitz in Genf eingetroffen. Dazu auch
     Mathilde Donata von Beulwitz: »Friedrich Wilhelm Ludwig
     von Beulwitz und Caroline von Lengefeld (Wolzogen)«, in:
     Schwäbischer Schillerverein, 34. Rechenschaftsbericht, S. 79ff.,
     und NA 33 I, 351f.
44   Friederike von Hollebens Stimmung kurz vor der Heirat gibt
     folgender Brief wieder: »Tausend Dank für eure Briefe ihr Lie-
     ben, sie waren mir Trost, ob ich gleich deßen nicht mehr sehr
     Bedarf, ich bin jetzt ganz ruhig, und denke es immer mehr zu
     werden, denn ich werde täglich mein Glück mehr fühlen und
     einsehen lernen. … Schon hatte ich Abschied von meinem lie-
     ben Stübgen genommen, und es wohl verschloßen, als eben
     Eure lieben Zettels kamen, ich setze mich also noch einmal in

denselben, um Euch zu schreiben. O! liebe wüstet ihr was ich empfinde, ihr würdet gewiß nicht aufhören an mich zu denken. und – Segen für mich zu bitten. bis jezt konnte ich noch nicht weinen, aber jetzt kann ich es. ... O! Caroline glaube mir ich fühle gantz, wie viel einen dieser Tag kosten mus, ich fühl es schon zum voraus, und immer bänglicher wird mirs, je mehr ich ihn nähere, bittet den Himmel für mich um Standhaftigkeit.« NA 33 I, 345f.

An Caroline, die Leidensgenossin, dachte Friederike in ihrer Not, nun, da sie ihren Mann genau kennen lernen sollte, unerfahren, aber den Kopf voller beängstigender Geschichten, die andere, die ebenso in die Ehe gestolpert waren, ihr erzählt hatten.

45   Dort pflegte Dacheröden mit seiner Tochter den Sommer zu verbringen, den Winter über lebten sie in Erfurt.

46   Am 14. Juli 1789 waren sie in Lauchstädt. NA 25, 676 u. 719.

47   NA 33 II, 554.

48   NA 25, 268

49   NA 25, 269f.

50   NA 25, 272f.

51   NA 25, 273f.

52   NA 33 I, 370f.
Lange zeigte man übrigens in Lauchstädt eine Fensterscheibe, in die Charlotte ihren Namen und die Jahreszahl 1789 eingeritzt haben soll im Gedenken an die Verlobung.

53   NA 33 I, 371f.
Dachten die Schwestern dabei an ein vor Jahren Weimar erschütterndes »Geniegelage« unter Verwendung von zu Pokalen umfunktionierten Urnen von einem benachbarten Friedhof?

54   Daran erinnerte Caroline von Dacheröden die »liebe Lotte« im Brief vom 3. Oktober 1789: »... als ich den Schindanger, die Gallerie an unserm Häuschen wo immer unsere Bademäntel hiengen u. unsre Kleider, u. die Allee wiedersah wo ich a la Niobé frisirt mit Euch u. [Karl] u. = [Schiller] spazieren gieng ...« DLA, Cotta-Archiv (Stiftung der Stuttgarter Zeitung).

55   A. O. Reuschert: *Schiller in Lauchstädt*, S. 66 ff.

56   NA 33 I, 367.

57   Es handelt sich um die Schwestern Stock: Körners Verlobte Anna Maria Jacobine (Minna) und Johanna Dorothea (Dora), vorübergehend Ludwig Ferdinand Hubers Braut.

58   Die junge Dame (1762 geboren) wurde seit 1787 in der brieflichen Diskussion zwischen Körner und Schiller – der ihr ein

Gedicht widmete – als wünschenswerte Ehefrau gehandelt. Sie heiratete 1791 den Londoner Kaufmann Edward Joseph Swaine.

59   NA 25, 222.
60   Es handelte sich um den Hallenser Anatom Philipp Friedrich Theodor Meckel, der aber ihre Neigung nicht erwiderte. Es scheint, als habe Caroline von Dacheröden in ihrem Verhalten ihm gegenüber gewisse Grenzen überschritten und sich dann über dessen Reaktion geärgert. Vgl. dazu: NA 33 II, 597f.
61   Ludwig Urlichs (Hrsg.): *Charlotte von Schiller und ihre Freunde*, Bd. I, S. 149.
      Caroline von Dacherödens Liebesleben um diese Zeit wäre ein Kapitel für sich. Zwischen ihr und La Roche bestand so etwas wie die Idee einer ehelichen Verbindung, aber sie liebte den Arzt (der nichts von ihr wissen wollte) und glaubte, Wilhelm von Humboldt sei in Therese Forster verliebt, die sich für Huber, der ja vorübergehend mit Dora Stock verlobt war, von ihrem Mann trennen würde.

… wenn es um die Liebe geht

Motto: Caroline von Beulwitz an Friedrich Schiller, 18. November 1788. NA 33 I, 251.
 1   »… weil sie Zeugniss der Liebe Carolines zu Schiller waren. … Nach einer Mitteilung von Emilies Enkel Alexander Freiherr von Gleichen-Rußwurm sollen sich 1909 [Urlichs sah sie bei seinen Recherchen, durfte aber nur Auszüge übernehmen, mehr erlaubte Emilie nicht. Auch Fielitz sah noch Briefe, die später fehlten.] noch manche Briefe Carolines an Schiller aus jener Zeit im Familienarchiv zu Greifenstein befunden haben, aus diesen Briefen aber ergebe sich, so Schillers Urenkel, kein neues Bild der Beziehung Schillers zu den Schwestern [sondern nur eine Bestätigung der freien Auffassung der Liebe].« NA 33 II, 561.
 2   NA 25, 284.
      Aber Schiller soll sich auch am 18. September 1789 ins Gästebuch der »Güldenen Gabel« in Rudolstadt eingetragen haben.
 3   Schiller orientierte sich dabei an seinen ersten Semesterferien.
 4   Die Schwestern hatten es sich so gedacht: Von neun bis gegen fünf Uhr nachmittags würde Schiller bei ihnen sein, dann wollten sie etwas essen und von acht an für zwei Stunden auf die Heidecksburg zu ihrer Mutter gehen.

5 Schiller hatte so etwas wie »Dudu« verstanden, die Schwestern hatten »Toutou« wohl, ihrem Dialekt entsprechend, weich ausgesprochen.

6 Weil die Schwestern nicht wussten, wie unbedacht ihr genialer Freund es in der Vergangenheit ausgegeben hatte? Mannheim verließ er mit reichlich Schulden, er hatte auch Henriette von Wolzogen angepumpt und in Bauerbach unbezahlte Rechnungen hinterlassen. Am 27. Februar 1785 hatte Schiller bei dem Leipziger Geldverleiher Marcus Nathanael Beit einen Kredit in Höhe von 310 Talern aufgenommen (für den der gutmütige Körner bürgte), der sich am 14. Oktober 1788 noch auf 280 Taler belief. Auch bei einem Dresdner Schneider Müller und bei einem Geldverleiher Israel stand er in der Schuld. NA 25, 539 u. 471.

7 Frau von Kalb hatte allerdings, nach Schillers Empfinden zu Recht, verlangt, dass er nach Weimar komme, um sie zu treffen. NA 25, 293. Zu Charlotte von Kalbs Heiratsplänen vgl.: Consolina Vigliero (Hrsg.): *Rahel Levin Varnhagen. Briefwechsel mit Ludwig Robert 1794 bis 1832*, S. 736.

8 Sequenz: NA 25, 306.

9 NA 33 I, 393. Die, was den Seelenstress ihrer Töchter anbelangte, ahnungslose Chère mère war überzeugt, das Miterleben der »Zufälle« Caroline von Dacherödens in Lauchstädt hätte Carolines Leiden wieder hervorgerufen.

10 NA 25, 308.

11 Schiller an Charlotte von Lengefeld, 25. August 1789. NA 25, 279.

12 Schiller an Caroline von Beulwitz, 25. August 1789. NA 25, 280.

13 Charlotte von Lengefeld an Schiller. NA 33 I, 396f.

14 Die Schwestern kannten ja ihren Rousseau. In dessen Briefroman *Julie ou La Nouvelle Héloise (Julie oder die neue Héloise)* hatte sie nicht nur die Schilderung der Schweizer Alpen- und Seenlandschaft, sondern sicher mehr noch die einer Dreiecksbeziehung beeindruckt.

15 NA 25, 291.

16 NA 25, 289.

17 Er hatte die Briefe, die ihm die Schwestern im vergangenen Sommer und Herbst schickten, noch einmal gelesen und war betroffen davon, wie frostig sie ihm jetzt vorkamen. Sie sprachen ihm von Trennung, von der Notwendigkeit, entfernt voneinander zu leben, in die man sich fügen müsse.

18 NA 25, 310.

19 NA 25, 315.

20 Caroline von Dacheröden verstand Charlottes Bedenken,
    »… da mein vergangenes Leben mich in daßselbe Verhältnis
    mit [Karl] und Jetten sezte [also mit Carl von La Roche und
    Henriette Herz, den Tugendbündlern], in dem du mit =. u.
    Linen bist …« Außerdem: »Müste mein Herz nicht aufgerieben
    werden wenn ich anders für [Wilhelm] u. [Karl] fülte, ist mein
    Verhältniß nicht mit inen grade daßelbe wie das von = [Schil-
    ler] gegen dich u. Linen …« Caroline von Dacheröden an Char-
    lotte von Lengefeld vom 3. Oktober 1789. DLA, Cotta-Archiv
    (Stiftung der Stuttgarter Zeitung).
    Im Übrigen gab es bald ein weiteres Dreieck. Körner würde er-
    folgreich intervenieren und Ludwig Ferdinand Huber sich von
    Dora Stock (die unverheiratet blieb) trennen, um sich mit
    Therese verheiratete Forster zu verbinden.

21 Brief Caroline von Dacheröden an Charlotte von Lengefeld
    vom 4. Oktober 1789, in dem sie fortfährt, über Modefragen zu
    schreiben: »Ich habe mir wieder eine Haube a la Vieth [?] ge-
    macht in der ich mir selbst sehr gefalle da ich noch immer
    meine abgeschnittenen Haare trage u. mich noch lange nicht
    frisiren lassen darf, so komt mir diese Mode recht zu statten u.
    der Koadjutor fand den Aufsatz so hübsch u. so griechisch daß
    es abgezeichnet werden sol.« DLA, Cotta-Archiv (Stiftung der
    Stuttgarter Zeitung).

22 Ebd.

23 So notierte Karl August Varnhagen von Ense am 13. (oder 23.)
    Juli 1840. Sammlung Varnhagen, Kasten [90], Mappe »Wil-
    helm von Humboldt«, Biblioteka Jagiellońska, Kraków. Sieben
    Jahre später verzeichnete er eine weitere einschlägige Reminis-
    zenz an Wilhelm von Wolzogen.

24 Caroline von Dacheröden an Charlotte von Lengefeld, 30.
    November 1789. DLA, Cotta-Archiv (Stiftung der Stuttgarter
    Zeitung).

25 Karl August Varnhagen von Ense: Notiz v. 9. 4. 1847. In: Samm-
    lung Varnhagen, Kasten [281], Mappe »Wolzogen«, Biblio-
    theka Jagiellońska, Kraków.

26 NA 33 I, 403 u. 412.

27 GSA. Stammbuch Charlotte von Lengefelds.

28 Brief Caroline von Dacheröden an Charlotte von Lengefeld am
    »18ten [Sept.? 1789]«. DLA, Cotta-Archiv (Stiftung der Stutt-
    garter Zeitung). Urlichs datierte diesen Brief auf den – unserer
    Ansicht nach wahrscheinlicheren – 18. Oktober 1789.

29 NA 25, 329.

30 NA 33 I, 412, und NA 33 II, 599.

Demnach fand dieses Gespräch am 4. November 1789 statt.
31 Gustav Falke: »Die wilden Schwärmer sind unter uns«, in:
    Frankfurter Allgemeine Zeitung vom 24. März 2004.
32 NA 25, 314.
33 NA 33 I, 379.
34 Schiller schrieb an diesem Tag einen Brief an beide Schwestern,
    den Caroline für ihre Schiller-Biografie bearbeitete. Danach
    war dieser Brief nur an Charlotte gerichtet ... Findig arbeitete
    Georg Kurscheidt das und weitergehende Ungereimtheiten
    heraus in Jochen Golz (Hrsg.): *Caroline von Wolzogen 1763–1847*,
    S. 71.
35 Diese Frucht konnte man im kalten Europa tatsächlich heran-
    ziehen, wenn man sie im Gewächshaus zwischen zwei mit
    dampfendem Pferdemist gefüllte Gräben pflanzte. Die Ananas,
    die Schiller Charlotte schickte, hatte sein Vater ursprünglich
    ihm zugedacht, sie war in den Anlagen der Solitude herange-
    wachsen.

Ihre Wege trennen sich, vorläufig

Motto: Charlotte von Lengefeld an Friedrich Schiller, 9. Ja-
    nuar 1790. NA 33 I, 455.
1   In dem Gasthaus übernachtete Schiller in dieser Zeit wenigs-
    tens einmal. Die ersten Tage in Weimar verbrachten die
    Schwestern vermutlich als Gäste der Frau von Imhoff im Haus
    an der Esplanade.
2   Das Fourierbuch wird im Thüringischen Hauptstaatsarchiv in
    Weimar aufbewahrt.
3   Von Dacherödens Kommentar, er habe »eine große Freude da-
    rüber *daß mir endlich etwas recht sei*«, klingt nach großer Erleich-
    terung, nicht länger für seine Tochter verantwortlich zu sein.
    Die beiden seien »im Klaren zusammen und einverstanden, daß
    die Heirath kein Band der Seelen ist, so werden sie sich nicht
    falsch begegnen ...«, so die eheerfahrene Caroline von Beul-
    witz am 20. Dezember 1789 an Schiller. NA 33 I, 444.
4   GSA 83/346.
5   GSA 83/2569 und NA 33 II, 623.
    Nicht nur Caroline, sondern sehr wahrscheinlich auch Char-
    lotte schrieb aus Erfurt an die Mutter. Keiner dieser Briefe ist er-
    halten.
6   NA 33 II, 623f.
    Der Besucher, Caspar Constantin Beyer, notierte in seinem Ta-

gebuch, die eine der Schwestern sei zwar nicht hübsch, aber im Umgang sehr artig, die andere gut gewachsen, aber nicht schöner als die vorige. Wilhelm Fielitz (Hrsg.): *Schiller und Lotte*, S. 161.

7   NA 33 I, 435.

8   NA 25, 361.

9   Charlotte an Schiller am 5. Dezember 1789: »... auch bei der kam die Rede auf uns, und die Kalb hat gegen die Stein geäußert, daß sie es billigte u. s. w.« NA 33 I, 430.

10 Der Brief war längst geschrieben, denn Schiller erwähnte am 21. November 1789, dass er einen Brief für die Chère mère bereit hielte, der aber wider Erwarten von den Schwestern noch nicht abgerufen worden sei. NA 25, 333.

11 NA 25, 364, und NA 33 II, 624f.

12 NA 33 I, 418.

13 NA 25, 329.
    Aber Schiller dachte und schrieb auch: »Die Prinzen sind jetzt mit Beulwitz in der Schweitz; auf der Hinreise haben sie meinen Vater kennen lernen, und dieß wird nun benutzt. Der älteste Prinz muß ihm schreiben, sobald es dahin kommt, und ich werde von meiner Seite alles ins beste Licht zu setzen suchen. Ohnehin muß ich mir, sey es von welchem Hof es wolle, einen Carakter geben laßen, und so etwas wirkt auch auf meinen Vater ...« NA 25, 356.

14 NA 33 I, 423.

15 Sequenz: NA 25, 341.

16 NA 33 I, 425.

17 Wie sehr Schiller sich noch mit ihr beschäftigte, zeigt, dass er mit Brief vom 27. November 1789 die Schwestern aussandte, ihm Nachricht vom Zustand der Frau von Kalb zu verschaffen. Er hatte gehört, sie habe das Frieselfieber, und machte sich Sorgen.

18 NA 25, 350.

19 NA 25, 411.

20 NA 25, 417.
    Es wäre allerdings nicht das erste Mal gewesen: Am 11. Mai 1789 schickte Charlotte von Kalb Schiller einen Brief eines Mannheimer Schauspielers mit dem Geständnis, sie habe ihn geöffnet.

21 NA 33 I, 481.

22 Ludwig Urlichs (Hrsg.): *Charlotte von Schiller und ihre Freunde*, Bd. I, S. 207, und NA 33 II, 662.

23 Das GSA bewahrt ein Konvolut Briefe Charlotte von Kalbs an

Schiller auf, das außer einigen ganz frühen Blättern erst Briefe
ab 1793 enthält. GSA 83/318.

24 NA 33 I, 411.

25 NA 25, 322.
Schillers Mannheimer Zeit gab seinem Leben allerdings eine
nachhaltige Prägung. Er hatte zu den 6000 von einer Malaria-
Epidemie betroffenen Einwohnern gehört. Der Arzt therapierte
sich selbst durch rigoroses Fasten und reichlich Chinarinde –
an deren Nebenwirkungen er zeitlebens leiden würde.

26 Die Geburtsjahre der Schiller-Schwestern: 1757, 1766, 1777.

27 Bestenfalls sind darunter »Krätzer« zu verstehen, die auch Fe-
derweiße genannten jungen Weine.

28 Dieses Zitat und die folgenden zu Schiller: Axel Gellhaus und
Norbert Oellers (Hrsg.): Schiller. Bilder und Texte zu seinem Leben,
S. 37 ff., und Julius Hartmann: Schillers Jugendfreunde, S. 143ff.

29 NA 1, 46, 53, 64.
Die Gedichte wurden später um leidenschaftliche Verse gekürzt
veröffentlicht – dem zeitgenössischen Schiller-Bild entsprechend.

30 Die Vischerin begleitete Schiller zusammen mit Henriette von
Wolzogen auf seiner zweiten Mannheimer Reise. Übrigens
hatte sie eine Nichte, Wilhelmine Andreae, in die sich Schiller wohl ebenfalls verliebte und der das Gedicht »An Minna«
gewidmet sein könnte. Es gibt die Hypothese, dass Schiller
auch bei den Laura-Gedichten an Wilhelmine Andreae dachte,
gestützt durch weitere Spekulationen darüber, dass ein Frauen-
bildnis, das die Unterschrift »Schillers Laura« trägt, diese dar-
stelle. Die NA-Herausgeber beteiligen sich daran – unserer
Auffassung nach begründet – nicht: Hier wird die von Minna
Körner überlieferte Äußerung Schillers wiedergegeben, es
handle sich bei seiner Laura um die Vischerin. NA 2 IIA, 33.

31 NA 22, 133.

32 Georg Friedrich Scharffenstein in: Julius Hartmann: Schillers
Jugendfreunde, Stuttgart und Berlin 1904, S. 156.

33 Tochter von Schillers Gönnerin Henriette von Wolzogen und
Schwester Wilhelm von Wolzogens. Er lernte Charlotte von
Wolzogen in Bauerbach kennen und hielt um ihre Hand an,
vergeblich.

34 Tochter des Mannheimer Verlegers Christian Friedrich
Schwan, auch ihr machte Schiller einen Heiratsantrag, als er
Mannheim bereits verlassen hatte – nicht zuletzt um Distanz zu
Charlotte von Kalb zu gewinnen.

35 Schiller verblüffte Katharina Baumann, indem er ihr ein Mini-

aturbild von sich schenkte. Auf ihre Frage, was sie damit solle, antwortete er, er könne es ihr nicht sagen, er sei halt ein kurioser Kauz. Sie erwiderte Schillers Neigung nicht, sein saloppes Wesen stieß sie ab.

36   Die Luise Millerin der Frankfurter Premierenvorstellung von »Kabale und Liebe«. Schiller kannte Sophie Albrecht schon aus Mannheim und traf sie zu seiner Freude später in Leipzig wieder. Doch nachhaltig beeindrucken konnte er sie nicht. Sie störte sich daran, dass er schlecht angezogen war und dass er schnupfte.

37   Henriette von Wolzogen war eine geborene Marschalk von Ostheim. Sie war die Tante der beiden mit den von-Kalb-Brüdern verheirateten Schwestern Charlotte und Eleonore. Mit neun Jahren verwaist, wuchs Charlotte im Haushalt des Meiningischen Kammerpräsidenten von Türck auf. Daher hatte sie gute Kontakte zum Meininger Hof, daher besuchte sie oft auch Bauerbach. Henriette von Wolzogen hatte Schiller davon erzählt, wie unglücklich Charlottes Schwester Eleonore mit einem von Kalb verheiratet war, darauf geht die Figur des von Kalb in »Kabale und Liebe« zurück. Die Schwestern wiederum hatten über die Tante von Schiller gehört.

38   Axel Gellhaus und Norbert Oellers (Hrsg.): *Schiller. Bilder und Texte zu seinem Leben*, S. 91.

39   Auch Henriette von Arnim widmete Schiller (um den 5. Mai 1787 herum) ein Gedicht.

40   NA 2 IIA, 157.

41   Über die genannten Damen und die Herren, die damals seine Freunde waren vgl. auch den Bericht des ehemaligen Archivars des Schillermuseums zu Marbach: Ernst Müller: *Schiller. Intimes aus seinem Leben.*

42   Schiller erwähnte sie im gleichen Brief vom 28. Mai 1789 an Körner, wie das Fräulein Eckardt, und lobte sie so: »Ohne viel Geist hat sie viel Gefälliges und viel Güte des Karakters und ohne grade hübsch zu seyn, gefällt mir ihr äuserliches auch nicht übel.« NA 25, 258f.

43   Das geschah am 22. Dezember 1789, dem Tag, an dem er die Zustimmung der Chère mère zur Heirat erhalten hatte.

44   Zitat aus dem Brief der »Friederike *von* Mandelsloh geborene *von* Gleichen« (Die hier kursiv gesetzten Wörter waren in der Unterschrift zu diesem Brief unterstrichen): GSA 83/1783.

45   Schiller hatte noch im November erwogen, sich über den Coburger Erbprinzen, Franz Friedrich Anton von Sachsen-Coburg-Saalfeld, um den Hofratstitel zu bemühen. 1785 war ihm

von Carl August von Sachsen-Weimar auf Vermittlung von
Charlotte von Kalb und weil der Herzog »mit vielem Vergnügen« einer Lesung aus dem »Dom Karlos«-Manuskript gelauscht
hatte, der Titel eines Fürstlichen Rats verliehen worden.

46 Sie fanden aber auch den Vorschlag, die Kosten für eine große
Hochzeit von Dalberg übernehmen zu lassen, nicht gut.

47 Die Fastenzeit dauerte in diesem Jahr vom 17. Februar bis zum
4. April. Für Wenigenjena war eine Genehmigung nötig, vgl.:
NA 33 II, 662f.

48 Nach Gero von Wilperts Schiller-Chronik war es der 14. Februar 1790. Ein Aufgebot in Rudolstadt gab es nicht.

49 Das Datum wurde nicht zuletzt dadurch bestimmt, dass die Chère
mère sich vom Fürsten Urlaub genehmigen lassen musste.

50 Diese Trauung scheint seine einzige gewesen zu sein. Der Eintrag ins Wenigenjenaer Trauregister lautet: »Den 22sten Februar, des nachmittags halb 6. Uhren ist Herr Friedrich Schiller Fürstl. Sächs. Meiningischer Hofrath, wie auch Fürstl. Sächs.
Weimarischer Rath, und öffentlicher Lehrer der WeltWeisheit
in Jena, Herrn Johann Friedrich Schillers, Hauptmans in Herzoglich Würtenbergischen Diensten eheleiblicher einziger Herr
Sohn, mit Fräulein Louisa Charlotta Antonetta von Lengefeld,
weyl. Herrn Carl Christoph von Lengefelds, Fürstl. Schwarz-
burgisch Rudolstädtischen Jägermeisters und Camerraths zu
Rudolstadt hinterlassenen eheleiblichen zwoten Fräulein Tochter, nachdem sie des Tags vorher als am Sonntage Invocavit zu
Jena einmahl vor allemahl proclamirt auf Concession des
Herrn Superint. Oemlers allhier in aller Stille getrauet worden.
Dis war die erste Trauung des Herrn Coll. Herrn Adjuncti
M. Carl Christian Ehrhard Schmids.« Fast den gleichen Wortlaut hat ein Eintrag im Trauregister der Stadtkirche Jena. Gerhard Jahreis: Die Schillerkirche in Jena. In Schillers Erinnerung
war die Trauung ein kurzweiliger Auftritt; Charlotte sah sechzehn Jahre später die Szene in leichte Abendwolken am blauen
Himmel gehüllt, von der Abendsonne mit rötlichem Glanz
übergossen.

51 NA 25, 388.

52 NA 25, 397.
Schiller hatte auch an Platz für Charlottes Zofe und einen Diener (mit Namen Hermann [Schultheiß?] – er muss ihn laut
Zeugnis vom 7. Juli 1791 eineinhalb Jahre zuvor, also Anfang
1790, eingestellt haben) gedacht.

53 NA 33 I, 461.

54 NA 25, 399.

55 NA 33 I, 468.
56 NA 331, 464ff. Sie tippte vermutlich auf Caroline!
57 Folgende Sequenz: Anna von Sydow (Hrsg.): *Wilhelm und Ca-
    roline von Humboldt in ihren Briefen.* Bd. I, S. 60ff.

So manches ist anders als gedacht

Motto: Charlotte Schiller an Friedrich Schiller, 27. Juli 1790. NA 34
    I, 23.
 1 DLA, Cotta-Archiv (Stiftung der Stuttgarter Zeitung).
 2 Ebd.
 3 Ludwig Urlichs (Hrsg.): *Charlotte von Schiller und ihre Freunde*,
    Bd. I, S. 377.
 4 Caroline von Wolzogen: *Literarischer Nachlaß*, Teil 2, S. 193.
 5 Tagebücher Wilhelm von Wolzogen. 1790–1791. Eintrag
    21. März 1790. Unveröffentlichtes Typoskript.
 6 Ludwig Urlichs (Hrsg.): *Charlotte von Schiller und ihre Freunde*,
    Bd. II, S. 111ff.
 7 Caroline von Wolzogen: *Literarischer Nachlaß*, Teil 2, S. 126.
 8 Ludwig Urlichs (Hrsg.): *Charlotte von Schiller und ihre Freunde*,
    Bd. I, S. 375.
 9 Anna von Sydow (Hrsg.): *Wilhelm und Caroline von Humboldt
    in ihren Briefen*, Bd. I, S. 110.
10 NA 26, 10.
11 NA 26, 16.
12 NA 26, 6f. u. 35f.
13 Caroline von Dacheröden an Charlotte Schiller, 29. Juni 1790.
    DLA, Cotta-Archiv (Stiftung der Stuttgarter Zeitung).
14 Charlotte Schiller an Friedrich Schiller, 27. Juli 1790. NA 34 I,
    23.
15 Christine Theml: *»Größe zu lieben war meine Seligkeit«*, S. 81.
16 Ebd., S. 82.
17 Anna von Sydow (Hrsg.): *Wilhelm und Caroline von Humboldt
    in ihren Briefen*, Bd. III, S. 218f.
    Humboldts Frau bestätigte zu Beginn des Jahres 1810 seine Mei-
    nung insofern, als sie ihm schrieb: »Allein Caroline liebt schön,
    phantastisch, aber wirklich nicht ergreifend tief, und sie erregt
    auch, dünkt mich, keine eigentlichen Leidenschaften.« Ebd.,
    S. 330.
18 NA 34 I, 22f.
19 DLA, Cotta-Archiv (Stiftung der Stuttgarter Zeitung).
20 NA 42, 130.

21   NA 42, 129.
Sammlung Varnhagen, Biblioteka Jagiellońska, Kraków, Kasten [97]: »Berlin, 21. Sept. 1847« – Rahel Varnhagen von Ense in einem Rückblick auf die »Schiller'schen Verhältnisse«: »Schiller war überhaupt … sehr hart und rauh, behandelte das Heirathen wie ein bürgerliches Geschäft, sah vor allem auf Geld und Vortheil …« Es gab aber auch andere Stimmen. Johann Gottfried Gruber, Romanschriftsteller, später Professor der Geschichte, Biograf Klopstocks und Wielands, über den Schiller der frühen neunziger Jahre: »Mit Freundlichkeit empfing er mich, sein ganzes Wesen erweckte das Vertrauen.« Julius Petersen (Hrsg.), *Schillers Gespräche*, S. 170. Und Heinrich Voß d. J. erinnerte an den begeisterten Ausruf eines Freundes: »An dem Manne ist alles liebenswürdig, selbst sein Tabaksfleckchen unter der Nase.« Max Hecker (Hrsg.), *Schillers Tod und Bestattung*, S. 84.

22   Schultheiß erzählte 1849, da war er nahezu achtzig Jahre alt, aber »noch sehr rüstig«, von seinen Erfahrungen mit Schiller. Der Inhalt seines Berichtes ist Bestandteil eines Zeitungsartikels, o. D., zweite Hälfte 19. Jh., Stadtarchiv Rudolstadt.

23   Das notierte Ludwig Friedrich Göritz; Max Hecker (Hrsg.): *Schillers Persönlichkeit*, Teil 2, S. 233.

24   NA 26, 39.

25   Otto Güntter: *Marbacher Schillerbuch*, Bd. 2 , S. 187.

26   DLA, Cotta-Archiv (Stiftung der Stuttgarter Zeitung).

27   NA 25, 222 u. 635. Brief Friedrich Schillers an Christian Gottfried Körner, 9. März 1789. Tatsächlich drückte Schiller sich, wie schon erwähnt, viel drastischer aus, als er schrieb, dass die Akademie ihn dann »im Asch« lecken könne. Der deutliche Nachsatz wurde übrigens später im Original gestrichen und von fremder Hand wieder überschrieben.

28   Georg Friedrich Rebmann: *Jena fängt an, mir zu gefallen*, S. 87.

29   Ebd., S. 88.
Von Jena als Wohnort für ihre eigenen heranwachsenden Töchter wollte Charlotte von Schiller wohlweislich nichts wissen.

30   Von dem beliebten französischen Trauerspiel »Nina ou La Folle par amour«, Libretto Benoit-Joseph Marsollier des Vivetières, Musik Nicolas Dalayrac, gab es drei deutsche Bearbeitungen.

31   »Quand le bien aimé reviendra«.

32   Viele Jahre später, im Oktober 1822, schrieb Charlotte von Schiller einmal an Friederike von Gleichen: »Er liebte so bei seinen Arbeiten, Gesang aus der Ferne zu hören.« Ludwig Ur-

lichs (Hrsg.): *Charlotte von Schiller und ihre Freunde*, Bd. I,
S. 406.
Im Juli 1790 hielt Caroline von Dacheröden sie zu fleißigem
Üben an: »Wie gehts mit deiner Singerei, deiner Musik? Lern
ja Musik, es ist doch eine hübsche Sache.« DLA, Cotta-Archiv
(Stiftung der Stuttgarter Zeitung).

33 NA 27, 150.

34 Ludwig Urlichs (Hrsg.): *Charlotte von Schiller und ihre Freunde*,
Bd. I, S. 430.

35 NA 36 I, 384.

36 Beispielsweise schickte Goethe Charlotte Schiller zehn Abbildungen der Hohenheimer Gartenanlagen vom Stuttgarter Kupferstecher Christian Duttenhofer.

37 Caroline von Wolzogen: *Literarischer Nachlaß*, Teil 2, S. 200.

38 Johann Henricus Hennes (Hrsg.): *Fischenich und Charlotte von
Schiller. Aus ihren Briefen und Aufzeichnungen*, S. 119.
Die Äußerung stammt zwar aus späterer Zeit, hatte aber gene-
rell Gültigkeit.

39 NA 26, 21.

40 NA 34 I, 370f.

41 Wilhelm Fielitz (Hrsg.): *Schiller und Lotte*, Bd. II, S. 261.

42 Ebd., Bd. I, S. 299.

43 Ebd.

44 DLA, Cotta-Archiv (Stiftung der Stuttgarter Zeitung). Dann
fuhr die Dacheröden fort: »… u. da die Meinungen different
waren, erhob Dominikus [Johann Jacob Dominikus, Professor
der Geschichte in Erfurt] seine Stimme u. sagte er wollte *darauf
schwören du seist*.«

45 Es handelte sich um Stark d. Ä., Professor der Medizin in Jena
(1753–1811), seit 1786 Leibarzt der Herzoginmutter Anna Amalia, Schillers und gelegentlich auch Goethes Hausarzt.

46 NA 26, 89f.

47 Herr von Beulwitz reiste schon bald ohne seine Frau zurück
nach Rudolstadt.

48 Anna von Sydow (Hrsg.): *Wilhelm und Caroline von Humboldt
in ihren Briefen*, Bd. I, S. 359.

49 Wolfgang H. Veil: *Schillers Krankheit*, S. 81.

50 Der amtierende Mainzer Kirchenfürst feierte seinen Geburtstag; die Schillers & Co. wünschten ihm nichts mehr als ein
möglichst kurzes Leben.

51 NA 26, 72 u. 487.

52 NA 26, 74.

53 Karl Gotthard Graß, ein guter Bekannter Schillers, stammte

aus dem Baltikum, studierte von 1786 bis 1790 in Jena Theologie, war von 1796 bis 1802 als Maler und Schriftsteller in der Schweiz und danach in Italien. Im Mai 1791 reiste er aus Rudolstadt ab, um für einige Jahre in Riga zu leben.

54 Ludwig Urlichs (Hrsg.): *Charlotte von Schiller und ihre Freunde*, Bd. III, S. 156.

55 NA 34 I, 76.
Die Familiensage derer von Gleichen passt zum Thema, also sei sie hier kurz erzählt: Einer der thüringischen Grafen von Gleichen war auf einem Kreuzzug in türkische Sklaverei geraten. Die schöne Tochter des Sultans verliebte sich in ihn, lebte einige Jahre mit ihm und wollte sein Eheversprechen erwirken, indem sie ihm die Freiheit und große Schätze versprach. Der Graf, obwohl verheiratet, ließ sich darauf ein, der Papst erlaubte ihm die Doppelehe unter diesen besonderen Umständen. Gleichens erste Frau akzeptierte sie, die drei lebten fortan zusammen – wie sie auch zusammen schliefen, in einem Himmelbett.

56 NA 26, 515f.

57 Charlotte Schiller an Ludwig Ferdinand Huber am 11. Juli 1791 aus Karlsbad. DLA.

58 NA 26, 89.

59 DLA, Cotta-Archiv (Stiftung der Stuttgarter Zeitung).

60 Unter dem Datum 17. November 1791.

61 Später Herzog.

62 Ludwig Urlichs (Hrsg.): *Charlotte von Schiller und ihre Freunde*, Bd. II, S. 367.

63 Ebd., S. 369.

64 NA 34 I, 377.

65 DLA, Cotta-Archiv (Stiftung der Stuttgarter Zeitung).
Im gleichen Brief bekam Charlotte zu lesen: »... àpropos deine Dezenz würde sich an mir freuen, denn wen ich angezogen bin u. ohne daß ich mich im mindesten genirte, sieht man noch gar nichts ...«

66 Funck, eine Empfehlung aus Dresden, war Mitarbeiter an der »Allgemeinen Sammlung Historischer Memoires«.

67 Karl Wilhelm Ferdinand von Funck an Christian Gottfried Körner, 17. Januar 1796. Erstveröffentlichung durch Ludwig Geiger in: *Frankfurter Zeitung*, Nr. 62, 3. März 1903.

68 Auch Schiller nannte in einem Brief an Körner sein Übel hypochondrisch.

69 NA 26, 526.

70 Caroline von Wolzogen an Caroline von Humboldt. Albert

Leitzmann: »Aus Briefen von Karoline von Wolzogen an Karoline von Humboldt«, in: *Euphorion*, Heft 15, S. 187.

71 Ludwig Urlichs (Hrsg.): *Charlotte von Schiller und ihre Freunde*, Bd. II, S. 321f.

72 Fritz von Stein bezog Schillers bisherigen Arbeitsraum; dem Dichter stand danach das Gesellschaftszimmer zur Verfügung, diese »große Stube« wurde selten genutzt, da es noch ein Wohnzimmer gab.

73 Ludwig Urlichs (Hrsg.): *Charlotte von Schiller und ihre Freunde*, Bd. I, S. 452.

74 Als Göritz viel später meinte, Caroline von Wolzogen habe halbe Jahre lang in der Schrammei mit am Tisch gesessen, täuschte ihn seine Erinnerung, fügte er doch sporadische Besuche zu Daueraufenthalten zusammen.

75 Walter Hoyern (Hrsg.): *Schillers Leben dokumentarisch*, S. 404f.

76 Ludwig Urlichs (Hrsg.): *Charlotte von Schiller und ihre Freunde*, Bd. I, S. 437.

77 Das überlieferte Göritz. Julius Petersen (Hrsg.): *Schillers Gespräche*, S. 205.

78 Ludwig Urlichs (Hrsg.): *Charlotte von Schiller und ihre Freunde*, Bd. I, S. 107.

79 Anna von Sydow (Hrsg.): *Wilhelm und Caroline von Humboldt in ihren Briefen*, Bd. I, S. 311.

80 Wilhelm Fielitz (Hrsg.): *Schiller und Lotte*, Bd. III, S. 51.

81 Ebd., S. 52.

82 Entweder wurden die Briefe schon durch Caroline selbst der Öffentlichkeit entzogen oder aber später, dann vermutlich durch die jüngste Schillertochter Emilie.

83 Wilhelm Fielitz (Hrsg.): *Schiller und Lotte*, Bd. III, S. 56f.

84 Louise von Lengefeld an Charlotte Schiller, April 1792. GSA 83/1780.

85 Louise von Lengefeld an Charlotte Schiller, 2. November 1795. GSA 83/1780.

86 Friedrich Schiller an Christian Gottfried Körner, Ende Juli 1791, NA 26, 93.

87 Ludwig Urlichs (Hrsg.): *Charlotte von Schiller und ihre Freunde*, Bd. III, S. 39.

88 NA 26, 618.

89 Zehn Jahre hatten sich Mutter und Sohn nicht gesehen. Elisabetha Dorothea Schiller wohnte nicht in der Schrammei, sie und Nanette waren im nicht weit entfernten Haus der Damen

von Seegner untergebracht worden, wo auch die Chère mère und Caroline regelmäßig abstiegen.

90 NA 26, 152.

91 Ludwig Urlichs (Hrsg.): *Charlotte von Schiller und ihre Freunde*, Bd. I, S. 105. Vielleicht mit Rücksicht auf Schiller verschob Charlotte die Niederschrift dieses ultimativen Verdikts in die Zeit ihrer Witwenschaft.

92 Max Hecker u. Julius Petersen (Hrsg.): *Schillers Persönlichkeit*, S. 228.

93 Der Weg führte über Meiningen, wo sie von Christophine Reinwald erwartet wurden.

94 NA 26, 617.

95 NA 26, 174f., 177 u. 234.

96 So entsprechend den archivierten Unterlagen der korrekte Name des Assekuranzunternehmens. GSA 83/1948.

97 Deshalb hatte auch keine Police ausgestellt werden können.

98 Tatsächlich fehlt in Schillers Kalendereintragungen jeglicher Hinweis auf Zahlungen an die Versicherung durch ihn.
    1793 musste ein Attest Dr. Johann Christian Starks vorgelegt werden, das nicht Schillers Gesundheit belegen, sondern die Befürchtung seines nahen Todes widerlegen sollte. Als Zeugen seiner Aussage sind u. a. Karl Leonhard Reinhold, Friedrich Ernst Karl Mereau und Heinrich Eberhard Gottlob Paulus aufgeführt. GSA 83/1948.

99 Frau von Stein schrieb Charlotte, sie habe mit Knebel so sehr über sein Verständnis für die Revolutionäre gestritten, dass sie um die Freundschaft fürchte.

100 Das Frauenwahlrecht wurde in Frankreich erst 1946 eingeführt.

101 NA 26, 272.

102 Ludwig Urlichs (Hrsg.): *Charlotte von Schiller und ihre Freunde*, Bd. I, S. 340.

103 Johann Georg Rist: *Lebenserinnerungen*, Bd. I, S. 66.

104 Theodore Ziolkowski: *Das Wunderjahr in Jena*, S. 198.

105 Berthold Litzmann (Hrsg.): *Schiller in Jena*, S. 57.

106 Heute Zwätzengasse 9.

107 NA 26, 274f. Auch das stand in einem Brief an Fischenich.

Fast eine Kriminalgeschichte

Motto: Wilhelm von Wolzogen an Johann Gaudenz Salis-Seewis, März/April 1794. NA 34 I, 355.

1 NA 26, 278.

2 Sowohl von ihrem Unfall als auch von Schrecken erregenden Quartieren berichtete Louise von Lengefeld ihrer Tochter Charlotte brieflich. GSA 83/1780.

3 NA 26, 278f.

4 Max Hecker u. Julius Petersen (Hrsg.): *Schillers Persönlichkeit*, S. 274.
Wir sehen also, dass es noch einen anderen als den so gern hervorgehobenen bis mittags Schlafrock tragenden, ungepflegten Schiller gab.

5 Heute Wilhelmstraße 17.

6 Ludwig Urlichs (Hrsg.): *Charlotte von Schiller und ihre Freunde*, Bd. III, S. 2f.

7 NA 26, 281.

8 NA 35, 41.

9 NA 34 I, 313f.

10 Es scheint, als sei Ulrike von Beulwitz, die als Anstandsdame ja nicht mehr benötigt wurde, bald nach Rudolstadt heimgekehrt.

11 NA 26, 289.

12 Am 16. April 1794 übermittelte Frau von Stein Schillers Frau die enttäuschende Antwort: »Wegen Ihres Projekts, liebe Lollo, für Schiller habe ich mit der Herzogin gesprochen ...; aber die ungewisse Gesundheit unsers guten Schiller war ein allzu großes Hinderniß in ihren Augen ...« Ludwig Urlichs (Hrsg.): *Charlotte von Schiller und ihre Freunde*, Bd. II, S. 295.

13 NA 34 I, 339.

14 Beulwitz konnte das zu erwartende Familienerbe (Manneslehen) nur bei Nachweis eines männlichen Nachkommen zugesprochen werden.

15 GSA 01/65.

16 Schon zu ihren Lebzeiten war Caroline bemüht, jegliches »belastende« Material nicht in die falschen Hände kommen zu lassen. Einmal wurde ihr diese Sorge von unerwarteter Seite abgenommen. Im überlieferten Schriftwechsel der Humboldts klafft eine größere Lücke. Aus der Zeit zwischen 1793 und 1800 existieren nur einzelne Briefe. Dazu Wilhelm in seinem Brief vom 10. Juli 1810 an seine Frau. »Du erinnerst Dich, daß der blecherne Kasten verloren war, in dem Deine und meine und Carolines Briefe [!] lagen. Ich habe das ganze Haus in Erfurt umgekehrt, um ihn zu finden, und immer vergebens. Caroline quälte mich auch, im Nachsuchen nicht nachzulassen.« Schließlich stellte sich heraus: Die Briefe waren »nach der Franzosenplünderung in Tegel zum Teil vom Misthof aufgelesen« worden. »Da alles wie Kraut und Rüben durcheinander lag ... ist also

offenbar, daß man den Kasten, der in Tegel gewesen sein muß, aufgemacht und vermutlich gestohlen hat; die Papiere sind herausgerissen und größtenteils zerrissen oder verschmissen ...« Anna von Sydow (Hrsg.): *Wilhelm und Caroline von Humboldt in ihren Briefen*, Bd. III, S. 433f.

17 Den lyrischen Dichter und ehemaligen Hauptmann der Schweizergarde in Versailles hatte Wolzogen vor der Französischen Revolution in Paris kennen gelernt. Mit den Lengefeld-Schwestern und Schiller war Salis-Seewis erstmals 1790 zusammengetroffen.

18 Caroline von Wolzogen: *Literarischer Nachlaß*, Teil 2, S. 400f.

19 NA 34 I, 355.

20 NA 34 I, 357.

21 Den »Schwanen« erwarb Beat Büel 1791.

22 Und nicht, wie bisher angenommen, Wilhelm Büel und dessen Ehefrau Elisabetha, eine geborene Hanhart, Mühlenpächter von 1791 bis 1800.

23 Die Mutter von Johannes Büel (1761–1830) war eine geborene Wintz.
   1824, als sich Caroline von Wolzogen in Meersburg aufhielt, schenkte sie Johannes Büel – als Zeichen lang anhaltender Dankbarkeit vielleicht – ein Exemplar der Odyssee-Übersetzung von Heinrich Voß d. Ä.

24 Johannes Büel und die Lengefeld-Damen hatten sich 1783, im schweizerischen Vevey, kennen gelernt. Mit einer Schwester Louise von Aulebens, einer verheirateten Gräfin von Frankenberg, Hofdame in Gotha, war zumindest die Chère mère bekannt. Regelrecht befreundet war sie mit Caroline von Schwarzburg-Sondershausen (häufig bei den Schwarzburg-Rudolstädtern zu Gast), welche eifrig mit Johannes Büel korrespondierte und in ihren Briefen oftmals von Louise von Lengefeld, aber auch von deren Töchtern berichtete. Stadtarchiv Stein am Rhein.
   Frau von Humboldts Mädchenname lautete vollständig: Caroline von Dacheröden, Herrin auf Burg Oerner und zu Auleben.

25 Jochen Golz (Hrsg.): *Caroline von Wolzogen 1763–1847*, S. 106f.

26 Er habe, schrieb Salis-Seewis, »das gleiche günstige Schicksal« wie Wolzogen: »Ein liebendes und geliebtes Weib gründete mit einem aufblühenden Knaben meine häusliche Glückseligkeit ...«. Caroline von Wolzogen: *Literarischer Nachlaß*, Teil 2, S. 402.

27 Staatsarchiv Kanton Thurgau.

28 Die Situation Louise von Lengfelds wurde insofern erleichtert,

als von der Rudolstädter Fürstenfamilie kein böses Wort über Carolines Scheidung kam.

29 Friedrich Schiller an Christian Gottfried Körner, 15. April 1790. Ludwig Geiger (Hrsg.): *Briefwechsel zwischen Schiller und Körner*, Bd. II, S. 132.

30 Wilhelm Heinrich Karl von Gleichen, genannt Rußwurm, an Friedrich Schiller, etwa Mitte Juni 1794. NA 35, 19.

31 Ludwig Urlichs (Hrsg.): *Charlotte von Schiller und ihre Freunde*, Bd. II, S. 206.

32 Von Bauerbach können sie nicht vor dem 30. Juli abgereist sein, denn unter diesem Datum quittierte Wolzogen den Empfang von fünfhundert rheinischen Gulden vom Gutsverwalter Voigt. Freundliche Auskunft von Dr. Christoph von Wolzogen. Nicht einmal Carolines engste Vertraute scheint von dieser Reise der Wolzogens in die Schweiz gewusst zu haben; besorgt fragte Caroline von Humboldt bei Charlotte Schiller an, ob sie eine Erklärung für das Ausbleiben von Briefen ihrer Schwester habe.

33 Louise von Lengefeld an Charlotte Schiller aus Bonnland/ Schloss Greifenstein am 14. Juni 1795. GSA 83/1780.

34 Am 30. November 1794 gaben sich Friedrich Wilhelm Ludwig von Beulwitz und die Meiningische Hofdame Henriette Sophie Amalie von Bibra in Oberlind, pikanterweise nicht weit von Bauerbach entfernt, das Jawort. »Bildung … auch Klugheit« wurden Carolines Nachfolgerin bescheinigt. Ludwig Urlichs (Hrsg.): *Charlotte von Schiller und ihre Freunde*, Bd. I, S. 221. Charlotte Schiller und die Chère mère standen mit ihr von Anfang an auf freundschaftlichem Fuße. Auch Beulwitz blieben sie verbunden. Ihr sei, schrieb Charlotte im Jahre 1816 an Verleger Cotta, »als gehörte er noch zu meinen Verwandten, und obgleich die Neigungen sich nicht gebieten lassen, so schätze ich ihn immer …«. Wilhelm Vollmer (Hrsg.): *Briefwechsel zwischen Schiller und Cotta*, S. 566. Man sah sich regelmäßig. Lange noch fürchtete die zweite Frau von Beulwitz »Indiskretion der Frau v. W[olzogen]«, welche sich einen Spaß daraus mache, urplötzlich und gänzlich ungeniert in Rudolstadt aufzutauchen und sie »aus ihren vier Pfählen« auf den Sommersitz in Löhma zu vertreiben. Ein peinliches Zusammentreffen der Beulwitzens und der Wolzogens am Rudolstädter Hof im Jahre 1796 konnte nur durch couragiertes Eingreifen Louise von Lengefelds vermieden werden. Donata Mathilde von Beulwitz: *Friedrich Wilhelm Ludwig von Beulwitz und Caroline von Lengefeld (Wolzogen)*, S. 93ff.

35   Die Autorinnen haben die entsprechenden Taufbuchseiten im Staatsarchiv des Kantons Thurgau in Frauenfeld in Augenschein genommen. Ohne Hilfsmittel ist nicht erkennbar, was sich unter den Tintenkringeln verbirgt. Auch eine kriminaltechnische Untersuchung, veranlasst durch Staatsarchivar André Salathé, blieb ohne Ergebnis.

36   DLA, Cotta-Archiv (Stiftung der Stuttgarter Zeitung).

37   Es lässt sich denken, dass Caroline von Humboldt zu diesem Zeitpunkt informiert war und Charlotte Schiller sowie die Chère mère an der Nase herumführte. Vielleicht wollte sie aber auch unerwünschten Spekulationen entgegenwirken.

38   Stadtarchiv Stein am Rhein sowie GSA, 83/1708 u. 83/2519. Viele Daten und Fakten im Zusammenhang mit Adolf von Wolzogens Geburt und frühkindlicher Betreuung in der Schweiz wurden freundlicherweise von Dr. Michel Guisolan, Stadtarchiv Stein am Rhein, und Dr. Gérard Seiterle vorab ermittelt und, soweit von besonderem Interesse, von den Autorinnen vor Ort persönlich überprüft.

39   Caroline von Wolzogen an Wilhelm von Wolzogen, August 1792. Caroline von Wolzogen: *Literarischer Nachlaß*, Teil 2, S. 167. Der Brief wurde für seine Veröffentlichung fälschlich auf 1793 datiert.

40   Caroline von Wolzogen: *Agnes von Lilien*, Teil 1, 250f.

41   Caroline von Wolzogen an Gustav Behaghel von Adlerskron aus Weimar am 17. März o. J., zwischen 1797 und 1799. GSA 83/2607.

42   Virginia Woolf: *Der gewöhnliche Leser*, Essays, Bd. 2, S. 185f., und Wilhelm von Wolzogens Pariser Tagebuch 1790–1793. Unveröffentlichtes Typoskript. Anmerkung Dr. Christoph von Wolzogen.

43   Wilhelm Fielitz (Hrsg.): *Schiller und Lotte*, Bd. III, S. 70, u. Caroline von Wolzogen: *Literarischer Nachlaß*, Teil 2, S. 163.

44   Gustav Behaghel von Adlerskron war von Herbst 1789 bis Ostern 1791 unter dem Namen Le Bon an der Universität Jena immatrikuliert.

45   Der Brief ist undatiert. GSA 83/1780.
     Auf diese »Affäre« und Schillers Angst vor Klatsch und Tratsch im Zusammenhang mit ihr könnte sich jene Passage aus Adlerskrons Brief an Schiller vom 22. und 24. August 1793 beziehen, in der es unter anderem heißt: »Ich danke Ihnen, theurer Freund, für die schöne Warnung, gegen Weiber; … Glauben Sie mir aber, kein Weib fesselt mich mehr, und herzens Gefühle im engsten Sinn des Worts, entdeke ich keinem … Auch ist es nicht meine Sache, mit meine Freunde und Freundinnen zu

prahlen ...«. NA 34 I, 307. Der vorausgegangene Brief Schillers an Adlerskron ist leider nicht überliefert.

46 Ludwig Urlichs (Hrsg.): *Charlotte von Schiller und ihre Freunde*, Bd. III, S. 85.

47 Im Juli 1793 hielt sich auch Louise von Lengefeld am Homburger Hof auf. Sie nahm dort an der Hochzeit Karl Günthers von Schwarzburg-Rudolstadt mit Caroline Luise von Hessen-Homburg teil.

48 NA 34 I, 305ff.

49 Im Stammbuch Gustav Behaghels von Adlerskron findet sich ein Hinweis auf den Zeitpunkt: Der Eintrag zur Erinnerung an »Deinen Dich ewig liebenden Carl Engelhard aus Liefland« endet mit: »Leipzig, d. 14. Nov. 1793. am Tage Deiner Rückreise ins Vaterland.« GSA 96/2505.

50 Wahrscheinlich verhinderte Schiller-Tochter Emilie seine Veröffentlichung durch Ludwig Urlichs.

51 GSA 83/2549.

52 GSA 83/2641.

53 GSA 83/2607.

54 Ebd.
1799 meldete sich, darauf sei noch hingewiesen, Wilhelm von Wolzogen schriftlich bei Adlerskron. Der Diplomat war im Auftrag Herzog Carl Augusts auf dem Weg nach Petersburg, als er seinen Besuch auf Gut Friedrichshof bei Dorpat ankündigte.

55 Charlotte von Stein an Charlotte Schiller vom 16. Juni 1790. Ludwig Urlichs (Hrsg.): *Charlotte von Schiller und ihre Freunde*, Bd. II, S. 274.

56 Laut freundlicher Auskunft des Stadtarchivs Konstanz. Im Jahre 1800 wurde Dalberg zum Fürstbischof von Konstanz ernannt.

57 Hans Noll: *Hofrat Johannes Büel von Stein am Rhein 1761–1830*, S. 63.
Johannes Büels Erziehungsbücher und -traktate erschienen seit den frühen neunziger Jahren des 18. Jahrhunderts.

58 Briefe Wilhelm von Humboldts an Caroline von Wolzogen vom 23. Dezember 1813 u. 12. Mai 1816. Caroline von Wolzogen: *Literarischer Nachlaß*, Teil 2, S. 19 ff.

59 Zur Jenaer Zeit der Schillers wohnte auch Alexander von Humboldt zeitweilig in der Stadt, ansonsten wurde der Weltreisende von Bruder Wilhelm und Schwägerin Caroline ständig auf dem Laufenden gehalten.

60 Der rosafarbene Zettel ist »Frau von Wolzogen« überschrieben. Auf ihm steht außerdem geschrieben: »Nach des Fürsten Pri-

mas (Großherzog von Frankfurt) Tode kamen seine Papiere an den Herzog von Dalberg, und dessen Wittwe gab sie (oder wollte sie geben) der Frau von Wolzogen, um die Biographie des alten geistlichen Herrn zu schreiben.« Kurz bevor Varnhagen von Ense das Gehörte und seine eigenen Hinweise festhielt, war Caroline von Wolzogen hochbetagt gestorben.

Karl August Varnhagen von Ense: Notiz v. 9. 4. 1847. In: Sammlung Varnhagen, Kasten [281], Mappe »Wolzogen«, Bibliotheka Jagiellońska, Kraków.

61   Tagebuchaufzeichnung Karl August Varnhagens von Ense vom 26. Juli 1856, Ludmilla Assing (Hrsg.): *Aus dem Nachlaß Varnhagen's von Ense*, Bd. 13, S. 101.

Dass Schiller vor seiner Heirat »in keiner nahen Vertraulichkeit mit Frau von Wolzogen stand«, begründete Varnhagen von Ense an gleicher Stelle mit Carolines eifriger Beschäftigung schon damals mit Wilhelm von Wolzogen, was allerdings, aufs Körperliche bezogen, bezweifelt werden muss, da sich dieser in jener Zeit in Paris aufhielt.

Am 19. Juli 1856 hatte Varnhagen von Ense in seinem Tagebuch festgehalten: »Die ›Briefe von Schiller und Lotte‹ [1855 von Wilhelm Fielitz herausgegeben] beschäftigen mich sehr; ich überlege mir die Karakterarten, die Verhältnisse, die Zeiten, ziehe Folgerungen, erwäge Möglichkeiten, und die Ergebnisse fallen für Schiller günstiger aus, als ich sie bisher annahm.« Ludmilla Assing (Hrsg.): *Aus dem Nachlaß Varnhagen's von Ense*, Bd. 13, S. 93.

62   Joachim Golz (Hrsg.): *Caroline von Wolzogen 1763–1847*, S. 124.

63   Ebd., S. 106.

64   Obwohl Agnes als ein Mischwesen aus Charlotte und ihr gestaltet wurde, überwiegen Carolines Charakterzüge.

65   Caroline von Wolzogen: *Agnes von Lilien*, Teil 1, S. 266f.

66   Wilhelm Vollmer (Hrsg.): *Briefwechsel zwischen Schiller und Cotta*, S. 223.

67   Ebd., S. 309 u. 684f.

Als die letzte der genannten Zahlungen geleistet wurde, befand sich Adolf schon eineinhalb Jahre nicht mehr in der Schweiz. Bei Durchsicht des Briefwechsels Georg Hurter/Johannes Büel (Stadtarchiv Stein am Rhein) wird deutlich, dass der Erstgenannte ständig in Geldschwierigkeiten steckte.

Aufatmen nach langer Trennung

Motto: Charlotte von Stein an Charlotte Schiller, 25. April 1797.
Ludwig Urlichs (Hrsg.): *Charlotte von Schiller und ihre Freunde,*
Bd. II, S. 323.

1 Das Haus wurde 1945 zerstört.

2 Schiller hatte es noch in Stuttgart in Auftrag gegeben: »... und
zwar von eben der Größe, wie mein Portrait ist«. NA 34 I, 277.

3 Multitalent Bertuch (1747–1822) war Kabinetts- und später Legationsrat in Weimar, Gründer des Landesindustriekomptoirs
und des Geographischen Instituts sowie erfolgreicher Verleger
und Übersetzer.

4 Poesie- und Prosatexte der Mereau wurden unter anderem in
Schillers »Thalia«, seinem »Musen-Almanach« und in den
»Horen« veröffentlicht.

5 Dagmar von Gersdorff: *Dich zu lieben kann ich nicht verlernen,*
S. 106 u. 32.

6 Ebd., S. 13.

7 Friedrich Schiller an Sophie Mereau, 16. oder 17. Oktober
1796. NA 28, 310.

8 Sophie Mereau an Friedrich Schiller, 3. Januar 1797. NA 36 I, 415.

9 Charlotte Schiller an Charlotte von Stein, 10. Februar 1796.
Ludwig Urlichs (Hrgs.): *Charlotte von Schiller und ihre Freunde,*
Bd. II, S. 259.

10 Julius Petersen (Hrsg.): *Schillers Gespräche,* S. 252.

11 Charlotte von Schiller an Karl Ludwig von Knebel, 31. Oktober 1812. DLA.

12 Den Begriff der »Abgötterei« verwendet unter anderem die
Göchhausen, Herzoginmutter Anna Amalias spitzzüngige Hofdame und engste Vertraute. Werner Deetjen (Hrsg.): *Die Göchhausen. Briefe einer Hofdame aus dem klassischen Weimar,* S. 146.

13 Karl Eibl u. a. (Hrsg.): Johann Wolfgang von Goethe, *Sämtliche
Werke,* II. Abteilung, S. 612.

14 Charlotte Schiller an Fritz von Stein.

15 Friedrich Schiller an Charlotte Schiller, 24. September 1794.
NA 27, 51.

16 NA 26, 459.

17 Wilhelm Bode (Hrsg.): *Goethe in vertraulichen Briefen,* Bd. I,
S. 441.

18 Friedrich Schiller an Christian Gottfried Körner, 21. Oktober 1800. NA 30, 207.

19 Friedrich Schiller an Charlotte von Schimmelmann, 23. November 1800. NA 30, 215.

20 Wilhelm Bode (Hrsg.): *Goethe in vertraulichen Briefen*, Bd. II, S. 94.

21 Albert Leitzmann: »Aus Briefen von Karoline von Wolzogen an Karoline von Humboldt«, in: *Euphorion*, Heft 15, S. 482.

22 Ludwig Urlichs (Hrsg.): *Charlotte von Schiller und ihre Freunde*, Bd. II, S. 329.

23 Ebd., Bd. I, S. 603.

24 Anna von Sydow (Hrsg.): *Wilhelm und Caroline von Humboldt in ihren Briefen*, Bd. I, S. 337 f.

25 Dem zweiten Schiller-Sohn Ernst würde sich Goethes August zeitweilig noch enger anschließen als Karl.

26 Charlotte von Stein an Fritz von Stein, 14. Januar 1801.

27 Wilhelm Bode (Hrsg.): *Goethe in vertraulichen Briefen*, Bd. II, S. 17 u. 21, u. NA 27, 48f.

28 Wilhelm Bode (Hrsg.): *Goethe in vertraulichen Briefen*, Bd. II, S. 41f. u. 672.

29 Friedrich Schiller an Johann Friedrich Cotta, 14. November 1794. NA 27, 86.

30 Wilhelm Vollmer (Hrsg.): *Briefwechsel zwischen Schiller und Cotta*, S. 402f.

31 Friedrich Schiller an Christian Gottlob Voigt, 26. März u. 6. April 1795. NA 27, 166 u. 173.

32 Christoph Wilhelm Hufeland, seit 1793 Professor in Jena, veröffentlichte seine erste selbstständige medizinische Schrift über eine Blattern-Impfaktion, die 1788 in Weimar stattfand.

33 Übrigens gab es damals nirgends in Deutschland auf systematisches Heilen ausgerichtete Krankenhäuser. Siecheneinrichtungen, Sterbestätten, das ja. Dentisten boten ihre Dienste umherziehend an, wer von Zahnweh gepeinigt wurde – was auf Friedrich und Charlotte häufig zutraf –, hatte nur geringe Aussicht auf rasche, professionell eingeleitete Linderung. Man behalf sich mit fragwürdigen Rezepturen. Zwei Teelöffel Schießpulver in ein leinenes Beutelchen getan in spiritu vini kochen lassen und auf den Zahn gelegt, wurde Exmilitärarzt Schiller von Konsistorialadvokat Körner empfohlen.

34 Friedrich Schiller an Christian Gottfried Körner, 4. Juli 1795. NA 28, 1.

35 NA 36 II, 117.

36 Ludwig Urlichs (Hrsg.): *Charlotte von Schiller und ihre Freunde*, Bd. I, S. 70.

37 Ebd., Bd. II, S. 310.

38 Eckart Kleßmann: »*Ich war kühn aber nicht frevelhaft*«, S. 201f.

Nachträglich hat sich auch Schiller zu seiner »Würde der Frauen« kritisch geäußert.

39   Nach Aufhebung aller geistlichen Fürstentümer im Jahre 1802/1803 stand Dalberg als öffentlicher Mäzen großen Stils nicht mehr zur Verfügung. »Mit der Übertragung des Mainzer Erzstuhls nach Regensburg behielt [er] – als einziger der geistlichen Regenten – die Würde eines Kurfürsten und Reichskanzlers. Als weltliche Ausstattung wurden ihm im Wesentlichen die Fürstentümer Aschaffenburg und Regensburg, die Reichsstadt Wetzlar sowie eine Dotation von 1 Million Gulden zuerkannt.« Für Schiller sprangen zwei Geldgeschenke, 1270 Reichstaler insgesamt, heraus. NA 31, 561.

Dalbergs auf Prinzipien der Aufklärung und »moderner« Rechts- und Gesellschaftsauffassung begründetes Reformbestreben ist unbedingt anerkennenswert. Seine Parteinahme für den Franzosen brachte ihm jedoch harsche Kritik ein. Karl Ludwig von Knebel dazu 1817 an Charlotte von Schiller: Dalberg wäre leider »in die bösen Schlingen des schlauesten Bösewichts geraten. … Er war ein guter Mann, aber … zuweilen etwas schwach und eitel. … Seien Sie nicht böse auf mein etwas strenges Urteil, aber ich glaube, wer so hoch im Leben steht, der müsse auch eine höhere Tugend haben!« Ludwig Urlichs (Hrsg.): *Charlotte von Schiller und ihre Freunde*, Bd. III, S. 375.

40   Ebd., Bd. II, S. 308.

41   NA 28, 80f.

42   Ludwig Urlichs (Hrsg.): *Charlotte von Schiller und ihre Freunde*, Bd. II, S. 310.

43   Louise von Lengefeld an Charlotte Schiller, o. D. GSA 83/1780. Vor der Geburt des dritten Schiller-Kindes, Caroline, schrieb die Chère mère, ihre Tochter wolle wiederum »durchaus einen Jungen« haben.

44   Die Infektionsgefahr wurde bei Hausgeburten als geringer angesehen.

45   Walter Hoyer (Hrsg.): *Schillers Leben dokumentarisch*, S. 541.

46   Caroline Schlegel an Luise Gotter, 17./20. Juli 1796. Erich Schmidt (Hrsg.) nach Georg Waitz: *Caroline. Briefe aus der Frühromantik*, S. 92.

47   1763 in Göttingen als Professorentochter geboren, nahm sie an der Auseinandersetzung um die Ideen ihrer Zeit lebhaften Anteil. So hatte sie – mit ihrer kleinen Tochter Philippine Augusta (Auguste) aus erster Ehe mit dem Arzt Johann Franz Wilhelm Böhmer – die Auswirkungen der Französischen Revolution auf deutschem Boden, in der Mainzer Republik, als

Augenzeugin miterleben wollen und für ihre zu späte Flucht (aber mehr noch für ihr loses Mundwerk) mit Festungshaft büßen müssen – schwanger von einem jungen französischen Besatzungsoffizier.

Wer ihr wohl wollte, bezeichnete Caroline Schlegel als geistreich, scharfsinnig, witzig, überlegen; anders lautende Adjektive sind selbstsüchtig, gemütlos, sinnlich, sittenlos. Friedrich Schelling, den Caroline Schlegel nach der Scheidung von August Wilhelm heiratete, schrieb seiner Frau nach ihrem Tod im Jahre 1809 männliche Seelengröße zu.

48 Eckart Kleßmann: »*Ich war kühn aber nicht frevelhaft*«, S. 148.

49 Friedrich Schiller an Christian Gottfried Körner, 26. September 1799. NA 30, 98.

50 Sophie von Kuhn starb nach operativer Behandlung eines Leberleidens. Narkosemittel waren noch unbekannt.

51 Ludwig Urlichs (Hrsg.): *Charlotte von Schiller und ihre Freunde*, Bd. III, S. 180.
Hardenberg/Novalis starb schon 1801 an Lungentuberkulose.

52 Hölderlin hatte die Adlerskron verwehrte Hofmeisterstelle beim schwer erziehbaren neunjährigen Fritz von Kalb bekommen – und unverzüglich zu hassen begonnen.

53 Caroline von Wolzogen: *Literarischer Nachlaß*, Teil 1, S. 72.

54 Schiller verwendete sich bei Goethe und Goethe bei Herzog Carl August für den begabten Diplomaten Wolzogen.

55 NA 29, 26f.

56 Norbert Oellers u. Robert Steegers: *Treffpunkt Weimar*, S. 154.

57 NA 29, 16.

58 Ludwig Urlichs (Hrsg.): *Charlotte von Schiller und ihre Freunde*, Bd. I, S. 447.

59 Anna von Sydow (Hrsg.): *Wilhelm und Caroline von Humboldt in ihren Briefen*, Bd. II, S. 167.

60 NA 32, 69.

61 Caroline von Wolzogen: *Literarischer Nachlaß*, Teil 1, S. 77.

62 In ganzer Länge, als Ausgabe in zwei Bänden, kam »Agnes von Lilien« 1798 bei Unger in Berlin heraus.

63 NA 16, 457.

64 Ludwig Urlichs (Hrsg.): *Charlotte von Schiller und ihre Freunde*, Bd. II, S. 13.

65 Das erledigte Beulwitz' Schwester Ulrike. Sie hatte Caroline während des gemeinsamen Schwaben-Aufenthalts 1793 bei anfänglichen Arbeiten an dem Roman über die Schulter gesehen.

66 Ludwig Urlichs (Hrsg.): *Charlotte von Schiller und ihre Freunde*, Bd. II, S. 321.

67   Ebd., Bd. II, S. 323.

68   Mine, Wilhelmine Regina, Wetzel war die jüngere Schwester
     der seit 1796 bei den Schillers beschäftigten Christine Wetzel.
     Sie blieb bis 1800.

69   Ludwig Urlichs (Hrsg.): *Charlotte von Schiller und ihre Freunde*,
     Bd. I, S. 454.

70   Johann Henricus Hennes (Hrsg.): *Fischenich und Charlotte von
     Schiller. Aus ihren Briefen und Aufzeichnungen*, S. 48.

71   Ludwig Urlichs (Hrsg.): *Charlotte von Schiller und ihre Freunde*,
     Bd. I, S. 452.

72   Johann Henricus Hennes (Hrsg.): *Andenken an Bartholomäus
     Fischenich: meist aus Briefen Friedrichs von Schiller und Charlot-
     tens von Schiller*, S. 55.

73   Norbert Oellers und Robert Steegers: *Treffpunkt Weimar*, S. 170.
     Das kam von Dorothea Veit, nachdem Friedrich Schlegels um-
     strittene Gefährtin mit ihm in das Jenaer Haus von August
     Wilhelm und Caroline Schlegel eingezogen war. Im Übrigen
     würden sich die Paulus und die Schlegel (dann Schelling) in
     späteren Jahren spinnefeind sein.

74   NA 29, 48.

75   NA 42, 222.

76   NA 29, 41.
     Heute Schillergäßchen 2. Leider ist die Umgebung mit der da-
     maligen in keiner Weise vergleichbar. Statt der Leutra fließt
     lautstarker Autoverkehr an Haus und Garten vorbei.

77   Thomas Pester: *Schillers Gartenhaus in Jena und der historische
     Gartenplan von 1799*, S. 17f.

78   Die Beschreibung der Immobilie ist einer zur Zeit ihres Verkaufs
     erschienenen Annonce entnommen.

79   Walter Hoyer (Hrsg.): *Schillers Leben dokumentarisch*, S. 685.

80   Louise von Lengefeld verfügte mittlerweile über ein ansehnli-
     ches Vermögen. Im März 1801 diskutierte Schiller brieflich mit
     seiner Frau günstige Anlagemöglichkeiten: nur ein Prozent
     mehr per annum brächten »auf jedes zehentausend hundert Ta-
     ler mehr«. NA 31,17.

81   Architekt Wilhelm von Wolzogen hatte vom Winterfest-Ma-
     chen des Hauses abgeraten.

82   NA 29, 61.

83   Ludwig Rohmann (Hrsg.): *Briefe an Fritz von Stein*, S. 85.

84   NA 29, 513.

85   NA 37 I, 232 u. 234.

86   NA 29, 441.

87   NA 37 I, 260 u. 282.

88 NA 29, 230.

Doch konnten die Kosten, laut Charlotte, anderswo eingespart werden: »Ich lasse mir immer meinen Vorrath an Kaffee und Zucker von der Leipziger Messe kommen und gewinne dadurch einen Karolin des Jahrs, den es mehr kosten würde, wenn ich hier Alles kaufte.« NA 29, 574.

89 Xavier Tilliette: *Schelling*, S. 47.

90 Paul Kühn: *Die Frauen um Goethe*, Bd. II, S. 143.

91 Welchen Vorlagen Charlotte Schiller folgte, ist leider nicht bekannt.

92 NA 30, 103.

93 Nachweisen lassen sich die Korrekturen Schillers nur für die drei erstgenannten Veröffentlichungen.

94 NA 16, 459.

95 NA 16, 457ff.

Allein für »Autun und Manon« hatte Unger 50 Taler in Gold bezahlt.

1791 erschien in der »Thalia«, 10. Heft, S. 89ff., der Beitrag »Eine neue Hypothese zur Auflösung des Geheimnisses der Eisernen Maske. Aus den Memoires des H. von Richelieu«. Laut NA-Herausgeber (NA 26, 379) ist seine Übersetzung durch Charlotte Schiller nicht auszuschließen, doch hält Norbert Oellers das für nicht sehr wahrscheinlich. Brief vom 25. September 2004 an die Autorinnen.

96 NA 29, 262.

97 Ludwig Urlichs (Hrsg.): *Charlotte von Schiller und ihre Freunde*, Bd. I, S. 451.

98 Effi Biedrzynski: *Goethes Weimar*, S. 354.

99 NA 30, 29.

100 NA 30, 81.

101 GSA 83/1780.

102 Ludwig Urlichs (Hrsg.): *Charlotte von Schiller und ihre Freunde*, Bd. I, S. 453.

103 NA 30, 102.

104 NA 30, 107.

105 NA 30, 109.

106 NA 30, 110f.

107 NA 30, 111.

108 NA 30, 112.

109 NA 30, 115.

110 NA 2 I, 326.

111 Paul Kühn: *Die Frauen um Goethe*, Bd. II, S. 97.

112 NA 30, 117.

Scharmützel und schöner Schein

Motto: Charlotte Schiller an Friederike von Gleichen, 7. März 1800.
Ludwig Urlichs (Hrsg.): *Charlotte von Schiller und ihre Freunde*,
Bd. I, S. 379.

1 NA 30, 122.

2 Schiller hatte im August 1799 umgedacht und für Weimar optiert. Ursprünglich war geplant, sich nur während der Theater- und Ballsaison dort aufzuhalten und die wärmeren Monate im Jenaer Gartenhaus zu verbringen.

3 Im Dezennium zwischen 1795 und 1805 bekam Schiller allein von Cotta 32 000 Gulden ausbezahlt, was im Jahresdurchschnitt dem Gehalt eines Hofmarschalls entsprach.

4 Oftmals kleidete Louise von Lengefeld die Enkelinnen ein. Von Schillers Mutter kam regelmäßig aus eigenhändig gesponnenem Garn gewebte Leinwand.

5 Paul Kühn: *Die Frauen um Goethe*, Bd. II, S. Vf.

6 Heute Windischenstraße 8.

7 Dort warb Wolzogen für eine Heirat zwischen dem sachsen-weimarischen Erbprinzen Carl Friedrich und der Zarenschwester Maria Pawlowna.

8 NA 38, I, 69.

9 Ludwig Urlichs (Hrsg.): *Charlotte von Schiller und ihre Freunde*,
Bd. I, S. 379.
Auch Schiller hatte Angst, dass seine gerade erst genesene Frau der Belastung noch nicht gewachsen wäre.

10 Carl August, bekanntlich unglücklich verheiratet, machte aus seiner Promiskuität kein Hehl. Namen wie Corona Schröter, Emilia Gore, Jeanette Luise von Werthern machten die Runde. Von 1802 an war, wie bereits erwähnt, die Schauspielerin und Sängerin Henriette Caroline Friederike Jagemann des Herzogs Herzensdame.

11 Heinrich Düntzer (Hrsg.): *Briefe von Schillers Gattin an einen vertrauten Freund*, S. 84 u. 132.

12 Ludwig Geiger (Hrsg.): *Charlotte von Schiller und ihre Freunde*,
S. 306.

13 Ludwig Urlichs (Hrsg.): *Charlotte von Schiller und ihre Freunde*,
Bd. I, S. 549.

14 Nachzulesen im Briefwechsel zwischen Caroline und Wilhelm von Humboldt, herausgegeben von Anna von Sydow, alle Bände.

15 NA 31, 16.

16 Das schrieb Friedrich Wilhelm Hoven in seiner Autobiografie.

Max Hecker u. Julius Petersen (Hrsg.): *Schillers Persönlichkeit*, S. 282.

17 NA 16, 459ff.
Hinsichtlich der Erzählung »Die Brüder«, sie erschien in der »Flora«, steht Charlotte Schillers Autorschaft infrage.

18 NA 31, 43f.

19 Anna von Sydow (Hrsg.): *Wilhelm und Caroline von Humboldt in ihren Briefen*, Bd. VII, S. 197.

20 Die angeblich aus dem Gälischen übersetzten sentimentalen Ossian-Dichtungen des Schotten James Macpherson erregten in der Zeit von Romantik und Klassizismus viele Gemüter. Ihre Echtheit wurde früh bezweifelt, der sichere Beweis der Fälschung aber erst 1895 erbracht.

21 Ludwig Urlichs (Hrsg.): *Charlotte von Schiller und ihre Freunde*, Bd. I, S. 6.

22 Ebd., Bd. I, S. 23ff.
Hinter Charlottes Herrn Firlefanz, dem Hauptakteur, verbirgt sich August von Kotzebue. Vorausgegangen war eine Intrige des Theaterstückeschreibers, die sich gegen Goethe und dessen Mittwochskränzchen richtete, zu dem er keinen Zugang hatte. Auch aus Ärger über Goethes Streichungen und Änderungen am Bühnenmanuskript seines Lustspiels »Die deutschen Kleinstädter« hatte Kotzebue einen Keil zwischen den Geheimen Rat und Schiller treiben wollen, indem er eine prunkvolle Ehrenfeier zu Schillers Namenstag am 5. März in Aussicht stellte und Teilnehmerinnen des Mittwochskränzchens (darunter Charlotte und ihre Schwester) zur Vorbereitung des Festakts gewann. Kotzebues Plan misslang, aber nicht weil die Damen ihre Instrumentalisierung rechtzeitig bemerkten, sondern weil der Weimarer Bürgermeister Schultze im Saal des frisch renovierten Stadthauses keine Kulissenarbeiten wünschte und der Weimarer Kunsthüter Heinrich Meyer Danneckers Schillerbüste nicht für die Veranstaltung herausrücken wollte. Wohinter, so erzählte man sich, wiederum Goethe steckte. Insofern war Kotzebues Kabale erfolgreich, als das Mittwochskränzchen sich auflöste, da sein Veranstalter letztlich auch den Freundeskreis von böser Absicht nicht freisprechen wollte.

23 NA 31, 12.

24 NA 39 I, 34.

25 NA 39 I, 36.

26 NA 39 I, 33.

27 Hermann Mosapp, *Charlotte von Schiller*, S. 25 u. Caroline von Wolzogen: *Literarischer Nachlaß*, Teil 1, S. 214.

28 Ludwig Urlichs (Hrsg.): *Charlotte von Schiller und ihre Freunde*, Bd. I, S. 45.

29 Ebd., Bd. III, S. 66f.
Die Figur des Parricida rückt Tells Motiv gewissermaßen ins rechte Licht.

30 Walter Hoyer (Hrsg.): *Schillers Leben dokumentarisch*, S. 672 u. 685.

31 Herzogin Louise von Sachsen-Weimar war strikt gegen Carolines Parisreise gewesen. Caroline reiste schließlich heimlich, und Charlotte wurde beauftragt zu verbreiten, die Schwester sei in einem rheinischen Bade.

32 Ernst Petzold u. Ilse Foerst: *Der Diogenes von Paris*, S. 84f.

33 Ebd., S. 157f.

34 Caroline von Wolzogen: *Literarischer Nachlaß*, Teil 2, S. 89.

35 Ernst Petzold u. Ilse Foerst: *Der Diogenes von Paris*, S. 147.

36 Ebd.

37 Heute Schillerstraße 12.

38 Gute Köchinnen waren schwer zu bekommen, deshalb sehr gefragt und kündigten, sobald ihnen irgendetwas nicht passte, auch die Schillers waren meistens ohne. Aus Charlottes Briefen geht hervor, dass weitgehend Christine Wetzel neben den Aufgaben einer Kinderfrau und Kammerjungfer das Zubereiten der Mahlzeiten übernahm beziehungsweise überwachte.

39 Ludwig Geiger (Hrsg.): *Charlotte von Schiller und ihre Freunde*, S. 43.
1777 hatte Kaufmann Johann Christoph Schmidt das Haus auf den Resten der Stadtbefestigung erbauen lassen.

40 Die Chère mère hatte gerade ihren Garten für 1100 Taler an den Rudolstädter Fürsten verkauft, allerdings, wie schon erwähnt, unter der Bedingung »daß solange ich das Geld bei ihm stehen laße er es mir mit 5 proc.« verzinst. GSA 83/1780.

41 Ludwig Urlichs (Hrsg.): *Charlotte von Schiller und ihre Freunde*, Bd. II, S. 68f.
Reinwald starb 1815.

42 Hans Noll: *Hofrat Johannes Büel von Stein am Rhein 1761–1830*, S. 197.

43 NA 31, 554.

44 Friedrich Schiller an Wilhelm von Humboldt. NA 32, 13.

45 Ludwig Urlichs (Hrsg.): *Charlotte von Schiller und ihre Freunde*, Bd. I, S. 350.

46 Am witzigsten dabei und gar zu prächtig sei gewesen, so Charlotte, Schillers Erzählung wiedergebend, dass in Erfurt ausgerechnet Wolzogen neben Beulwitz Platz nehmen musste; wenn

die zwei Frauen sich auch so auf dem Ball begegnet wären, sie hätte sich totgelacht.

47 Louise von Lengefeld an Charlotte von Schiller. GSA 83/1780.

48 Hans Gerhard Gräf (Hrsg.): *Goethes Briefwechsel mit seiner Frau*, Bd. I, 397ff.

49 Agnes Wilhelmine Christiane Niemeyer war die Ehefrau des Theologen August Hermann Niemeyer, der in Halle das Pädagogium leitete und den Schiller kurz zuvor bei einem Besuch dort kennen gelernt hatte.

50 Sequenz: NA 32, 46–54, und NA 42, 837.

51 Ludwig Urlichs (Hrsg.): *Charlotte von Schiller und ihre Freunde*, Bd. I, S. 380f.
Im Februar 1804 erbat sie sich von Karl Ludwig von Knebel eine Abschrift des letzten Heron-Briefes.

52 Schiller hielt sich vom 2. bis 7. Oktober 1803 in Jena auf.

53 Caroline von Wolzogen: *Literarischer Nachlaß*, Teil 2, S. 218.

54 Wilhelm Bode (Hrsg.): *Goethe in vertraulichen Briefen*, Bd. II, S. 264.

55 Caroline von Wolzogen: *Literarischer Nachlaß*, Teil 2, S. 219, u. Wilhelm Vollmer (Hrsg.): *Briefwechsel zwischen Schiller und Cotta*, S. 504.

56 Alfred Götze: *Ein fremder Gast*, S. 32.
An anderer Stelle weist die de Staël auf gute schriftliche Französischkenntnisse Schillers hin. Er selbst schrieb Körner von harten Stunden, die er in Gesellschaft der de Staël verbringe, da es ihm an der gebotenen Leichtigkeit im Französischen fehle; und etwas später gestand Schiller Henriette Herz ein, dass ihm bei aller Anerkennung ihrer geistigen Größe diese Weimar-Besucherin nicht gefallen habe.

57 Ebd., S. 70f.

58 Wilhelm Vollmer (Hrsg.): *Briefwechsel zwischen Schiller und Cotta*, S. 505.

59 Louise von Lengefeld an Charlotte von Schiller, 10.(20?) Juli 1804. GSA 83/1780.

60 Anna von Sydow (Hrsg.): *Wilhelm und Caroline von Humboldt in ihren Briefen*, Bd. II, S. 144.

61 Caroline von Wolzogen: *Literarischer Nachlaß*, Teil 2, S. 222.

62 NA 32, 122.

63 Charlotte von Kalb an Jean Paul, Mai 1804: »Ist denn wahr, daß Schiller in Berlin ist? Gestern erhielten wir Briefe von Weimar, davon ist nichts gesagt, und dieser Korrespondent meldet doch sonst alle litterarischen Manipulationen.« Paul Nerrlich (Hrsg.): *Briefe von Charlotte von Kalb an Jean Paul und dessen Gattin*, S. 99.

64 NA 32, 116.

65 NA 32, 133.

66 Charlotte von Schiller an Bartholomäus Fischenich, 8. November 1804. Johann Henricus Hennes (Hrsg.): *Fischenich und Charlotte von Schiller. Aus ihren Briefen und Aufzeichnungen*, S. 199.

67 Julius Petersen (Hrsg.): *Schillers Gespräche*, S. 384f.

68 Ebd.

69 Johann Henricus Hennes (Hrsg.): *Fischenich und Charlotte von Schiller. Aus ihren Briefen und Aufzeichnungen*, S. 66f.

70 Anna von Sydow (Hrsg.): *Wilhelm und Caroline von Humboldt in ihren Briefen*, Bd. II, S. 241.

71 Johann Henricus Hennes (Hrsg.): *Fischenich und Charlotte von Schiller. Aus ihren Briefen und Aufzeichnungen*, S. 66f.

72 Die 1804 geborene Louise von Humboldt starb mit drei Monaten und Sohn Gustav, er kam 1806 zur Welt, kurz vor seinem zweiten Geburtstag.

73 Doris Maurer: *Charlotte von Stein*, S. 132.
    Ernst von Stein starb 1787 als Jugendlicher, nach langem entsetzlichem Leiden. Unberührt, wie es scheint, von seinen Qualen war Charlotte von Stein nach Karlsbad gereist und hatte die Betreuung des Knaben barmherzigeren Nachbarn überlassen. Vier Töchter hatten das Kindesalter nicht überlebt.

74 NA 32, 217f.

75 Max Hecker (Hrsg.): *Schillers Tod und Bestattung*, S. 57.

76 Karl Ludwig von Knebel an Caroline von Sachsen-Weimar, 15. Mai 1805. DLA.

77 Hinsichtlich ihrer Teilnahme an der kirchlichen Trauerfeier gibt es zwei überlieferte Versionen, nach der einen blieben ihr beide Frauen, nach der anderen nur Charlotte fern.

78 GSA 83/1948.

79 Wilhelm Bode (Hrsg.): *Goethe in vertraulichen Briefen*, Bd. II, S. 311.
    Henriette von Knebel an ihren Bruder: »Es ist hier [in Weimar] …, wo das Leben aus vollen Pulsen quillt und die Tätigkeit und Wirksamkeit zur höchsten Anstrengung steigt, nicht Sitte, von Toten oder gar von Begrabenen zu sprechen.« Gespräche über jüngst Verstorbene würden insbesondere von Goethe brüsk zurückgewiesen, denn »in dem sogenannten Genuß seines vollen Lebens darf ihn nichts stören«. Ebd., S. 230f.

80 Karl Eibl u. a. (Hrsg.): Johann Wolfgang von Goethe, *Sämtliche Werke*, IV. Abteilung, Bd. 19, S. 12.

81 Joachim Golz (Hrsg.): *Caroline von Wolzogen 1763–1847*, S. 72.
Georg Kurscheidt fand das Blatt im Dresdner Stadtarchiv.

Witwen-Arrangements

Motto: Charlotte von Schiller an Caroline von Mecklenburg-
Schwerin, 1. Juli 1811. Ludwig Urlichs (Hrsg.): *Charlotte von
Schiller und ihre Freunde*, Bd. I, S. 589.

1 Max Hecker (Hrsg.): *Schillers Tod und Bestattung*, S. 55.
2 Ludwig Urlichs (Hrsg.): *Charlotte von Schiller und ihre Freunde*,
Bd. I, S. 104.
3 Ebd., S. 354.
4 Wilhelm Fielitz (Hrsg.): *Schiller und Lotte*, Bd. III, S. 117.
5 Caroline von Wolzogen: *Literarischer Nachlaß*, Teil 2, S. 276ff.
6 Albert Leitzmann:»Aus Briefen von Karoline von Wolzogen
an Karoline von Humboldt«, in: *Euphorion*, Heft 15, S. 484.
7 Max Hecker (Hrsg.): *Schillers Tod und Bestattung*, S. 84.
Als Johann Heinrich Voß d. J. Weimar verließ, blieb das Mö-
belstück zurück, später gelangte es in den Besitz Ludwigs I. von
Bayern.
8 Ludwig Urlichs (Hrsg.): *Charlotte von Schiller und ihre Freunde*,
Bd. I, S. 109.
9 1798, mit vierundfünfzig, hatte Knebel die Ehre der Luise Ru-
dorf, Jahrgang 1777, gerettet, indem er die Bürgerliche heiratete und deren zweijährigen Sohn adoptierte. Beides geschah
im Zorn auf Herzog Carl August, der die unerfahrene und bis
dato unbescholtene Schauspielerin verführt, geschwängert und
danach lustlos beiseite geschoben hatte.
10 Heinrich Düntzer (Hrsg.): *Briefe von Schillers Gattin an einen
vertrauten Freund*, S. 16f., u. Ludwig Geiger (Hrsg.): *Charlotte
von Schiller und ihre Freunde*, S. 364.
11 Charlotte an Knebel, ein Beispiel:»Ueber den Seneca bin ich
sehr erfreut. Ich finde unendlich viel Schönes darin. Ueber die
›Kürze des Lebens‹, die ›Tröstungen‹ an seine Mutter habe ich
mit rechter Andacht nachgedacht. Diese Woche darf ich ihn
wol noch behalten? Zuweilen wenn mir etwas zu schön erscheint, so werde ich ungeduldig, daß es nicht deutsch gesagt
ist; da setze ich mich und übersetz es mir ins Deutsche.« Heinrich Düntzer (Hrsg.): *Briefe von Schillers Gattin an einen vertrauten Freund*, S. 173.
12 Ludwig Geiger, *Charlotte von Schiller und ihre Freunde*, S.
XXXIII.

13 Carl Eduard Vehse: *Der Hof zu Weimar*, S. 44.

14 Wilhelm Vollmer (Hrsg.): *Briefwechsel zwischen Schiller und Cotta*, S. 560ff.

15 Ludwig Urlichs (Hrsg.): *Charlotte von Schiller und ihre Freunde*, Bd. I, S. 108f.

16 Ludwig Rohmann (Hrsg.): *Briefe an Fritz von Stein*, S. 107 u. 115.

17 Ebd., S. 114.

18 Johann Henricus Hennes (Hrsg.): *Fischenich und Charlotte von Schiller. Aus ihren Briefen und Aufzeichnungen*, S. 79f.

19 Nach ihrem Umzug nach Weimar hatte Charlotte das Hausmädchen Mine, die weniger tüchtige Schwester Christine Wetzels, zuerst vergeblich den Cottas aufzuschwätzen versucht, dann nach Schwaben zu ihren Eltern zurückgeschickt und Lottchen Speck eingestellt. Sie blieb bis zu deren Tod in Frau von Schillers Diensten.

20 Dazu Johanna Schopenhauer: »Hunderte hatten sich ins Schloß gerettet ... die Herzogin hat unbegreiflich vielen Muth gezeugt, und uns alle gerettet, auch hat der Kaiser [Napoleon] fast zwey Stunden mit ihr gesprochen ... Sie allein ist geblieben während alle die Ihren entflohen, wäre sie auch fortgegangen so stünde Weimar nicht mehr.« Ludger Lütkehaus: *Die Schopenhauers*, S. 92.

21 Jochen Klauss: *Alltag im »klassischen« Weimar*, S. 70.

22 Ludwig Urlichs (Hrsg.): *Charlotte von Schiller und ihre Freunde*, Bd. II, S. 424.

23 Wilhelm Bode (Hrsg.): *Goethe in vertraulichen Briefen*, Bd. II, S. 352.

24 Wilhelm von Humboldt an Caroline von Humboldt, 7. Dezember 1808. DLA.

25 Johanna Schopenhauer, wurde gemunkelt, sei nicht ganz unschuldig am tragischen Tod ihres Mannes, der unter ungeklärten Umständen aus einem Fenster stürzte. Außerdem lebte sie, obwohl von Haus aus gut versorgt, über ihre Verhältnisse. Nach und nach vertat sie auch das Erbe von Sohn Arthur, den sie von klein auf sehr lieblos behandelte und verwerflich früh sich selbst überließ, sowie von Tochter Adele, damals acht, welche mit nach Weimar hatte kommen dürfen.

26 Johann Henricus Hennes (Hrsg.): *Fischenich und Charlotte von Schiller. Aus ihren Briefen und Aufzeichnungen*, S. 91f.

27 Ebd., S. 104f.

28 Sequenz: Anna von Sydow (Hrsg.): *Wilhelm und Caroline von Humboldt in ihren Briefen*, Bd. III, S. 160, 307f., 310, 347, 474.

29 Ludwig Urlichs (Hrsg.): *Charlotte von Schiller und ihre Freunde*, Bd. III, S. 583f.

30 Ebd., Bd. I, S. 589.

31 Heinrich Düntzer (Hrsg.): *Briefe von Schillers Gattin an einen vertrauten Freund*, S. 21.

32 Karl und Ernst von Schiller wurden von häufig wechselnden Hauslehrern (fünf sind namentlich bekannt) unterrichtet. 1809 kam der jüngere Sohn für wenige Monate aufs Weimarer Gymnasium.

33 Heinrich Düntzer (Hrsg.): *Briefe von Schillers Gattin an einen vertrauten Freund*, S. 429.

34 Im Alter von dreiundzwanzig Jahren brachte Adolf von Wolzogen das vergebliche Warten auf eine Karriere mit unzureichenden schriftlichen Leistungen in Deutsch und Französisch (dieser Sprache bediente er sich jedoch in Briefen an die Mutter) in Zusammenhang.

35 Ludwig Urlichs (Hrsg.): *Charlotte von Schiller und ihre Freunde*, Bd. I, S. 617.

36 Sequenz: GSA 83/2598a.

37 Heinrich Düntzer (Hrsg.): *Briefe von Schillers Gattin an einen vertrauten Freund*, S. 155.

38 Ludwig Urlichs (Hrsg.): *Charlotte von Schiller und ihre Freunde*, Bd. I, S. 559.

39 Heinrich Düntzer (Hrsg.): *Briefe von Schillers Gattin an einen vertrauten Freund*, S. 381.

40 Der Bibliotheksbestand wurde nach Carolines Tod versteigert.

41 Vgl. dazu Christa Rudnik: »Literarische Exerpte Charlotte von Schillers, ein Beitrag zur Rezeptionsgeschichte um 1800. Versuch einer summarischen Auswertung der Quellen aus dem Goethe-Schiller-Archiv«, in: Karl-Heinz Hahn: *Im Vorfeld der Literatur. Vom Wert archivalischer Überlieferung für das Verständnis von Literatur und ihrer Geschichte*, S. 140–146. So gern die Autorinnen auch diese Spur intensiver verfolgt hätten, eine solche Arbeit hätte den Rahmen dieses Buches gesprengt.

42 Heinrich Düntzer (Hrsg.): *Briefe von Schillers Gattin an einen vertrauten Freund*, S. 101 u. 115f.

43 Lorenz Oken (eigentlich Okenfuß), Professor der Medizin in Jena.

44 Ludwig Urlichs (Hrsg.): *Charlotte von Schiller und ihre Freunde*, Bd. I, S. 586 u. 603.

45 Wilhelm Bode (Hrsg.): *Goethe in vertraulichen Briefen*, Bd. II, S. 573.

46 Ludwig Geiger (Hrsg.): *Charlotte von Schiller und ihre Freunde*, S. 247.

47 Anna von Sydow (Hrsg.): *Wilhelm und Caroline von Humboldt in ihren Briefen*, Bd. VII, S. 319.
48 Ebd., Bd. IV, S. 12 u. 98.
49 Heinrich Düntzer (Hrsg.): *Briefe von Schillers Gattin an einen vertrauten Freund*, S. 90 u. 112f.
50 Effi Biedrzynski: *Goethes Weimar*, S. 105. 1817 heiratete Gersdorff in zweiter Ehe Diane von Pappenheim.
51 Anna von Sydow (Hrsg.): *Wilhelm und Caroline von Humboldt in ihren Briefen*, Bd. VI, S. 558.
52 Ludwig Urlichs (Hrsg.): *Charlotte von Schiller und ihre Freunde*, Bd. I, S. 656f. Wieland war am 20. Januar 1813 gestorben.
53 Ein Bruder Maria Pawlownas, der Schwiegertochter Herzog Carl Augusts.
54 Friedrich Schulze (Hrsg.): *Weimarische Berichte und Briefe aus den Freiheitskriegen 1806–1815*, S. 217.
55 Ludwig Urlichs (Hrsg.): *Charlotte von Schiller und ihre Freunde*, Bd. III, S. 341.
56 Ludwig Geiger (Hrsg.): *Charlotte von Schiller und ihre Freunde*, S. 309 u. Ludwig Urlichs (Hrsg.): *Charlotte von Schiller und ihre Freunde*, Bd. I, S. 649.
57 Ludwig Urlichs (Hrsg.): *Charlotte von Schiller und ihre Freunde*, Bd. I, S. 675f.
58 Charlotte von Schiller an eine Frau Wetzel (vielleicht Christine Wetzels Schwester Mine), 28. August 1814. DLA.
59 1817 nahm Karl von Schiller seinen Abschied von der Reserve-Escadron.
60 Ludwig Geiger (Hrsg.): *Charlotte von Schiller und ihre Freunde*, S. 309f.
61 Caroline von Wolzogen: *Literarischer Nachlaß*, Teil 2, S. 96.
62 Heinrich Düntzer (Hrsg.): *Briefe von Schillers Gattin an einen vertrauten Freund*, S. 192.
63 »… une grand-maman; wie eine gütige vornehme polnische Mutter von Bethmann: polnisch im Aussehen; sonst nicht.« Auch das schrieb Rahel Levin am 4. November 1813 über Caroline von Wolzogen an Karl August Varnhagen von Ense. Tagebuchaufzeichnung Karl Augst Varnhagens von Ense vom 26. Juli 1856. Ludmilla Assing (Hrsg.): *Aus dem Nachlaß Varnhagen's von Ense*, Bd. 3, S. 189.
64 Heinrich Düntzer (Hrsg.): *Briefe von Schillers Gattin an einen vertrauten Freund*, S. 174, und Ludwig Urlichs (Hrsg.): *Charlotte von Schiller und ihre Freunde*, Bd. I, S. 17f.
65 »Denn so gut ich weiß, daß die früheren Werke Schillers nicht

nach den Regeln und Forderungen der Kunst sind ... so möchte ich doch aus Ihrem Munde nicht gern vernehmen, daß Sie diese Werke Productionen der Rohheit wie des Unwillens nenneten.« Goethe hatte seinen Aufsatz »Über das deutsche Theater« Charlotte als Manuskript, vor seinem Abdruck im *Morgenblatt*, zugeschickt. Goethe reagierte teilweise auf Frau von Schillers Kritik, machte »Rohheit« zu »Ungeduld« und gab den beanstandeten Satz schließlich so zum Verleger: »Die Räuber, Kabale und Liebe, Fiesko, Productionen genialer jugendlicher Ungeduld und Unwillens über einen schweren Erziehungsdruck.« Ludwig Geiger (Hrsg.): *Charlotte von Schiller und ihre Freunde*, S. XXXVI, und Ludwig Geiger: *Dichter und Frauen*, S. 122f.

66　»Vom Musenhof zum Museum« – so apostrophieren Oellers und Steegers in *Treffpunkt Weimar* die Zeit zwischen 1815 und Goethes Todesjahr 1832.

67　Wilhelm Bode (Hrsg.): *Goethe in vertraulichen Briefen*, Bd. II, S. 84f. u. 109.

68　Ebd., S. 311ff. u. 322.

69　Ebd., S. 658.

70　Norbert Oellers u. Robert Steegers: *Treffpunkt Weimar*, S. 272.

71　Wilhelm von Humboldt an Caroline von Humboldt, 1823. Wilhelm Bode (Hrsg.): *Goethe in vertraulichen Briefen*, Bd. III, S. 175.

72　Joachim Golz (Hrsg.): *Caroline von Wolzogen 1763–1847*, S. 87.

73　Ebd., S. 106.
Viele ihrer »Gebete« subsumierte Caroline in ihren »Gedankenbüchern« unter »Stimmen des Unglücks«.

74　Heinrich Düntzer (Hrsg.): *Briefe von Schillers Gattin an einen vertrauten Freund*, S. 365.

75　Ludwig Urlichs (Hrsg.): *Charlotte von Schiller und ihre Freunde*, Bd. III, S. 409f.

76　Heinrich Düntzer (Hrsg.): *Briefe von Schillers Gattin an einen vertrauten Freund*, S. 498.
Der Delinquent, ein Mann mit Namen Hirschfeld, hatte seine schwangere Geliebte erschlagen.

77　Johann Henricus Hennes (Hrsg.): *Fischenich und Charlotte von Schiller. Aus ihren Briefen und Aufzeichnungen*, S. 152f.
Charlotte und ihre Töchter wohnten in Köln zunächst bei Sohn Ernst in der »Hochstraße, dem Sporgäßchen gegenüber« (heute Hohe Straße und Sporergasse), danach zogen alle vier zu Frau Sülzen, Am Bollwerk Nummer 5 (und nicht, wie auch zu lesen ist, in die Nummer 15), mit schöner Aussicht über den Rhein nach Mülheim.

78 Die später bevorzugte Schreibweise »Doering« entspricht nicht derjenigen in der Erstausgabe.

79 Ludwig Urlichs (Hrsg.): *Charlotte von Schiller und ihre Freunde*, Bd. III, S. 420f.

80 Charlotte von Schiller an Karl Ludwig von Knebel, 5. Januar 1822. DLA.

81 Albert Leitzmann: »Aus Briefen von Karoline von Wolzogen an Karoline von Humboldt«, in: *Euphorion*, Heft 15, S. 484.

82 Laut Fourierbuch war Caroline von Schiller seit dem Herbst »Dauergast« auf der Heidecksburg.

83 Entgegen anders lautenden Aussagen ließen sich keine Beweise für die aufopfernde Pflege der Chère mère auch durch Caroline von Wolzogen finden.

84 Kurz zuvor hatte man von ihr noch sagen können, sie sei dem Leben allemal zugewandter als ihre Töchter.

85 Karl Schmidt (Hrsg.): *Schiller's Sohn Ernst*, S. 274.

86 Ernst Petzold u. Ilse Foerst: *Der Diogenes von Paris*, S. 144 u. 146.

87 Therese Mastiaux' Tod im Jahre 1840 löste bei Ernst von Schiller ein schweres Nervenfieber aus. Jede Verbindung der jungen Frau mit einem anderen Mann hatte er systematisch verhindert. Ernst und Magdalena von Schillers gemeinsames Kind war 1824 bei seiner Geburt gestorben.

88 Karl Schmidt (Hrsg.): *Schiller's Sohn Ernst*, S. 274.

89 Karl August Alfred von Wolzogen: *Geschichte des Reichsfreiherrlich von Wolzogen'schen Geschlechts*, Bd. I, S. 176f.

90 Heute Saalbahnhofstraße 12.
    Ein Übergangsquartier war ihr von der Weimarer Großherzogin Louise zur Verfügung gestellt worden.

91 Anna von Sydow (Hrsg.): *Wilhelm und Caroline von Humboldt in ihren Briefen*, Bd. VII, S. 197.

92 Ebd.

93 Ebd., S. 304.

94 Sie wohnte in Bonn im Haus Fürstenstraße 1, bei Schugt.

95 Vom 13. Juli 1826.

96 Der Brief wurde noch in Köln geschrieben. Die Zeilen verlaufen schräg abfallend über das Papier. Vor seiner Übergabe ans Schiller-Museum Marbach im Jahre 1913 war der Autograf mit dem handschriftlichen Hinweis Emilie von Gleichen-Rußwurms versehen worden: »… als Familien-Reliquie aufzubewahren«. DLA.

97 Das grässliche Durcheinander der Gebeine im Landschaftskassengewölbe hatte man ihr aus Pietät und Takt verschwiegen.
    1821, in einem Brief an Cotta, hatte Charlotte gar von »den

heiligen Überresten« Schillers gesprochen. Julius Petersen:
»Schillers Witwe«, in: *Marbacher Schillerbuch*, 1905, S. 377.
98 Ludwig Rohmann: *Briefe an Fritz von Stein*, S. 251.
99 Doris Maurer: *Charlotte von Stein*, S. 286.
100 Anna von Sydow (Hrsg.): *Wilhelm und Caroline von Humboldt
in ihren Briefen*, Bd. VII, S. 273.
101 Heute liegen Schloss und Ortschaft inmitten eines Truppen-
übungsplatzes.
102 Das Werk erreichte sechs Auflagen in fünfzig Jahren.
103 Caroline von Wolzogen: *Schillers Leben*, Teil 1, S. V.
104 Caroline von Wolzogen: *Literarischer Nachlaß*, Teil 2, S. 138.
105 Caroline von Wolzogen: *Schillers Leben*, Teil 1, S. 234, 243,
264, 266.
»Die wechselnden Gefährten. Sonett. Den 22. Februar 1809
zum Gedächtniß des 22. Februar 1790.«
Erste und zweite Strophe nach Charlotte von Schiller:

»Als das Geschick einst zu dem süßen Lohne
Die Lieb und Treu begleitend mir gegeben,
Da dünkt mir's nach dem Himmel auf zu schweben,
Das Leben reichte seine Blüthenkrone.
Doch ach! nun such' ich jene hellen Sterne!
Die Noth der Zeiten führt herbei die Schmerzen,
Und Glück und Wahrheit rücken in die Ferne,
Nichts stillt die Wehmuth der zerrissnen Herzen!«

Ludwig Urlichs (Hrsg.): *Charlotte von Schiller und ihre Freunde*,
Bd. I, S. 10.
Erste und zweite Strophe nach Caroline von Wolzogen:

»Als das Geschick dereinst zu süßem Lohne
Mir zu Begleitern Lieb' und Treu' gegeben,
Da dünkt' ich mir zum Himmel aufzuschweben;
Das Leben reichte seine Blüthenkrone.
Nun faßt nur Sehnsucht jene hellen Sterne
Im Himmelsraum; die Zeit gebiert nur Schmerzen.
Und Glaub' und Wahrheit fliehen in die Ferne.
Nichts stillt die Wehmuth der zerriss'nen Herzen.«

Caroline von Wolzogen: *Schillers Leben*, Teil 2, S. 67.
Auch das korrekte Hochzeitstagsdatum ließ Caroline nicht gelten, sie machte aus nicht nachvollziehbarem Grund, oder irr-
tümlich, aus dem 22. den 20. Februar.
106 Caroline von Wolzogen: *Schillers Leben*, Teil 2, S. 38, und NA
25, 306.

107 Caroline von Wolzogen: *Literarischer Nachlaß*, Teil 2, S. 80.

108 Caroline von Wolzogen:»Cordelia«, Teil 1, S. 90.
Auch das notierte sie damals:»Die Hauptklippe der Existenz der Weiber, daß die Armen bei der Heirath, woran doch ihr ganzes Lebensglück hängt, meist blind zutappen, und daß eine Uebergeschäftigkeit, mit der man in ein fremdes Schicksal eingreift, immer nachteilig wirkt, denke ich sicher darzustellen.« Caroline von Wolzogen: *Literarischer Nachlaß*, Teil 1, S. 80. Mit Blick auf»Cordelia« geschrieben, könnte Caroline ihre eigene Ehe mit Beulwitz, aber auch ihre Aktivitäten hinsichtlich der Verbindung Schiller/Charlotte angesprochen haben.

109 Tagebucheintrag Caroline von Wolzogen,»3.1829. Am dreißigsten März erfuhr ich den Tod meiner geliebten Caroline [von Humboldt]. Am achten April schaute ich nach den Sternen, besonders nach der mir gegenüberstehenden Lyra, die Caroline und ich vorzüglich liebten. ›Gute Caroline!‹ rief ich in die Nacht hinein; eine Sternschnuppe fuhr von Süden nach Osten durch den Himmel. – Geistes-Gruß.« Ebd., S. 98.

110 Tagebucheintrag Caroline von Wolzogen,»1. Junius 1832. Goethes Tod hat mich sehr ergriffen, diese Gestalt, die neben unser Aller Jugend stand, ihn, dessen Geist man fast jeden Tag anrief, vermißt man schmerzlich. Die Erinnerung an schöne Zeiten lebt in mir auf, und man vergißt alle kleine Entfremdungen. Mich graut beinah, Weimar ohne ihn wiederzusehen.« Ebd., S. 100f.

111 Tagebucheintrag vom 28. Juli 1831. Ebd., S. 100.

112 Tagebucheintrag vom 3. Februar 1836, ihrem vierundsiebzigsten Geburtstag. Ebd., S. 103.

113 Ludmilla Assing (Hrsg.): *Aus dem Nachlaß Varnhagen's von Ense*, Bd. 3, S. 370.
Ihre letzte Reise unternahm Caroline als Mittsiebzigerin; sie führte bis an die holländische Nordseeküste.

114 Caroline von Wolzogen: *Literarischer Nachlaß*, Teil 1, S. 99.

115 Ebd., Teil 2, S. 61.

116 Ihr Grab ist in Jena auf dem Johannisfriedhof in der Nähe des ehemaligen Friedhofsgärtner-Häuschens zu finden, nicht weit von Knebels letzter Ruhestätte entfernt. Der erwähnte Spruch wurde in die Rückseite des Grabsteins eingemeißelt.

Archive, Gedenkstätten, Museen

Biblioteka Jagiellońska, Kraków, Polen
Friedrich-Schiller-Universität/Schillers Gartenhaus Jena
Hauptstaatsarchiv Stuttgart
Herzogin-Anna-Amalia-Bibliothek Weimar
Schiller-Nationalmuseum/Deutsches Literaturarchiv Marbach am
	Neckar (DLA)
Schillers Geburtshaus Marbach
Staatsarchiv des Kantons Thurgau, Frauenfeld, Schweiz
Stadtarchiv Konstanz
Stadtarchiv Rudolstadt
Stadtarchiv Stein am Rhein, Schweiz
Stadtarchiv Weimar
Stiftung Weimarer Klassik, Goethe- und Schiller-Archiv Weimar
	(GSA)
Stiftung Weimarer Klassik, Schiller-Museum Bauerbach/Thüringen
Stiftung Weimarer Klassik, Schillers Wohnhaus Weimar
Stiftung Weimarer Klassik, Wittumspalais
Thurgauische Kantonsbibliothek, Frauenfeld, Schweiz
Thüringer Landesmuseum Heidecksburg, Rudolstadt
Thüringisches Hauptstaatsarchiv Weimar (ThHStAW)
Thüringisches Staatsarchiv Rudolstadt, Schloß Heidecksburg

Quellen und bibliografische Auswahl

Zitate sind originalgetreu wiedergegeben, ihre Schreibweise geht auf die jeweiligen handschriftlichen oder gedruckten Vorlagen zurück.

Alle im Text mit NA, gefolgt von Bandnummer und Seitenzahl, gekennzeichneten Zitate entstammen: Friedrich Schiller: Werke, Nationalausgabe, 1940 begr. von Julius Petersen, fortgef. von Lieselotte Blumenthal, Benno von Wiese und Siegfried Seidel, hrsg. im Auftrag der Stiftung Weimarer Klassik und des Schiller-Nationalmuseums in Marbach von Norbert Oellers, Weimar 1943ff.

Bei der Schreibweise der Eigennamen sind die Autorinnen den Herausgebern der Schiller-Nationalausgabe gefolgt.

Alt, Peter-André: Schiller. Leben – Werk – Zeit. Eine Biographie, 2 Bände, München 2000

Anemüller, Ernst: Schiller und die Schwestern von Lengefeld, Detmold 1919

Anemüller, Ernst: Die große Allee in Rudolstadt: Häuser und Gärten zu Schillers Zeit, in: Rechenschaftsbericht Band 42 (1937/38), S. 13–20

Ascher-Nash, Franzi: Eine ideale Gattin. Eine kleine Monographie über Charlotte von Schiller (geb. von Lengefeld. 1766–1826), 50 S., unveröffentlichtes Manuskript o. J.

Assing, Ludmilla (Hrsg.): Aus dem Nachlaß Varnhagen's von Ense, 14 Bände, Bern 1972

Aurnhammer, Achim u. a. (Hrsg.): Schiller und die höfische Welt, Tübingen 1990

Bankl, Hans: Woran sie wirklich starben – Krankheiten und Tod historischer Persönlichkeiten, Wien 1989

Bär, Adolf: Charlotte von Lengefeld als Freundin und Braut Schillers, Weimar 1905
Bär, Adolf: Gedanken der Wwe. Schillers über die Erziehung ihrer Kinder, in: Pädagogische Blätter, 1905, S. 279–284
Bäumer, Gertrud (Hrsg.): Goethes Freundinnen. Briefe zu ihrer Charakteristik, Leipzig u. Berlin o. J.
Bauer, Karl: Schillers äußere Erscheinung, in: Marbacher Schillerbuch, Band 3, Stuttgart u. Berlin 1909, S. 222–291
Bausinger, Hermann, Klaus Beyrer, Gottfried Korff (Hrsg.): Reisekultur. Von der Pilgerfahrt zum modernen Tourismus, München 1991
Berger, Karl: Schiller – Sein Leben und seine Werke, München 1924
Berger, Karl: Schillers »Doppelliebe«, in: Marbacher Schillerbuch, Band 3, Stuttgart u. Berlin 1909, S. 163–184
Berhahn, Klaus, L. (Hrsg.): Briefwechsel zwischen Schiller und Körner, München 1973
Berié, Eva und Christoph von Wolzogen (Hrsg.): Wilhelm von Wolzogen. Dies ist der Mittelpunkt der Welt. Pariser Tagebuch 1788/1789, Frankfurt a. M. 1989
Beulwitz, Donata Mathilde von: Friedrich Wilhelm Ludwig von Beulwitz und Caroline von Lengefeld (Wolzogen), in: Schwäbischer Schillerverein Marbach – Stuttgart, 34. Rechenschaftsbericht, 1929/30, S. 65–103
Beuys, Barbara: Familienleben in Deutschland. Neue Bilder aus der deutschen Vergangenheit, Reinbek 1984
Biedrzynski, Effi: Goethes Weimar. Das Lexikon der Personen und Schauplätze, Zürich 1992
Bierbaum, Heinrich: Karoline von Wolzogen aus ihren Werken und aus Briefen, Dissertation, Greifswald 1909
Bode, Wilhelm: Das Leben in Alt-Weimar. Ein Bilderbuch, Weimar 1912
Bode, Wilhelm: Damals in Weimar, Weimar 1919
Bode, Wilhelm (Hrsg.): Goethe in vertraulichen Briefen seiner Zeitgenossen, 3 Bände: 1749–1793, 1794–1816, 1817–1832, Berlin 1999
Böttiger, Karl Wilhelm (Hrsg.): Schilderungen aus Karl August Böttiger's Nachlasse, Leipzig 1838
Borcherdt, Hans Heinrich (Hrsg.): Schiller und die Romantiker. Briefe und Dokumente, Stuttgart 1948
Borkowsky, Ernst: Das alte Jena und seine Universität, Jena 1908
Bovenschen, Silvia: Die imaginierte Weiblichkeit. Exemplarische Untersuchungen zu kulturgeschichtlichen und literarischen Präsentationsformen des Weiblichen, Frankfurt a. M. 1979
Boy-Ed, Ida: Charlotte von Kalb, Jena 1912

Brand, Hans: Schillers Kinder. Mit besonderer Berücksichtigung Emiliens von Gleichen-Rußwurm geb. v. Schiller, in: Westermanns Illustrierte Deutsche Monatshefte, Band 98, Braunschweig 1905, S. 241–249

Brand, Helmut: Angriff auf den schwächsten Punkt. Friedrich Schlegels Kritik an Schillers »Würde der Frauen«, in: Aurora 53 (1993), S. 108–125

Bührer, E.: Fünf Briefe von Charlotte von Lengefeld und deren Schwester Caroline an den Schaffhauser Professor J. G. Müller aus den Jahren 1785–1811, in: Schulblatt der Kantone Schaffhausen und Thurgau, 1 (1959), S. 277–288

Clasen, Thomas: »Nicht mein Geschlecht beschwöre! Nenne mich nicht Weib«. Zur Darstellung der Frau in Schillers »Frauen-Dramen«, in: Schiller. Vorträge zum Anlaß seines 225. Geburtstages, hrsg. von Dirk Grathoff und Erwin Leibfried, Frankfurt a. M. 1991, S. 89–111

Conradi-Bleibtreu, Ellen: Im Schatten des Genius. Schillers Familie im Rheinland, Münster 1981

Dalnok, Alexander von: Die von Beulwitz in Schwarzburg, in: Rudolstädter Heimathefte, Heft 3/4, 44. Jahrgang, 1998

Damm, Sigrid: Christiane und Goethe, Frankfurt a. M. 2001

Damm, Sigrid: Das Leben des Friedrich Schiller. Eine Wanderung, Frankfurt a. M. 2004

Deetjen, Werner (Hrsg.): Die Göchhausen. Briefe einer Hofdame aus dem klassischen Weimar, Berlin 1923

Deubler, Heinz (Hrsg.): Friedrich Schiller und Rudolstadt, in: Rudolstädter Heimathefte, Sonderheft, Rudolstadt 1959

Dreisbach, Martina: Noch ist das Juwel von Staub bedeckt, in: Frankfurter Allgemeine Zeitung vom 4. Februar 2004

Distel, Theodor: Schillers Wittwe und der Buchhändler S. L. Crusius in Leipzig, in: Archiv für Litteraturgeschichte, XIV. Band, Leipzig 1886, S. 293–298

Döring, Heinrich: Schillers Leben, Weimar 1822

Duden, Barbara: Das schöne Eigentum. Zur Herausbildung des bürgerlichen Frauenbildes an der Wende vom 18. zum 19. Jahrhundert, in: Kursbuch 47, 1977, S. 125–140

Düntzer, Heinrich (Hrsg.): Aus Karl Ludwig von Knebels Briefwechsel mit seiner Schwester Henriette. 1774–1813. Ein Beitrag zur deutschen Hof- und Litteraturgeschichte, Jena 1858

Düntzer, Heinrich (Hrsg.): Briefe von Schillers Gattin an einen vertrauten Freund, Leipzig 1856

Eberhardt, Hans: Goethes Umwelt. Forschungen zur gesellschaftlichen Struktur Thüringens, Weimar 1951

Ebers, J.J.H. und August Kahlert (Hrsg.): Briefe von Goethe und dessen Mutter. Nebst einigen Beilagen, Leipzig 1846

Ebstein, Erich: Schillers Krankheiten. Jahrbuch der Sammlung Kippenberg, Band 6, 1926

Egloffstein, Hermann Freiherr von: Alt Weimars Abend. Briefe und Aufzeichnungen aus dem Nachlasse der Gräfinnen Egloffstein, München 1923

Eibl, Karl u. a. (Hrsg.): Goethe, Johann Wolfgang. Sämtliche Werke, 40 Bände, Frankfurt a. M., 1987ff.

Engelsing, Rolf: Wieviel verdienten die Klassiker?, in: Neue Rundschau 87 (1976), S. 124–136

Färber, Konrad Maria: Kaiser und Erzkanzler. Carl von Dalberg und Napoleon am Ende des Alten Reiches. Die Biographie des letzten geistlichen Fürsten in Deutschland, Studien und Quellen zur Geschichte Regensburgs, Band 5, Regensburg 1988

Färber, Konrad Maria u. a. (Hrsg.): Carl von Dalberg. Erzbischof und Staatsmann (1744–1817), Regensburg 1994

Falke, Gustav: Die wilden Schwärmer sind unter uns. Endlose Selbstschöpfung: Isaiah Berlin bescheinigt den Romantikern ihre Lebensuntauglichkeit, in: Frankfurter Allgemeine Zeitung vom 24. März 2004

Feilchenfeldt, Konrad (Hrsg.): Karl August Varnhagen von Ense. Werke, Band 5: Tagebuchblätter, Frankfurt a. M. 1994

Fielitz, Wilhelm (Hrsg.): Schiller und Lotte. Zweite, den ganzen Briefwechsel umfassende Ausgabe, 3 Bände, 1. Auflage Stuttgart 1879 und 5. Auflage Stuttgart und Berlin 1905

Fleischer, Horst: Vom Leben in der Residenz. Rudolstadt 1646–1816, Rudolstadt 1996

Forberg, Friedrich: Fragmente aus meinen Papieren, Jena 1796

Fuchs, Victoria und Ursula Weigl (Hrsg.): 150 nützliche Recepte. Das Kochbuch von Schillers Chère-mère, Louise von Lengefeld, mit einem Vorwort von Norbert Oellers, Marbach am Neckar 1997

Fuhrmann, Helmut: Revision des Parisurteils.»Bild« und»Gestalt« der Frau im Werk Friedrich Schillers, in: JDSG 25 (1981), S. 316–367

Fulda, Karl: Leben Charlottens von Schiller geborene Lengefeld, Berlin 1878

Geiger, Ludwig (Hrsg.): Briefwechsel zwischen Schiller und Körner. Von 1784 bis zum Tode Schillers, 4 Bände, Stuttgart 1892–1896

Geiger, Ludwig: Dichter und Frauen. Vorträge und Abhandlungen, Berlin 1896

Geiger, Ludwig (Hrsg.): Charlotte von Schiller und ihre Freunde. Auswahl aus ihrer Korrespondenz, Berlin 1908

Gellhaus, Axel und Norbert Oellers (Hrsg.): Schiller. Bilder und Texte zu seinem Leben, Köln u. Weimar 1999

Gersdorff, Dagmar von: Dich zu lieben kann ich nicht verlernen. Das Leben der Sophie Brentano-Mereau, Frankfurt a. M. 1990

Goedeke, Karl (Hrsg.): Geschäftsbriefe Schillers, Leipzig 1875

Goethes Briefe aus dem Nachlaß der Frau Caroline von Wolzogen, Leipzig 1848

Goethe, Johann Wolfgang: Werke, Abteilung IV: Briefe, hrsg. von Großherzogin Sophie von Sachsen (Weimarer Ausgabe), München 1990

Golz, Jochen (Hrsg.): Caroline von Wolzogen 1763–1847, Weimar u. Marbach 1998

Götze, Alfred: Ein fremder Gast. Frau von Staël in Deutschland 1803/04. Nach Briefen und Dokumenten, Jena 1928

Gräber, Karl: Die großherzogliche Haupt- und Residenzstadt Weimar, Erfurt 1830

Gräf, Hans Gerhard (Hrsg.): Aus Schillers letzten Tagen. Eine ungedruckte Aufzeichnung von Caroline von Wolzogen, Weimar 1905

Gräf, Hans Gerhard (Hrsg.): Goethe und Schiller in Briefen von Heinrich Voß dem Jüngeren, Leipzig 1896

Gräf, Hans Gerhard (Hrsg.): Goethes Briefwechsel mit seiner Frau, 2 Bände, Frankfurt a. M. 1916

Gruber, Johann Gottfried: Friedrich Schiller. Skizze einer Biographie und ein Wort über seinen und seiner Schriften Charakter, Leipzig 1805

Güntter, Otto: Friedrich Schiller. Sein Leben und seine Dichtungen, mit 701 Abbildungen, Leipzig 1925

Hahn, Karl-Heinz: Arbeits- und Finanzplan Friedrich Schillers für die Jahre 1802–1809, Weimar 1975

Hartmann, Julius: Schillers Jugendfreunde, Stuttgart u. Berlin 1904

Hausberger, Karl (Hrsg.): Carl von Dalberg. Der letzte geistliche Kurfürst, Schriftenreihe der Universität Regensburg, Band 22, Regensburg 1995

Hecker, Max und Julius Petersen (Hrsg.): Schillers Persönlichkeit: Urtheile d. Zeitgenossen u. Documente, 3 Bände in einem Band (Nachdruck der Ausgabe Weimar 1904–1909), Hildesheim u. New York 1976

Hecker, Max (Hrsg.): Schillers Tod und Bestattung – nach den Zeugnissen der Zeit, Leipzig 1935

Hennes, Johann Henricus (Hrsg.): Andenken an Bartholomäus Fischenich: meist aus Briefen Friedrichs von Schiller und Charlottens von Schiller, Tübingen 1841

Hennes, Johann Henricus (Hrsg.): Fischenich und Charlotte von Schiller. Aus ihren Briefen und Aufzeichnungen, Frankfurt a. M. 1875

Henzen, Wilhelm: Schiller und Lotte: Lustspiel in 4 Aufzügen. Regie- u. Soufflierbuch des Stadttheaters Leipzig mit dem vollständigen Scenarium, Leipzig 1891

Hermann, Klaus: Der Abschied. Eine Erzählung um Schiller und Charlotte von Kalb, Weimar 1955

Hesse, Volker: Vermessene Größen – Schiller im Wandel seiner äußeren Gestalt und seiner Krankheiten, Rudolstadt 1997

Hölty, Ludwig Christoph Heinrich: Rosen auf den Weg gestreut. Eine kleine Auswahl schönster Frühlingslieder und andrer Gedichte, Hannover 1947

Houben, Heinrich Hubert (Hrsg.): Damals in Weimar! Erinnerungen und Briefe von und an Johanna Schopenhauer, Leipzig 1924

Houben, Heinrich Hubert (Hrsg.): Adele Schopenhauer. Tagebuch einer Einsamen, Leipzig 1921

Hoven, Friedrich Wilhelm: Biographie des Doktor Friedrich Wilhelm von Hoven. Von ihm selbst geschrieben, Nürnberg 1840

Hoyer, Walter (Hrsg.): Schillers Leben dokumentarisch – in Briefen, zeitgenössischen Berichten und Bildern, Köln u. Berlin 1967

Hucke, Karl-Heinz: Jene »Scheu vor allem Mercantilischen«. Schillers »Arbeits- und Finanzplan«, Tübingen 1984

Jäckel, Günter (Hrsg.): Frauen der Goethezeit in ihren Briefen, Berlin 1966

Jahreis, Gerhard: Die Schillerkirche in Jena, Jena 1991

Jean Paul: Briefwechsel mit seinem Freunde Christian Otto, Band 1: 1790–1796, Berlin 1829, Nachdruck 1978

Jean Paul – Herder. Briefwechsel, Bern u. München 1959

Journal des Luxus und der Moden, 1786–1825, 4 Bände, Leipzig 1967, 1968, 1969, 1970

Kahn-Wallenstein, Carmen: Die Frau im Schatten. Schillers Schwägerin Karoline von Wolzogen, Bern u. München 1970

Keppler, Utta: Charlotte von Schiller. Ein biographischer Roman, Irdning 1986

Kiene, Hansjoachim: Schillers Lotte. Porträt einer Frau aus ihrer Welt, Düsseldorf 1986

Kittler, Friedrich A.: Dichter, Mutter, Kind, München 1991

Klauss, Jochen: Alltag im »klassischen« Weimar, Weimar 1990

Kleinschmidt, Erich: »Wie ein Aug im Gewölk«. Die vergessene Autorschaft Charlotte von Kalbs, in: Jahrbuch der Deutschen Schillergesellschaft, 2002, S. 160–183

337

Kleßmann, Eckart: »Ich war kühn aber nicht frevelhaft«. Das Leben der Caroline Schlegel-Schelling, Bergisch Gladbach 1992
Koopmann, Helmut (Hrsg.): Schiller-Handbuch, Stuttgart 1998
Köpke, Ernst: Charlotte von Kalb und ihre Beziehungen zu Schiller und Göthe, Berlin 1852
Körner, Christian Gottfried: Nachrichten aus Schillers Leben, in: Friedrich Schillers sämmtliche Werke, hrsg. von Christian Gottfried Körner, Stuttgart und Tübingen 1812, Band 1, S. I-LVIII
Körner, Josef (Hrsg.): Briefe von und an August Wilhelm Schlegel, I. Teil: Die Texte, II. Teil: Die Erläuterungen, Zürich u. a. 1930
Kraft, Bruno: Schillers Ehegeschäft. Auch eine Säcularbetrachtung, in: Die Gesellschaft. Monatsschrift für Litteratur und Kunst, Leipzig, 1. Quartal 1890, S. 86–103
Kühn, Paul: Die Frauen um Goethe. Weimarer Interieurs, Band I: Ehe. Seelenfreundschaft. Liebe; Band II: Familie und Freundschaft. Bildung. Geselligkeit. Alter und neue Jugend, Leipzig 1911
Kühn, Rudolf A. (Hrsg.): Schillers Tod. Kommentierter Reprint der Studie »Schillers Krankheit« von Wolfgang H. Veil aus dem Jahre 1936, Jena 1992
Kühnlenz, Fritz: Schiller in Thüringen. Stätten seines Lebens und Wirkens, Rudolstadt 1976
Lange, Siegrid (Hrsg.): Ob Weiber Menschen sind. Geschlechterdebatten um 1800, Leipzig 1992
Lehmann, Johannes: Unser armer Schiller. Eine respektlose Annäherung, Tübingen 2000
Leitzmann, Albert: Drei Briefe Schillers an Karoline von Dacheröden, in: Marbacher Schillerbuch, Band 2, Stuttgart u. Berlin 1907, S. 179–188
Leitzmann, Albert: Aus Briefen von Karoline von Wolzogen an Karoline von Humboldt, in: Euphorion, Heft 15, Heidelberg 1908, S. 482–488
Leitzmann, Albert (Hrsg.): Wilhelm von Humboldt. Gesammelte Schriften, Band 14: Tagebücher 1788–1798, Band 15: Tagebücher 1799–1835, Berlin 1916 u. 1918
Litzmann, Berthold (Hrsg.): Schiller in Jena, Jena 1889
Lütkehaus, Ludger: Die Schopenhauers. Der Familien-Briefwechsel von Adele, Arthur, Heinrich Floris und Johanna Schopenhauer, Zürich, 1991
Lyncker, Carl Wilhelm Heinrich Freiherr von: Ich diente am Weimarer Hof. Aufzeichnungen aus der Goethezeit, hrsg. von Jürgen Lauchner, Köln, Weimar u. Wien 1997
Maltzahn, Wendelin von: Schiller's Briefwechsel mit seiner Schwester Christophine und seinem Schwager Reinwald, Leipzig 1875

Marbacher Schillerbuch, 3 Bände, hrsg. von Otto Güntter, Stuttgart
u. Berlin 1905–1909
Maurer, Doris: Charlotte von Stein, Frankfurt a. M. u. Leipzig 1997
Mehring, Franz: Schiller und die Frauen, in: Aufsätze zur deutschen
Literatur von Klopstock bis Weerth, Gesammelte Schriften, Band
10, Berlin 1961, S. 287–292
Minor, Jacob: Aus dem Schillerarchiv, o. O., 1890
Minor, Jacob: Zu den Briefen des Koadjutors Karl Theodor Anton
Maria von Dalberg an Schiller und Lotte, in: Marbacher Schil-
lerbuch, Band 2, Stuttgart u. Berlin 1907, S. 189–204
Mosapp, Hermann: Charlotte von Schiller. Ein Lebens- und Cha-
rakterbild, Stuttgart 1905
Müller, Ernst: Schiller. Intimes aus seinem Leben, nebst Einleitung
über seine Bedeutung als Dichter und einer Geschichte der Schil-
lerverehrung, Berlin 1905
Müller-Harag, Ulrike: Geselligkeit, in: Goethe in Weimar. Ein Ka-
pitel deutscher Kulturgeschichte, hrsg. von Karl-Heinz Hahn,
Leipzig u. Zürich 1986
Naumann, Ursula:»Das geistige Leben steht mir hell vor der Seele«.
Caroline von Wolzogen und Charlotte von Schiller, in: Deutsche
Schwestern. Vierzehn biographische Porträts, hrsg. von Katharina
Raabe, Berlin 1997, S. 42–88
Naumann, Ursula: Charlotte von Kalb. Eine Lebensgeschichte
(1761–1843), Stuttgart 1985
Nerjes, Günther: Ein unbekannter Schiller: Kritiker des Weimarer
Musenhofes, Berlin 1965
Nerrlich, Paul (Hrsg.) Briefe von Charlotte von Kalb an Jean Paul
und dessen Gattin, Berlin 1882
Noll, Hans: Hofrat Johannes Büel von Stein am Rhein 1761–1830.
Ein Freund großer Zeitgenossen, Frauenfeld u. Leipzig 1930
Oellers, Norbert und Robert Steegers: Treffpunkt Weimar. Literatur
und Leben zur Zeit Goethes, Stuttgart 1999
Oemler, Christian Wilhelm: Schiller oder Scenen und Charakter-
züge aus seinem spätern Leben nebst Bruchstücken einer künfti-
gen Biographie desselben, Stendal 1805
Pester, Thomas: Schillers Gartenhaus in Jena und der historische
Gartenplan von 1799, Golmsdorf bei Jena 2003
Petersen, Julius (Hrsg.): Goethes Briefe an Charlotte von Stein,
3 Bände, Leipzig 1907
Petersen, Julius (Hrsg.): Schillers Gespräche – Berichte seiner Zeitgenossen über ihn, Leipzig 1911
Petersen, Julius: Schillers Witwe. Aus ihrem Briefwechsel mit Johann Friedrich Cotta, in: Marbacher Schillerbuch. Zur hunderts-

ten Wiederkehr von Schillers Todestag, Stuttgart u. Berlin 1905, S. 365–377

Petersen, Julius: Schillers Witwenpension und die Stadt Frankfurt am Main. Ungedruckte Briefe von Charlotte von Schiller, Wilhelm von Humboldt, dem Freiherrn von Stein. Privatdruck der Gesellschaft der Freunde des Frankfurter Goethe-Museums, Frankfurt a. M. 1920

Petzold, Ernst und Ilse Foerst: Der Diogenes von Paris. Graf Gustav von Schlabrendorf, München 1948

Pick, Albert: Schiller in Lauchstädt im Jahre 1803, in: Neujahrsblätter, hrsg. von der Historischen Kommission der Provinz Sachsen, Heft 23, Halle 1899

Rebmann, Georg Friedrich: Jena fängt an, mir zu gefallen. Stadt und Universität in Schriften und Briefen, hrsg. von Werner Greiling, Schriften zur Stadt-, Universitäts- und Studentengeschichte Jenas, Band 8, Jena u. Leipzig 1994

Rein, Berthold: Schiller in Rudolstadt, Rudolstadt 1925

Reuschert, A. O.: Schiller in Lauchstädt. Ein Gedenkblatt an des Dichters glücklichste Zeit, Merseburg 1938

Rist, Johann Georg: Lebenserinnerungen. Erster Teil, hrsg. von G. Poel, Gotha 1884

Rodenberg, Julius: Schiller in Berlin, in: Deutsche Rundschau, Band 123, 31. Jahrgang, 1905, S. 272–295

Rohmann, Ludwig (Hrsg.): Briefe an Fritz von Stein, Leipzig 1907

Rudnik, Christa: Literarische Exzerpte Charlotte von Schillers, ein Beitrag zur Rezeptionsgeschichte um 1800. Versuch einer summarischen Auswertung der Quellen aus dem Goethe-Schiller-Archiv, in: Karl-Heinz Hahn: Im Vorfeld der Literatur. Vom Wert archivalischer Überlieferung für das Verständnis von Literatur und ihrer Geschichte, Weimar 1991, S. 140–146

Safranski, Rüdiger: Schiller oder Die Erfindung des deutschen Idealismus, München 2004

Salentin, Ursula: Anna Amalia. Wegbereiterin der Weimarer Klassik, Weimar 2001

Saß, Günter: Die Ordnung der Gefühle. Das Drama der Liebesheirat im 18. Jahrhundert, Darmstadt 1996

Schiller, Charlotte von: Der Prozeß. Eine Erzählung, Berlin 1901 (Neudruck 1927)

Schmidt, Erich (Hrsg.): Briefe Zimmermanns und Charlottens von Schiller an Charlotte und Friedrich von Stein, in: Mitteilung aus dem Litterarischen Archive in Berlin, 1897

Schmidt, Erich (Hrsg.) nach Georg Waitz: Caroline. Briefe aus der Frühromantik, 2 Bände, Leipzig 1913

Schmidt, Karl (Hrsg.): Schiller's Sohn Ernst, Paderborn 1893
Schreiner, Julia: Jenseits vom Glück. Suizid, Melancholie und Hypochondrie in deutschsprachigen Texten des späten 18. Jahrhunderts, in: Aufklärung und Revolution, Band 34, hrsg. von Rolf Reichardt und Hans-Ulrich Thamer, München 2003
Schulze, Friedrich (Hrsg.): Weimarische Berichte und Briefe aus den Freiheitskriegen 1806–1815, Leipzig 1913
Schunk, Dietlinde: Die Schriftstellerin Karoline von Wolzogen und die Frauenrollen in ihren Romanen und Erzählungen, Magisterarbeit, Universität Bamberg 1987
Scramklik, Emil: Die Rolle der Genußmittel in Schillers Leben, in: Wissenschaftliche Zeitschrift der Friedrich-Schiller-Universität, Jena, Gesellschafts- und Sprachwissenschaftliche Reihe, 5 (1955/56), S. 177–202
Seidel, Siegfried (Hrsg.): Der Briefwechsel zwischen Friedrich Schiller und Wilhelm von Humboldt, 2 Bände, Berlin 1962
Sharpe, Lesley: Female illness and male heroism: The works of Caroline von Wolzogen, German Life and Letters, 52/2, April 1999
Söhn, Gerhart: Die Schwestern Lengefeld, in: Frauen der Aufklärung und Romantik. Von der Karschin bis zur Droste, Düsseldorf 1998, S. 112–122
Solovieff, Georges (Hrsg.): Madame de Staël. Kein Herz das mehr geliebt hat. Eine Biografie in Briefen, Frankfurt a. M. 1971
Staël, Anne Germaine de: Über Deutschland. Nach der deutschen Erstübertragung von 1814, hrsg. von Monika Bosse, Frankfurt a. M. 1985
Staiger, Emil (Hrsg.): Der Briefwechsel zwischen Schiller und Goethe, Frankfurt a. M. 1977
Steiger, Robert und Angelika Reimann: Goethe von Tag zu Tag, 8 Bände, Zürich 1982ff.
Stier, Friedrich: Erwähnungen Schillers in unveröffentlichten Briefen Charlotte von Schillers an Knebel, in: Jahrbuch der Deutschen Schillergesellschaft, 1966, S. 58–66
Strack, Friedrich (Hrsg.): Evolution des Geistes: Jena um 1800. Natur und Kunst, Philosophie und Wissenschaft im Spannungsfeld der Geschichte, Stuttgart 1994
Sydow, Anna von (Hrsg.): Wilhelm und Caroline von Humboldt in ihren Briefen, 7 Bände, Berlin 1906ff.
Tezky, Christiane und Viola Geyersbach: Schillers Wohnhaus in Weimar, München u. Wien 1999
Theml, Christine:»Größe zu lieben war meine Seligkeit«. Biographische Skizzen zu Caroline von Beulwitz-Wolzogen, Jena 1996

Theml, Christine: Friedrich Schillers Jenaer Jahre, Jena 1999
Theml, Christine: Zwischen Kinderstube und Secretaire. Frauen um
Schiller in Jena, Jena 2002
Theopold, Wilhelm: Schiller. Sein Leben und die Medizin im 18.
Jahrhundert, Stuttgart 1964
Thüringer Landesmuseum Heidecksburg Rudolstadt in Verbindung
mit dem Freundeskreis Heidecksburg e. V. (Hrsg.): Rudolstadt
eine Residenz in Thüringen, Leipzig 1993
Tilliette, Xavier: Schelling. Biographie, Stuttgart 2004
Trinckler, Hugo: Entstehungsgeschichte und Häuser-Chronik von
Alt-Rudolstadt, Rudolstadt 1939
Unbehaun, Lutz:»Ein wertes Band der Freundschaft«. Friedrich
Schiller und seine Zeit in Rudolstadt, Rudolstadt 1996
Urlichs, Ludwig (Hrsg.): Charlotte von Schiller und ihre Freunde, 3
Bände, 1860–1865
Vehse, Carl Eduard: Der Hof zu Weimar, ausgewählt, bearb. u. hrsg.
von Wolfgang Schneider, Leipzig u. Weimar 1991
Veil, Wolfgang H.: Schillers Krankheit. Eine Studie über das Krank-
heitsgeschehen in Schillers Leben und über den natürlichen To-
desausgang, Naumburg/Saale 1945
Ventzke, Marcus (Hrsg.): Hofkultur und aufklärerische Reformen in
Thüringen. Die Bedeutung des Hofes im späten 18. Jahrhundert,
Köln u. a. 2002
Vigliero, Consolina (Hrsg.): Rahel Levin Varnhagen. Briefwechsel
mit Ludwig Robert. Briefe 1794 bis 1832, München 2001
Vollmer, Wilhelm (Hrsg.): Briefwechsel zwischen Schiller und
Cotta, Stuttgart 1876
Wahl, Hans (Hrsg.), Goethes Schweizerreisen. Tagbücher, Briefe,
Gedichte, Gotha 1921
Wahl, Hans (Hrsg.): Briefwechsel des Herzogs-Großherzogs Carl
August mit Goethe, Band I (1775–1806), Berlin 1915
Wahl, Volker: Schillers Erbe in Jena, Jena 1984
Walzel, Oskar (Hrsg): Friedrich Schlegels Briefe an seinen Bruder
August Wilhelm, Berlin 1890
Weber, Paul: Das Jena der Schillerzeit und der Gegenwart, Jena 1926
Weber, Rolf (Hrsg.): Johanna Schopenhauer. Ihr Glücklichen
Augen. Jugenderinnerungen, Tagebücher, Briefe, Berlin 1979
Weilguny, Hedwig und Wolfgang Vulpius: Das Schillerhaus in Wei-
mar, Weimar 1959
Weltrich, Richard: Friedrich Schiller. Geschichte seines Lebens und
Charakteristik seiner Werke, Band 1, Stuttgart 1899
Wentzlaff-Eggebrecht, Friedrich-Wilhelm: Schillers Weg zu Goethe,
Berlin 1963

Widmann, Willi: Charlotte von Schillers Besuch der süddeutschen Schillerstätten vor hundert Jahren, in: Schwäbische Monatshefte 1910, Nr. 5/22, S. 9

Wiederholte Spiegelungen. Weimarer Klassik 1759–1832. Ständige Ausstellung des Goethe-Nationalmuseums, 2 Bände, München und Wien 1999

Wilpert, Gero von: Schiller-Chronik. Sein Leben und Schaffen, Stuttgart 2000

Wilson, W. Daniel: Das Goethe-Tabu. Protest und Menschenrechte im klassischen Weimar, München 1999

Wolzogen, Alfred von: Wilhelm und Karoline von Wolzogen. Eine biografische Skizze, in: Deutsches Museum 1857, S. 353–366 u. 400–414

Wolzogen, Caroline von:
– Schreiben einer jungen Dame auf ihrer Reise durch die Schweiz, in: Pomona für Teutschlands Töchter, Speyer 1784, Heft 5, S. 477–487
– Der leukadische Fels, ein Schauspiel, in: Neue Thalia, Leipzig, 792, Band 2, S. 241–266 u. 275–297
– Julia von Rosalva. Erzählung, in: Die Horen, Jahrgang 1797, Elftes Stück, S. 18–44
– Aus Schillers letzten Tagen. Eine ungedruckte Aufzeichnung von Karoline v. Wolzogen. Zur Erinnerung an Schillers 100. Todestag, Weimar 1905
– Gesammelte Schriften. Band 1: Agnes von Lilien (2 Teile), Band 2: Schillers Leben (2 Teile), Band 3: Literarischer Nachlaß (2 Teile), Band 4: Erzählungen I, Band 5: Erzählungen II, Band 6: Cordelia (2 Teile), hrsg. von Peter Boerner, Hildesheim, Zürich, New York 1990

Wolzogen, Christoph von: Reisender in Sachen Diplomatie – Wilhelm von Wolzogen, in: Frankfurter Allgemeine Zeitung, Magazin, 46. Woche, 13. November 1987, S. 68–74

Wolzogen, Karl August Alfred: Geschichte des Reichsfreiherrlich von Wolzogen'schen Geschlechts, Band I, Leipzig 1859

Wolzogen, Wilhelm von: Tagebücher 1790–1791. Unveröffentlichtes Typoskript

Woolf, Virginia: Der gewöhnliche Leser. Essays, Band 2, hrsg. von Klaus Reichert, Frankfurt a. M. 1990

Wychgram, Jacob, Helene Lange und Gertrud Bäumer: Schiller und die Seinen, Berlin u. a. 1905 u. 1909

Ziolkowski, Theodore: Das Wunderjahr in Jena. Geist und Gesellschaft 1794/95, Stuttgart 1998

Danksagung

Viele Menschen haben uns bei der aufwändigen Recherche unterstützt, sie alle namentlich zu nennen ist nicht möglich.
Besonders danken wir:
In Rudolstadt – Dr. Lutz Unbehaun, Thüringer Landesmuseum Heidecksburg, Frank Esche und weiteren Mitarbeitern und Mitarbeiterinnen des Thüringischen Staatsarchivs, Gisela Bähring, Stadtarchiv, Sabine Kern und Siegfried Schultheiß, Schillerverein, sowie Dr. Horst Fleischer.
In Weimar – Dr. Roswitha Wollkopf, Karin Küntzel und Marita Prell, Goethe-Schiller-Archiv, Jutta Fulsche, Thüringisches Hauptstaatsarchiv.
In Jena – Christine Theml, Friedrich-Schiller-Universität/Schillers Gartenhaus.
In Marbach a. N. – Heidrun Fink, Martin Schalhorn, Dr. Michael Davidis, Deutsches Literaturarchiv.
In Bauerbach – Ilona Wieseke, Schiller-Museum.
In Konstanz – Norbert Fromm, Stadtarchiv.
In Köln – Dr. Nikolaus Gatter, Varnhagen Gesellschaft.
In der Schweiz – Dr. Michel Guisolan, Stadtarchiv Stein am Rhein, André Salathé und Manfred Spalinger, Staatsarchiv des Kantons Thurgau, Dr. Gérard Seiterle.
Christian Seeger vom Propyläen Verlag stand uns ebenso zuverlässig zur Seite wie unsere Lektorin Julia Niehaus.
Auch Jutta Groß, Monika Lenz-Reichwein, Gerlinde Off, Prof. Dr. Norbert Oellers, Dr. Michaela Röll, Ursula Salentin, Helga Tenschert, Christoph von Wolzogen sowie unsere Ehepartner Bernd Roßbeck und Dr. Michael Warnke haben uns die Arbeit an diesem Buch auf unterschiedliche Weise erleichtert.

Personenregister